方勇 著

莊子

内篇讲录

上海古籍出版社

图书在版编目(CIP)数据

庄子内篇讲录 / 方勇著. -- 上海 ：上海古籍出版
社，2025. 1. -- ISBN 978 - 7 - 5732 - 1469 - 0

Ⅰ. B223. 55

中国国家版本馆 CIP 数据核字第 2024VP7580 号

庄子内篇讲录

方 勇 著

上海古籍出版社出版发行

（上海市闵行区号景路 159 弄 1 - 5 号 A 座 5F 邮政编码 201101）

（1）网址：www.guji.com.cn

（2）E-mail：guji1@guji.com.cn

（3）易文网网址：www.ewen.co

启东市人民印刷有限公司印刷

开本 890×1240 1/32 印张 12.125 插页 2 字数 291,000

2025 年 1 月第 1 版 2025 年 1 月第 1 次印刷

印数：1—3,100

ISBN 978 - 7 - 5732 - 1469 - 0

B · 1439 定价：75.00 元

如有质量问题,请与承印公司联系

目　录

小 序

方 勇

　　我自十多岁以后，性格变得孤愚，不愿与世多接，及志学之年，又渐慕旧学，每怀幽古之思，尤悦庄周之风而欲从之游。故自攻读硕士以来，迄今已有四十多年，濡首漆园之学，几无中断，先后撰有《庄子诠评》《庄子学史》《庄子纂要》《庄子书目提要》等书，复网罗庄学文献以充《子藏》之富，自以为庄子真意殆在其中矣，然仍不免见讥于魏晋之士。

　　纵观两千多年的庄子学史，魏晋士人最能体贴庄子的用心，他们虽然大多未曾注《庄》，却以其身心诠释了庄子的精神世界。《世说新语》刘孝标注引《向秀别传》："秀将注《庄子》，先以告（嵇）康、（吕）安，康、安咸曰：'此书讵复须注，徒弃人作乐事耳。'"诚然如此，此后问世的庄学著作即使汗牛充栋，已大都怀有功利目的，并且皆是在文字上下功夫，则距离庄子的本真思想反而远了。由此我常常反思，阐释庄子是否还有更好的路径？

　　成为庄子是阐释庄子的最好办法。而在大多数人的想象中，我应该类似庄子那种"不合时宜"的形象，当年我的一位博士生先后两次寄给我的书信中，抬头都错写成了"庄老师"，也曾有同事路上碰到我时错叫我为"庄老师"，我也欣然答应了。我常常想，如借用鲁迅的话来说，我固然已中了庄子的一些"毒"，但又觉得，真的想要闯进庄子的思想世界,非得有点"独与天地精神往来"的劲儿不可,所以我也就不必忌讳自己不时流露一些"谬悠之说,荒唐之言,无端崖之辞"了。

2019 年之末疫情暴发,生死之间,世人不免惶恐,我也对人生和社会有了很多的关切,从而更加体悟到原来《庄子》是一部谈人生和社会的书,将其视为文学或哲学著作仅是今人的看法。所以 2022 年初我借撰写《金华从游录》之便,托为梦中与神人之对话以申庄子之意云:"今视彼尘世,熙熙攘攘,上下求利,疾唯在贪,观其深浅,已入膏肓,则非去智轻技,去奢损欲,不可救也已。"又云:"目今世界,阴阳失调,云气不洁,草木黄落,禽兽离散,而吾族类,犹相訾相残,迄无已时,愿祈大仙,广施法力,痛下猛药,有以拯之也!"此即为庄周拳拳之心,当为今人所深知,方不失《庄子》一书之真谛。

因新冠后遗症,我胸部长期不适,心情更是欠佳,于此艰难之时,因借聆听华彦钧《二泉映月》以发抒抑郁之情,与庄周、阿炳深有共鸣,遂对人生、社会感受独多,以此参与解《庄》活动,诚不可目为文本外之附赘悬疣,或可视为魏晋玄学之士解《庄》一途之新尝试。我数年来先后听了许多丝竹名手的《二泉映月》,但都远没有阿炳的凄清悲切、如泣如诉,这就使我深深觉得,如今的人们多为外物所困,虽然相关的阐释文章写得越来越精致,在学理方面显得几乎无懈可击,但终究仍不是庄子思想的本真。理解庄子,似乎要回到庄子思考的出发点,即对人生在世、去来的深切体验,从此出发,方能追寻庄子的足迹。

新冠以后,学校授课多在线上,我便借助"腾讯"开启"庄子讲座",始自 2020 年 4 月,每周两个晚上,每次约三小时,弟子硕、博、博后皆有,讲论研习,虽寒假暑期,也照样进行,欲以五年精力,讲完南华此著。这次讲座,以宋高宗时鄂州刻《南华真经》为底本,大抵循文释词则诸家并举,通贯义理尚独得之见,深挖文本字义及其文化内涵,尤其注重从文章脉络肌理中寻绎本义,以纠正诸多因断章取义而流衍的错误。此外,还有很多人生的体验和经历,我也希望借此机会融入到《庄子》文本的阐释中,正如前文所说,只有生命体验与庄子交汇,才能对《庄子》文本有真切体会。

今先取内七篇之讲座录音,请诸弟子据以整理成文,勒成《庄子内篇讲录》,交付上海古籍出版社。弟子们尽力用心,责任编辑杨立军先生也为编辑此书付出了辛勤劳动,在此一并致以诚挚的感谢!

2024 年 12 月 3 日

第一讲
《逍遥游》：无待自适于大道之境

【题解】

  《庄子》首篇以"逍遥游"三字名篇。"逍遥"，古本作"消摇"，唐陆德明认为取"闲放不拘，怡适自得"（《经典释文》）之义。这一解说是正确的。"逍遥"一词，早见于《诗经·郑风·清人》，与"翱翔"同义。该词在《楚辞》中尤为多见，如"聊逍遥以相羊"（《离骚》）、"聊逍遥兮容与"（《湘君》）、"聊仿佯而逍遥"（《远游》）。《庄子》受《楚辞》等南方文学影响，书中亦常用此词。如本篇"彷徨乎无为其侧，逍遥乎寝卧其下"，《大宗师》篇"彷徨乎尘垢之外，逍遥乎无为之业"等，皆为其例。总括而言，"逍遥"二字与"相羊""容与""仿佯""彷徨"等词，或同义并举，或互文见义，乃闲适自得之貌。所以，庄子所谓"逍遥游"者，即《让王》篇所说"逍遥于天地之间，而心意自得"之意。在本文中，通过层层设喻，步步取象，终于具体而明确地揭示了这一宗旨：凡天地之间，大至鲲鹏，小至学鸠、斥鴳，甚或野马、尘埃，皆"有所待"而后行，不可谓怡然自得；唯有泯灭物、我之见，做到无己、无功、无名，与自然化而为一，然后才可以乘天地之正，御六气之辩，"无所待"而游于无穷，在精神上获得彻底解脱。

  《逍遥游》一篇为千古奇文，历代对"逍遥"之意的阐释发挥称为"逍遥义","逍遥义"的发展与时俱进,代有不同。"逍遥义"之独标一时者,首先是魏晋时期向秀、郭象之"适性逍遥",以为万物"各任其性,苟当其分,逍遥一也"(《世说新语·文学》刘孝标注引),借注《庄》发挥己意,调和名教与自然的关系。东晋名僧支遁以"明至人之心"(同上)为逍遥,会通佛道。唐高道成玄英《南华真经注疏》引顾桐柏语,"逍者,销也;遥者,远也。销尽有为累,远见无为理,以斯而游,故曰逍遥",以"无为"为逍遥。南宋末林希逸以儒解庄,称"此之所谓逍遥游,即《诗》与《论语》所谓乐也"(《南华真经口义》),以"孔颜乐处"会通儒、道。明清以降,文章之学兴盛,"以大为纲"(郭良翰《南华经荟解》引吴默语)成为"逍遥义"时代主题。

文章学上,此篇堪称庄文典范。开篇先写大鹏凭风南飞,以寓万物皆"有所待"。唯恐他人不信,随即引《齐谐》作为证明,又借野马、尘埃、大舟喻大鹏,借水与生物之息喻大风,再通过蜩、学鸠、朝菌、蟪蛄、冥灵、大椿、彭祖、众人与汤之问棘反复申述此意。接着以"此小大之辩也"稍作收束,暗示凡此种种,虽有大小之别,寿夭之殊,其"有所待"则皆无例外。文复生文,喻中夹喻,波兴云委,莫测涯涘,行文至此并未点明正意。继而笔锋由小智小才者转向誉不加劝、非不加沮的宋荣子,"御风而行"的列子,表明前者不过是自适其志的学鸠、斥鴳之辈,而后者与无所待而获得真正逍遥游的至人、神人、圣人相比,则亦至多不过是"犹有所待"的大鹏而已,实不值得称道。全篇宗旨,至此轩豁呈露。为进一步阐发此旨,文章又用三则寓言以证圣人无名、神人无功、至人无己,然后戛然住笔。全文笔势一路汪洋恣肆,有如天马行空,不可遏止。

【讲疏】

《庄子》这本书很受重视,可以从以下两点来说明。第一,十几年以前，我曾听一位搞哲学研究的人说，中国哲学研究有没有重大突破主要看先秦哲学，先秦哲学有没有重大突破，则主要取决于庄子哲学的研究，《庄子》一书提出了许多哲学概念，对于中国哲学的发展非常重要。第二，从文学角度来看，先秦诸子当中，庄子文章是写得最漂亮的，行云流水，鲁迅说它是"汪洋辟阖，仪态万方，晚周诸子之作，莫能先也"（《汉文学史纲要》）。这个评价是非常到位的。我曾在《光明日报》上看到一个消息，高校学生调查结果显示，大学生最喜欢的两部书，一部是《红楼梦》，另一部就是《庄子》。

《庄子》现存三十三篇，最受重视的是《逍遥游》这一篇。明末方以智在《药地炮庄》中说："姑以表法言之，以一游六者也，《齐》《主》《世》如内三爻，《符》《宗》《应》如外三爻，各具三谛，《逍遥》如见群龙无首之用。六龙首尾，蟠于潜、亢，而见、飞于法界，惕、跃为几乎！六皆法界，则六皆蟠皆几也。"这里从"象"的角度来作论述，将《庄子》内七篇中后六篇与《易经》"乾"卦内三爻、外三爻相对应，认为《齐物论》篇如"潜龙勿用"的"初九"，《养生主》篇如"见龙在田"的"九二"，《人间世》篇如"君子终日乾乾，夕惕若厉"的"九三"，《德充符》篇如"或跃在渊"的"九四"，《大宗师》篇如"飞龙在天"的"九五"，《应帝王》篇如"亢龙有悔"的"上九"，而"乾"卦六爻之外"见群龙无首"的"用九"，以其具有"总六爻纯阳之义"（朱骏声《六十四卦经解·乾》）的作用，故引"以一游六"的《逍遥游》篇与之相对应。这种说法充分体现了《逍遥游》篇在《庄子》中的超然地位。从文章学来看，《逍遥游》和《秋水》是《庄子》中最重要的两篇；从学术史来讲，自清末以来，最受重视的是《天下》篇；但从近百年发表的《庄子》研究论文来看，很大一部分仍集中在《逍遥游》这一篇上。

庄子文章很难懂。一些故事看起来不难，都看得明白，但连贯起来以后，它本来的意思是什么，却总是存在争议。这是在《庄子》文本理解上一个非常独特的现象。中国历史上研究过《庄子》的人总共有多少是搞不清楚了，相关著作有七百来种，流传到现在的有将近四百种，这些研究著作最下功夫的就是《逍遥游》这一篇。明朝以前，《逍遥游》研究偏重于义理。晚明以来，文章学研究和义理研究都重视起来了，当然这个苗头可以追溯到南宋末年宋理宗时林希逸的《南华真经口义》。我自己的体会，解读《庄子》，如果不照顾到义理和文章学两个方面，可能问题比较大。《庄子》研究资料非常多，要去理一遍不太容易，所以今天，结合古人的说法和自己的体会，我从义理和文本两者结合的角度，来解剖一下《逍遥游》。

> 北冥有鱼，其名为鲲。鲲之大，不知其几千里也。化而为鸟，其名为鹏。鹏之背，不知其几千里也。怒而飞，其翼若垂天之云。是鸟也，海运则将徙于南冥。南冥者，天池也。

"北冥有鱼"，"北冥"这个词到底是什么意思，不同的人有不同的解释，有的解释成北海，有的解释成北极。古人所谓北海，一般指的是现在渤海这个地方。北极，古人到底有没有现在北冰洋、北极这些概念，很难说。庄子生活在战国中期，虽然战国时候人们的地理知识比春秋时候已经大大丰富，但是不是已经知道有个北极、北冰洋，我们没有依据，但它里面所描写的，有点像我们现在观念中的北冰洋。根据我的理解，"北冥"应该相当于现在北冰洋这个位置。严复注解《庄子》，也认为南冥、北冥相对，就相当于现在说的"南北两冰洋"（《庄子评点》）。"其名为鲲"，我们想象当中，这个鲲是非常大的，崔譔就认为这个"鲲"应当是"鲸"字。但实际上，古书里边是有鲲字的，《尔雅》说鲲是"鱼子"，就是小鱼，《国语·鲁语》说"鱼禁鲲鲕"，就是不要捕捞小鱼。我们知道庄子主张齐同万物，在道面前没有大小、美丑、好坏、是非等等这些区别，所以他随手拿小鱼的这个名指称大鱼，在庄子哲学里边是可以的，在我们看来则有点胡说八道。方以智觉得以鲲作为大鱼之名是一种滑稽的说法，是整部《庄子》滑稽的开端，而这种看似滑稽的说法，正蕴含了庄子小大齐同的深意。

"鲲之大，不知其几千里也"，鲲到底有多大，搞不清楚其几千里。我们知道，在庄子哲学思想当中，数字的大小都是相对的。看到这句话我经常想到张艺谋《红高粱》里的那首歌，"通天的大路，九千九百，九千九百九"，我觉得不高妙，即使是九千九百九，也不如"不知其几千里"来得灵活，也不足以说明鲲多么大，因为它是一个有限的数字。在庄子思想观念当中，数字都是灵活的，所以他一般不会给一个具体的数字，在读《庄子》的时候，这些词语都要注意起来。

"化而为鸟，其名为鹏。"这个鲲忽然变成了一只鹏。我们读《逍遥游》的时候，这句话可能轻易就放过去了。南宋末年，江西庐陵罗勉道在《南华真经循本》里特别提出，"化而为鸟"这个"化"字，正表现出庄子思想时时处在不断变化的过程当中这一特征。这发挥出来意义就大了。在这一点上，道家和儒学是不一样的。在孔子思想当中，好坏是非等等差不多是固定的。《孟子》也是这种观念，"劳心者治人，劳力者治于人，治于人者食人，治人者食于人，天下之通义也"，君子、小人、统治阶级、被统治阶级，不但有界限，而且这种界限是稳固的、普遍的、天经地义。所以儒学缺少变化，它把天地万物看成是不变的。而老庄特别是庄子，处处表现出一种变化的观念，天地万物都在不断的变化过程当中，没有固定不变的这个观念，"化而为鸟"开了这个思想的头。罗勉道这个说法很有启发。

鹏这个形象要特别注意。许慎《说文解字》说"朋"是古文"凤"的象形字，"鹏"则多加了一个"鸟"的意符，也是古文"凤"字，从凤飞群鸟相从引申出朋党的含义。闻一多也说"风、凤、鹏古为一字，神话亦以风与凤、鹏为一物"(《庄子内篇校释》)。陆德明《经典释文》大致同意许慎的说法,但认为鹏"非来仪之凤",将鹏和一般凤的形象做了区分。凤是一种德性高贵的鸟,所以楚狂接舆见到孔子要唱"凤兮凤兮,何德之衰"(《论语·微子》),用凤比喻孔子,《庄子·人间世》篇也讲了这个故事,含义大致相同。《庄子·秋水》还说有一种鸟叫鹓鶵,"非梧桐不止,非练实不食,非醴泉不饮",品性高洁,庄子以之自比,《淮南子·时则训》"七月官库其树棟",高诱注"棟实,凤凰所食也",显然认为鹓鶵即凤凰一类的鸟,这也得到大多数注庄者的认同。但在《庄子》里,下边我们会讲到,鹏虽然雄伟,却受到很多限制,要水击三千里,借助九万里厚的风才可以托起它巨大的翅膀,要六月海运乘着大风才可以飞到南海去,一点也不逍遥,更不是得道者的象征。所以我的看法,在《庄子》里,鹏是一个被否定的形象,和凤的形象是有差别的,两者不可混为一谈。

"鹏之背,不知其几千里也。"乍一看,这个和前边写鲲笔法上有点雷同,但是,明清研究《庄子》文章学的人明确指出,这个笔法大有变化。前面写鲲,是整体的大不知其几千里,这里写鹏,是它的背不知其几千里,更大了,他们给了这种写法一个特定的名称——"加倍夸张"。所以不经过明清人从文章学角度这么挖掘,隐藏在《庄子》里边的这些艺术手法是看不出来的,而义理和文章学不结合起来,《庄子》真是有点讲不清楚。例如下边"怒而飞"这个"怒"字,按照"六书"是形声字,本意是愤怒、发怒,如果走乾嘉学派的路子,一些字义是会被考释出来,但庄子用的往往不是正意,不是原来的字意,而是发挥出来的一种意思,这个"怒而飞"的"怒"是奋举,如按照本意解释成发怒,那就糟糕了!这类用词《庄子》有自己的特点!我1993年在《中州学刊》发表了一篇文章——《论庄子的审美通感》,举了《庄子》用词方面的几个例子,最典型的例子,《外篇·天道》篇轮扁斫轮的故事,轮扁对齐桓公侃侃而谈,认为语

言文字是糟粕，最奥妙的大道是传达不出来的，所以他的儿子跟他学了
很长时间，做车轮也远远达不到他的水平。他说做车轮"徐则甘而不
固，疾则苦而不入"，做一个孔和一个榫头，怎么才能合适，这个语言文
字表达不出来，只能凭着经验，不松不紧。这里用了两个字，如果孔太
小，"苦而不入"，如果孔太大，则"甘而不固"，苦和甘都指味道，你说从
文字学角度来研究，"苦"跟"甘"两个字和孔的大小关系怎么解释？苦
和紧有什么关系？甘和松有什么关系？晚明徐渭说庄子善于用"借
字"，不用本意用借意，比如说这里的"甘而不固""苦而不入"，"甘"和
"苦"就是借字，不能按照本意来解释。我从钱锺书《通感》这篇文章得
到启发，觉得《庄子》这里具有通感的现象，本来甘苦指的是味觉，榫头
和卯眼之间是否牢固，紧和松，这个是触觉，在庄子这里，触觉向味觉转
移了。庄子这个人非常富有诗人气质，是非黑白红绿各种对立到了他
的脑子里边浑然一体，是非上下等级不分，都消泯掉了，在他脑子里边
可能会经常发生一些通感，味觉和触觉没有什么区别，可以发生沟通。
上边的"怒而飞"，如果按本意来解释也无法解释清楚，用徐渭的话来
说，这属于借字，我们需要根据语境来灵活理解。"六经"与诸子的读法
不一样，郭象谈读《庄》方法，特别说"宜要其会归而遗其所寄，不足事事
曲与生说，自不害其弘旨，皆可略之"（《庄子注》），他说我也不知道鲲与
鹏到底是什么东西，但是我理解《庄子》主要想说明什么，就可以了，大
概就是这个意思。大家读《庄子》，如果发现有些字难以解释，不要去死
抠字眼，这是读《庄子》要注意的。

　　"其翼若垂天之云"，这个"垂天之云"的"垂"主要有两种说法，一种
作"陲"，边陲，还有一种是挂的意思，挂在天上的一片云。我自己比较
倾向于前一种，大鹏飞的时候翅膀一展开，像天边的一片云，更加雄伟
壮阔。"是鸟也，海运则将徙于南冥。南冥者，天池也。""海运"是什么？

历史上的解释非常不统一,关系到《逍遥游》这篇的主题思想。我觉得最好的解释是林希逸的说法,他认为"海运"是海动,"海动必有大风,其水涌沸,自海底而起,声闻数里"(《南华真经口义》),也就是我们现在说的台风。以前人解释"海运"是运于海,运于海和海动意思不一样。现在东南沿海,夏天台风起来,产生一股巨大的旋风旋转而上,然后大鹏凭借这个巨大的旋风升到九万里高,再往南飞。按照林希逸的这个解释,大鹏就不是得道者的象征,它必须凭借海风,才可以把笨重的躯体托起来,飞到南海。而传统的解释,运于海,鲲变成大鹏以后在海水上运行,这展示的是大鹏的雄伟形象,意思就变了,大鹏是得道者的象征,大就是美。包括到现在,很多解释还是搞错了,把大鹏作为得道者的象征。中学语文课本我看过不少,里边《逍遥游》这一段,很少有解释正确的。

> 《齐谐》者,志怪者也。《谐》之言曰:"鹏之徙于南冥也,水击三千里,抟扶摇而上者九万里,去以六月息者也。"野马也,尘埃也,生物之以息相吹也。天之苍苍,其正色邪?其远而无所至极邪?其视下也,亦若是则已矣。且夫水之积也不厚,则其负大舟也无力;覆杯水于坳堂之上,则芥为之舟;置杯焉则胶,水浅而舟大也。风之积也不厚,则其负大翼也无力。故九万里则风斯在下矣,而后乃今培风;背负青天而莫之夭阏者,而后乃今将图南。"蜩与学鸠笑之曰:'我决起而飞,抢榆枋,时则不至,而控于地而已矣,奚以之九万里而南为?'"适莽苍者,三飡而反,腹犹果然;适百里者,宿舂粮;适千里者,三月聚粮。之二虫,又何知!小知不及大知,小年不及大年。奚以知其然也?朝菌不知晦朔,蟪蛄不知春秋,此小年也。楚之南有冥灵者,以五百岁为春,五百岁为秋;上古有大椿者,以八千岁为春,八千岁为秋。而彭祖乃今以久特闻,众人匹之,不亦悲乎?

《逍遥游》第一节文字在"三言"里边属于寓言,但是庄子讲完以后觉得天下的糊涂虫不会相信他讲的故事，文章还需要继续向前推进，所以接着是重言，文章就过渡到第二节。"《齐谐》者……去以六月息者也。"庄子这里的意思是说，假如你们不相信我讲的鲲鹏故事，那么你们看看，《齐谐》里边也是这么写的。到现在为止，我们在先秦两汉所有文献资料里还没有找到曾经有一部叫做《齐谐》的书的记载，所以不要说《齐谐》里面的故事，连《齐谐》这个名称也应该是庄子凭空虚构的。关于《齐谐》有两种说法，南朝梁简文帝认为是一部书，晋司马彪、崔譔解释成人的名字，我觉得根据上下文来说，应该是书。《齐谐》这个书名也很有意思。齐，齐国，大概相当于我们现在山东半岛这块地方，三面临海，是一个滨海的诸侯国。这个地方地域文化很独特。孟子与弟子讨论尧舜的事情，将"齐东野人之语"（《孟子·万章上》）和"君子之言"（同上）对举，说齐东这里人的话荒诞不经，没有依据，不可采信，宋末周密作《齐东野语》，题名大概是受到了孟子的影响。后来陈寅恪《天师道与滨海地域之关系》说"方士迂怪之论……皆出于燕、齐之地"，认为神仙学说的起源多与此滨海地域有关。大抵齐地滨海，自有一番壮丽景象，再加上东海仙山的传说，神仙信仰浓厚，庄子与孟子时代相近，所以他就虚拟《齐谐》这一书名作为重言，借以证实自己所讲的鲲鹏寓言并非子虚乌有。

《齐谐》说鹏将要飞到南海去，"水击三千里"，对于这个"水击"，历来解释很不一样，更涉及《逍遥游》的主题问题，后来的人大概误解居多，往往把这句话解释成冲击起水浪三千里，使大鹏显得非常宏伟。只有少数人不这么解释，比如前面提到的林希逸，大鹏凭借着巨大的旋风，两翼拍水使劲往前冲，像飞机一样冲了三千里，然后才能够慢慢飞升起来，所以鹏由于躯体笨重，根本没有自由，没有逍遥，这就吻合庄子的本意了。我觉得这个解释是对的。现在说鹏程万里，名字也喜欢取鹏字,这是一种误解,鹏是笨的象征。

"抟扶摇而上者九万里",有一种意见认为是说大鹏旋转起飞冲到九万里高,我对这种解释持否定态度。"抟"兼有拍、旋两种意思。《周礼·考工记》"抟埴之工二",郑玄注:"抟之言拍也。"又《楚辞·橘颂》"圆果抟兮",王逸注:"抟,圆也。"可见,这句话是说大鹏凭借扶摇风盘旋而上到九万里。一般认为"扶摇"就是风名,但是闻一多认为这个"扶摇"应当是副词,用来形容鹏旋转而上的样子,可备一说。

"去以六月息者也","六月"这个词也很复杂,涉及主题问题。古人一般认为"六月"作时间长度解,六个月,按照这种解释,大鹏从北海凭借着巨大的旋风升到九万里高,然后往南飞去,飞了六个月,到了南海再休息,"息"就是休息,这是突出了大鹏的形象,飞得那么高、那么远,真是了不起! 如郭象说:"夫大鸟一去半岁,至天池而息。"(《庄子注》)清林云铭也说:"六月息,仍主半年而后止息解。盖其任意逍遥,一去一息,动经半年,则其为大年可知,三千里言其远,九万里言其高,六月息言其久,见其一大则无不大之意。"(《庄子因》)但是根据下文来解释,这个"息"不是休息,是气的意思,根据《说文解字》,息上边"自"代表鼻子,下边是心,古代医学没有现在发达,古人认为呼气是从心里边呼出来,所以"息"是心通过鼻孔呼出来的气,有风的意思。我为什么说庄子写文章很隐晦? 他这个息就是气,但他不讲气,用别的东西来代替。所以"六月息"就是六月里边的大风,大鹏飞上九万里高以后,要凭借六月时候这股强劲的大风才能把它笨重的躯体运到南海去,我觉得这个解释是对的,符合庄子本意。明清研究《庄子》文章学的人在这里还发现了一个问题,九万里不仅指高度,而且还代表了厚度,这个风从海面上抬升堆积,堆成九万里厚,才能把那么笨重的躯体运到南方去,一般的风薄薄一层,那么大的躯体是托不起来的。

《庄子》引《齐谐》的话到哪里结束，到三十年前写完《庄子诠评》为止，我搜集了所有古人以及当时海内外研究《庄子》的书一百四十来种，这里的标点全部是错的，所以2019年我写了一篇文章《〈齐谐〉之言知多少》，发表在《文史知识》上。一般人从"《谐》之言曰"后一直引到"此小大之辩也"后边，而我是这么标点的："《谐》之言曰"后边冒号、双引号，到"去以六月息者也"后双引号结束；"蜩与学鸠笑之曰"前双引号，到"奚以之九万里而南为"后双引号结束。以前人将这一整段话都标点为引自《齐谐》的话，其实是应该分开的，庄子引用《齐谐》的话，把它割成了两段，每段后面都插上了自己的话。我们讲第一节文字庄子讲了一个鲲鹏的故事，他怕天下的糊涂虫不相信，所以引用了《齐谐》的话，又讲了一遍鲲鹏的故事，这叫重言，这个故事应该是完整的，但不是简单的重复，文字是有变化的。

这一段引言后边是庄子自己的一段话。"野马也，尘埃也，生物之以息相吹也"，"野马"，按照唐成玄英的解释，是春天野外阳光照耀之下飘荡的水蒙蒙的雾气，"尘埃"就是空气中飘荡的细的灰尘，"生物之以息相吹也"，就是说，即使像春天野外飘荡着的雾气和尘埃，看上去自由自在像马在奔跑一样，但它们都是生物鼻孔里边的气把它吹起来的，有所凭借，有所待，也是没有自由的，这里是庄子自己的话。对于"《谐》之言曰……去以六月息者也"这几句话来说，它是喻意，《齐谐》里面的这几句话是正意（正意和喻意也是明清人发明出来的，以前没有这种说法，读《庄子》文章，假如你正意和喻意区分不出来，那是乱套了），相当于我们现在修辞里面比喻和被比喻的关系。

"天之苍苍，其正色邪？其远而无所至极邪？其视下也，亦若是则已矣。"然后庄子又打了一个比喻，他说我们人看天空的颜色是深蓝色的，这是天真正的颜色呢，还是天太高远，人的视觉有局限而产生的一种错觉呢？关于这个问题，我们现在当然知道，地球外面包裹着大气层，然后就是浩渺的太空，无所谓实体的天，但在古代，人们目力所及，日月星辰都分布在一个与人类等距的天球上，在亚里士多德和托勒密的模型中，天球也同样被想象为一个分为若干层的实体，所以杞人会担忧天的崩碎，而当时人宽慰杞人"天积气耳"（《列子·天瑞》），这个人正与庄子的想法一致，认为没有一个实体的天存在，这在当时应当是一种比较先进的天文观念。我每次坐飞机都会想到这个典故，我们在地面上看天空是深蓝色的，然后飞机冲到云层上边，不管地面上怎么刮风下雨，云层上面都是晴空万里，周围不是深蓝色，所以庄子的推测是有道理的。下一句"其视下也，亦若是则已矣"，指的是大鹏在九万里高空中看地面的时候，就像人站在地面上看天空一样是深蓝色的，人视天是喻意，鹏视地是正意，借人看天来比喻大鹏由天看地，由人的局限性来比喻大鹏也有局限性，这是庄子的意思，再次说明鹏不是得道者的象征。

"且夫水之积也不厚，则其负大舟也无力；覆杯水于坳堂之上，则芥为之舟；置杯焉则胶，水浅而舟大也。风之积也不厚，则其负大翼也无力"，这节文字结构非常复杂，喻中有喻，比中有比。"坳堂"这个词可能是"堂坳"的转写误倒，南朝庾信《小园赋》说"山为篑覆，地有堂坳"，比较解释得通。以前的房子多是泥地，坑坑洼洼，"堂坳"就是厅堂里边地面上的一个小坑，把一杯水倒在坑里，再把一根小草放到小坑的水上边，它会浮起来，把杯子放上去它就粘在泥土上浮不起来。这里小草比喻成小船，是最小的一层比喻，对于"置杯焉则胶"来说，小草这一层意思是喻意，"置杯焉则胶"是正意。用小草来比喻杯子，小草是小船，杯子是大一些的船，两者是比喻跟被比喻的关系。而"覆杯水于坳堂之上，则芥为之舟；置杯焉则胶，水浅而舟大也"这一层意思对"水之积也不厚，则其负大舟也无力"来说属于喻意，后者属于正意。然后"水之积也不厚，则其负大舟也无力"对于下边"风之积也不厚，则其负大翼也无力"来说它又变成喻意，而后者是正意。这里第一次点出"风"字，意思是说水少了连个杯子都浮不起，水浅舟大，来比喻风不大不厚托不起鹏的巨大重量，一层套一层，已经初步点出鹏是不逍遥的。前边有"野马也，尘埃也，生物之以息相吹也"，野马、尘埃是由气把它吹起来的，接着"且夫水之积也不厚"这一层，又用水托起船来做比喻，说明如果风不足够大，那么笨重的大鹏是托不起来的，所以大鹏根本没有自由，没有逍遥，它的行动非常不方便。

在写法上，这里第一次点出风，实际上面很多地方都已经提到风了，但没有点出"风"字。所以明清研究《庄子》的学者认为庄子善于蓄势，上边"海运"其实暗示了一股巨大的风，海水翻腾产生飓风，然后"抟扶摇而上者九万里"的扶摇风，一种旋转的大风，再接着"去以六月息者也"，息就是风，庄子在《齐物论》中就说"大块噫气，其名为风"，我们吃饱饭打嗝从喉咙里出来一股气叫"噫气"，大地像打嗝一样从喉咙里出来一股气就是风，"野马也，尘埃也，生物之以息相吹也"，这个息也是风，这么一段文字里边已经多次提到风，但庄子不给大家点破，层层比喻，比中有比，喻中有喻，然后点出"风"字，文章就造成了一种气势。所以从文章学角度来说，《庄子》是值得我们学习的，我们写文章可能比较露，这不是上等的手法。

大鹏飞上九万里高空，积聚得很厚的风就在它的下面了，然后才开始凭借大风飞行；背靠青天没有什么东西可以阻碍它，然后才开始图谋飞往南海。"而后乃今培风""而后乃今将图南"，据清马其昶《庄子故》引姚永朴说，"而后乃今"为"乃今而后"的倒文；"乃今"一词在《人间世》《应帝王》《在宥》《天运》《庚桑楚》诸篇中也有出现，是如今、方今、而今的意思，《左传》《墨子》《韩非子》都有这样的用法。那么，两个"而后乃今"为什么重复使用？历代以来注本只有明末王夫之《庄子解》和清陆树芝《庄子雪》里边有专门的批注，说是为了强调大鹏凭借九万里厚的风然后才能活动，充分点明大鹏有所凭借，没有自由，这样的批注非常好。"培风"这个"培"字，两千年以来都没有一个正确的解释，一般都解为培养的培，与主题一点不吻合，而且还有破坏作用。一直到清王念孙《庄子杂志》，才第一次解决了这个问题，这也是他对《庄子》文本字句考证最大的贡献之一。王念孙说"培"与凭借的凭在上古声相近可通用，如果这个考据成立，整个主题一下子就顺畅了。他的这个解释非常重要，而后乃今凭风，强调大鹏凭借这股风才能够往南飞，没有这股九万里厚的风把它托起来，它就不能考虑往南海飞去，那么大鹏还逍遥吗？不逍遥。

　　下边"蜩与学鸠笑之曰……奚以之九万里而南为"，这几句话是庄子再次引《齐谐》的话，"适莽苍者……不亦悲乎"是作者的插话。"蜩"是知了，"学鸠"是小鸟，应该比麻雀还小，一种小斑鸠，这个"学"字是俗字，原字应当是"鷽"，《经典释文》也作"鸒"，《文选》江文通《杂体诗》注引司马彪注"鷽鸠，小鸟"，说明司马彪本原来作"鷽"字，现在《经典释文》引司马彪注有窜改。"决起而飞"，我观察过，鸟要起飞的时候，先把身体摁下去，腿弯下去，然后才能够飞起来，"决"就是身体急耸而后迅速飞起的样子。"抢榆枋"，古本作"枪"，冲过去的意思，榆是榆树，枋是紫檀木。"时则不至"，根据王引之的解释，"则"是或者的意思，有时候呢一口气还飞不到，"控于地而已矣"，落到地上休息一会儿。"奚以之九万里而南为"，"奚以……为"，古汉语里边的一个用法，相当于用得着这样吗？像我这样前面有一两棵树，我飞过去逍遥逍遥，一口气飞不到，中间还暂且落下来休息一会儿，这也是很逍遥的，哪里需要像你一样飞到九万里高？这里就涉及了后世两千年以来对《逍遥游》主题的解释，五花八门，莫衷一是，有的觉得小鸟不是也很逍遥吗？有些人认为大鹏逍遥、小鸟不逍遥，有的觉得大鹏、小鸟都不逍遥，一直到现在，还有不同的理解，都是从这里出来的。

《齐谐》的话到这里结束了，下边是庄子的插话。"适莽苍者，三飡而反"，"莽苍"，灰蒙蒙的样子，站在城市里看郊区有一定距离，灰蒙蒙的，这里指郊外；"三飡"，"飡"通"餐"。这两句的意思是说凭借三顿的粮食就可以到郊外玩一趟了。"适百里者，宿舂粮"，"舂粮"就是捣米，我小时候很多米还是放石臼里面用铁杵捣出来的，面粉是用石磨磨出来的，你们没有体会了。"适千里者，三月聚粮"，到千里之外去，需要准备三个月的粮食。这段话里面其实还有文章。千百年以来，研究者大都觉得这里是依次表示凭借三顿饭（即一天）的时间准备粮食、头一天开始准备粮食、三个月之前开始准备粮食，突出的是时间观念，只有唐成玄英在《南华真经注疏》中说"为一宿之借""聚积三月之粮，方充往来之食"，民国时期蒋锡昌在《庄子哲学》中更是明确指出，到郊外去一趟凭借三顿饭的粮食，到百里之外去凭借"一宿之粮"，到千里之外去凭借三个月的粮食，总而言之，凭借的是准备的东西，路程越远凭借就越多。我觉得成玄英和蒋锡昌的解释很有见地，应该予以采纳。此外，这里"适莽苍者""适百里者""适千里者"都是喻意，蜩与学鸠的话才是正意，表明人们走得越远需要准备的东西越多，正如同蜩和学鸠飞得近，凭借的东西比较少，鹏要飞到南海去，所以凭借的就多，这个关系要理清楚。

"之二虫，又何知！"郭象《庄子注》说这里指大鹏和蝉，我觉得这个解释是错误的，指的应该是蜩和学鸠。蜩与学鸠见识少，不知道凭借多则行得远，榆枋之外另有大的世界，更不知道自己与大鹏一样拘于所待不得逍遥，以自己所见而嘲笑大鹏。"之二虫"这个"之"字要注意，是指示代词，《庄子》里边经常用到，"之人也，之德也"，也是这个用法，像《诗经·桃夭》"之子于归",用法也一样,但一般古文里边这样用的比较少。《庄子》里边有一些字有独特的用法,这个"之"字就是一个。

"小知不及大知,小年不及大年",这里要注意,"小知不及大知"是总结上文,这里边有所谓小知与大知的区别,大鹏可称为大知,蜩和学鸠是小知;"小年不及大年"是开出下文的,上面没有谈到小年、大年,是另外开出一层意思来。而且要注意,"小知不及大知"是正意,"小年不及大年"是喻意,下边都是喻意,和上面正文其实没有太大联系,只起到比喻作用。小年是寿命短,大年就是寿命长。怎么知道小年不及大年呢?"朝菌不知晦朔","朝菌",《淮南子》作"朝秀",根据东汉许慎注,"朝秀,朝生暮死虫也",早上天刚亮时它出生,黄昏时候生命就结束了,"晦朔"是每个月的最后一天和第一天,这里代指晚上和白天,朝菌生命短暂,只有白天的体验,没有晚上的体验,所以你给它说晚上是什么样子,它不能理解,就像《秋水》篇"夏虫不可以语于冰",只生活在夏天的虫子,你给它说冬天冰天雪地怎么冷,它也体会不出来。"蟪蛄不知春秋","蟪蛄"就是寒蝉,春生夏死,夏生秋死;"春秋"实际上是一年春夏秋冬,先秦时候农事活动很简单,只分春秋两个季节,后来农事活动频繁起来,就分四个季节了。你跟寒蝉去说一年四季里春天很舒服,夏天很炎热,秋天秋高气爽,冬天千里雪飘,它没有这种感觉的。"此小年也",这是比较短命的。

"楚之南有冥灵者","冥灵"有两种解释,一种是植物,一种是海龟,大概指植物是比较准确的。"上古有大椿者","大椿"指一种树,应该就是后边讲到的樗,没有用的木头。"以八千岁为春,八千岁为秋"稍微有点夸张,但我前几年从电视上看到美洲有一种树,大概活了四千来年了,虽然庄子可能没有看到过那么长寿命的树,但是说八千岁也不是太夸张。"彭祖乃今以久特闻",传说彭祖是历史上最长寿的人,活了八百岁。但这里如果解释成我们一般人往往一百岁都活不到，跟彭祖相比很悲哀，是不对的，跟主题矛盾了。这里应该解释成彭祖活了八百岁，一般人说起长寿，往往拿彭祖做榜样，这种观念很可悲，这样解释是跟主题吻合的，但这样解释的人不多。大家要注意，在《庄子》里，彭祖是被批评否定的对象。人类觉得彭祖已经很了不得了，活了八百岁，道教还说，老聃就是彭祖的化身，他是大道的象征，长生久视，长生不死。"长生久视"原来是一种哲学观念，后来被道教改造成长生不老的观念，宗教化了。晋代葛洪《抱朴子内篇》大量引用《庄子》材料，《庄子》里面很多描写至人、神人的故事，被葛洪作为神仙存在的论据；但庄子齐同生死，认为彭祖活了八百岁，在大道面前与殇子是一样的，这就给葛洪长生理论迎头一击，所以他强烈批评庄子齐物的观点，认为庄子"永无至言"（《抱朴子内篇》），不明白长生的要理。我们现在大力提倡锻炼身体，庄子是不提倡的，他觉得逍遥自在、随心所欲活得自由自在，才是最好的，早上去锻炼身体，把腿迈到树上压一压，晚上还那么辛苦地去跑步，在庄子看来这是丧生失性之徒，不懂得生命的真谛，所以《刻意》篇说像彭祖这样的导引养生之徒，有意去隐居在山海边的隐士，都不是得道者的象征。隐士精神跟庄子有渊源关系，但跟庄子思想不完全是一回事，大隐隐于市，心里边静的人，即使住在南京东路，也过着隐居生活。彭祖导引延年才勉强活了八百岁，可悲得很，而且传说他还服食灵芝，如果庄子知道，更加要批评他了。三国时候华佗创五禽戏，我们还大力表扬，用庄子的观点来看，华佗这样的人是彭祖末流，也是丧生失性之徒。你彭祖八百岁算什么，上古大椿一个春天八千岁，一个秋天八千岁，加起来一万六千岁，要多少个彭祖啊，而且还是通过导引才能勉强活到八百岁，有什么了不起？所以世人每以彭祖相比，这种观念和做法非常可悲，因为他不是得道者的象征。

从"朝菌不知晦朔"一直到"不亦悲乎",都可以由"小年不及大年"这句话概括,而这句话又是"小知不及大知"这句话的喻意,都是从上面生发出来的。你不读出这个意思来,就领会不了庄子。庄子文章汪洋自恣,仪态万方,像水浪一样。我去过海南岛,在天涯海角这个地方看水浪,面对着大海,那水浪一波一波打过来,我就想到《庄子》的文章,一个大浪打出去,自然地消失在这个水的整体当中,后面又有一个大浪打出去,层层不绝,在这里,"小知不及大知"是正意,是一个大浪,"小年不及大年"则是喻意,是又打出去的一个大浪。

总体来说,上面这一大段话属于重言,用《齐谐》里面的话来证明庄子所讲鲲鹏寓言是真的。庄子在引用《齐谐》的时候,把它割成了两个部分,每一个部分后面加上了作者的插话,这些插话对于《齐谐》里边的话来说是喻意,而这些喻意当中又有正意、喻意,这就是所谓《庄子》文章比中有比、喻中有喻。《齐谐》里面的话跟作者的插话,归纳起来都可以用"小知不及大知"这句话来概括,由这句话,又引出"小年不及大年"一层意思,前者是正意,后者是喻意,这是这一大段的结构框架。所以《庄子》文章不能节选,节选之后意思就变了,甚至变成相反的意思。《庄子》的文章原来不见得都是庄周一人写的,外、杂篇是重新组合过的,在思想内容和文章风格上与内篇有较为明显的差异。但内篇七篇,大家觉得原来应该就是这个样子,魏晋以后没有改变过,所以内篇七篇每一篇应该都是一个完整的整体。《庄子》文章难读,如同一层层海浪,如果找不到线索,是读不懂的,你读出来的东西不是庄子的东西。庄子挺会讲故事,大多数人也只能读出这一层意思,至于寄寓在文本里的深层意思,难以探讨。从这个角度来看,你怎么能够把它割成一段一段呢?割成一段一段的话那还是《庄子》原来的意思吗?像庖丁解牛,中学课本里面一直有,但都解错了,把《庄子》作为语文材料来读,没有整体性了。

这里还有一个问题，"小知不及大知，小年不及大年"，"不及"就是比不上，从表面来看，庄子好像觉得大年比小年好，大知比小知好，因为有"不及"两个字。王孝鱼先生《庄子内篇新解》在这个地方用了大量文字，说千万不要把"不及"解释成比不上，理解的时候要加上"所谓"两个字，因为从后面来看，不管小知、大知，小年、大年，都有所待，都不逍遥。小大问题是《庄子》中一个比较重要的命题，《秋水》篇河伯和北海若也讨论了这个话题，需要注意的是，对于小大问题《庄子》提供了"以道观之"和"以差观之"两个角度。从道的角度来看，万物齐同，这也是庄子最终的立脚处，正是从这个角度，大鹏与蜩、学鸠是没有差别的。但是从万物有差的角度来看，世间的大小秩序仍然是存在的，所以在《逍遥游》中，从蜩、学鸠到大鹏，这种差别是存在的，下文中知效一官、行比一乡、德合一君而征一国者，以及宋荣子、列子，虽都有待，这个层次递进的关系也是存在的，庄子否定之否定的论证过程也遵循了这样一个次序。所以我个人认为，这个"不及"，不能直接理解为比不上，因为有道的角度，也不能如王孝鱼先生用"所谓"两个字直接抹杀，这会使道脱离现实世界而完全陷入虚无，以道与差双观，分层次来看待，可能是一个比较合适的方法。

> 汤之问棘也是已："穷发之北，有冥海者，天池也。有鱼焉，其广数千里，未有知其修者，其名为鲲。有鸟焉，其名为鹏，背若太山，翼若垂天之云，抟扶摇羊角而上者九万里，绝云气，负青天，然后图南，且适南冥也。斥鴳笑之曰：'彼且奚适也？我腾跃而上，不过数仞而下，翱翔蓬蒿之间，此亦飞之至也，而彼且奚适也？'"此小大之辩也。

前面庄子为了给大家讲一下逍遥游的体悟，首先用了鲲鹏变化的寓言来拓宽世人心胸，但只怕世人不相信，所以借重于重言，引用《齐谐》里面的话又讲了一遍,但是行文起伏变化,不是简单重复。那么《齐谐》里面这个故事是真还是假呢? 应该是假的,但即使是编出来的,用这种形式来加以论证,在世人看来应该还是有一些可信度的。但是庄子讲了《齐谐》这一则重言以后,觉得文章到这里还不能直接进入下一个阶段,因为《齐谐》是一部志怪的书,志怪的书能相信吗? 比如我们现在讲到《西游记》《封神演义》这些书,总会产生怀疑,所以文章到这儿还必须继续往前推进,因而接下去庄子便第二次引用重言。"汤之问棘也是已:'穷发之北,有冥海者,天池也。'""棘",《列子》里边作"革",夏革,商汤时贤大夫。商汤、夏棘千百年来在人们心目当中是圣人、贤人,引用圣人、贤人的话来作为重言,比起《齐谐》可信度肯定更高,相当于你不相信小说家之言,但孔子说的话,学术权威说的话,你就相信了,不能随便怀疑,所以庄子抓住这些心理,又构出一个商汤和夏棘的对话,再讲了一遍鲲鹏的故事。

"穷发",头发都长不出来,光秃秃的,这里指的是草木都不长的地方,它的北边有个冥海。前边"北冥有鱼",北冥到底是什么,在什么地方,都没有说。后边说"南冥者,天池也",这里又给出了具体方位,北冥才初步得到了解释,由此也说明庄子写文章真的很含蓄。有人把北冥解释成北海。古代观念中的北海相当于现在渤海,但从"穷发之北"来看,肯定不是北海。我在北方待过很长时间,那些地方不是草木不长的,因为气候原因,夏天草木猛长,比南方还茂盛。根据气候变化,到七八月份,锋面雨带停留在黄河中下游,那个时候刚好暑期,南方赤日炎炎,草木都被晒得半死,而华北平原则是草木疯长,我深有体会,走在田间,大半个人都隐没在草木里边,南方没有这个感觉。所以《秋水》篇一开头说"秋水时至,百川灌河。泾流之大,两涘渚崖之间,不辨牛马",写得非常好。黄河旱季的时候水都没有的,暑期的时候刚好下雨发大水,河面非常宽，那个时候两岸的牛马对岸是辨不清楚的，庄子真是有观察能力。所以这里"穷发之北"，草木不长，解释成北海肯定是错的。草木都不长，大概快靠近北极了吧，差不多是现在的北冰洋。那么南冥的话，照这句话来推测大概是南面的海洋，南极洲那边了吧。"穷发之北"这句话把北冥的地理位置定下来了，不是简单的重复。

"有鱼焉，其广数千里，未有知其修者，其名为鲲。"这个"广"字，历代没有解释，只有清末刘凤苞《南华雪心编》有小字注——"横处看"。以前我经常就此问题问学生，多数人认为是背到肚子的宽度，我说如果这样理解，庄子写的是一条死鱼，因为鱼只有死的时候才是偏躺着，可以看到肚子的宽度，但庄子肯定不会写一条死鱼。你们去观察一下，鱼在游的时候，只能看到背部露出水面的宽度，因为背要高一些，如果刘凤苞所谓"横处看"是指背的宽度，这个解释就非常到位。《逍遥游》第一次写到这个"鲲之大，不知其几千里也"，鲲的整个躯体不知道几千里；第二次出现"鹏之背，不知其几千里也"，更加大了；这里是写到鲲的背宽"其广数千里"，背的宽度就不知有几千里，它的长度可能要突破万里了，显然是加倍夸张的写法。所以写这个鲲鹏是越来越大了，不是简单的重复。这里前边只是笼统写鱼的大小，至于整条鱼的长度没人知道，再点出其名为鲲；又说有鸟焉，先点出鹏名，再描写它的形体，两种笔法不一样。

"背若太山，翼若垂天之云"，"太山"通"泰山"，古人眼中，泰山为五岳之首，是最高的，实际上现在按照海拔来看，泰山并不高，但因为东边地面海拔低，登上泰山"一览众山小"的感觉十分明显。我1984年夏天曾经一个人登过泰山，我的感觉是什么呢？泰山和其他山真的不一样，像一个馒头形，很稳固，四平八稳，不像黄山那样嶙峋，又很巍峨，看周围的山都在脚下，所以传说中从无怀氏开始到汉武帝曾经有七十二个国君封禅泰山。这里用泰山来比喻鹏的背,我觉得非常好。我小时候经常帮助大人在热汤里褪鸡毛,褪去毛的瘦鸡脊背是高高的,两边比较扁,骨头突出来,胖鸡脊背则是圆圆的,上面比较平整,比较宽,正像泰山一样。有这种体验再来理解这句话,写得非常好,这只鹏是健壮的,稳当的,是这么一种形象。开篇写"鹏之背,不知其几千里也",就是大小,不写形状,这里"背若太山",是写形状,写法不一样。

"抟扶摇羊角而上者九万里",前面是讲"抟扶摇而上者九万里",这里加上"羊角"两个字,你们去观察一下,山羊角是旋转而上的,加上这两个字,形状就出来了。"绝云气,负青天",横绝云气,在云气当中飞翔,古人认为云是非常高的,已经和天连在一起了,所以大鹏就可以背靠着青天了,这是多么雄伟啊!"然后图南,且适南冥也","且",将要,将要飞往南冥。这几句话在前边《齐谐》里面,大致的意思有了,但是写法非常富于变化。斥鴳,斥泽之鴳,在很小的水泽里生活的小鸟,差不多是学鸠这样的,但前面加上"斥"字,表示它只能局限于小泽之中,就比学鸠的境界更卑下了。斥鴳笑之曰,"我腾跃而上,不过数仞而下",《齐谐》里面是"我决起而飞,抢榆枋,时则不至,而控于地而已矣",虽然也写得很好了,但是"决起而飞"比较抽象,这里说"腾跃而上",让我们仿佛看到了一只老虎,它要跳起来的时候,先按下身,然后腾跃而起,多么形象,所以用"腾跃"来代替"决起",更加形象了。前面说"时则不至,而控于地而已矣",这里换成了"不过数仞而下",周代的七尺或者八尺叫一仞,"不过数仞而下"就是飞了一丈多高。

"翱翔蓬蒿之间",在蓬草里飞来飞去,这就是斥鴳飞行的最高境界了,小小的心灵真是容易填满啊!这里的写法比前面又富有变化,前面是"控于地而已矣",飞不到,落到地上休息一会儿,这是最美的境界了;而这里的斥鴳却说,我在蓬草里飞来飞去,这已经是天下最逍遥的境了，你大鹏要飞到哪儿去呢？还有比像我这样在蓬蒿里飞来飞去更美的境界吗？商汤、夏棘讲鲲鹏的故事到这里为止，这是第二次使用重言。这一则重言里边，鲲鹏变化跟小鸟嘲笑鲲鹏这个寓言是一个完整的故事，所以在《齐谐》里面也应该是完整的，庄子把它割成了两部分，并分别在后面插上了自己的话作为喻意。

关于"汤之问棘"这段话，有人觉得并不是《庄子》原文，最为典型的是民国时马叙伦的《庄子义证》（他主要用音韵训诂的办法来解读《庄子》，但是根据他那个方法，整部《庄子》没法读了，很多文字都可以通假），他说"自'穷发之北'至此，义为重出，辞则小异。盖一本异文，校者旁写于下，误入正文也"，把这一则重言作为误入正文的异文。我说马叙伦根本没读懂，刚才我们分析，这段话和《齐谐》里面的话比起来都有变化，而且从三言的角度来看，从行文的框架来看，《齐谐》的话引了以后还不能结束，因为《齐谐》是志怪的书，不能让人完全信服，所以需要再次动用重言，这次动用了古代圣贤的话，是更有可信度的，这样才有说服力。从这个角度来讲，马叙伦没有读懂《庄子》。

到这里为止，庄子用了一个寓言，"以寓言为广"，来拓宽天下人心胸；只怕天下人不相信这个故事，借用了《齐谐》；只怕有一些人还不相信，再用一次重言，引用古代圣贤的话。到这儿，推到第三个境界差不多了，然后总结一句："此小大之辩也。"这句话在结构上是全文最重要的一句话，如果没有这句话，整篇《逍遥游》是散的。下一篇《齐物论》中"夫言非吹也"一句，也起到了这个作用。所以一般人说他读过《庄子》，但是到底读懂了多少，这很难说，我觉得读《庄子》不深入肌理里边，它的真意是很难挖掘出来的，但是像我们现在这么分析，是不是真的已经深入肌理了，也很难说，但起码比浮在表面要深一些。读其他诸子的书，例如《吕氏春秋》，是一个平面，不会有多少歧义，《庄子》不是这样，它的每一则寓言故事放在文章中，从哪一个角度去切入，是非常难找到的，而且各个寓言之间的逻辑关系，都要到肌理里面去理解，否则读《庄子》就是一笔糊涂账。

> 故夫知效一官，行比一乡，德合一君而征一国者，其自视也，亦若此矣。而宋荣子犹然笑之。且举世而誉之而不加劝，举世而非之而不加沮，定乎内外之分，辩乎荣辱之境，斯已矣。彼其于世，未数数然也。虽然，犹有未树也。夫列子御风而行，泠然善也，旬有五日而后反；彼于致福者，未数数然也。此虽免乎行，犹有所待者也。若夫乘天地之正，而御六气之辩，以游无穷者，彼且恶乎待哉！故曰：至人无己，神人无功，圣人无名。

至"小大之辩"为止，除了点到彭祖，之前全部是写物，真是像长江大海里面的波浪，一浪高过一浪，有"群山万壑赴荆门"的气势，总体来看，都是以物来谈逍遥，认为天地万物都不能逍遥，都有所待，用现在的话来说就是有所依赖，大到鲲鹏，小到蜩、学鸠，甚至野马、尘埃，适莽苍者等等，包括彭祖，所以直至"此小大之辩也"，天地万物，没有一个可以说是逍遥的，层层被推翻掉。这里我们要知道，成玄英解释《庄子》特别强调"双遣"，遣之又遣，在思维形式上是否定之否定。老子提倡"损之又损"，《庄子》呢，我们刚刚读了三段文字就知道了，层层否定，通过否定来进行论述。我们读书希望越读越多，在老庄看来，刚好相反，读书越多离大道越远，需要损之又损，把你后天受到的污染、接受的知识不断去掉，以至于无为，恢复到天真活泼的婴儿状态中去。明朝李贽提倡"童心说"，明显受到老庄思想影响。总论部分前面一个大层次到这里就结束了，接着由物转到人，开始了关于人的论述。

"知效一官"，这个"知"现在写成"智"；"效"，胜任。句意是说有一部分当官的人，他们的聪明才智能够胜任一官半职。"行比一乡"，

"比"，符合，句意是说有一部分当官人的行为能符合于一乡人的心愿。"德合一君而征一国者"，是说有一部分当官人的道德品性符合于国君的要求，而且受到一国人的认可，是一个非常好的官员。这里三层层层推进，行为比才智高一层，道德水平跟行为准则比起来又高一层，虽然从大的方面来看这三者同处于一个层次，但三种人当中又有递进关系。我们觉得这样的人已经非常稀少了，如果那些父母官都能做到这一点，天下哪里会治理不好呢？但在庄子看来，"其自视也，亦若此矣"，这些人也不过是蜩、学鸠、斥鴳一类，自鸣得意，自以为已经飞到最高境界了，实际也不过如此，把这三种人都否定掉了。

文章又推进到下一层，"宋荣子犹然笑之"，是说连宋荣子都看不起这些人。宋荣子即宋钘，杨倞注《荀子》说与孟子同时，当是《孟子》里边的宋牼。《荀子》说他"见侮不辱"，大概是一个比较接近于老庄道家的人物。"犹"是笑的样子。那么宋钘是一种什么样的境界呢？"且举世而誉之而不加劝，举世而非之而不加沮，定乎内外之分，辩乎荣辱之境，斯已矣。"正如前面所说，"知效一官"等三种人算什么，我都看不起你们，宋荣子就摆着这种态度。那么宋荣子自己是什么态度呢？天下人都骂他，他一点也不会消极，天下人都表扬他，他也不会受到鼓舞因此更加努力，该怎么做就怎么做。"定乎内外之分"，内是我，外是物，用道家思想来理解，内是我的本性，外是外物，金钱啊，名利啊，职称啊，都属外物，在老庄思想当中，这些东西都是有害于自然生命的。再生发一下，宋荣子知道什么是属于我个人的，什么是属于集体、国家的，不属于我自己而属于国家、属于集体的，比如你去银行取一百块钱，银行多给了一张，宋荣子是不要的，这不属于我，内外分得很清楚。我们看看，这种人已经非常好了，如果每个人都像宋荣子这样，真是天下太平了。

但在老庄特别是庄子看来，在大道的境界里面，事物是没有区别的，是非是后来产生的，大道当中一片空白，一片清虚。这里我需要补充一下庄子的本体论。老子本体论中，大道"其中有精"，可能还有一点物质性的东西，不是完全虚的。庄子本体论中，道作为万物的最后本原，绝对空虚，没有一点物。无形的大道破坏以后，就派生出介于有形、无形之间的东西，这就是气，气进一步受破坏，就变成有形的东西，天地万物，天地万物再进一步演化，产生人类。儒家认为，天地万物人最尊贵，《孔子家语》里荣启期告诉孔子，"天生万物，唯人为贵"。但在老庄特别是庄子看来，大道才是最高妙的，人类是最糟粕的东西之一，大道几次破坏之后才生出来的。从人类起源的历史来看，人类也是很晚才产生的，还没有一些细菌存在的时间长，所以你宋荣子"定乎内外之分，辩乎荣辱之境"，分得那么清楚，人本来就是大道分裂以后的产物，你离大道还很远呢！"数数"，汲汲的意思，宋荣子对于功名利禄这些东西不急于去追求，比一般人好多了，但庄子说"斯已矣"，"犹有未树也"，宋荣子也不过如此吧，这句话就把宋荣子否定掉了。

《逍遥游》中的"笑"很有意思。我们看前边，蜩与学鸠笑大鹏，以小笑大，丝毫看不到自己的局限，沾沾自喜；汤问棘的故事里，斥鴳再笑大鹏；这里宋荣子自以为高知效一官、行比一乡、德合一君而征一国的那些人一筹，所以"犹然笑之"，是以大笑小，却不知道自己"犹有未树"，也有局限；后面肩吾笑接舆之言"大而无当，往而不返"，不知人心有聋盲；惠子说庄子之言"大而无用，众所同去"，不免又一笑，更不知道自己心为茅塞。以此类推，冥灵看朝菌，大椿看蟪蛄，彭祖视众人，及至御风而行的列子，眼中大概也有大小之殊，难免同样有笑，所以审视《逍遥游》全文，可谓到处有笑，正描绘出了世人见识狭隘又自是而非人，"与接为搆，日以心斗"（《齐物论》）的不齐之态。这与《秋水》篇万物相怜，层层递进，浩浩汤汤的阔大景象又有不同。

宋荣子之后，文章又引出列子。"夫列子御风而行，泠然善也，旬有五日而后反；彼于致福者，未数数然也。""御"这个字要注意，北京大学中文系半个世纪前编的《先秦文学史参考资料》，非常权威，里面选了《逍遥游》这一篇，将"御风而行"和下边"御六气之辩"两个"御"字都解释成驾驭的意思，就错了。"列子御风而行"，这个"御"是凭借、驾驭的意思，凭借、驾驭着风在天空中飘来飘去，"泠然"，轻妙的样子，在天空中轻妙地飞了十五天。《列子·黄帝》篇也记载了这个故事，列子像一片干树叶被风刮上天了一样，在空中飞来飞去，轻妙极了。"致福"，现在人天天求招财进宝，财源广进，做官的人天天做梦官升一级，做买卖的人天天做梦赚到大钱，读书人天天做梦考个好成绩，搞研究的人天天做梦发表文章，但列御寇对这些不汲汲追求。列御寇虽然免乎行，"犹有所待者也"，"有所待"这个词很关键，涉及了中心思想。人们解释《庄子》，从"有所待"这里生发出一个"无所待"，"有所待"不逍遥，"无所待"是逍遥的。列子待风，所以列子最多不过是像大鹏，大鹏也不过是像列子。前边谈到大鹏，万物没有逍遥的时候，没有点出有所待、无所待这个概念，所以大家还在猜测，等到"犹有所待者也"一点出来，再回过头去看，鲲、鹏、蜩、学鸠等是一样的，都有所待，即使野马、尘埃，"生物之以息相吹也"，也有所待，这下子大家大概有点明白了。

"若夫乘天地之正，而御六气之辩，以游无穷者，彼且恶乎待哉"，这几句话应该属于卮言，就是随时冒出来的话。这个"乘"不能解释成"凭借"，应该解释成"顺"。这个"御"字，我刚刚讲了，北大《先秦文学史参考资料》把它解释成"驾驭"，显然是不行的。我在北方待过很长时间，经常看到马车，马蹄用铁板钉起来，人类真的很残酷，还假惺惺的，一个人在它肚子上挠痒痒，把马的注意力引开，另一个人拿着铁钉铁皮朝马蹄咚咚咚钉进去，所以马蹄走起来咚咚咚响，然后驾马车的人坐在车后面，拿着皮鞭抽打它，这个动作叫做驾驭。"御六气之辩"解释成这个驾驭，显然是错误的。这个"御"，应该和"乘"是一个意思，都解释成"顺"，顺着天地六气的变化而游于无穷无尽的大道境界。大道的境界空旷无边，没有空间、时间限制，所以佛教进入中国以后，魏晋南北朝玄学家像王弼，讲大道的时候叫无，就是空虚的意思，这个无是与佛教的空相当的。佛教与道家有相通的地方，起码在本体论方面是这样的。庄学史上，最普遍的是以儒解《庄》，中国两千年来都是儒学独占意识形态，所以大家戴着这种有色眼镜看《庄子》，其次是以佛教、《周易》思想来解释《庄子》。我的看法，如果不得已而用之，那么我宁愿选择以佛家思想来解《庄》，两者在本体论上有相通之处。中国佛教禅宗流传最广，而禅宗是最老庄化的，没有老庄就没有禅宗，我写《庄子学史》，禅宗语录我都通读过一遍，然后恍然大悟，原来禅宗跟老庄那么亲近。这个"无穷"就是大道的境界，相当于佛教空的境界，天地万物的最终本体，最早的源头，到那个地方去，一切无所待。而所有活在天底下的人都有所待，不得自由，逍遥游也只是理想当中的观念，现实当中不可能再找到了。只有"乘天地之正，而御六气之辩，以游无穷者，彼且恶乎待哉"，他还有什么依赖呢？这才是逍遥。"故曰：至人无己，神人无功，圣人无名"，只有无己的至人，无功的神人，无名的圣人，才可以达到这种境界。

关于"有待""无待"与逍遥的关系，郭象有不一样的看法。《庄子》本义，万物有待，不得逍遥，只有至人、神人、圣人才能无待，从而达到与道冥合的逍遥境界，逍遥只是一种理想状态，是可以无限趋近却永远不可能达到的那个极限，具有指引的意义，却没有现实的可能。郭象也认为从有待的角度讲，"则虽列子之轻妙，犹不能以无风而行，故必得其所待然后逍遥耳，而况大鹏乎"（《庄子注》），如列子、大鹏等极高妙的人、物，也不逍遥，但是从实际功用的角度讲，"有待者使不失其所待，所待不失，则同于大通矣。故有待无待，吾所不能齐也，至于各安其性，天机自张，受而不知，则吾所不能殊也。夫无待犹不足以殊有待，况有待者之巨细乎"（同上），有待、无待确实不一样，但有待的制约性主要体现在失于所待的境遇中，若有待者充分把握自己的天赋之"性"，与所待者建立稳固的关系，则有待的制约作用并不会发生，也就同样可以达到"大通"的逍遥之境了。也正是在这个意义上，郭象说万物适性，所待不失，都可以逍遥。在这里，郭象并未能对庄子的基本理论架构有所调整，但他借庄子的理论缝隙，衍生出了一个更普适的、曲线式的现实策略来满足当下人的需求，让《庄子》的阳春白雪变成了一个似乎人人可及的自我疏解方式，这是一个非常有意思的事情。所以我们讨论郭象注，一方面要区分他与庄子本义的区别，另一方面也要看到他的现实意义。

"至人无己"，把自己都忘记掉了。《庄子》里边很多关于至人的描写，至人登上高处不害怕，钻到水里不溺死，走进火里不烧死。但这并不是说至人的身体不是凡胎，而是他的精神境界超出了世俗，所以受到的伤害比较小。《达生》篇里面就有这样的例子，一个人喝醉了，从飞驰的马车上摔下来也没事，即使骨头摔断了，精神没有受到损伤。我以前教书的高中有一个政治老师，一天吹大风，他家的老房子倒了，睡觉的床整个从二层掉到一层，他的小女儿从床上掉下来，还在那儿呼呼睡，一点事没有，因为她睡着了，不知道害怕。所以从这个意义上来说，庄子认为至人无己，连自己的主体都忘记了，可以刀枪不入，当然这是一个比喻的说法，是说受到的伤害比较小，因为不在乎。"无己"，放下自我，这是三种人当中最高的一个境界。自我是一个复杂的概念，既有智识层面，也有肉体层面，《庄子》讨论这个问题非常彻底，不但要"黜聪明"（《大宗师》），还要"堕肢体"（同上），《大宗师》篇齐同生死，《至乐》篇髑髅以死之乐超过"南面王乐"，坚决切断与父母、妻子、闾里的联系，甚至知识、骨肉肌肤都不要,这大概是真正的无己,也就是逍遥至乐了。佛教说"烦恼障品类众多,我执为根,生诸烦恼,若不执我,无烦恼故"(窥基《成唯识论述记》),对自我的执迷,是一切烦恼的根源,《老子》十三章"吾所以有大患者,为吾有身。及吾无身,吾有何患",说的也是这个意思,如果心里没有我的这个概念了,还有什么在意的呢,还有什么烦恼呢? 这大概和西方文明对自我存在的不断确认与追求,指向不太一致。现在社会上有自杀的,有些就是精神压力太大了受不了,如果"至人无己",什么都无所谓,学业完不成有什么关系,职称上不去有什么关系,我根本不在乎,还会去自杀吗? 所以"至人无己",达到这种境界的人思想没有牵累,可以逍遥游了。

"神人无功",藐姑射山神人,你把天下给他,这种功名他不要的。人类把尧舜看成是最高的典范,在藐姑射山神人看来这算什么? 庄子说,藐姑射山神人身上搓下来的泥巴捏起来比尧舜还高明,比尧舜建立的功业还要高,一个总统一个皇帝算什么,整天忙忙碌碌,丧生失性之徒。庄子认为,像神人这样无求功于世,没有牵累,什么都无所谓了,可以逍遥了。"圣人无名",不要去追求虚名。人类特别是我们读书人,一大半是苦于追求虚名。"名者,实之宾也",你要这个附着的东西干吗,所以精神没有拖累,完全解脱了。这三种人能够达到逍遥的境界。

文章开头至此为总论。接着是分论,分为三大部分来分别论证"至人无己、神人无功、圣人无名"这三句话,而"若夫乘天地之正"至"彼且恶乎待哉"这几句话,是全文的中心论点。

至人、神人、圣人这三个概念,是道家观念当中的理想人格,不是具体的人。一般认为,三者没有明显区别。成玄英《南华真经注疏》就说三者"名号虽异,其实一也",名称虽然不同,实质是一样的,这就肯定了《庄子》中至人、神人、圣人的并列关系,三者达到的逍遥境界是一样高妙的，没有等次差别。但是外篇的《庚桑楚》有语云："羿工乎中微而拙乎使人无己誉，圣人工乎天而拙乎人。夫工乎天而俍乎人者，唯全人能之。"在这几句话里，"圣人"像羿一样有所偏执有所不能，还没有达到最高妙的境界，与相当于"至人""神人"境界的"全人"有区别，这么看来，至少在《庚桑楚》篇，圣人的境界相对来说是要低一点的，这也是后来人讨论三者关系的一个方向。这里要指出来，《庄子》里面圣人有两种意思，一种是跟至人、神人同一个层面的道家理想化身，另一种，而且不少，则指的是儒家观念的圣人，这时候是作为批判的对象，跟老庄道家理想化身是两回事。

　　随着庄学的不断发展，到了明清特别是康熙时，宣颖《南华经解》特别指出，这三种人不是并列的，"至人无己"境界最高，"神人无功"其次，"圣人无名"又其次。一个人连自己有没有存在都忘记了，这境界是最高的，是逍遥游理想化身的最高层次。其次是"神人无功"，把天下给他都不要，像毛泽东《沁园春·雪》说，"江山如此多娇，引无数英雄竞折腰"，秦皇、汉武、唐宗、宋祖，还有那成吉思汗，都在为江山"竞折腰"，但《逍遥游》里面那个藐姑射山神人，把天下给他，他不要的，这就是"神人无功"。庄子《让王》篇说"道之真以治身，其绪余以为国家"，大道最精华的部分拿来修身养性，没用的那点渣用来治理国家，修身养性比治理国家更重要，治理国家是余事。《老子》十三章也说"故贵以身为天下，若可寄天下，爱以身为天下，若可托天下"，只有贵身爱身，才可以治天下。所以无功的神人也是理想化身，但比无己的至人要低一点。至于"圣人无名"，只是把名忘掉，身什么可能还忘不掉，又差一点了。宣颖明确指出三者有层次差别，值得赞同，我是非常主张"至人无己"是最高境界的。所以《齐物论》开篇南郭子綦"荅焉似丧其耦"，就是以"至人无己"开头的，最后进入到天地不分、庄周跟胡蝶不分的混沌境界，前后呼应。

　　尧让天下于许由,曰:"日月出矣,而爝火不息,其于光也,不亦难乎!时雨降矣,而犹浸灌,其于泽也,不亦劳乎!夫子立而天下治,而我犹尸之,吾自视缺然,请致天下。"

　　许由曰:"子治天下,天下既已治也,而我犹代子,吾将为名乎?名者,实之宾也。吾将为宾乎?鹪鹩巢于深林,不过一枝;偃鼠饮河,不过满腹。归休乎君!予无所用天下为。庖人虽不治庖,尸祝不越樽俎而代之矣!"

从"尧让天下于许由"开始,下面三则寓言分成三大部分,是分论,第一部分证明"圣人无名",第二部分证明"神人无功",第三部分证明"至人无己",和总论部分次序是倒过来的。这里是第一则寓言故事,用尧和许由的对话来印证"圣人无名"。

尧和许由历史上应该实有其人,这番对话则属于寓言,虚构起来的,当然应该也有些事实成分,尧舜禅让的故事,应该是有历史事实的。《庄子》"寓言十九,重言十七,卮言日出",大量的所谓寓言、重言,是借助于历史上一些真人真名再掺进一些虚构的故事组成,所以诸子百家里边像《庄子》《孟子》当中的寓言故事,大量应该属于虚构,不能作为历史事实来接受。如果在史料里面,比如《左传》《国语》里面有这样的事,然后《庄子》也有,那可以作为旁证,否则单独一则材料,是不能作为历史事实来看待的。所以历史学界研究先秦这一段,春秋时候的历史比战国时候的历史要有依据一些,因为有《左传》《国语》这么一些比较可靠的史料,而像《战国策》是战国纵横家夸夸其谈的言论,粉饰虚构的成分比较多,至于其他诸子百家,主要目的在于论证个人观点而不是记载历史事实,所以研究战国历史更加缺乏可靠材料,这个大家需要知道。

这则寓言故事说尧要把天下让给许由,许由说太阳、月亮已经出来了还举着小火把,这种光跟太阳、月亮比起来,显然微不足道。"爝火",

小火把。这里"日月"比喻许由，"爝火"比喻尧自己。"时雨降矣，而犹浸灌，其于泽也，不亦劳乎！""时雨"比喻许由，"浸灌"，抱着罐子去庄稼地里浇水，《外篇·天地》有汉阴丈人"抱瓮而出灌"，指的就是这个，尧这里是以"浸灌"自比。"夫子立而天下治，而我犹尸之，吾自视缺然，请致天下"，这个"夫子"指许由，您如果立为天子，天下能够得到很好的治理，而我还扮演着尸主偶像占据这个位置，我自己觉得惭愧，请把天下交给您吧！庙堂祭祀有木主，代表祖宗或者某一个人物，现在我们老家春节祭祀的时候还有木主，每一个去世的先人都有一块小木头，像墓前的碑一样，里面一张纸写着他（她）的出生年月和去世时间，夹在两片木头中间，下面一个底座，祭祀时对着这个拜的。有时是由人来扮演已经逝去的某一个人，叫做"尸"。在这里，"尸"当动词用，以我作为祭祀对象，以我占据天子之位来治理天下。这里大概有一些禅让的影子在里边，不能说完全违背历史事实，但这个故事本身是虚构的。

许由怎么说呢？你治理天下，天下已经治理得很好，而我又代替你，我将为名吗？你把天下治理好了让给我，要把这个名给我，但是"名者，实之宾也"，名是附着在实物之上的一种外在的东西，"宾"，附属的东西，"吾将为宾乎"，我是为了这个附在实体上的虚的东西吗？"鹪鹩巢于深林"，"鹪鹩"是一种很小的鸟，"深林"是很大的一片树林，深山茂林，这里"鹪鹩"是许由自比，"深林"比喻天下，一只小鸟在深林里边一根很小的枝条上做一个鸟窝，就足够了，整片深林给它，它有什么用？意思就是说，我许由有一点点地方存身就足够了，你把天下交给我，我有什么用？"偃鼠饮河，不过满腹"，"河"指黄河，上古时候，江、河是长江和黄河的专有名词。小老鼠善于钻地洞，你说小老鼠我把黄河的水都给你，小老鼠说我黄河里边喝几口就够了，黄河的水都给我，我有什么用？这里许由以偃鼠自比，以河水比喻天下，说明我许由像小老鼠一样喝几口水,有一小块地方就够了,你给我天下干吗?"归休乎君! 予无所用天下为",这是一个倒装句,把天下给我许由,我有什么用呢? 你回去算了吧!"庖人虽不治庖,尸祝不越樽俎而代之矣","庖人"比喻尧,"尸祝"比喻许由,指祭祀中持祝版对神主祈祷的人。

这个故事,你们读《庄子》时要注意。《庄子》中有一些现在看来属于隐士思想观念的东西,但《庄子》里边的这些人和隐士又不一样,对于后来的隐士,庄子是持否定态度的。有隐士思想的这些人,在《庄子》各个部分中形象不一样,作者对他们的态度也不一样,因为内外杂篇大概不是一个人写的,所以里边表现出来的思想观点也不一致。比如《大宗师》里面写到许由、务光等人,作者对他们是持否定态度的,因为这些人丧失真性,天下给他,他去投河自杀了,因为耳朵听到这种话被污染了,对于这些人,庄子认为不对。而在杂篇《让王》中,大部分寓言故事都是讲这些的,善卷听到舜要把天下让给他,就带着老婆跑到深山里边住起来,石户之农听到舜要让天下给他,带着一家子逃到海上不回来了,北人无择听说舜要把天下让给他,去投河自杀了。《让王》篇对这些是持肯定态度的。《逍遥游》这则寓言故事中,作者对许由持肯定态度,对尧是持否定态度的。尧治理天下,在庄子看来就像屠宰场里边的屠夫一样,挥动着刀在治理天下,在屠杀,满脸都血淋淋的,所以在庄子观念当中,尧不逍遥。在老庄哲学特别庄子哲学当中,治理天下跟修身养性在层次上就不一样,修身养性层次较高,而治理天下国家是没事干了你才去治理一下,属于层次低的,这和儒学不一样,儒学的终极目的是治国平天下,刚好倒过来。尧治理天下而忽视了修身养性,在庄子眼中他是丧生失性之徒,许由不为名,不追求虚的东西,所以逍遥颍水之上,是得道圣人。

　　　　肩吾问于连叔曰:"吾闻言于接舆,大而无当,往而不返。吾惊怖其言，犹河汉而无极也；大有径庭，不近人情焉。"

连叔曰："其言谓何哉？"曰："'藐姑射之山有神人居焉，肌肤若冰雪，淖约若处子；不食五谷，吸风饮露；乘云气，御飞龙，而游乎四海之外；其神凝，使物不疵疠而年谷熟。'吾以是狂而不信也。"

连叔曰："然。瞽者无以与乎文章之观，聋者无以与乎钟鼓之声。岂唯形骸有聋盲哉！夫知亦有之。是其言也，犹时女也。之人也，之德也，将旁礴万物以为一，世蕲乎乱，孰弊弊焉以天下为事！之人也，物莫之伤，大浸稽天而不溺，大旱金石流、土山焦而不热。是其尘垢秕糠，将犹陶铸尧舜者也，孰肯以物为事！宋人资章甫而适诸越，越人断发文身，无所用之。尧治天下之民，平海内之政，往见四子藐姑射之山、汾水之阳，窅然丧其天下焉。"

此处庄子又讲了一则寓言故事，这个寓言故事是肩吾和连叔的对话，主要印证总论部分"神人无功"。肩吾和连叔这两个人的名字，历史上有不少人做过解释，比如成玄英《南华真经注疏》，但大部分属于牵强附会，但宋代王安石的儿子王雱《南华真经新传》对肩吾、连叔的解释颇有新意，可以参考。他说："肩吾者，任我也。连叔者，不通不行而非物之长者也。"肩吾问连叔，我听到接舆的话，真是"大而无当"——海阔天空不着边际。接舆这个人是有的，《论语》里边有一个隐士，孔子从他边上过去，他就说"凤兮凤兮，何德之衰？往者不可谏，来者犹可追"，《庄子·人间世》最后一则寓言故事也是接舆，所以接舆的存在应该有些历史事实，但肩吾和连叔对话里面讲到接舆的这个故事，是虚构的。

接舆讲了一个藐姑射山神人的故事。《山海经》也提到姑射之山，但《山海经》可不可靠，《庄子》里面的姑射之山和《山海经》里的是不是一个，现在很难考证，因为名义上说是大禹跟他的臣下一起治理天下，看到奇怪的野兽、风俗、山川大地等等，把这些东西记下来，成为了《山海经》,但现在研究者觉得《山海经》成书时间应该在战国,可能有一些早期的传闻故事包含其中。这个时候已经不是小国寡民,人们通过打仗交流多了,地理方面的眼界大为开阔,听到一些稀奇古怪的故事,看到本地没有的东西多起来了,这是《山海经》形成的背景。所以关于"藐姑射之山"的记载,到底《山海经》在前还是《庄子》在前,搞不清楚。大概二十年以前我去山西临汾,那里有个尧庙,据说尧曾待过,后来被火烧掉了,我去的时候看到新修的庙,非常大。汾水北面有一座姑射山,地方志上也有记载。我问过当地人和那边的学者,汾水北面的姑射山,到底是从《庄子》里边来的呢,还是本来就有姑射山,《庄子》从那里来的?他们说搞不清楚。

肩吾说,我听了接舆讲的这个藐姑射山神人的故事,真是感到很惊奇呀,海阔天空不着边际,跟想象当中的大有区别,不近人情。他说藐姑射山有神人住着,皮肤像冰雪,"淖约若处子","处子"就是处女,不吃粮食,吸风饮露,顺着云气、飞龙游于四海之外,精神凝聚起来,足以使天下万物不生毛病而丰收。接舆讲了这么一个故事,肩吾觉得他是骗人的,不真实。连叔就说了一个比喻,"瞽者无以与乎文章之观","瞽者",盲人,生下来就目盲的人你没有办法跟他讲文章,这个文章指的是五彩的花纹。"聋者无以与乎钟鼓之声",耳朵聋的人你跟他说音乐演奏起来多么悦耳动听,白费劲。"岂唯形骸有聋盲哉!夫知亦有之",哪里只是眼睛耳朵有聋有瞎,智力方面也有聋子和瞎子。"是其言也,犹时女也","时女",历史上有很多解释。西晋司马彪认为"时女"就是藐姑射山神人,因为上边写的是"处子",所以这是解释"处子"这个词,"时"是"这个"的意思,这个女子。后来人都表示不同意。解释比较好的,"女"通"汝",你。("女"和"汝"是通假字,原来没有代表你的字,所以借"女"来用,但是读"汝",后来为了分别开来,借用汝水的"汝"来做你。通假字先借来用一下，后来新造出来一个字，把原来的通假字还给人家，这叫做有借有还。这个"汝"字，开始借用"女"字，还了，后来借用汝水的"汝"字，不还，这叫做有借无还。所以现在我们看到当"你"的意思的时候，大部分是"汝"字，有小部分仍是"女"字。）意思就是说，这里讲的智力方面有聋子瞎子，指的就是你肩吾，你以为接舆的话大而无当不近人情，实际上真有这么一回事，只是你心智聋瞎不明白。司马彪是最早对《庄子》进行注解的人，这个注本没有流传下来，大概到唐朝中期的时候就散佚掉了，有少量保存在陆德明《经典释文》和《昭明文选》李善注里边，但是司马彪这里的解释是错的，后面的解释是对的。

"之人也，之德也"，"之"是指示代词这，这里指的是藐姑射山神人。"将旁礴万物以为一"，历史上这句话争议很大，有两种断句，一是"将旁礴万物以为一，世蕲乎乱"，还有一种"将旁礴万物以为一世蕲乎乱"，中间逗号去掉，意思相反。"乱"是治的意思，在训诂上叫做反训，这是没有争议的，《尚书·周书·泰誓》里边说"予有乱臣十人"，这里的"乱臣"就训作能臣。按照第一种，中间断开，"旁礴"就是混同为一，把天下万物混同为一，混沌的状态，"蕲"是蕲望，世上的人希望天下得到大治，请藐姑射山神人来把天下治理好，让天下达到混同为一的境界吧！但是藐姑射山神人不愿意接受，庄子认为大道的精华部分是拿来修身养性的，糟粕部分才拿来治理天下国家，"孰弊弊焉以天下为事"，得道的人谁把治理天下当做一回事啊！不用逗号的解释则是"将旁礴万物以为一世蕲乎乱"，藐姑射山神人将混同天下，为天下人求得大治，意思与前边就刚好相反了。我觉得这样断句讲不通，但历史上有很多是这么断的，和主题矛盾，因为神人不愿意治理天下，神人无功。传统观念，"太上有立德，其次有立功，其次有立言"（《左传》襄公二十四年），这是人生最高境界了，我们现在整天读书做学问，最多是立言，已经是第三等级了，神人是不要这些东西的,所以这里断句和不断是不一样的。我是倾向于中间断开的句读方法。

"之人也,物莫之伤,大浸稽天而不溺,大旱金石流、土山焦而不热",《庄子》里面很多寓言故事讲到这些得道的人跟普通人不一样,不受外界一些极端条件的影响,特别讲到至人的时候,比如《齐物论》说他们"大泽焚而不能热,河汉冱而不能寒",《达生》篇说他们像"醉者之坠车,虽疾不死",喝醉的人坐在飞奔的马车上,即使摔下来也不会受到损害,因为他一切顺其自然,首先在精神上不会受到损伤,这与得道者是一样的。这里讲这种人大水滔天,他也不会被淹,大旱,石头都化成浆了,山土都被烧焦了,他也不感到热,他身上的尘垢秕糠都可以成就尧舜的事业,"孰肯以物为事",哪里肯把治理天下放在心上呢? 得道的人不为国家天下这种外物所牵累,这才是逍遥。

"宋人资章甫而适诸越",宋是殷商后裔,武王伐纣,把商的后裔集中起来,封为宋国,让他们有祭祀先祖的条件。"资"是贩卖。宋在现在河南商丘一带,庄子就是宋国人。"越"是越国。据《史记·孔子世家》记载,大禹治水,从黄河源头开始,最后治理的是钱塘江,钱塘江治理好了以后,他登上苗山会同天下诸侯一起来计算功劳(大禹陵我去过两次,据说原来叫做苗山),论功行赏,当时有一个诸侯王防风氏姗姗来迟,大禹把他砍头了,防风氏很高,架起架子上去才够得上。后来孔子的时候,有人挖出一节骨头,装起来有一车,去请教孔子这是什么骨头,孔子说这是防风氏,被大禹杀头的那个人。防风氏在现在浙江德清这一带。大禹死后,在苗山建了一个衣冠冢,夏少康怕这个地方荒无人烟以后连坟墓都找不到了,封庶子无余为越国第一个国君,这就是越国。越国以绍兴为中心,一直到金华、衢州这一带,以钱塘江、吴山为界,南面一直到现在宁波一带。

"章甫"是商朝的一种礼帽，在正式场合戴，就像现在人正装穿西服，日本人重大场合穿和服一样，宋国人很看重这种礼帽，以为其他国家的人也喜欢，所以把这种礼帽贩运到越国去，从河南商丘运到现在浙江绍兴，但是越国人"断发文身"。什么叫"断发文身"呢？越国近海，我自己就是浙江人，我们小时候没有像现在这样整天做作业，暑假整天泡在水里，所以形成短发的习俗，头发长的话不容易干，不方便，所以越国人常剪短头发。中原一带留长头发的，《孝经·开宗明义》就说"身体发肤，受之父母，不敢毁伤，孝之始也"，所以《三国演义》曹操行军自己的马跑到麦地里去了，他割发来表示惩罚，现在我们一两个月就去理一次发，你曹操有什么了不起，但在古代头发是不能随便弄断的，这是中原一带的习俗，而越国人整天要钻在水里，所以头发比较短。"文身"，身上刺上鱼鳖图纹，意思就是下水的时候叫水鬼不要来害自己，我们也是水族，这是越国的风俗。现在已经看不到这种风俗了，但是越国、楚国这一带鬼神观念根深蒂固，我小时候也没有电灯，夏天晚上露天乘凉，大人讲得最多的就是鬼故事，有头有尾有声有色，水里边是水鬼，肚子上系着红肚兜，特别是农历七月半那一天，池塘边上都是水鬼，我们方言就说"七月半，水鬼站在塘坎上"。所以"断发文身"大概是越国的一种风俗，应该是有根据的。宋国人把自己喜欢的礼帽贩运到越国去卖，越人"无所用之"，不要的，就像对于猴，《天运》篇里边写道，你把周公华美的衣服穿到猴子身上去，猴子感到很不舒服，要把它撕掉。

"宋人资章甫"这则故事对于下面一则寓言故事来说，它是喻意，下面才是正意。"尧治天下之民，平海内之政，往见四子藐姑射之山、汾水之阳，窅然丧其天下焉"，"四子"，有人认为指王倪、齧缺、被衣和许由四人，但并没有确切的证据，更何况这些人有的其实也是庄子虚构出来的，所以把"四子"看作得道的人就可以了。唐尧去拜访了这四人以后，把天下都忘记了，就像越国人不要章甫一样。宋人贩卖礼帽而越人视之如敝屣，这是喻意，唐尧去见四子后则"窅然丧其天下焉"，这是正意，喻意是为正意服务的。藐姑射山这一则故事主旨是论证"神人无功"。因为儒学的长期影响，在世人看来，得天下是了不得的事，但在连叔看来，即使你功业像尧舜一样，还不如藐姑射山神人身上搓下来的泥巴高明，所以尧一见四人，天下也不想要了，"神人无功"就是这个意思。

　　这里我补充一下郭象的解释，他的说法和庄子原意大相径庭。郭象认为，尧该治理天下的时候就一心治理天下，在治理天下的过程当中，他内心坦然，治理好天下以后不把天下归为己有，又很坦然地想交给许由，这是得道者的象征，达到了逍遥游的境界。而许由，当天下百姓希望他来治理天下的时候，他拒绝了天下人的要求，违背民意，所以他不是得道者的象征，只能成为尧的外臣。藐姑射山神人精神凝聚起来使天下万物都不生病，五谷丰登，在逍遥自在的过程中为天下谋利益，顺应了民意，所以藐姑射山神人也逍遥。通过注这两则寓言故事，郭象总结说："夫圣人虽在庙堂之上，然其心无异于山林之中，世岂识之哉！徒见其戴黄屋、佩玉玺，便谓足以缨绂其心矣；见其历山川、同民事，便谓足以憔悴其神矣，岂知至至者之不亏哉！"又说："夫治之由乎不治，为之出乎无为也，取于尧而足，岂借之许由哉？若谓拱默乎山林之中而后得称无为者，此庄老之谈所以见弃于当涂。"郭象的话非常重要，说你不要以为尧舜在治理天下的时候整天挥汗如雨，就不逍遥，实际上他心里坦然自在，无为而治，也很逍遥。他认为尧像藐姑射山神人那样，有功劳不据为己有，逍遥自在的过程中为天下带来了莫大的好处，所以尧才是理想中的得道之人。从这两则寓言故事，郭象引出了"游外宏内"这个命题，"游外"是逍遥自在的出世精神，"宏内"是积极治理天下，在郭象看来，尧和藐姑射山神人身上体现了逍遥自在和积极治世两个方面的精神，这种精神就是所谓"名教同于自然"。郭象的解释完全违背了庄子本意，是"六经注我"的解释方法。

惠子谓庄子曰："魏王贻我大瓠之种，我树之，成，而实五石；以盛水浆，其坚不能自举也；剖之以为瓢，则瓠落无所容。非不呺然大也，吾为其无用而掊之。"庄子曰："夫子固拙于用大矣。宋人有善为不龟手之药者，世世以洴澼絖为事。客闻之，请买其方百金。聚族而谋曰：'我世世为洴澼絖，不过数金；今一朝而鬻技百金，请与之。'客得之，以说吴王。越有难，吴王使之将；冬，与越人水战，大败越人，裂地而封之。能不龟手一也，或以封，或不免于洴澼絖，则所用之异也。今子有五石之瓠，何不虑以为大樽而浮乎江湖，而忧其瓠落无所容？则夫子犹有蓬之心也夫！"

惠子谓庄子曰："吾有大树，人谓之樗，其大本拥肿而不中绳墨，其小枝卷曲而不中规矩，立之涂，匠者不顾。今子之言，大而无用，众所同去也。"庄子曰："子独不见狸狌乎？卑身而伏，以候敖者；东西跳梁，不辟高下，中于机辟，死于罔罟。今夫斄牛，其大若垂天之云。此能为大矣，而不能执鼠。今子有大树，患其无用，何不树之于无何有之乡，广莫之野，彷徨乎无为其侧，逍遥乎寝卧其下；不夭斤斧，物无害者，无所可用，安所困苦哉！"

《逍遥游》最后一部分是惠施和庄子的对话，主要论证"至人无己"。我简单介绍一下惠施。他是梁惠王时人，大概与孟子同时，因为孟子去魏国见过梁惠王。惠施做过相当于相国之类的官，也帮魏王制定过法律，是一个比较务实的人。从学术特点来看，他主张辨名物关系，所以后来把他定为名家，和公孙龙是名家两派的主要人物。惠施和庄子理论很不一样，但两个人是好朋友，属于诤友，经常会争得不可开交。《徐无鬼》篇说，惠子死了，庄子和学生经过他的坟墓，庄子就讲了一个"运斤成风"的故事,说郢人和匠石是好朋友,郢人鼻子上有一点干的白灰,匠石抡起斧头把它劈下来,这固然可以说"运斤"的人技艺高超,但他也需要对手,如果不是对方站在那儿一点儿不害怕,配合得好,脑袋也半个劈下来了。惠子正是庄子争辩的对手,惠子死了,他也没有人可以对话了。在整部《庄子》里面,惠施经常出现,基本上都是在和庄子争辩,而且争得气都喘不过来,靠在梧桐树上直喘气,庄子当然是游刃有余,不会败下阵来。由于庄惠的密切关系,历史上有部分研究《庄子》的人觉得这本书是庄周为惠施写的,最极端的是王孝鱼先生,当然这只是一家之言。但不管怎么样,惠施在《庄子》这本书里边应该引起我们足够的重视,庄子很多观点跟名家特别惠施这一派是有关系的。

"瓠"是葫芦,"石"是中国古代的容量单位,十斗为一石。"瓠落",廓落,空廓的样子,形容葫芦做的水瓢很大的样子。惠子说,魏王送给我大葫芦的种子,我把它种下去,成熟了,葫芦的容量有五石那么大。这个石大家可能没有直观感觉了。十斗为一石,斗是以前常用的一种计量粮食的器具,木头做的,用来称粮食,叶圣陶有篇文章叫《多收了三五斗》,很有名,课本里都有的。斗的形状有点像个木头箱子,但上面是方形开口的,上面大下面小,一斗的容量大概相当于现在十升多一点,我们现在饮水机上的桶装水一桶大概是十九升,所以一斗就是半桶水多一点那么大。五石是五十斗,所以这个葫芦大概有二十五桶水那么大,大家想想二十五桶水堆在一起的样子,那是很大了。惠子说这个葫芦太大了,用来装水,它的坚固程度经不起提举,剖开来做瓢,又因为太大而没有地方可安放它,不是不大,我因为它没有用处就把它给砸了。这显然是一个寓言故事,惠子是借这个大葫芦来比喻庄子,意思是说你庄子讲逍遥,讲不为外物所累,不是不大,但是理论太空泛,没有实际用处,"大而无用"。按照惠施的观点,庄子这些理论是没有什么实际用处的，因为惠子崇尚实用，是很讲功利目的的。但是仅仅按照功利目的，现在搞绿化，这些树又不能当木材用，种花更加没用，养鸟养狗，又有什么用呢？在功利的人看来，养鸟不如养鸡呢，鸡还可以下蛋。问题显然不能完全这么看。

庄子说，你实在是不善于使用大的东西啊。于是他也讲了一个故事。有个宋国人善于制造不龟裂手的药物，他家世世代代都以漂洗丝絮为业。这个"龟"相当于皲，指皮肤因寒冷干燥而裂开，现在条件好了，大人小孩冬天护手霜擦擦，皮肤都很好，我们小时候冬天冻疮手裂很常见，尤其要户外干活，皮肤都很粗糙。"不龟手之药"，防止手上皮肤裂开的药，跟现在护手霜差不多。宋人召集全族人来商量说，我家世世代代漂洗丝絮，收入不过数金，现在一旦卖出这个药方就可以获得百金，就卖了吧。这个客人得到药方，就去游说吴王。越国人起兵入侵，吴王派他率领军队，冬天和越人水战，大败越人，吴王割地封赏了他。接下来是庄子对这个故事的评论，庄子说你看，不龟手的药是一样的，有人因此裂土而封，有人却只是用来漂洗丝絮，这是因为使用方法的不同。这句话是这个故事的中心句。上面庄子讲的这个不龟手之药的故事是喻意，下边才是他的正意，直接回应惠子的话。现在你惠子有五石容量的葫芦，为什么不系着当作腰舟而浮游于江湖之上，反而愁它太大而没有地方可安放呢？可见你的心还是茅塞不通啊！

大家看看，庄子的笔法很有意思。惠子想批评庄子的学说大而无用，但他不直接说，而是讲了一个大而无用的大葫芦的故事，以这个葫芦来比喻庄子。庄子要反击惠子的批评，他也不直接说，而是绕开惠子葫芦的故事，先讲了一个不龟手之药的故事，用药的"所用之异"，来说明有用无用因人而大异，以客自比，而以宋人比惠子。再用这个不龟手之药的故事为喻意，引出用大葫芦为腰舟的正意。当然，这个大葫芦的故事其实也是喻意,其正意在于对惠子和世人"蓬之心"的批评。庄子的这个故事,其实和前边的鲲鹏故事一样,其目的也是在于拓开世人狭隘的心胸。事物一定要是有用的吗?一定要可以带来眼目可见的好处吗?庄子说不是的,我们除了看到这些利益,还应该可以感受到其他一些东西,比如超脱世俗、遨游太虚的至人逍遥境界。

接下来,惠子又讲了一个樗的故事。"樗"是我们前边讲的椿的一种,椿树分为香椿和臭椿,香椿可以吃的,樗是臭椿,不能吃,长得很高大,但是材质很差,生火不旺,而且树干疙瘩盘结,没法用绳墨来取材,小枝弯弯曲曲,不能用规矩来衡量,生长在路边,木匠都不屑一顾。"绳墨""规矩",都是木匠用来裁量木头的工具。这个樗疙瘩弯曲,虽然很大,却没法加工成供人使用的东西,在惠子看来,是没用的,这是喻意,正意是下边一句"今子之言,大而无用,众所同去",用樗比喻庄子的话,说明就像匠者对樗不顾一样,众人对于庄子的话也不愿再听。这和上边大瓠的故事其实是一个意思。但这只是惠子的意思,在庄子看来,正因为无用,所以樗能够在大路旁边都长得很高,没人去砍它,一旦有用,像《人间世》篇说的,桂树可供调味食用,所以被砍伐;漆树可以用,所以被刀割。所以庄子也讲了几个小故事来回应惠子。"狸",野猫。"狌",黄鼠狼。"斄牛",牦牛。他说,你没看到野猫和黄鼠狼吗?它们低身伏在地上,伺机猎取出来活动的小动物,东蹿西跳,不避高低,往往触到机关,死于罗网之中。再看那牦牛,庞大的身子好像天边的云,它该算是大的了,却不能捉老鼠。这是说,你看那野猫和黄鼠狼,看起来灵活,很有用的样子,最后却死了,反而牦牛粗大蠢笨的样子,偏偏没事。通过这些例子说明,无用即为大用。人太聪明了,人要来算计你,那种很笨的人,反而很有福气。

庄子讲狸狌和斄牛这个故事是喻意,是为了引出下边关于大树的话,这是正意。庄子说,你惠子有这么大一棵树,还愁它无用,为什么不把它种在虚寂的土地上、广漠的旷野里,可以让得道者任意地悠游于树旁,怡然自得地躺在树下,而它自己不会遭到刀斧的砍伐,没有东西来伤害它,因为它没有什么用处,哪里还会有什么困苦呢?庄子强调无用即是大用,老子也是这个思想。老子治理国家主张"虚其心,实其腹"(《老子》三章),让老百姓懂的东西少,内心空虚,肚子填饱,这样国家就太平了。庄子希望生活在"无何有之乡""广莫之野",大道的虚无境界,彷徨无为,逍遥寝卧,这是他理想的生活状态。这个大树的寓言很重要,我们在《人间世》篇、《山木》篇都可看到,其基本思想取向都是全身远害,以不才得终其天年。这其实是一个很有意思的话题,无用即为大用,当所有人都在教我们要做一个有用的人,要不断进步,做一个对社会有贡献的人的时候,庄子走向了另一个维度,他说要无为无用,消弭自身,与道融合,取消主体过于强烈的存在感和主观意志,在道的境界中逍遥悠游,保全自身以及精神的自由。这种对精神自由的向往,在整个诸子思想中大概是独一无二的。

　　结合文章主题,这段话是论证"至人无己",至人不是天天去显示自己,而是让自己不断走向无用,向大道的境界去靠拢。如果连自己这个主体都忘记掉了,比如说你们现在听我讲课,如果听着听着就睡着了,我觉得有点体悟大道了,你还很用心地在听我讲,想在这里学点知识,你离大道越来越远了,这是庄子的观点。宰予昼寝,白天听孔子讲课,睡着了,在儒家看来,"朽木不可雕也,粪土之墙不可圬也"(《论语》),这个人没指望了,而在庄子看来,这个人体悟大道了,睡着了,天地万物都忘记了,这就有点"至人无己"的意思了。前边圣人、神人两则故事讲功和名,这里连自己人的主体都可以忘记,功和名更可以忘记了。一切都忘怀,进入完全空虚的大道境界,无为无待,自然达到了逍遥游的境界。

纵观全篇，文章先借鲲鹏变化开出异境，接着忽而比喻，忽而议论，以长风鼓浪之势，将世间种种"有所待"的境界逐个推倒，然后再赫然端出全篇宗旨——"乘天地之正，而御六气之辩，以游无穷"，并指明只有"无己"的至人，"无功"的神人，"无名"的圣人，才能达到这种逍遥游的境界，此为总论。其后三段为分论，尧治天下，不过效法庖人宰割之劳，终为"无名"之人如许由者所不取，此为"圣人无名"；神人德被万物而不以为功，尧一见四子窅然忘其治世之业，足以发明上文"神人无功"；惠子与庄子辩难大瓠、不龟手之药、樗树、狸狌诸物，说明无用之物，正以其无所可用，得以远害全身，逍遥自在，所谓无用却为大用，即上文所谓"至人无己"，遗形去知，同于无用，终得逍遥物外之意。

【漫谈】

1. "逍遥义"的演变

"逍遥"这个词，《诗经》《楚辞》中就已经使用，表示一种安然自适的心理或生活状态。《庄子·逍遥游》在使用这个词时保持了这一基本含义，但对"逍遥"问题的讨论不局限于简单的状态描述，而是将之上升到普遍问题的哲学高度，对其内涵、条件、价值进行深入发掘与建构，并作为自己哲学体系的基石。可以说，《庄子·逍遥游》一篇将"逍遥"从一个普通词语变成了一个深邃的哲学概念，赋予了它丰富的内涵。

"逍遥义"问题非常复杂，历代讨论不断，而且每一个朝代都不一样。现在完整流传下来最早对《庄子》"逍遥义"进行解释的是郭象《庄子注》。郭象《庄子注》跟"竹林七贤"之一向秀的《庄子注》有一桩公案。关于这桩公案有两种说法。一种说法，据《世说新语》，是郭象剽窃向秀。向秀死得比较早，儿子还很小，《庄子注》只有《秋水》《至乐》两篇还没有完成，因为还没有流传开来，郭象就把向秀注窃为己有，只是个别句子稍微改了一下。《晋书·郭象传》也这么说。另一种说法，《晋书·向秀传》则称郭象是"述而广之"，对向秀注进行了发挥，不算剽窃。我写《庄子学史》对这个问题仔细作了推究。陆德明《经典释文·庄子音义》引用郭象、向秀两人注共有七十多条，李善《文选注》也引用到一些，加起来总共有一百多条。通过对这些条目的反复对比，我发现有一些是"向秀曰"，有一些是"向郭曰"，绝大部分只有"郭象曰"，这说明陆德明看到过向秀注本，所引注文一部分两本重复，有些条目向秀有郭象没有，说明郭象没用这一条，有些条目郭象在向秀基础上大大发挥了，或者只取其中部分内容。综合来看，我认为当时版权意识还不明显，抄来抄去是常事，说郭象剽窃有点过分，"述而广之"比较符合事实。

《世说新语·文学》篇刘孝标注引用了向秀、郭象"逍遥义"：

> 向子期、郭子玄"逍遥义"曰："夫大鹏之上九万，尺鴳之起榆枋，小大虽差，各任其性，苟当其分，逍遥一也。然物之芸芸，同资有待，得其所待，然后逍遥耳。唯圣人与物冥而循大变，为能无待而常通，岂独自通而已。又从有待者不失其所待，不失，则同于大通矣。"

这段话跟郭象注《逍遥游》意思没有太大区别，前列向、郭两人，说明郭象"逍遥义"也就是向秀"逍遥义"。这段话说，大鹏、蜩、学鸠，只要合自己本分，都可以得到逍遥。比如乌龟跑起来比较慢，不可能和千里马比，如果不安于本分，一定要去学习千里马，这就不逍遥了。乌龟慢慢地爬，本性当中包含多少速度就跑多少速度，千里马一天可以跑一千里，就按照自己的本性去跑，在这个意义上，乌龟和千里马都是逍遥的。大鹏腾空而起，"抟扶摇而上者九万里"，它躯体庞大，需要凭借大海里的风升到九万里高，它是逍遥的。蜩、学鸠"抢榆枋，时则不至，而控于地而已矣"，或者"翱翔蓬蒿之间，此亦飞之至也"，按照它的本性飞，不去羡慕九万里高的大鹏，同样逍遥。向秀、郭象认为，以此类推，"知效一官，行比一乡，德合一君而征一国"的这些人，只要符合他的本性，能管理好一个公社或者一个乡镇的，努力去办，同样都可以逍遥。

追溯背景，"竹林七贤"虽然是一个文人团体，但他们每个人性格是不一样的。嵇康作为"竹林七贤"最有代表性的人物，性情刚烈，嫉恶如仇，在《释私论》里提出"越名教而任自然"，主要发挥了《庄子》的批判精神。向秀性格不太一样，虽然和嵇康是好朋友，却是一个文弱书生，所以可以在书斋里边注《庄子》。向秀曾经告诉嵇康自己准备注《庄子》，嵇康说《庄子》哪里需要注呢，意思是说《庄子》需要靠身心去体悟，我非常欣赏这样的话。后来向秀注解出来，"妙析奇致，大畅玄风"（《世说新语·文学》），人们惊呼"庄周不死矣"（同上）。向秀不像嵇康刚正不阿，掉了脑袋也不投降，后来终于到国都洛阳投靠司马氏了，司马昭问他你本来有箕山之志，现在何以致之？向秀说"巢、许狷介之士，未达尧心，岂足多慕"（《晋书·向秀传》），巢父、许由不知道尧的内心世界，所以也只能是狷介之人，不值得称赞。这个说法跟现在郭象注《逍遥游》差不多，所以郭象"逍遥义"应该对向秀有所继承。向秀去洛阳，实际上是政治上投降，他巧妙回答了司马昭的话，说明已经在理论上将儒、道融合起来，谢灵运《与诸道人辨宗论》说"昔向子期以儒、道为一"（《广弘明集》卷十八），应该比较可靠。所以名教等于自然，在向秀这里已经发端，不是郭象一人的创见。综合起来说，适性逍遥这个观点应该起源于向秀，对"逍遥义"进行比较完整的解释，最迟在向秀这里已经初具规模，达到了一定理论层次。

郭象"逍遥义"的核心在于"独化"论。前边我们已经讲过，老子道体论"其中有精"（《老子》二十一章），大概还有一点物质性的东西，庄子道体论，道完全虚无，没有任何物质性的东西。关于道生万物，《至乐》篇庄子论人之生"察其始而本无生，非徒无生也而本无形，非徒无形也而本无气。杂乎芒芴之间，变而有气，气变而有形，形变而有生"，生命的产生是这么一个过程。庄子认为世界的本体是无，无生有，天地万物本来是没有的，由大道派生出来，而郭象在这个最根本的问题上跟庄子是对立的，他整个哲学思想建立在"独化"论基础上。郭象注《庚桑楚》篇公开提出"无不能生有"，天地万物自己化生而出。玄学经历了何晏、王弼时期的"名教出于自然"，"竹林七贤"时期的"越名教而任自然"，到郭象之时，西晋建立，政治比较平稳，社会也比较安定，这个时候需要对名教、自然对立的情况加以改造，老庄强调个体，儒学强调集体，儒、道的调和是当时最重要的一个命题。《晋书》称郭象为"王弼之亚"（《庾敳传》），通过注解《庄子》，郭象基本取消了道化生万物、高于万物的独特地位，以万物自生自化的独化为基础，得出结论说大鹏、学鸠适性逍遥，尧顺万物之性，虽治世而常逍遥，儒家跟老庄可以等同，名教可以等于自然。他这个说法一出来，完全满足了当时人的心理需求，他也一下子成为整个玄学的领袖人物。

但如果完全按照"独化"论，自生自化，也会有问题，大家都自己管自己，相互没有关系，社会也没法管理了。所以在"独化"论基础上，郭象又引进了佛教因缘理念。《庄子》里面本来有"因"的观念，比如"庖丁解牛"里面的"因其固然"（《养生主》），但主要是顺应的意思，不同于佛教的因缘，郭象解释《庄子》时引入这种观念来补充"独化"论。比如《齐物论》里"罔两问影"，人走的时候为什么影跟着走，影外面的罔两也跟着走，郭象说"彼我相因，形景俱生，虽复玄合，而非待也"，用"因"的"玄合"关系改造了《庄子》原本"待"的制约关系，巧妙地完善了"独化"论。这就是说，天地万物各自独化，不由大道统一派生，但是万物之间又以"因"的关系相互协调，这样，整个社会就协调统一了。回到"逍遥义"的问题上,鹏与小鸟独自运化,"小大虽殊",能力大小不同,但各自顺应其本性,"苟当其分,逍遥一也",都达到了逍遥的境界,并无胜负之分。

郭象的解释出来以后,其他人都很佩服,根据《世说新语·文学》的说法,"《庄子·逍遥篇》旧是难处,诸名贤所可钻味,而不能拔理于郭、向之外",因为向秀的注本没有流传开,郭象"逍遥义"很长时间都占领了学术中心位置,他的《庄子注》把玄学推到了最高峰。接着,由于佛教势力的不断渗透,整个玄学又发生了变化。

这里我需要简单介绍一下佛教跟老庄的关系。一般说法,有文字记载,佛教于东汉末年传入中国,但学术界有个别人认为西周初年就有了,马叙伦就这么主张,但只是一家之说。汉末时,朝廷只是将之作为神仙来供奉,魏晋时期,佛教慢慢进入文人生活,但因为当时人不懂,包括东晋初年的时候,大家对佛教还是不太理解,所以当时佛教学者传播佛学主要是"格义连类",就是用一个东西来比附另一个东西,因为任何外来思想必须依附于本土文化,否则站不住脚跟。比如慧远在庐山讲佛义,越讲别人越糊涂,他灵机一动,用《庄子》来解释比附,听的人就懂了,这种方法后来被大量使用,这是佛教进入中土的第一阶段。

后来,佛教已经不满足只借助《老》《庄》特别是《庄子》来解释佛教,而是要反过来解释《老》《庄》,来解释中国的思想了,反向格义。比如僧肇,他是个天才,在鸠摩罗什那里当学生,写了四篇论文,后人称为《肇论》,这四篇论文里,老庄与佛教思想水乳交融,标志着佛教思想势力强盛,它不满足于站住脚跟,要有所作为,开始主动来解释中国经典了。魏晋玄学里面佛教的因素已经比较明显了,但还不是主要的,到东晋时候,佛教势力进一步强大,《庄子》的反抗精神慢慢被消磨掉了,玄学已经是以佛教为中心,再没有像前期这样有特色,相当于诸子百家到战国晚期形成了杂家,它的特点就没有原来几派明显了。

　　东晋时候，人们对于《庄子》"逍遥义"已经不满足于郭象儒、道两家融合的解释了。这时佛教即色派领袖人物叫支遁。支遁在苏州一带待过，后来住在剡，相当于现在浙江奉化、嵊州这一带。他和一般僧人不一样，养着一匹白马和一只白鹅，颇有名士风度。东晋名士经常谈玄，像你们搞读书会一样，一帮人讨论一个主题，根据《世说新语》，很多主题都是从《庄子》来的。支遁去拜访大名士王羲之，别人不理睬，他一个僧人，还长得丑，但他谈了《庄子》以后，大家刮目相看，从此支遁就加入了这个团体。有一次支遁和王羲之等名士在余杭白马寺谈《庄子》"逍遥义"，支遁重点发言，这就是著名的支遁《逍遥论》：

　　　夫逍遥者，明至人之心也。庄生建言大道，而寄指鹏、鴳。鹏以营生之路旷，故失适于体外；鴳以在近而笑远，有矜伐于心内。至人乘天正而高兴，游无穷于放浪；物物而不物于物，则遥然不我得，玄感不为，不疾而速，则逍然靡不适。此所以为逍遥也。若夫有欲当其所足，足于所足，快然有似天真。犹饥者一饱，渴者一盈，岂忘烝尝于糗粮，绝觞爵于醪醴哉！苟非至足，岂所以逍遥乎？

　　这段话保存在《世说新语·文学》里，非常经典。"明至人之心"，就是阐明至人的内心世界，至人的内心世界达到了逍遥游的境界。

　　支遁对郭象"逍遥义"做了批评。他分析说，"大鹏失适于体外"，大鹏被躯体所局限，不得不借助于海运，海水翻腾产生巨大旋风的时候才能举起它的翅膀，不凭借这股巨风飞不到九万里高，不飞到九万里高不能往南飞，外界的制约多明显，它哪儿来的逍遥？而蜩、学鸠嘲笑大鹏，你飞得那么高干吗呢，我在蓬蒿之间飞一飞就挺美了，你飞得那么高有什么意义呢？支遁说蜩、学鸠这是有矜伐之心，内心有是非观念，骄傲自满，所以也没有逍遥，把蜩、学鸠否定掉了。《太平广记》卷八十七引《高僧传》说支遁曾经在白马寺与刘系之谈"逍遥义"，刘引郭象适性之说，支遁认为"桀、纣以残害为性，若适性为得者，彼亦逍遥矣"，夏桀、商纣以残害百姓为乐，这是他们的本性，他们也可以说是逍遥了。这个例子真是让郭象无言以对。所以支遁说，如果只局限于物质的追求，心理的满足，这是一种很低层次的追求，不是超尘脱俗的精神境界的开拓，郭象说的这些根本没有逍遥，只有像至人那样内心绝对坦荡，绝对虚空，跟天地自然一同无所强求，才算达到逍遥。

这里我强调一下，"至人"这个概念出自《庄子》，对后世影响很大。比如《黄帝内经》第一篇全书总纲《上古天真论》，就说养生最高境界是像至人一样顺应自然，明显受到《庄子》影响。我前面谈到过佛教和庄子的关系，佛教空的观念跟老庄道的观念有很多相通之处，佛的境界跟庄子的得道境界也有很多相通的地方，所以《广弘明集》里塑造了大量至人形象，看起来是佛教化的至高境界，源头其实在《庄子》。郭象讲适性逍遥，支遁讲"明至人之心"，这个至人既是《庄子》里面的至人，也是佛教理想当中的圣人。郭象适性逍遥主张有各个层次的逍遥，他没有否认至人、神人、圣人这个层次是最高的，只不过其他各个层次都可以得到逍遥。而支遁对于郭象适性逍遥中下面各个层次的逍遥都加以彻底否定，只有至人"乘天正而高兴，游无穷于放浪，物物而不物于物"，无比超拔，是真的逍遥，只有这一个层次。这里需要注意，历来一般人认为《庄子》中的至人、神人、圣人是同一境界，但后来的罗勉道、宣颖等人指出三者还是有层次之分，至人为最高境界，支遁以"明至人之心"为逍遥，大概就已经有以至人为最高境界的意思了。根据《世说新语·文学》篇的记载，郭象"逍遥义"出来以后，大家觉得已经是最完美的解释了，其他人望尘莫及，而等支遁"逍遥义"一出来，大家觉得没有比支遁解释得更好的了，整个南方"遂用支理"，独冠一时。支遁以后，南朝"逍遥义"再没有什么新的发明。

隋唐流传到现在的庄子学著作有两部，一是陆德明《经典释文》中的《庄子音义》三卷，它主要是记载版本异同、音韵训诂，义理方面没有多少发挥。另一部是唐初成玄英《南华真经注疏》，历时三十年完成，庄学史上的地位仅次于郭象《庄子注》，但是因为疏不破注，所以在《庄子》"逍遥义"上也就主要体现了郭象的"逍遥义"，没有太大发明。唐朝道家地位不断提升，《庄子》曾一度成为经和科举考试内容之一，庄学研究成为一种敲门砖，大家都去搞，但没有深度了，根据《旧唐书·经籍志》《新唐书·艺文志》，唐朝产生的庄学著作非常多，但是没有一部流传下来，做学问有功利目的，没有特点了，反而陆德明、成玄英的东西，不是作为敲门砖的，流传到了现在。

宋代儒学随着理学、心学的兴起有了很大发展，受理学影响，宋人倾向于用阴阳象数观念来解《周易》，他们认为天地万物一切自然变化都是阴阳二气交感的结果，把阴阳和卦爻联系起来，认为阳气前进而止于九，阴气后退而止于六，阴阳二气在九、六之间来回摆动。打个比方，地理学上，太阳直射点冬至日在南回归线，夏至日在北回归线，一年之间，太阳光线的直射点就在南北回归线之间摆动。这一派解释《逍遥游》，"抟扶摇而上者九万里，去以六月息者也"，刚好有九和六，他们就把这个和象数理论的九和六联系起来，说是否逍遥，要看是不是顺着阴阳二气的变化，顺着就逍遥，否则不逍遥。我们现在想想，这有些牵强附会，奇怪的是，现在保存下来的宋代庄子学著作，除了林希逸《南华真经口义》，其他都这么说。比如王雱《南华真经新传》、吕惠卿《庄子全解》，这是很重要的两部，其他还有陈详道、陈碧虚、赵以夫、褚伯秀这些人的庄学著作，全这么解释。一直到南宋理宗时林希逸《南华真经口义》，说逍遥不逍遥就看有待无待，把主题拉回了《庄子》，是对"逍遥义"发展的一大反拨。我个人认为，用阴阳二气来解释逍遥，有的地方当然可以,但完全用这个说法,就有些牵强附会,何况"六月息"这个"六月",应当不是数词六个月,而是名词六月份。所以,学术会受到时代思想风气影响,宋代盛行用阴阳象数来解释《周易》,导致《逍遥游》主题的解释也随之改变。

林希逸是南宋末比较有名的理学家,艾轩学派代表人物之一,有一些儒学著作流传下来,他的《南华真经口义》在解释《逍遥游》主题时,一方面拨乱反正,另一方面又有明显的儒学化倾向。林希逸说逍遥游就是孔颜乐处:

> 游者,心有天游也。逍遥,言优游自在也。《论语》之门人形容夫子只一"乐"字,三百篇之形容人物如《南有樛木》,如《南山有台》,曰"乐只君子",亦止一"乐"字。此之所谓《逍遥游》,即《诗》与《论语》所谓"乐"也。

孔子周游列国,他的理论在当时看来就像孟子的理论一样迂阔,别人不采纳,此后他专心办学、读《易》,并整理儒家典籍。晚年孔子比较灰心,说"道不行,乘桴浮于海"(《论语·公冶长》),《侍坐章》各言其志,曾皙说"莫春者,春服既成,冠者五六人,童子六七人,浴乎沂,风乎舞雩,咏而归",孔子感叹,"吾与点也",从这里来看,孔子晚年不像他早期、中期的时候,有点道家的风味了。孔子的弟子颜回与世无争,"一箪食,一瓢饮,在陋巷,人不堪其忧,回也不改其乐"(《论语·雍也》),也有道家风范。这就叫"孔颜乐处"。理学家对"孔颜乐处"有大量的发挥,朱熹《朱子语类》里边谈到很多。林希逸说逍遥游就是孔颜乐处,就像名教等于自然一样,可以等同起来。我们知道,儒学当中虽然有孔颜乐处,但他们所关注的还是现实社会,只是偶尔散逸出一点点道家的风味,基本精神则是积极入世的。孔子想弄个小木筏到海岛上去推行他的理想,这不过是发发牢骚,脑子里边的最高理想还是治国平天下。道家则是不怀念尘世的,要到无何有之乡、广莫之野。一个积极入世,一个是出世的,怎么能等同起来,林希逸就犯了这个毛病。这样,林希逸一方面拨乱反正,反对以阴阳象数理论解庄,同时又开出一条以儒解逍遥的路子,当然在郭象的解释中儒、道已经混在一起了,但没有像林希逸这样明显地提出用儒家的观念解读《庄子》。

比林希逸晚一点的是罗勉道《南华真经循本》。《秋水》篇惠子跟庄子濠梁观鱼,讨论鱼之乐,惠子说"请循其本",按照罗勉道的解释,"循本"就是依据文字来探讨《庄子》本意。这部著作比较重要,在"逍遥义"的解释上提出了一些新观点。《逍遥游》一开始鲲"化而为鸟",罗勉道提出这个"化"字不能轻易放过,整部《庄子》写出一个化境,处处阐述天地万物都处在不断变化的过程中,第一次点出这个"化"字。这个话很有眼光。罗勉道觉得应该从"化"字着眼解释《逍遥游》,化之大者,是优等的逍遥游,化之小者,是劣等的逍遥游。大鹏是化之大者,由鲲变为鹏,所以它能够飞上九万里,去以六月息者也,这是优等的逍遥,而蜩、学鸠这些是小的变化,飞也飞不高,只能翱翔蓬蒿之间,这是劣等的逍遥。以此类推,逍遥游有层次高低,蜩、学鸠相当于"知效一官,行比一乡,德合一君而征一国者"的逍遥,宋荣子、列御寇要高一些,是与鲲鹏对应的优等的逍遥游,但不是最高,最高的逍遥游是"乘天地之正,而御六气之辩,以游无穷"。这个解释表面上看前人是没有的,且对于反拨宋代"逍遥义"也有一些作用,但其实我们可以看出来,这个"逍遥义"受到了郭象适性逍遥的影响。郭象从适性逍遥引出逍遥有不同层次,主张神人、圣人、至人是最高境界,这个基本结构显然影响到罗勉道,只不过罗勉道抓住了一个"化"字,这个说法在历史上独一无二,所以也值得关注。另外需要提到的是,"至人无己,神人无功,圣人无名","至人无己"是最高境界,对这一观点明确加以阐述的是清康熙时宣颖《南华经解》，但源头在罗勉道《南华真经循本》，认为"至人无己"，自己都可以无所谓，那么功和名还有什么不可以忘记，所以这才是逍遥的最高境界。

唐宋以来诗文中硕大无比的大鹏往往成为逍遥的象征，影响所及，晚明吴默注解《逍遥游》篇时提出了"此篇以大为纲"（郭良翰《南华经荟解》引）的说法。林云铭《庄子因》解说《逍遥游》篇则更完全以"大"字为纲：

> 逍遥，徜徉自适之貌；游，即所谓心有天游是也。此三字，是庄叟一生大本领，故以为内篇之冠。然欲此中游行自在，必先有一段海阔天空之见，始不为心所拘，不为世所累，居心应世，无乎不宜矣。是惟大者方能游也，通篇以"大"字作眼，借鹏为喻。……至如鹏之适而斥鴳之笑也，诚不异于二虫所云。此无他，小大之故也。彼世之一得自喜者，何以殊此？乃宋荣子进矣，以未树而未大；列子又进矣，以有待而未大。惟夫乘阴阳二气之正，御六时消息之变，以游于不死之门，方可为大，即所谓至人、神人、圣人是也。

林云铭认为《逍遥游》篇围绕"大"字展开，鹏因其一大而无不大，故必击水三千，风抟九万，动经六月，自然无碍，便任意逍遥，真正是一个海阔天空、不为世所累的逍遥游形象。蜩、鸠之辈心存固陋，气量狭窄，不能与大鹏相比。与此相应，"知效一官"之类是人中之最小者，宋荣子胜过前者，但以未树而未大，列子因为有待而未大，只有至人、神人、圣人"是极大身分，极高境界，极远程途，极久阅历，用不得一毫帮衬，原无所待而成，此《逍遥游》本旨也"（《庄子因》）。林云铭执"大"以为逍遥游，这种逍遥游似乎又可分为两种，即列子"有所待"的低级逍遥游，和至人、神人、圣人"无所待"的高级逍遥游，后者与大鹏是同一层次的逍遥游，是逍遥游的至高境界。庄学史上以"大"为《逍遥游》全篇之纲的观点，有赖于林云铭才真正开拓出来，对此后的庄子研究产生了很大影响。清末刘凤苞阐释此篇时说"起手特揭出一'大'字，乃是通篇眼目。大则能化，鲲化为鹏，引起至人、神人、圣人，皆具大知本领，变化无穷，至大瓠、大树，几于大而无用，而能以无用为有用，游行自适，又安往而不见为逍遥哉"（《南华雪心编》），明显承袭了林氏的说法。整个晚明到清朝解释《逍遥游》，这个思想占主流。但据《庄子》本意，大鹏因"有所待"，与至人的逍遥游其实是不同的。

上述为《庄子》各类注本中"逍遥义"的大致发展脉络。在诗文中，"逍遥义"的发展则主要体现为大鹏形象的发展。现所见最早涉及鲲鹏故事的是西晋阮修《大鹏赞》，这篇文章只有小部分保存在《艺文类聚》里边："苍苍大鹏，诞自北溟。假精灵鳞，神化以生。如云之翼，如山之形。海运水击，扶摇上征。翕然层举，背负太清。志存天地，不屑雷霆。莺鸠仰笑，尺鴳所轻。超然高逝，莫知其情。"从佚文来看，文章主题是通过赞美大鹏，来表达一种远害全身的观念，像大鹏一样飞到远的地方去，远离祸害保全性命。而到了唐朝，整个社会有一种盛唐气象，对大鹏形象做了较大揭示发展的是诗仙李白。李白二十七岁出川，四川是一个盆地，战国以来就比较安定发达，读书人多，有大的才气的人也比较多，但因为出来不方便，有一种盆地意识，宋高宗还说四川人才比较多，但不经过推荐朝廷无从知道，说明南宋时还是这样，但是一旦出来以后，像司马相如、李白、苏东坡，都是一流人才。李白本来受道家、儒家、侠客各方面思想影响，人也很有才气，天真烂漫。他出来时经过三峡到江陵，碰到道教知名人士司马承祯，司马承祯一接触，觉得这个小伙子很有才气，说他下笔不能自休，李白听了非常高兴，当即写了《大鹏遇希有鸟赋》，后改为《大鹏赋》，以希有鸟比司马承祯，以大鹏自况。由于这篇赋，大鹏的形象被进一步揭示出来。李白写的大鹏比《庄子》里边的还要大，他说大鹏飞起来海动山摇，烛龙、列缺给它做护卫，玄凤、金乌、天鸡、精卫这些神鸟都不如它逍遥。李白这么一弄,一直到现在,大鹏的形象在诗文里面大量出现,我们祝贺别人总说鹏程万里,很多人给小孩取名鹏,他们竟不知道大鹏不是得道的象征,在《庄子·逍遥游》里边是被否定的呢!

2.《庄子》文章之妙

明清之际文学评点之风兴起,《庄子》文章学方面的成就也是在这一时期才被充分揭示出来,可以说,庄学研究,在明清时期有一个从义理向文章学的明显转型。这一时期《庄子》文章学研究非常有成就,比如文章之转承的讲究,研究者认为就有单起双承、双起双承、双起单承各种变化。这种写法,我们在平时写文章时可能也会用到,庄子是不是自觉的,我们不知道,明清人分析是自觉的。文章两个东西一起写,后边一边撇掉,只继承一边意思往下写,这个叫双起单承;先写一边意思,到一定时候又引出一边意思,这叫单起双承。比如明清人第一次提出,《逍遥游》第一段以鲲、鹏双起,然后从"是鸟也"这句话开始单承,不写鲲只写鹏,这样的笔法前人没看出来。又如"北冥有鱼",我们的写法,一开始提出"北冥"这个概念,就马上加以解释,这样写没有神秘感,文章太露,庄子文章笔法比较隐晦,他不解释,直说鲲鹏之变化,又说鹏之南飞,直到最后才来一句"南冥者,天池也",天然的水池,相当于现在的南海,明清人说,解释"南冥","北冥"同时得到了解释。

(1)汪洋恣肆,仪态万方

《庄子》文章,按照古人讲法,最大的特点表现在两个方面,一是汪洋恣肆,仪态万方。鲁迅在《汉文学史纲要》中谓《庄子》文章说:"汪洋辟阖,仪态万方,晚周诸子之作,莫能先也!"这几句话确实点到了庄子文章学的特点,最具有这个特点的是《逍遥游》和《秋水》篇的总论,真是像观大海浪涌,一浪一浪打出去,一浪还没有平,又一浪打出去,然后这一浪一浪消失掉，回到水的主体当中。

以《逍遥游》总论为例，庄子为了给大家讲逍遥游的思想，他觉得"天下为沉浊，不可与庄语"（《天下》），不能用一本正经的话去给他们讲，所以先来了一个鲲鹏变化的故事，这就是他所讲的"以寓言为广"，是用寓言故事来拓宽人们的心胸，这是一浪。但是，庄子只怕人家不相信他所讲的寓言故事，所以用《齐谐》的话又讲了一遍，用"三言"的定义来衡量的话，这属于重言，借用书里边的话或者故事来证明庄子本人所讲的鲲鹏故事真实可靠，这又是一浪。但是，由于《齐谐》是一部志怪的书，庄子怕大家还不是完全相信，所以又推进一层，再次引用商汤夏棘讲鲲鹏故事，这是第二次运用重言，再起一浪。终由物及人，从知效一官、行比一乡、德合一君而征一国者到宋荣子、列子，层层推进，至"若夫乘天地之正，而御六气之辩，以游无穷者，彼且恶乎待哉"，达到至人、神人、圣人的逍遥境界，这是第四浪。但这四浪既不是完全独立，也不是相互重复，而是一浪一浪有层累叠加之势，层层推进，各得其趣，每一浪中更有若干转折变化，摇曳回荡，与一般行文旨趣大异。

我们曾经讲过，第二次重言的最后一句话"此小大之辩也"，在《逍遥游》整篇结构上非常重要，如果没有这句话，整篇文章就是散的。"此小大之辩也"是说，上面寓言故事和两则重言都是所谓小与大的区别，蜩、学鸠与大鹏是小跟大的关系，然后上古有大椿，跟刚长出来的朝菌，这些是生命长短的区别，彭祖跟众人也是所谓小与大的区别，汤与夏棘所讲的故事也是小大之辩，而且上文的写法从大写到小，从鲲鹏写到蜩、学鸠，都是这么一种写法。注意这里要理解所谓"小知不及大知，小年不及大年"，不是真的不及，因为庄子整个哲学思想建立在相对主义上，在老庄特别是庄子看来，天地万物在大道面前都是平等的，没有高低大小是非好恶的区别，所以这里的"小大之辩"，所谓大与小，只是人类以自身为基准在理解上的一种错觉。明清研究《庄子》文章学的人对这句话非常重视。清吴世尚在评点这句话时引用了杜甫《咏怀古迹五首》之三的诗句"群山万壑赴荆门",这句诗是说从长江上游来的千山万壑,最后都归总到三峡,吴世尚认为"此小大之辩也"这一句在结构上的作用,就相当于杜甫诗歌"群山万壑赴荆门"所形容的荆门,所有上面的山所有上面的水,都汇总到了这里。也就是说,《逍遥游》一篇上面谈蜩、学鸠、鲲鹏、朝菌等等所有东西,最后都汇总到了"此小大之辩也"这句话上。我觉得说得非常好。这种行文的变化,如山峦重叠,水势汹涌,散而有结,开阖无端,使庄子散文大大有别于其他先秦诸子,非常高妙!

《逍遥游》一篇前面总论像黄河九曲,历久而后现,汪洋恣肆,仪态万方,又像长风推浪,一浪高过一浪,最后止息于无声的大道境界当中,后面又分三大段,来反复印证主题,用那么形象灵动的散文笔法来阐发"逍遥义"这种抽象的玄理,千古文章,这大概算得上是第一篇。战国时期的文章没有规矩法度,凭着灵性去写,所以文章有生气,千变万化。朱熹说庄子是个"大秀才",对《庄子》文章的灵气大抵是肯定的,你读熟《庄子》以后,其他诸子的文章不怎么要看了。荀子的文章也写得好,有排比,有比喻,也很工整,但你仔细推敲,人工痕迹非常明显,真是用斧头一点一点劈出来的。《庄子》天真浪漫,还用斧头吗? 到后来,越讲法度规矩,司马迁的文章,杜甫的诗歌,唐宋八大家,再到清朝桐城派,一代不如一代。庄子文章行云流水,没有人工痕迹,这样的文章靠功夫是写不出来的,大概也没法学习模仿,要靠悟性去悟,后来也没有一个人再写出这样的文章来。规矩越完备,文章越低下,明代前后七子提倡"文必秦汉,诗必盛唐"很有见地,说文章的美感,《庄子》可以好好体会体会。

(2)"草蛇灰线"的断续之妙

《庄子》文章学方面的另一个特点是"草蛇灰线"的断续之妙。清刘熙载《艺概·文概》称：

> 《庄子》文法断续之妙，如《逍遥游》忽说鹏，忽说蜩与莺鸠、斥
> 鷃，是为断；下乃接之曰"此小大之辩也"，则上文之断处皆续矣，而
> 下文宋荣子、许由、接舆、惠子诸断处，亦无不续矣。

《庄子》文章有断续之妙，看起来是断的，像七宝楼台，摔下来不成
片段，是散的，但它其实是浑然一体的。比如《逍遥游》，乍一看都是断
的，一会儿说鲲，一会儿说鹏，一会儿说大椿，一会儿说蜩、学鸠，一会儿
说彭祖，非常乱，但有了"此小大之辩也"这句话，所有断的地方都连起
来了，相当于很多零件，一通电，都连起来了。鲲、鹏和蜩、学鸠，宋荣子
和列御寇、至人、神人、圣人，尧和许由，藐姑射山神人和其他不得道的
人，牦牛和小老鼠、跳跃的黄鼠狼，都是大小的关系，全文零散的这些片
段一下子就贯穿起来了，所以刘熙载说庄子文章有断续之妙，极有见
地。现代散文也是如此，表面上看是散的，但神不能散，内在精神要一
以贯之，把这些表面上散的片段贯穿起来，这是好的散文的标志。所以
读《庄子》要充分了解它的行文特点，深入肌理里面去，一层一层钻
进去。

晚明陆西星《南华真经副墨》有一段文评，专门从文章学角度来研
究《逍遥游》，说庄子文章特别是《逍遥游》一篇具有"草蛇灰线"之妙，就
是"断续之妙"的意思，跟"群山万壑赴荆门"也有点接近：

> 意中生意，言外立言。纩中线引，草里蛇眠。云破月映，藕断
> 丝连。作是观者，许读此篇。

你们去观察一下，现在衣服都是用缝纫机做的，线很细看不出来，
但古人都穿土布衣服，是手工一针一针缝出来的，用的线也比较粗，那
个线脚一段一段，一半从布里面走，一半一节一节露在衣服表面，这叫
"灰线"。同样，一条蛇在草里游行，我们只看到一节一节的蛇，不能清

楚地看到整条蛇,这就是"草蛇"。庄子文章极具"草蛇灰线"的特征,也就是断续之妙。就比如说一个"北冥",庄子开篇就点出,却并不解释,只第一个寓言故事末尾说"南冥者,天池也",用南冥说明北冥是一个天然的大水池;《齐谐》重言一层只说鹏徙南冥,只字不说北冥,然鹏之飞实始于北冥,水击三千、扶摇而上,意思处处不离北冥;商汤夏棘的重言里,庄子又掉回北冥,说"穷发之北,有冥海者,天池也",进一步明确北冥的位置。整个《逍遥游》总论,"北冥"一词只点出一次,北冥的意象却绵续不断,在与南冥的对应关系中反复回旋、不断丰富。读《庄子》文章,这个特点要注意,否则读起来就是碎的,只有理出它的草蛇灰线,懂得它的断续之妙,才有可能勉强了解《庄子》本意所在。

明清小说评点经常使用"草蛇灰线"这个术语,研究明清小说评点的学者认为这个说法是明末金圣叹提出来的。对于这个问题,我专门请教过这方面的专家,他说没有什么依据,但一般都这么认为。我说不对,与其说是金圣叹首先提出来,还不如说是由陆西星首先提出来的。陆西星《南华真经副墨》已经明确这么说了,他的出生年月比金圣叹要早五十年左右,肯定在金圣叹前边。所以是不是陆西星第一个提出来,我不敢确定,但肯定不是金圣叹先提出来的。

(3) 寓言、重言、卮言

前边两点讲的是行文特点,如果切入每个故事内部,"三言"是《庄子》用语最大的特点。《庄子·寓言》说"寓言十九,重言十七,卮言日出",寓言在《庄子》中占的比重最多。寓言比较好解释,"藉外论之",比如一个父亲要给儿子娶媳妇,他不能亲口到外边去说我的儿子一表人才、才貌双全,即使是百分百的事实,人家也不会相信,所以传统做法是请一个媒婆"藉外论之",媒婆拿着个长烟筒,油腔滑调,一根稻草可以说成是一个金条,添油加醋,但天下人宁愿相信媒婆也不相信父亲的话，所以庄子说要"藉外论之"。我们写文章直言其事难以取信于人，需要换一下角度，从一个人、一个物、一个事实或一套理论，以他者来说明自己的道理，在《庄子》里边都可以叫"藉外论之"，这就是寓言。重言是指再讲一遍，引用前人的话、书里的话、权威人士的话来证明自己的观点。比如一般人认为报纸上的东西千真万确，但报纸上有的东西何尝不是胡说八道？庄子懂得人们这种心理，需要借重于这些，这叫做重言。历来对于卮言的解释最不统一，陆西星说"卮言者，旧说有味之言，可以饮人，看来只是卮酒间曼衍之语"（《读南华真经杂说》），我的理解，卮是酒杯，酒喝起来以后，说话也随便，碰一下杯然后随便喝一点酒，大概是这么引申出来的，这么讲卮言就是胡说八道随便说的话，我第一本论文集就叫《卮言录》。庄子说他的讲话当中最多的是寓言，"藉外论之"，其次是引用古代权威人士的话，至于胡说八道的话随时冒出来，"三言"大概是这个意思。

到了《天下》篇，解释的角度又不一样。"以天下为沉浊，不可与庄语"，天下人都是一堆糊涂虫，你和他一本正经讲高妙的东西，他不懂，所以必须借助于寓言、重言、卮言来论证一番，糊弄糊弄这些糊涂虫，所以"以卮言为曼衍，以重言为真，以寓言为广"（《天下》）。"以寓言为广"，天下人心胸都很狭隘，整天追逐蝇头小利，你看马路上的商店偶尔会宣传，今天卖鸡蛋便宜两分，一帮人都会去排队，排半天也愿意，所以要用寓言来开拓他们的心胸。比如说天下人心胸里面只有看见过的鸟，公园里看到一只鸵鸟，人能够骑到它背上，都已经惊讶得不得了，庄子来一个北海有条鱼，不知道几千里，变成一只鸟，背脊不知道几千里，然后天下的糊涂虫说，哎呀，有那么大的鸟啊，心胸拓展开来了！"以重言为真"，他胡说八道的东西，通过引用权威人士的话、老师的话来证实，让你信以为真，重复千遍，谬误也成为真理。"以卮言为曼衍"，"曼衍"这个词不好解释,简单说来,也就是糊里糊涂的意思,用卮言来糊里糊涂地糊弄你一番。

"三言"是解开《庄子》文本的一把金钥匙。我们看《逍遥游》,第一节文字是寓言,庄子准备阐发逍遥游的思想,但是人们理解不了,所以首先要开拓心胸,来一个海阔天空的寓言——鲲鹏的故事,来拓开天下人狭隘的心胸,这是他阐发逍遥游思想的第一步。然后,庄子再引用《齐谐》的话,和所谓商汤、夏棘的话,来证明前边的鲲鹏故事是真实可信的,这是两则重言。随后以卮言引出"若夫乘天地之正,而御六气之辩,以游无穷者,彼且恶乎待哉"这一中心论点之后,庄子又借用尧和许由的对话、藐姑射山神人、庄子和惠子的对话三个寓言故事,来分别论证圣人无名、神人无功、至人无己。这些故事其实都是编出来的,虽然其中也可能有一些历史的影子,但用庄子的话来说都是糊弄一番,最后一步一步来悟逍遥义。我们现在写文章要逻辑严密,很抽象,庄子不是这样的,他通过一种形象思维来谈抽象的义理,这是非常高妙的,这样的写法,这样的才气,前无古人后无来者,这种文章读进去以后,真是回肠荡气。

司马迁《史记·老子韩非列传》里边提到庄子"著书十余万言,大抵率寓言也",司马迁讲的这个寓言,指的是有寄寓之言,里边寄托有深意的都叫做寓言,所以把《庄子》五十二篇十多万字都说成是寓言。司马迁讲的这个寓言和《庄子》书里的寓言概念不一样。《庄子》寓言没有文本意义,司马迁的概念中,也基本上没有文本意义。而我们现在所说寓言,指的是哲理小故事,借用了西方寓言的概念,再与《庄子》里边寓言这个名词相结合,具有文本的意义,与以前相比又发生了变化。

3. 《庄子》内七篇的结构

《庄子》分为内、外、杂篇,一般认为内篇精纯,为庄子本人所作,外、杂篇则往往掺入后学之作或其他内容，思想较为驳杂。沈约《宋书·谢灵运传论》讲魏晋人"为学穷于柱下，博物止乎七篇"，说明当时人谈论问题不离老庄，而读《庄子》主要读的是内七篇。我自己也认为，内七篇应该是一个比较完整的体系，出于庄子本人之手。

内篇和外、杂篇的区别可以从以下几个方面来看。从标题上来讲，内七篇《逍遥游》《齐物论》《养生主》《人间世》《德充符》《大宗师》《应帝王》，每一个标题都高度凝练，内涵丰富，基本可以概括该篇主旨，像命题作文一样，这个和外、杂篇标题主要取篇首两三个字的命名方式不同。从行文脉络上来说，虽然线索比较隐晦，但是整个内七篇结构精巧，脉络顺畅，行文变化多端，但都能连起来，像《逍遥游》，鲲鹏故事反复出现，但每次出现都不同，运用的论证方式也不一样，分论的三个故事倒序对应总论至人无己、神人无功、圣人无名，可以说是严丝合缝，这与外、杂篇直截简单、条理清晰的行文不太一样。就是语言风格，也大不相同，内篇灵动，层层推进又含而不露，像一个人淡然给你讲了一个故事，你以为懂了，反复揣摩，蓦然发现他说的原来是另一个意思，外、杂篇相对来说就比较直白，独立的寓言故事及其含义基本不会发生变化，语言也比较浅显。从思想内容来说，内篇纯粹统一，治身治国都纯任无为，外、杂篇则是君主无为、臣下有为，尤其《天道》篇论形名赏罚，带有明显的黄老色彩，大概是庄子思想与黄老学派思想交汇的产物。这些都使得内七篇在整部《庄子》中呈现出一定的独特性。《庄子》原本五十二篇，司马迁说有"十余万言"，但据北宋陈景元《南华真经章句音义叙》所说，其所据以作音义的郭象《庄子注》三十三篇，"数其正经得六万五千九百二十三言"，可见《庄子》版本发展过程中本身就存在一个删芜去繁的过程。

关于内七篇结构的完整性，明清人指出，庄子文章往往以大笔起，以大笔收,《逍遥游》是以鲲鹏这个大笔开始,以游于广莫之野收,整个内篇则是双起双收,《逍遥游》以鲲鹏故事的北冥、南冥双起,最后一篇《应帝王》浑沌寓言以南海、北海双收,双起双收,同时以大笔起、大笔收,前后呼应,整个内七篇浑然一体。而对于《逍遥游》一篇在内七篇中的地位,明清学者有了新的认识,认为:《庄子》内七篇,第一篇《逍遥游》总摄后面六篇,相当于《周易》八卦里面的乾卦统率着其他卦,最后一篇《应帝王》是政治论,谈内圣外王之道。内圣外王,内可以成为逍遥自在的圣人,外可以无为而治,修身与治天下相结合,这是道家的最高理想,而只有逍遥无为,才可以治理天下,前者是后者的必要条件。所以整个内篇的演进逻辑是,一个人首先要逍遥,到大道里面去遨游,具有这种精神的人,通过齐物、养生、处世等,最后落实到应帝王,才能够治理天下,成为人间帝王。逍遥是前提,高一个层次,只有体悟了大道,然后落实到人间,采取无为而治的方式去治理天下,才能使天下万物本性得到自然发展,内圣到外王,《逍遥游》到《应帝王》,就是一个完整的结构。孙嘉淦认为《庄子》全书有严密的结构,"其所作之书,一部如一篇也,一篇如一章也。不宁惟是,夫且一篇如一句也"(《南华通》),而所谓"一部如一篇",指各篇皆有原委次第,如《逍遥游》一篇:

> 《逍遥游》者,庄子之志也。其求道也高,其阅世也熟,阅世熟则思远害,求道高则入虚无,以为天地并生,万物为一,而徒以有我之故,遂有功名,是生利害,故必无己,然后心大而能自得矣。《齐物论》之丧我,《养生主》之缘督,《人间世》之无用,《德充符》之忘形,《大宗师》之入于天一,《应帝王》之游于无有,皆本诸此,实全书之纲领,故首发之,所谓部如一篇,颠之倒之而不可者也。(同上)

孙嘉淦认为"有我"是一切是非的根源,唯有"心大"而后能"自得",故以《逍遥游》篇为所有篇目之基础,赋予其"全书之纲领"的独特地位,切入角度虽不同，却与乾卦之说异曲同工。

　　总体来说，在明清人的阐释发掘下，《庄子》内篇是一个整体，这已经成为学界共识，七篇之关系如何推进，《逍遥游》篇在七篇中的地位，则各有分说。《逍遥游》一篇，其价值兼及哲学与文学，一方面提出了一个关于"逍遥"与自由的哲学命题，并以形象化的语言赋予其深邃内涵，给了两千余年来中国文人一个心灵的慰藉；另一方面为中国文学贡献了一个瑰丽雄奇的大鹏意象，同时提供了一个极富特色的难以超越的经典文学范本，在中国文化中的影响难以估量。

　　　　　　　　　　　　　（整理者：袁　朗）

第二讲

《齐物论》:"天地与我并生,
而万物与我为一"

【题解】

前面我们已经疏解了《逍遥游》的相关内容,今天我们来讲《齐物论》。关于《齐物论》的宗旨,历来众说纷纭。总体而言,可大致分为两类,一种是"齐物"之论,一种是齐同"物论"。其实不光是《齐物论》,《养生主》《大宗师》等好多篇目也都有争议。

对《齐物论》主旨最早进行明确概括的是刘勰,在《文心雕龙·论说》里,刘氏就有"是以庄周齐物,以论为名"之说。从他这两句话来看,"齐物论"应解为"齐物"之论。在这里,"齐物"是"论"的修饰语,充当定语成分,而这个"论"是庄子的论,也就是他要发表的议论。这个观点对后世的影响很大,在李善《文选注》里,大多数学者在论述"齐物论"题义时都会援引刘勰的观点,之后再附以己说。其实早在刘勰之前,西晋文人在各自的作品中就已经渗透了"庄周齐物"的观点,如左思《魏都赋》言"万物可齐于一朝",刘逵注曰"庄子有'齐物'之论";刘琨《答卢湛书》亦云"远慕老庄之'齐物'"。这说明自魏晋以来,学者们在谈到《齐物论》宗旨时,都会将其解成"齐物"之论。后来随着庄子文献的日益丰厚,以"齐物"为论的观点便愈发凸显,如成玄英曰:"夫无待圣人,照机若镜,既明权实之二智,故能大齐于万境,故以《齐物》次之。"(《南华真经注疏》)陈继儒云:"欲齐一天下之物,必观诸未始有物之先。物本自齐,非吾能齐,其有可齐,终非齐物,此是要论。"(《庄子隽》)甚至连王雱这样的书香世家,也承袭了魏晋时人的说法,其曰:"惟能知其同根则无我,无我则无物,无物则无累。此庄子所以有《齐物》之篇也。"(《南华真经新传》)

持"齐物"之说者,大抵参看了《孟子·滕文公》"夫物之不齐,物之情也"的论断,认为庄子与孟氏有反调之说故而加以申论。也正因如此,庄子遭受了来自理学家的强烈抨击,如程颐就坚定地认为"物之不齐,物之情也"(《理学类编》卷八),万物不齐是天性使然,人不可主观地使其齐同,如果非要在齐物之论的视野下混同万物,反而造成了真正的万物不齐。另外程子指出,万物的内理如果在自然界中已经齐同,又何须庄子干预而使其人为齐同? 即所谓"夫物本齐,安俟汝齐?"(《二程遗书》卷十九)同样,如果万物的外化存在不一,即使庄子干预,也不能使其整齐划一。 可见,程颐是从万物的自然天性层面批驳了庄子的齐物观,认为庄子想要整合世间万物,使万物都拥有同然为一的面孔,这显然疏离了庄子的本旨,这是理学家错解老庄思想的常见现象。明末陈治安就对程颐提出了批评:"此为未悉庄意。庄子作《齐物论》者,谓物论不齐,吾因其不齐者,与之俱不齐,而后无不齐,欲已辩也。"(《南华真经本义》)其实在理学家眼中,物之外形无法齐整,但物之内理却可浑然为一,他们实际上并不否认庄子物理齐一的观点,只是反对庄子过度彰显自我对于天地万物的主观评判进而心生怒火,故而程子言:"物未尝不齐,只是你自家不齐,不干物不齐也。"(《二程遗书》卷十九)

虽然"齐物"之论在历史上甚为流行,但是现在看来却有问题。首先,《庄子》全书,没有以"论"为名的篇目,为何偏偏此篇例外? 其次,庄子极端鄙视言论辩说,自己又怎肯再添一论而与诸子百家相并列? 最后,在庄子之前或与庄子同时期之人,都没有以"论"命名其作品的,何独庄子有这种现象? 由此观之,"庄周齐物,以论为名"似站不住脚。

那么正确的解法应当是怎样的呢? 所谓"齐物论",应扩充为"齐同物论","物论"是"齐"的宾语,这是一个动宾短语,而"齐物"之论,是一个偏正短语,核心词的位置不一样,所以要强调的东西也就不一样。因此我们现在应当把"齐物论"敷展成"齐同物论",也就是要消除各家各派对于天地万物所作的不同评论,此为庄周之本义。这种看法一直到南宋,才被艾轩学派的林希逸所提出。由于对儒释道的兼通,学养深厚的林希逸第一次注意到了"庄周齐物"似有不妥,他在《南华真经口义》中说:"物论者,人物之论也,犹言众论也。齐者一也,欲合众论而为一也。战国之世,学问不同,更相是非,故庄子以为不若是非两忘,而归之自然,此其立名之意也。"林氏指出,庄子此文并非言说齐物之旨,而是欲对各派诸子之聒噪声论提出自然弥合之法,以期平息天下纷争,这就是我们上文所说的"齐同物论"。这种观点在后世的影响力超过了刘勰的"齐物"之论,大部分学者都比较赞许林希逸的观点。如王应麟云:"齐物论非欲齐物也,盖谓物论之难齐也。是非毁誉,一付于物,而我无与焉,则物论齐矣。"(《困学纪闻》卷十)朱得之亦云:"物论者,众论也。齐之者,合彼此是非而一之也。"(《庄子通义》)踵续此说者,还有沈一贯、陈深、李光缙、魏光绪、释德清、程以宁、浦起龙、林仲懿等人。

当然,也有一些学者弥合了"齐物"论与齐"物论"的矛盾分野,提出两种说法皆能在文中找到依据,故二者也并非水火不兼。例如钟泰就持此种观点,他在《庄子发微》中说:"'齐物论'者,齐物之不齐,齐论之不齐。言论先及物者,论之有是非、然否,生于物之有美恶、贵贱也。"

欲齐"物论",必先"齐物",钟氏所言,亦可备一说。另外,还有一些学者主张从细微处出发,认为庄子作《齐物论》是为了让个体寻求得道之法,以便消破自我"物论",如刘辰翁言:"或谓庄子欲齐物论,非也。欲齐则愈不齐矣,不是齐他物论,是自看得他物论自齐,看得齐则心平,心平则无物论矣。……身外无第二物切于此矣,此不足动,皆不动矣,故齐为上。"(《庄子南华真经点校》)破除心中成见,自然是《齐物论》之申论重点,但若将此作为全文之终极要义,则未免微缩了庄子的政治视角与内心格局。庄子是欲泯灭世间所有物论,而非只除却一己之"成心",这点需要我们详知。

春秋战国时代,诸子百家勃兴,其特征就是喜欢对自然世界以及人类社会的客观事物发表评论。与此同时,为了彰显自身与其他学派的不同,还往往独抒己见,另辟他说,导致各种言论学说如雨后春笋一般迅速蔓延,《天下》篇中的"道术将为天下裂"也是基于此种现象所作出的论断。因为各家各派的学者都希望普罗大众接受自己的学说,所以他们相互非难,彼此攻讦,都欲把自己的思想观点,当作裁决一切的绝对真理,由此导致天下争论不休,言辩四起,直接扰乱了人们的心智与思绪。针对这种乱象,庄子给予了严厉的批判。他认为,若从"道"的观点来看,世间一切对立的矛盾双方,诸如生与死、贵与贱、荣与辱、成与败、小与大、寿与夭、然与不然、可与不可等等,都是没有差分的,而正因为有人的主观因素存在,这些概念才有了差别。因此,各家各派根据自身需要所发挥的是非偏见,在庄子看来都是徒增赘语,都是有害于天下生灵的真性与浑朴之大道的。所以庄子强调要物我两忘,不言不辩,超然是非之外,逍遥无为之境,这样天下便没有了分歧,也就不会有斗争和非难了。因此庄子作《齐物论》是为了"齐同物论"而不是去横添一论,这种观点应当是正确的。

【讲疏】

在《庄子》三十三篇中,《齐物论》应该是最难读懂的一篇,如南宋罗勉道就尝言:"《南华》第二篇,世称难读。"(《南华真经循本》)对此,我们也只好迎难而上,尽努力来作疏解分析吧。

> 南郭子綦隐机而坐,仰天而嘘,荅焉似丧其耦。颜成子游立侍乎前,曰:"何居乎?形固可使如槁木,而心固可使如死灰乎?今之隐机者,非昔之隐机者也。"子綦曰:"偃,不亦善乎,而问之也!今者吾丧我,汝知之乎!女闻人籁而未闻地籁,女闻地籁而未闻天籁夫!"

正文伊始,大概跟《逍遥游》是有些联系的。后来的学者普遍认为,"至人无己"可说是《庄子》全书中的最高境界。而所谓的"至人无己",就是要忘掉自我,丧失掉自我,以达到无为逍遥的境界,所以《齐物论》是紧接着《逍遥游》的主旨敷衍开来的说理文章。全文开端,庄子就设定了一个"南郭子綦隐机而坐"的寓言故事,来开启全篇的论述,这个跟《逍遥游》的手法是一样的,《逍遥游》的开篇也是以一个鲲鹏寓言进行发端,然后铺陈叙事。因此,《齐物论》没有开篇就谈"齐同物论"的观点,而是以南郭子綦的"现身说法",来逐步引入主题,恰如《法华经·观世音菩萨普门品》所言:"应以何身得度,即现何身而为说法。"南郭子綦应该是一个虚构的人,在《人间世》《大宗师》等其他篇目里也有所谓南伯子綦、南伯子葵,应该都是同一个人。成玄英《南华真经注疏》将其解释为楚昭王的庶弟、楚庄王的司马,因居住在城南,故取号南郭,似有一些牵强附会。

"隐机而坐","机"通"几",几案,句意是说南郭子綦倚靠在几案上,"仰天而嘘",就是缓慢地吐出一些暖气。《玉篇》引《声类》云:"出气暖曰嘘。")之后一动不动,连自己的形体存不存在都不知道了,这基本就进入了逍遥境界,因为他的精神已经跟大道冥合了,用佛教术语来讲,便是"顶上圆光"。在《田子方》里面也有这么一则寓言故事,讲的是孔子去拜见老子,老子刚洗完头发,正在晾干,看上去"慹然似非人"。孔子见状后,便不好意思上前打扰,于是就躲在了屏风后面,过了一会儿再去看老子,发现老子如枯木一般,于是震惊地对老子说,是我孔丘看花了眼呢,还是您真就跟木头一样? 老子此时,就是得道者的样子,如他自己所说"吾游心于物之初"。天地万物都是从大道派生出来的,所以此刻的南郭子綦"荅焉似丧其耦"的状态就跟老子一样,是非不论,物我不分,自在地遨游于大道的境界当中,也就是逍遥的境界当中,这就是老子所谓的"物之初"。庄子此刻,就是要暗示读者,如果你想"齐同物论",就要将自己的形体都遗忘掉,你的精神境界应该混同到大道境界当中,也就是万物生成前的那种虚无缥缈、惟恍惟惚的境界当中。在这样的境界中,还有什么可争来争去的呢? 还有什么所谓的是与非呢? 这正如徐晓所言:"吾丧我,则一切从我起见者无不一,一则齐矣。"(《南华日抄》)释德清也云:"要齐物论,必以忘我为第一义也。"(《庄子内篇注》)

接下来,颜成子游便向南郭子綦发问:"难道人的身体可以变得像枯木一样吗?""何居"之"居"是语助词,王引之曰:"居,犹'乎'也。"(《经传释词》)后来的魏晋文人比较强调仙风道骨,并且以瘦为美,大抵是受到了老庄的影响。所谓"死灰"就是"一念不起",战国包括后来的学人频繁起念头,今天一个念头,明天一个念头,这在道家看来,都是远离大道的特征。《达生》篇里面那个"佝偻者",也是形"若槁木之枝",所以他能泯灭得失,贴合大道,做到"用志不分,乃凝于神",这些都是得道者的象征。郭沫若主张在艺术创作时要忘记"小我",即有意识的我,进而迎合"大我",也就是与天地融为一体的"真我"。在这种状态下进行艺术创作,就会像庖丁解牛那样"以神遇而不以目视,官知止而神欲行"。这用弗洛伊德的"无意识"理论来解释,那便是:"它像一双看不见的手操纵和支配着人的思想和行为,任何意识起作用的地方都暗自受到无意识的缠绕。"(《梦的解析》)我在使用"五笔"输入法打字时也是如此,就是凭着自我感觉无意识地去做,如果有意识地去敲字,反而打不出来了。叔本华《作为意志与表象的世界》当中提到过一个观点,他声明越是野蛮的民族,越是射箭精准。越是受过教育的高等民族,在射箭方面越会出问题。因为有教育背景的人在射击前,往往会计算角度、射程等等,在这样的意志支配下,反而射出的箭会很慢、很偏。而野蛮民族没有所谓的数学概念,他们只是凭借自己的原始直觉去射箭,反而又快又准。《田子方》篇中"列御寇为伯昏无人射"的寓言故事就再一次揭示了这个真理。此处所讲的"吾丧我"也是这个意思,就是要彻底地忘掉自己。文艺理论当中的"神来之笔"或者"灵光乍现"也是这个意思,创作者并不是有意要将这个字写好,要把这幅画画好,他们只是凭借"无意识"当中的一瞬灵感,就足以缔造精美绝伦的艺术精品。所以,李白的诗歌是天才的诗歌,因为他的作品是不经思考、随顺自然创作出来的。而杜甫就不是了,他写一首诗往往要精心打磨很久,所谓"为人性僻耽佳句,语不惊人死不休"(《江上值水如海势聊短述》),所以从自然真性的角度来看,李白的诗歌是模仿不了的,而杜甫的诗歌可以效仿。

因此,历代学者都很看重"丧我"这两个字,认为此是《齐物论》之题眼。如徐晓云:"篇名《齐物》,这一'物'字,已包括'天地万物'四字,篇首言'吾丧我',这三字,亦包括一篇大指。"(《南华日抄》)吴默也道:"此篇以天为骨,以因是为主,以丧我为因是之原。"(郭良翰《南华真经荟解》引)钱澄之更是直言:"通篇论本无是非,是非皆我见所作,故欲齐是非,必先丧我,丧我则生死皆齐,又何物论之不齐乎!"(《庄子诂》)他们都认为，齐同"物论"的要点在于提升"丧我"功夫，若人人皆可"丧我"，那么世间物论自然会消弭。当然，也有学者指出全篇之文眼应该为"无"，如吴世尚在《庄子解》里声明："首章以'天籁'为喻，'天籁'者，无声也；而次章之恶知，三章之无辩，末章之恶识，皆'无'字意也。前篇明道之大，故以'大'字为线索。此篇化众论而归于无，故以'无'字为线索。"吴氏指出，《逍遥游》以"大"为题眼，《齐物论》以"无"为索引，皆贯穿全篇，环扣主旨，具有穿题点睛之妙，也颇有一定道理。

对于"吾丧我"之真义，历代大概分为两种解释：一种认为"丧我"跟前面的"苔焉似丧其耦"是一个意思，用以呼应前文，如陈启天等人便持此说。还有一种解释是，此处的"丧我"比"苔焉似丧其耦"要上升一个等级。因为"丧我"是将个体的外在形态与思维意识全部"丧失"殆尽，他所丢弃的，不只是形体。而"丧耦"，只是遗弃了形体方面的东西，个体的思维意识可能还存在。因此"丧我"的精神境界比"丧耦"要高出一层。刘凤苞、王治心等人均持此看法，我个人也比较赞同这种观点。

有了前面的铺垫，南郭子綦便很自然地推演出了"地籁""人籁"和"天籁"的概念。庄子所言的"人籁"，就是现在吹的笛子、箫等乐器之声。先提"人籁"，又忽而转向了"地籁"，即"你虽然知道'人籁'，但你知道'地籁'吗？你如果知道'地籁'，那你又知道'天籁'吗？"一层高过一层，如波浪回环一般逐次递进。南郭子綦深知，如果不先提出"人籁"的话，就没有人知道"地籁"，连"地籁"都不知道，也就更加不知道"天籁"了，所以南郭子綦须先抛出"人籁"，这是一种底层式发问，也是逻辑建构最基础的论点。

　　子游曰："敢问其方。"子綦曰："夫大块噫气，其名为风。是唯无作，作则万窍怒呺。而独不闻之翏翏乎？山林之畏佳，大木百围之窍穴，似鼻，似口，似耳，似枅，似圈，似臼，似洼者，似污者；激者，謞者,叱者,吸者,叫者,譹者,宎者,咬者。前者唱于,而随者唱喁。泠风则小和,飘风则大和,厉风济则众窍为虚。而独不见之调调、之刁刁乎?"子游曰:"地籁则众窍是已,人籁则比竹是已。敢问天籁。"子綦曰:"夫吹,万不同,而使其自已也,咸其自取,怒者其谁邪?"

接着子游就言:"敢问其方。""方"就是道理。"大块"就是土块,但这里不是小的土块,而是整个大地,俞樾云:"大块者,地也。"(《庄子平议》)而郭象注所云"大块者,无物也",或失其意。"大块"这个概念在《庄子》其他篇目当中也出现过,比如《大宗师》说"夫大块载我以形,劳我以生,佚我以老,息我以死",此处之"大块"便与《齐物论》中的大块一致。大地就像吃饱了打出嗝一样,创造了风,进而形成了"地籁"。我们在讲《逍遥游》的时候,就指出鲲之大的"鲲"其实是小鱼的意思,方以智的《药地炮庄》就将其训诂为"小鱼",这与《尔雅·释鱼》中的解释一致。所以他说,庄子连鲲这种小鱼都能当做大鱼来看待,这本就是滑稽文笔的开端。在《齐物论》中也有类似滑稽戏谑的手法,比如人可以像枯木吗? 心可以像死灰吗? 风可以像人或动物吃饱了打出来的嗝一样从大地喷涌而出吗? 从这个角度来看,《庄子》整部书都是很滑稽的,而这跟庄子的哲学观有密切联系。通过梳理《庄子》文本可知,庄子从不在文字语言方面做太多限定,总是随心所欲,天马行空。在《逍遥游》里,庄子就说过"名者,实之宾也",在他眼中,"名"这种东西本来就是很虚无、很随性的介质,通达大道的人是不需要斤斤计较文字词汇的具体用法和现实含义的,那不过是"真性"的宾客而已,因此在《庄子》全书中会经常出现独属于庄子的词汇,例如"大块""吊诡"等等,这恰恰成了《庄子》一书新颖重要的语言特色与文学价值之一。

接下来,南郭子綦予以回复:"是唯无作,作则万窍怒呺。"庄子在此处是欲说明,除非万籁俱寂,否则整个天地之间的窍孔都会为之怒号,进而发出各种声音。"而"通"尔",是你的意思,南郭子綦说"你难道没有听到过长风吗?"长风之势便反映在"山林之畏佳,大木百围之窍穴"上面,这或许有一点不好理解。前面我们讲《逍遥游》时就说过,"怒而飞"不能根据传统文法来释义,否则解释不通,只有训读为"奋力"才能解释得通。庄子遣词从来不与他人相类,他用词很灵活,并且极富创造性,包括有些字词结构、语句文法都不能按照常规的用法来读,否则是读不通的。明清的文章学学者在研究《庄子》时都会提到这个问题,他们普遍认为庄子遣词造句从来不因循前人,而是独富创见。比如说在"庖丁解牛"里"始臣之解牛之时"这一句中,"始"字的用法就很独特,这个句子按照现在的语法,应该翻译为"我刚开始宰牛的时候",这个"始"应该放在"之"后面做状语,但是庄子将其放到了前面,这跟先秦其他典籍的语法结构不一,这样的案例在《庄子》当中比比皆是。同样,这个地方的"林"应该通丘陵的"陵","畏佳"应该同"嵬崔",古代不懂音韵训诂的人就经常把"畏佳"的"佳"写成"佳",这是完全错误的。此处庄子使用的是倒装用法,"山林之畏佳"应该是"畏佳之山林","畏佳"是"山林"的定语,后面的"大木百围"也是如此,应为"百围大木"。之后的"窍穴",也是包括"山林"跟"大木"在内的多种物象的孔穴,这点需要我们注意。

之后南郭子綦连用十六个喻体,来描绘巢穴洞窍形状、大小的不齐,从而突出了不同孔窍所造就的不同声音,这也由此导致了风声的不齐,而各种声音叠加在一起就如同演奏一般,具有十分动人的音乐美感。尤其是"前者唱于,而随者唱喁"之语,说明了不仅各种窍穴在发出声响,同时它们彼此之间还互有唱应,这就更加把风写活了。晚明高僧释德清还借此加以衍伸,他认为"前者唱于,而随者唱喁"之态,"犹人各禀师承之不一也。前已唱者已死,而后之和者犹追论之不已,若风止而草木犹然摇动之不已也"(《庄子内篇注》)。暗点后文之物论模样,乃由诸子之学脉身传所致,其状犹风止而草木摇之不已,可谓直抵庄意。"泠风"是小风,"飘风"就是大风,"济"就是指当风离开洞穴的时候,众窍复变为虚,声音也就随之消失,这个过程就叫做"济"。严复在解释"济"字的时候,将其解释为"吸针器",也就是我们熟知的"注射器",就是可以将气体打进去,同时再将别的东西吸出来,严复将这个过程比拟为"济",还是颇为形象的。郭象等人将"济"解释为"止",却是有失真义的。

"独不见之调调、之刁刁乎"的两"之"是"这"的意思,《逍遥游》里面的"之二虫又何知"的"之"也是这个意思。"调调"指树枝摇动,"刁刁"指树叶微动。这里的句意是说,风在吹的时候,树枝、树叶都在动,等风势渐小,较为沉重的树枝摇晃之后便渐渐停止,而较为轻盈的树叶却还在微微抖动,直到风完全消失之后,才最终归于沉寂。古人常常感叹画风是最难画的,但庄子却用寥寥几语就把风吹动前、吹动中、吹动后的状态通过树的细微变化给完全勾勒出来了。所以古人常说"画风者莫如庄子"(徐廷槐语),仅徐徐几笔便达到了他人即使长篇大论也无法做到的传神效果,正如陶崇道所言:"尽怒号之变,分明一幅风画,读之令人耳聋眼乱,描写'地籁'无遗矣。……此不特画风,而兼画风之起止矣。"(《拜环堂庄子印》)

那么这段话究竟有什么寓意呢?我之前反复强调过庄子文章中有所谓正意和喻意的不同,喻意就是现代修辞手法所说的喻体,也就是所谓的"影子",而正意才是庄子真正想要传递的道理,相当于现在所说的"本体"。我们在讲《逍遥游》的时候,里面有大量的例子都运用到了这种手法,例如"小知不及大知,小年不及大年",其中"小知不及大知"是正意,而"小年不及大年"只是喻意,充当陪衬的角色。在这里,从"夫大块噫气"到"怒者其谁邪"这一大段文字都是喻意,庄子是想借助风吹万窍的具体案例来暗讽当时学界所出现的百家争鸣现象,所谓"人各禀形器之不同,故知见之不一,而各发论之不齐,如众窍受风之大小浅深,故声有高低大小长短之不一,此众论之所一定之不齐也"(释德清《庄子内篇注》)。在庄子眼中,这些所谓的"智人",无非是在那里争论是非,祸乱天下,各家各派都在申扬自己的看法,就像"大块噫气"一样,发出不同的声音,最终形成各种各样的"物论",致使大道破损。但挥笔至此,庄周文意还只是浅浅暗露,并未真正指明"物论"之祸。为文章法也是忽明忽暗,不知端倪,一直铺陈蓄势。直至后来"夫随其成心而师之"这段文字开始,庄子的正意才豁然显露,"物论"之象才被正面点出,与前面的"风窍"喻意形成了遥相呼应之态,并给读者以"冰壶濯魂"(宣颖语)之感。因此《齐物论》是《庄子》全书中最具有"草蛇灰线,伏延千里"行文特征的篇目,我们需要仔细阅读。

其实南郭子綦在铺陈"地籁"的时候,"天籁"已经在其中了,如刘凤苞所言:"无一语及'天籁',而'天籁'已透入空虚矣。"(《南华雪心编》)但是子游的悟性不是太好,没有体会到其中的真意,无法跟已与大道混而为一,并进入了"荅焉似丧其耦"状态的南郭子綦相提并论,因此他只能二次发问,求取"天籁"真义。所谓的"天籁"就是"无声之声",意即不可得而闻,用白居易的诗来说便是"此时无声胜有声"。所以当子游去问"天籁"是什么的时候,南郭子綦没有直接回答,而是说"夫吹,万不同"。对于这句话,历来的解释都有歧义,就跟之前的《齐物论》的主旨一样,魏晋时人大多错解了这句话,包括像《文选》李善注也犯了同样的错误,他们都将"夫吹,万不同"断成了"夫吹万,不同",这是错解文义的根源。"吹"就是指"大块噫气",而"万不同"就是风吹洞穴所产生的各种不同声音,如林云铭言:"风之吹万窍也,固不同矣。"(《庄子因》)闻一多也声明:"此当以'万不同'三字连读,言有万种不同之吹也。"因此"吹"和

"万"不能连读。南郭子綦接着说:"而使其自已也,咸其自取,怒者其谁邪?"这是这一段的关键句。"这些声音都是自己产生出来的,就如同大道一样,哪有人促使或者逼迫它们产生呢?"庄子在此处就是要强调,"天籁"都是自己运行、自己停止的,没有一个在背后真正主宰或者操控着它的东西,一切都是源自天机、纯任自然的,正如陈详道所释:"天籁则有自然者存,而尸之者谁邪?咸其自取怒而已。"(《南华真经义海纂微》引)真可谓醍醐灌顶,"理融法密"(孙嘉淦语)。

此外,据王叔岷考证:"《世说新语·文学》注引'吹万不同'上有'天籁者'三字,文意较明。"(《庄子校释》)而翻检郭象《庄子注》可发现,郭氏在此句下有"天籁者"三字之释文:"夫天籁者,岂复别有一物哉?即众窍、比竹之属,接乎有生之类,会而共成一天耳。"由此可证,郭本原有此三字,后随时间流转而渐趋脱文,今各本皆缺,当予以补足。

虽然原文关于"三籁"的描述到这里就结束了,但是我们还需要再做一点补充,以便更好地体悟庄周本意。在《人间世》里,有这么几句话:"若一志,无听之以耳而听之以心,无听之以心而听之以气。听止于耳,心止于符。气也者,虚而待物者也。唯道集虚。"大意是真正奇妙的东西要用心去听,如果用心听不了的话就用气去听,要用精神去领悟"天籁",去感受自然。"此时无声胜有声""无画处尽显风流"等等,应当都源出老庄思想。在《至乐》篇"庄子鼓盆而歌"的寓言故事里,庄子又进一步阐发了他的悟道观。这则寓言故事我们都很熟悉,讲的是庄子的妻子去世以后,庄子"箕踞鼓盆而歌",前来吊唁的惠子看不下去了,于是跟庄子说:"你有些不近人情吧?"结果庄子说:"人本来就没有出生过,不仅没有出生,而且没有形体;不仅没有形体,而且没有'气',这些都是由大道派生出来的。"这几句话非常重要,对于理解整个庄子哲学乃至于先秦哲学都至关重要。大道究竟跟万物有什么关系?答案就藏匿在庄子的这几句话当中。庄子认为,大道是最原始的,是绝对空虚的,之后大道受到了破坏,本来归于无形的东西开始渐渐向有形过渡,变成了介于无形跟有形之间的东西,这个就是"气";"气"再进一步遭受破坏,就产生了天地,此时的天地已然是有形的东西了,而有形之物在庄子眼中都为道之糟粕;等天地与气再进一步发展,就形成了万物,因此从大道的视角来看,人是糟粕之糟粕。

通过梳理庄子的本体论,我们再来理解"天籁"就很容易了,体现大道境界的"天籁"是绝不会有声音的。因为站在人的角度来看,"地籁"已经很奇妙了,但如果从天外视角、从大道境域来看的话,这些都只是皮毛而已。大道是虚无的,所谓"唯道集虚",一旦拥有实在个体就不是道了,而这里的"天籁"就暗示着下文的"真宰"或"主宰",也就是道的别样化身,这个我们到后面再进行诠释。

总而言之,"地籁""天籁"当为庄子首创之词语,而"天籁"是从"地籁"引申而来的。"地籁""天籁"如果用《逍遥游》中"有待""无待"观点来解释的话,"地籁"是有所待的,因为它需要靠风的吹动才能发出声音,而"天籁"则无有所待,所谓"使其自已也,咸其自取,怒者其谁邪?"宇宙间并没有一种原生力量在推动着它,它完全是自由的、逍遥的,因此"天籁"也就比"地籁"要更难捉摸得多,也更难企及得多。在文中,颜成子游原本是要询问"天籁"真义的,但是南郭子綦并没有正面回应,而是以"怒者其谁邪"一笔带过。这其中最重要的原因,就是"天籁"本是"无声之声",是个体用耳朵听不到的,也是无法用嘴巴讲出来的,一旦讲出来就不是大道了,也就不是"天籁"了。天地万物,只能通过"地籁"这个媒介去间接地领悟什么是"天籁"。"天籁"本身是很虚无、很缥缈的,但是隐约可以体会得到。因为"地籁"在前文已经详细地铺展描述过了,所以对于虚幻难测的"天籁",南郭子綦就只是简单提及,正如宣颖在《南华经解》中所说的："写'天籁'，更不须另说，止就'地籁'上提醒一笔，便陡地豁然。"

在由"地籁"引出风声之不齐的观点后，与之相类的人间物论，就开始逐渐显露了。但在描绘"物论"之前，须先追溯产生"物论"的原因，于是便有了下面这段文字。

> 大知闲闲，小知间间；大言炎炎，小言詹詹。其寐也魂交，其觉也形开。与接为构，日以心斗。缦者，窖者，密者。小恐惴惴，大恐缦缦。其发若机栝，其司是非之谓也；其留如诅盟，其守胜之谓也；其杀若秋冬，以言其日消也；其溺之所为之，不可使复之也；其厌也如缄，以言其老洫也；近死之心，莫使复阳也。喜怒哀乐，虑叹变慹，姚佚启态。乐出虚，蒸成菌。日夜相代乎前，而莫知其所萌。已乎，已乎！旦暮得此，其所由以生乎！

我们在前面讲过，一切声音终结于"调调、刁刁"的外象，然后才进入到万籁俱寂的状态当中。影射到人间，便是庄子眼中的"物论齐一"。庄子借此也是想向世间传达一个理念，那就是"泯灭物论"，可让天地复归于无声无响的境界当中，因此这一段话是直接南郭子綦的讲话而敷衍开来的。"大知闲闲，小知间间"，即不管是所谓的大智也好，还是小智也好，他们每天都在跟外物打交道，跟外物发生纷争，即便到了梦里面，他们依旧在跟外物进行着接触与交锋。炎炎，即猛烈之貌（成玄英语）；詹詹，为辩给之意（孙嘉淦语）。也就是说，不论白天还是黑夜，外物都在缠绕着他们。具体而言，"其寐"讲述的是精神方面的折磨，如司马彪云："魂交，精神交错也。"（《经典释文》引）"其觉"讲述的是形体方面的纠缠，如释德清言："觉时形开，其机发于见闻知晓，故与境相接。"（《庄子内篇注》）

"缦"就是"心计柔奸"的意思，陆西星将其解释为"柔恶人也"，还是颇为精准的。朱熹曾经斥责老子为"柔奸"，也就是脑子里面永远在酝酿计谋的人，类似于《红楼梦》中的王熙凤。"窖者"就是善于制造陷阱的人，"秘者"就是潜机不露、很有心机的人。因为这些人性格不一，思想不一，所以他们对待万事万物的评论也就不一，"是非"也就因此孕生，物论也就很难"齐一"了。后面的"司"同"伺"，这种人就像箭一样，一旦有合适的时机就要伤害别人。有些人则不会那么快去攻击别人，而是默默等待，就好像原地停留一般迟迟不发一箭，只有把握百分百的胜算，他们才会行动。"其杀若秋冬，以言其日消也"指的是在这种状态下，人的本性会像秋冬一样慢慢衰退，个体的本真之心也就因此而消磨殆尽。

"其溺之所为之"的前一"之"字应该释为"于"，也就是"其溺于所为之"，指的是世间众人沉浸在是非之间、物论之中已经走火入魔，这也就造成了他们的天真本性不可能复归。"厌"为闭塞的意思，在《庄子》文本当中，人心只有闭塞才会去搞是非物论。比如在《逍遥游》里，庄子就斥责惠子为"犹有蓬之心也夫"，也就是思维不通明，精神不通达，内心就好像被茅草塞住了一样。因此庄子在《人间世》中就着重强调"虚室生白"的道理，也就是当你的内心虚无空旷没有东西堵塞的时候，才能释放出自然的天光，这也就是为什么大道往往在"虚"的地方才能体现。"缄"就是拿绳子捆绑，"其厌也如缄，以言其老洫也"就是说人的内心被是非物论给捆绑束缚起来了，如林云铭所言："在内之闭藏，若受缄縢束缚。"（《庄子因》）"老洫"是干涸的水沟之意，因为受物论的折磨与控制，人变得毫无生气，身体也毫无血色，就像一条干涸的水沟一样，所以他的近死之心也就莫可复阳了。

"虑叹变慹"中的"变慹"，以及"姚佚启态"四个字，历代的解释都不甚相同。"变慹"我主张解释为"反复忧惧"；"姚佚启态"的"姚"通"佻"，是浮躁的意思，"佚"是放纵，"启"是狂放，"态"是装模作样。我之前已经反复强调过，《庄子》本身很难理解，《齐物论》则尤为难懂，各家各派对字词释义及篇章主旨大都各执一词，很难有完全统一的见解，这也是梳理先秦文献时所遇到的常见现象。上古文献的思想真义本就没有确切解释，因此词语释义出现不同也是常态，这本身无伤大雅。后面的"乐出虚，蒸成菌"两句是用以总结整个段落真义的，浅意是说音乐出自虚空的乐器，而菌落在潮湿的环境中孕育而生，其深意则是说明世间之人情、物论本来是没有的，却虚而无根地忽起忽灭，恰如宣颖所言："如此种种人情，皆是自无而有。"（《南华经解》）这种心态、情态日日夜夜都出现在眼前，但是没有一个人知道它究竟是怎么萌生的。所以庄子感叹"已乎，已乎"，就不要去管那么多了吧！如果大家都知道原因的话，也就不会有是非、物论的出现了！

> 非彼无我，非我无所取。是亦近矣，而不知其所为使。若有真宰，而特不得其眹。可行己信，而不见其形，有情而无形。

"非彼无我，非我无所取。是亦近矣，而不知其所为使。"可译为："如果没有上述种种情态的话，也就没有我了。如果没有我的话，前面这些情态也就无法体现了。这种相互依存的道理似乎是很浅显易懂的，但是这种情态、心态究竟有谁在主使，却是谁也无法探知的。"就如同"天籁"是如何演奏起来的，背后有谁在主使，是无从知晓的。朱桂曜对此有精准概括："我与诸心理现象，相依而存在，似亦近理。然此二者之关系，果谁使之然乎？"此处之文字便也跟前文遥遥呼应了起来。

"若有真宰，而特不得其眹。""眹"就是迹象，句意是说就好似身后有一个"真宰"在主导着天地万物一样，但又无法窥视其"真宰"之形迹，就如同"怒者其谁邪"一般。所谓"真宰"，指万物之天真本性，即身心之主宰，如罗勉道云："真宰者，即无极之真，妙合二气五行，而人所具以生

者也。"(《南华真经循本》)便是正解。而朱桂曜所言"真宰"乃"西洋哲学
所谓灵魂也",则为谬论。后面的"可行己信","己"当为"已"之误,《道
藏》里王雱《南华真经新传》、林希逸《南华真经口义》、罗勉道《南华真经
循本》、吴澄《庄子内篇订正》并作"已"。这种"真宰",凡尘之人的确看
不到,但它的真实可行又被"至人"所验证,这正应和了《大宗师》中庄子
对"道"的描述:"夫道,有情有性,无为无形。"这个情是"实"的意思,大
道好像是有实体的东西,但它又确实无法用语言文字来描述。所以"有
情而无形"指的是真宰,也就是自然本性,并且跟上文所推崇的"天籁"
遥相呼应,前后勾索,以至到现在为止,庄子还没有直接描写物论,他只
是在"天籁"的基础上继续追溯物论产生的原因,真可谓"不着一字,尽
得风流"。庄子声明,由于人的心态不一样,情态不一样,思想行为不一
样,因此所产生的是非观念也就不一样,这就跟"地籁"中洞穴的形状不
一,深度不一,方位不一,所以发出来的声音不一如出一辙。

> 百骸、九窍、六藏,赅而存焉,吾谁与为亲? 汝皆说之乎? 其有
> 私焉? 如是皆有为臣妾乎? 其臣妾不足以相治乎? 其递相为君臣
> 乎? 其有真君存焉? 如求得其情与不得,无益损乎其真。

百骸、九窍、六藏指的是身体的各个部分,它们都完备地存在于我
的身体之中,那么我与哪部分最亲近呢? 你是都喜欢它们呢? 还是对
其中的某一部分有所偏爱呢? 是把它们都当成奴婢吗? 还是让它们轮
流着作君臣呢? 这里我要说明一点,"君臣"的概念在庄子的世界当中
并不是我们传统认知的具有人格意义的君臣概念,而是富有某种特定
含义的名词代称,比如在《徐无鬼》中就有以愈病者为君药的说法,后来
的《黄帝内经·素问》也沿袭了庄子的观念,称:"主病之谓君,佐君之谓
臣,应臣之谓使。"将针对疾病的主药称为君药,辅助主药发挥作用的药
称为臣药。这种观点一直延续了下来,汉代的《神农本草经》、唐代的

《药性论》《杂注本草》、金代的《医学启源》《脾胃论》以及明代的《医论》等一系列中医药学文献都运用了"君药"和"臣药"的概念,并进一步发展了"君臣佐使"的治疗理念,这种思想的理论源头当追溯至《庄子》。在此处,庄子就指出人器官之间是否存在彼此称君称臣的现象? 它们是否可以递相君臣、互为统治? 从整体来看,庄子在这段中批判的都是"养形"的问题,这与我们传统的养生观念不符,我们传统的养生方法以护养形体为主,但在庄子的哲学观里,"养神"的重要性,要远远大于"养形",尤其在内篇里,庄子更重视"神"的功用,比如《养生主》就通篇在谈这个问题。但在《达生》等外杂篇里,也会出现一些"形神兼养"的观点。无论如何,"神"都是《庄子》一书绕不开的话题。

"其递相为君臣乎"是我们格外要注意的一句,人体间器官的彼此协作,本是缺一不可,如何能出现庄子眼中所谓的君臣关系呢? 这是因为,随着运动场所和使用方式的不同,人体器官所发挥的主导作用也不尽相同,比如在看书的时候以眼睛为主,以其他器官为辅;走路的时候以双腿为君,以其他器官为臣,以此类推。但不管哪个器官,都属于相对粗糙的部分,它们都是由"真君"主使着的。虽然"真君"看不见也摸不着,是虚无缥缈的存在,但它却操控着形体的一切变化。同时不管你理解与否,得到与否,这于"真君"本体来说,都是没有任何影响的。此处的"真君"就潜在地与上文的"天籁"对照起来了,它们都属于"怒者其谁邪"的典型代表,在背后默默主宰着一切,不露痕迹。

　　一受其成形,不忘以待尽。与物相刃相靡,其行尽如驰,而莫之能止,不亦悲乎! 终身役役而不见其成功,苶然疲役而不知其所归,可不哀邪! 人谓之不死,奚益? 其形化,其心与之然,可不谓大哀乎! 人之生也,固若是芒乎? 其我独芒,而人亦有不芒者乎?

　　这里我们需要补充说明。在庄子的世界观当中,有形跟无形是一对相对的概念,有形的东西都是相对粗糙的,而无形的东西却精妙绝伦。比如我们认为名誉、得失、是非、荣辱是无形的,但是在庄子哲学里面都是有形的。再比如我们认为空气看不见摸不着是无形的,但是在庄子的哲学体系里,它是半有形、半无形的,而大道、真宰、天籁这些才是真正无形的东西。庄子褒无贬有,一切有形的东西,诸如功名、是非、荣辱都是庄子所批驳的对象,这就是我们经常提及的"外物"。人作为有形的最高代表,究竟是怎么来的,是《庄子》整部书经常探讨的一个话题。在庄子看来,人是天地所孕生的,所以人来从天地而来,人往从天地而往,所谓"翛然而往,翛然而来而已矣"。天帝把你变成虫的臂,你就安心做虫的臂,把你变成鼠的肝,你就安心做鼠的肝(见《大宗师》),要一切顺遂自然,因由真性。但是常人却不懂这个道理,一旦"受其成形",便不断地走向灭亡。后面的"靡"通"摩",训摩擦;"蕲"当为"荼"之误,为疲惫的意思。这几句大意是说,人从生出来开始就不断地跟外物进行着接触与摩擦,最终为外物所累,弄得自己疲于奔命,无有收获。

所以老子说:"名与身孰亲?身与货孰多?得与亡孰病?是故甚爱必大费,多藏必厚亡。"(《老子》四十四章)这种身为外物所累的做法,在庄子眼中不仅伤害身体,更伤害精神,所以这些"伤身失性"之徒,没有什么办法可以阻止他们走向灭亡。顺其自然,维护真性,永远是庄子哲学中最为重要的命题。婴儿如果能顺其自然,哪怕他夭折也是长寿的;彭祖如果靠服食药物才能长寿,哪怕他高寿也是"伤身失性"之徒。而与彭祖相仿的芸芸众生,即便忙碌一辈子也不会成功,更不能体悟大道,诚如王雱所言:"天下之人不知物我同根而不能齐,故外役于物而内丧其真,质虽存而形神已亡,尚不知其所止矣,不亦哀乎?"(《南华真经新传》)因此在庄子的哲学观里,"至者常乐"是永恒的命题,至者什么都不去追求反而可以获得常人最难以企及的大道。即便有尧舜一般功业的人,在"藐姑射山神人"看来也仅仅像他身上的泥巴一样,甚至还不如他身上的泥巴有价值。这样的人,身体在不断地走向衰败,心也随着身体逐渐走向灭亡,这难道不值得悲哀吗? 这就是《田子方》中所说的:"哀莫大于心死,而人死亦次之。"

从前面的"百骸、九窍、六藏"一直到"其有真君存焉",庄子描写的都是形体受损伤,而下面的"一受其成形"到"而人亦有不芒者乎",则描写的是精神方面的损害。精神受损,是庄子眼中"人谓之不死,奚益"的最终指标,以庄子的言外之意来看,天下除了至人、神人、圣人,都是糊涂之人,也都是"将死之人",因此他在《天下》篇中感叹"以天下为沉浊,不可与庄语"。在这样的外物摩擦下,人的精神和形体都遭受到损害,天下的是非观念也就因此而渐次萌生,大道也就逐步走向破败,因此庄子的文笔也就逐渐开始向物论推进了,对此刘凤苞概括曰:"以上各段,均在物论之先着笔,剔尽根株,是抽刀断水之法。至此,暗暗递入物论意,以起下文。"(《南华雪心编》)统而观之,此段之文字依旧在作铺垫,庄子为文总是"一唱三叹""一波三折",而欲知其文章归要,还须接着向下阅读。

> 夫随其成心而师之,谁独且无师乎? 奚必知代而心自取者有之? 愚者与有焉。未成乎心而有是非,是今日适越而昔至也。是以无有为有。无有为有,虽有神禹,且不能知,吾独且奈何哉!

此段前四句,是较为难懂的部分,大意是说:"世人如果都以自己的成见作为判定是非的标准,那么谁没有一个标准呢? 何必懂得事物更替变化之理的聪明人才有这标准呢? 即使愚蠢之人也是有的。"关于"成心"的真义,历代有不同的解释。有人将其解释成参悟大道的心,如宣颖《南华经解》所言:"心自何成? 有成之者,则成心之中,妙道存焉。"还有一派将"成心"解释为一己之见,即带有个人成见的观念,我觉得较为可取。如成玄英云:"夫域情滞着,执一家之偏见者,谓之成心。"(《南华真经注疏》)再如陈景元言:"夫不师道法古,而自执己见,谓之成心。"
(《南华真经义海纂微》引)二人均将"成心"释解为一己之偏见,也就是每个
人依据自己的内心准则去进行价值判断,便会产生所谓的是非观念,也
就会产生所谓的是非标准,这样一来不管愚者还是贤者,都有独属于自
己的是非杠杆,天下也就纷然殽乱了。而其他各种说法,诸如把"成心"
解释为"本然之性"(赵以夫)、"现成本有之真心"(释德清)、"真君"(周拱
辰)、"天君"(孙嘉淦)、"实有之真心"(马其昶)、"天然自成之心"(蒋锡昌)
等,则并失其义,此处我们就不再取用他们的看法了。因此通过前面几
大段文字的排比和铺垫,从"大块噫气"一直到现在"成心"一语的出现,
"是非"两个字才渐趋显露,给人以梦中惊醒之感。诚犹刘凤苞所言:
"自'大知闲闲'以下,一路蜿蜒曲折而来,至此乃揭出'是非'二字,拍合
物论,为一大结。"(《南华雪心编》)

对于"是今日适越而昔至也",我们需要着重讲述一下,这是名家惠
施的"历物十事"当中的命题,意思是今天出发去越国,但是昨天就到
了,这个在《天下》篇中也有记载,是为"今日适越而昔来"。联系到《庄
子》原文来看,就是内心如果在没有是非标准的情况下就已经有是非的
话,就会跟今天出发去越国,但是昨天就已经到了一样难以理解,因为
它颠倒了逻辑上的先后顺序。后面的"是以无有为有"一句,讲的是把
不可能发生的事看成是实际存在的事,是相当荒唐的行为,在这种情况
下,即便是"方知九州之处"(林云铭语)的神明大禹,也不能明白事情的
根由,那作为普通人的我又有什么办法呢? 庄子对此表示了无奈。

> 夫言非吹也。言者有言,其所言者特未定也。果有言邪,其未
> 尝有言邪? 其以为异于鷇音,亦有辩乎,其无辩乎?

"夫言非吹也"这句话,在结构上非常关键。刘熙载在《艺概》里面
说庄子之文"有断续之妙",粗浅看起来是一个个片段,但内里却是浑然

一体。我们在讲《逍遥游》时曾经说过，"此小大之辩也"这句话一经出现，便把《逍遥游》全文前后所有的章节段落都贯穿粘连起来了。在《齐物论》里也是如此，"言非吹也"将"天籁"与"物论"前后两个部分自然缝合了起来，毫无违和之感。庄子声明，出于机心的言论与无心而吹的"天籁"是不同的，是非之言属刻意而为，尚未达到"无待"的境界，即所谓"言者，物论也，乃人声，非若吹万之可比也"（陈继儒《庄子隽》）。而后面的"辩"是区别的意思，《庄子》中的"辩"经常通"辨别"的"辨"。这几句大意是说，这些人发出喋喋不休的是非之言，自以为异于有声无辩的彀音，但究竟是有为之言还是无为之论？跟小鸟的叫声到底是有区别呢，还是无区别呢？"彀音"是刚出生的幼鸟的叫声，《尔雅·释鸟》云："生哺彀，生噣雏。"庄子认为，无论世间人所发表的意见是什么，他们的标准都不足以当作裁决天下一切的至道。由此可证，庄子想要"齐同万物"的想法在此段文字中已经显露端倪，认为世人喳喳作响的物论跟幼鸟的叫声没有区别。

> 道恶乎隐而有真伪？言恶乎隐而有是非？道恶乎往而不存？言恶乎存而不可？道隐于小成，言隐于荣华。故有儒墨之是非，以是其所非而非其所是。欲是其所非而非其所是，则莫若以明。

"言恶乎隐"之"言"指至言。这两句是说，大道被什么遮蔽了而有真有伪呢？至言被什么遮蔽了而有是有非呢？庄子给出了看法。他认为，道本来是无所不在的，《知北游》中就说："东郭子问于庄子曰：'所谓道，恶乎在？'庄子曰：'无所不在。'东郭子曰：'期而后可？'庄子曰：'在蝼蚁。'曰：'何其下邪？'曰：'在稊稗。'曰：'何其愈下邪？'曰：'在瓦甓。'曰：'何其愈甚邪？'曰：'在屎溺。'"大道从大的方面看，可以弥合天地，从小的方面看，也无所不在。那么大道现在为什么衰微了呢？庄子给出了回答，那就是"道隐于小成，言隐于荣华"。"小成"专指后文的师旷、昭文、惠施等有"小技"的、囿于"一偏之见"(林希逸语)的人,"荣华"指的是孔子等靠"浮辩之辞"(成玄英语)兜售学说、搅扰天下的人。《列御寇》中就将孔子塑造成一个"饰羽而画"的人,可谓十分精准。总体来看,这两句是回答,上面四句是提问,由于有"道隐于小成,言隐于荣华"的诱因,所以才有儒墨之是非迭起的后果,他们都惯以自己的价值标准去衡量世间万物。后面的"以明"在哲学概念中非常重要,它的意思就类似于支遁评价"逍遥义"所讲的:"夫逍遥者,明至人之心也。"大道就像明镜一样,一点灰尘也没有,世间的万般功利都莫若内心的一片清澄,即"与其欲是其所非而非其所是,莫若明吾之真宰"(罗勉道语)。"以明"就如"至人之心"一般,了却了生前身后名,放下了一切纷繁纠葛的世间因果,才能最终归附于大道。在这样的内心观照下,是非物论是不可能出现的。

> 物无非彼,物无非是。自彼则不见,自知则知之。故曰彼出于是,是亦因彼。彼是方生之说也。虽然,方生方死,方死方生;方可方不可,方不可方可;因是因非,因非因是。是以圣人不由而照之于天,亦因是也。是亦彼也,彼亦是也。彼亦一是非,此亦一是非。果且有彼是乎哉,果且无彼是乎哉? 彼是莫得其偶,谓之道枢。枢始得其环中,以应无穷。是亦一无穷,非亦一无穷也。故曰莫若以明。

天地万物,既有彼的一面也有此的一面,这并不是绝对的。若用彼方的观点来观察此方,则丝毫不见此方的是处;但若用此方的观点来自视,则发觉自己尽是是处。所以彼相对于此而存在,此也是相对于彼而存在的。失去了对方二者都不会存在,有此才会有彼,无彼则莫有此矣。后面,庄子运用了惠子"历物十事"中"日方中方睨,物方生方死"(《天下》)的言论来进行自我理论的阐发,即所谓"彼此"者,也不过是惠施之辈"方生方死"的说法罢了。胡文英对此释云:"盖'方生方死'本惠子语,而庄叟即因粮于敌,以破其说也。"(《庄子独见》)因此"方生方死""方可方不可"等一系列命题都是庄子的观点,是从惠施之学说当中演化出来的。惠施认为,一个生命刚刚诞生出来,同时也就开始走向死亡了;一个生命刚刚走向毁灭,同时也就意味着另一个新的生命开始诞生了。此处之"方",可依阮毓崧之说,释为"并","方生方死"即"并生并死"。以我们今天的视角来看,惠子的观点,既有对的一面,也有错的一面。对的一面,是惠子揭示了生与死两个概念是对立统一的关系。但错的一面在于,他没有揭示出事物在无限运动和发展过程中,在某一时刻所具有的相对稳定性和质的规定性,即没有揭示万物活着的时候,生的因素占据了主导方面,消亡的时候,死的因素占据了主导方面的现象,故而惠子在一定程度上陷入了相对主义的泥坑,因此常被庄子斥为诡辩。

"方可方不可,方不可方可"意谓是(可)与非(不可)都是对立面的相互转化,当某一事物被认为"是"的时候,它的"非"也就开始了;被认为"非"的时候,它的"是"也就包含在"非"里了,此如王先谦所言:"言可即有以为不可者,言不可即有以为可者。可、不可,即是、非也。"(《庄子集解》)"因是因非,因非因是"也是同理,意谓是非相因而生,永远没有穷尽。"圣人不由而照之于天,亦因是也",这是这一段的关键,意即圣人不走分辨是非的道路,只将一切都随顺天光,让天地之亮来普照万物。"亦因是也"则要说明,圣人会放任一切是非对错的发展而不予理会,以求做到天真纯然。近人苏甲荣云:"因是者,就是因其所是者而是之之谓。"便是此意。

总而言之,庄子认为,生跟死是相对的,彼跟此也是相对的,它们失去了彼此都不能孤立存在,所以是非是没有定准的,全看你站在什么角度来看。因此圣人不会去做辨别是非等凡尘之事,而是照之于天,莫若以明,最终回归于大道,亦即回复于自然原始的境界当中。而进入到这种境界后,是非就消匿了,物论也会被泯灭,人世间便又会趋于平静。

在这里我还需要强调一下,"因"这个字在《庄子》文本当中非常重要。比如说在《养生主》"庖丁解牛"里面就有"依乎天理""因其固然"的观点,"因"是顺着的意思,也就是不做自己主观的选择而完全因顺天然。此处的"亦因是也"的"因"具体是什么意思呢? 这个我们就需要借助"以庄解庄"的方法来进行解读。庄子在《秋水》里,有所谓"因其所大而大之,因其所小而小之"的表述,也就是别人认为是大的我就认为是大的,别人认为是小的我就认为是小的,你说是什么就是什么,至人是不屑用自己的主观思想来分辨是非的,后面"为是不用而寓诸庸"也是这个意思。"因"就是要随顺大众,不去强辩对错,一切顺遂自然,林云铭的解庄著作《庄子因》,也取自这个意思。而所谓"彼是莫得其偶"的"偶",便专指于对方而言的存在,也就是如果彼和此都失去了它们的"偶",那么彼此也就不存在了。对立面不存在,是非也就消失了,这就等于进入了环的中枢,诚如郭象所言:"夫是非反复相寻无穷,故谓之环。环中,空矣。今以是非为环而得其中者,无是无非也。无是无非,故能应夫是非;是非无穷,故应亦无穷。"(《庄子注》)但如果没有进入到环之枢纽当中,那么此永远跟彼对立,是永远跟非抗衡,物论之纷争便永恒存在,所以庄子又一次强调:"莫若以明。"

> 以指喻指之非指,不若以非指喻指之非指也;以马喻马之非马,不若以非马喻马之非马也。天地一指也,万物一马也。可乎可,不可乎不可。道行之而成,物谓之而然。恶乎然? 然于然。恶乎不然? 不然于不然。物固有所然,物固有所可。无物不然,无物不可。故为是举莛与楹,厉与西施,恢恑憰怪,道通为一。

> 其分也,成也;其成也,毁也。凡物无成与毁,复通为一。唯达

093

者知通为一，为是不用，而寓诸庸。庸也者，用也；用也者，通也；通也者，得也；适得而几矣。因是已。已而不知其然，谓之道。劳神明为一，而不知其同也，谓之"朝三"。何谓"朝三"？狙公赋芧，曰："朝三而暮四。"众狙皆怒。曰："然则朝四而暮三。"众狙皆悦。名实未亏，而喜怒为用，亦因是也。是以圣人和之以是非，而休乎天钧，是之谓两行。

这里的"喻指"之说，乃是从名家公孙龙《白马》《指物》之二论中借鉴而来的。名家分为两大派，分别以公孙龙跟惠施为主导。这两大派的区别在于，公孙龙强调"离坚白"，而惠施倡导"合同异"。公孙龙的"坚白"之说旨在分离万物之同，他认为虽是同一匹马，也有是非之分，正如同一手指，也有彼我之别一样。而在此处，庄子则说明"用自己的手指来说明人家的手指不是手指，还不如不用自己的手指来说明人家的手指不是手指的好"，如陈继儒云："以我之是喻彼之非，犹以我之指为指，而以人之指为非指也。"（《庄子隽》）后一句"以马喻马之非马"也是同理。而庄子之真义则在"天地一指也，万物一马也"中，即从"道通为一"的角度来看，天地与一指，万物与一马，都是没有分别的。吕惠卿对此释云："天地虽大，无异一指，以其与我并坐（生）而同体也。……万物虽众，无异一马，以其与我为一而同类也。"（《庄子全解》）由此可知，庄周之语意在混同彼此，泯灭是非，他认为即使是天地与手指、万物与马匹也是没有区别的，又何况是手指与手指、马匹与马匹呢？人世间的物论不也没什么大的分歧和争论的必要性吗？所以，庄子此处虽取喻于手指、马匹，但用意却与公孙龙相反，旨在"破公孙龙之说"（章太炎语）。

后面的"可乎可，不可乎不可"数句，是庄子用现身说法来进一步阐释自己的观点，其文意是人家说可以我也说可以，人家说不可以我也说不可以，要因其天理，随顺众生，即"因其然者而然之"（林希逸语）。道是道路的意思,宣颖云:"凡路,因所行。"(《南华经解》)鲁迅也有言:"其实地上本没有路,走的人多了,也便成了路。"由此看来,天下没有什么事物是不然的,也没有什么事物是不可的,就像草茎(莛)与屋柱(楹)、丑妇(厉)与美女(西施)以及万物的恢诡憰怪之异态,从大道的观点来看都是一样的。之所以有区别都是由于人为的划定,当一切都归束到"大道"里面,还有什么是非不能统一,还有什么物论不能泯灭呢? 因此,"道通为一"在此处收结了上文所有的分歧,并为各种现象与事物找到了其存有的价值依据,就如郭象所言明的那样:"各然其所然,各可其所可,则理虽万殊,而性同得,故曰道通为一也。"(《庄子注》)

另外,陆德明《经典释文》在"无物不然,无物不可"二句下说:"崔本此下更有'可于可,而不可于不可;不可于不可,而可于可也'。"庄子为文很是缜密,一般都会从正反两个方向来进行对比论证,按陆氏所引崔譔之本来看,今本《庄子》应有错简或脱漏,当予以修正。

庄子进而指出,一事物的分割,就意味着另一事物的组成,而一事物的组成,就意味着另一事物的毁灭,譬如截大木以为器,在木则为分,在器则为成。《天地》篇中便有这样的案例:"百年之木,破为牺尊,青黄而文之,其断在沟中。比牺尊于沟中之断,则美恶有间矣,其于失性一也。"人们从百年大树上砍下一块木头,然后做成一个酒杯,上面刻着美丽的犀牛图案,并且以青、黄二色绣绘出艳丽的花纹。这在儒家看来,是非常符合礼仪标准的,因此从这个视角来看,木头无疑是"成"的。但在庄子看来,这是"毁"的象征,即"其于失性一也"。人把一棵自然本性完好的树给砍伐了,树的生命无端遭受到了破坏,这难道还不是"毁"吗? 其实所有的事物并无形成与毁灭的区别,它们本就是浑然一体的。只有至人才能知晓"道通为一"的道理,因此也就不会运用自己的智巧聪明,去分别万物的完成与毁坏。"而寓诸庸"就是"中庸",也就是因任众人的好恶,不执着于自我的一孔之见,这样就能通达于大道,也能无往而不自得。诚如陆西星所言:"不用者,不用己是也;寓诸庸者,因人之是也。……故庸众之中,皆至理之所寓。"(《南华真经副墨》)因此达到无往而不自得的地步,就算是尽得大道真谛了。

"已而不知其然,谓之道"之语,我们需要关注一下。《庄子》里面有一种用法叫"省字法",也就是一个句子根据上下文,经常会省略某个部分。比方说,《养生主》里有:"吾生也有涯,而知也无涯。以有涯随无涯,殆已,已而为知者,殆而已矣!"此处之"殆已,已而为知者"应当是"殆已,殆已为知者"的省略。同理,这里的"已而不知其然,谓之道",应该是"因是已,而不知其然,谓之道",庄子因承上文省略了"因是"两个字。意即你虽然做到了"因是",也就是顺应自然,但你却不知道为什么会这么去做,就如郭象所说的:"不知所以因而自因耳,故谓之道也。"(《庄子注》)如果一切都是顺遂自然本性、自然而然去完成"为是不用,而寓诸庸"的举动,就能通达大道境界了。

后面的反例,庄子意在说明,费了那么多心神即"神明"以求一致,却还不知道万物本来就同一的人,就叫做"朝三"。接着的"朝三暮四"典故我们很熟悉,三、四的名和七的实,本质并没有什么区别,但是猴子们却一怒一喜,这与那些跳着脚在争论是非彼我的人不是一样吗?就像王雱所言的:"朝四而暮三,何异朝三而暮四?众狙妄情而喜怒于其间,其所以为惑也。天下之人妄情,何异众狙乎?"(《南华真经新传》)而主人狙公的做法也没有将名实改变,仅仅是更换了分发方法便足以迎合众狙,这就跟上面的"为是不用而寓诸庸"相应和起来了。而其后的"亦因是也"便又一次强调了随顺万物的重要性,对此闻一多释言:"顺其所喜,避其所怒,因任物情而利用之,此亦因是之道也。"(《庄子章句》)所以庄子写文章经常会翻来覆去提及一个命题,并且环环紧扣,步步为营,实为"晚周诸子之作，莫能先也"（鲁迅语）的典型案例。因为圣人懂得随顺众生的道理，所以圣人会将是非调和起来，做到不区分是，不妄议非。"天钧"是天然的陶钧，陶钧的特点就是左右转向皆无不可，此亦无穷，彼亦无穷。由此可见，庄子将整个天地都囊括进小小的陶钧当中了。所以圣人泯灭是非，混同大众，就如陶钧一般，运转自如，无懈可击。正如闻一多所言："陶钧之运，左旋右旋，皆无不可。圣人是非两可，莫之偏任，亦犹是也。"（《庄子章句》）不生是非，亦不辩是非，天地间的繁复物论也就因此被消磨掉了。

> 古之人，其知有所至矣。恶乎至？有以为未始有物者，至矣，尽矣，不可以加矣！其次以为有物矣，而未始有封也。其次以为有封焉，而未始有是非也。是非之彰也，道之所以亏也。道之所以亏，爱之所以成。果且有成与亏乎哉，果且无成与亏乎哉？有成与亏，故昭氏之鼓琴也；无成与亏，故昭氏之不鼓琴也。昭文之鼓琴也，师旷之枝策也，惠子之据梧也，三者之知几乎，皆其盛者也，故载之末年。唯其好之也，以异于彼；其好之也，欲以明之彼。非所明而明之，故以坚白之昧终。而其子又以文之纶终，终身无成。若是而可谓成乎，虽我亦成也；若是而不可谓成乎，物与我无成也。是故滑疑之耀，圣人之所图也。为是不用而寓诸庸，此之谓"以明"。

庄子非常推崇古人，而非驳今人，因为古人还没有产生是非观念，所以他觉得比现在的人要更接近于大道。这个古人比我们观念中的古人还要再早，大概要追溯到上古神话时期，并不是我们眼中尧舜禹等明见于史籍记载的人。"未始"就是未曾、未尝的意思。这个"未始有物"指的是天地万物产生之前，连气都还没有，有的只是混沌一片的茫渺宇宙。这个境域就是大道存在的境域，那时大道还没有被破坏，所以这个境界是最高的,只有古人才能体会到,因为古人的智慧达到了最为完美的境地,能体悟到根源于未始有物之前,那种浑全于冥漠之中的玄奥道理。次一点的人也就是比古人晚一点的人,他们能体悟到懵懵懂懂的"有物"状态,但是物跟物之间的界域还不太清楚,也没有被划分出来。第三种人开始知道事物之间有明确的界限,但是还没有产生是非观念。前一段文字中"是非"已经出现过,但这一段"是非"才被完全点出,全篇探讨的中心词由此也全然显露,真如草蛇灰线一般步步推进。这里,庄子意在说明大道是"是非"产生之后才被破坏的,后起之人由于有了是非、彼我的观念,不但不能弄明白大道的根本所在,反而使它日益亏损而隐没了。大道亏损了,偏爱就产生了。这里的偏爱不只是对于理论观念和社会价值的判断,还包括爱人之间的偏爱,如《天运》篇所言:"尧之治天下,使民心亲,民有为其亲杀其杀而民不非也。舜之治天下,使民心竞,民孕妇十月生子,子生五月而能言,不至乎孩而始谁,则人始有夭矣。"这是庄子极度否定的。庄子提倡是非不彰,天地无私,这一点跟荀子很像,荀子认为"天行有常,不为尧存,不为桀亡",又"天不为人之恶寒也辍冬,地不为人之恶辽远也辍广"(《天论》)。天地刮风下雨都不会为了某一个人而发生,大道一年四季的运行也是自然而然、无有偏爱的。但人却是有偏爱、有私心的,所以祸乱与纷争就渐渐产生了。同时,蒋锡昌指出,此处之"爱"便隐指下文之昭文、师旷、惠子诸事,庄子于此已经设好伏笔,只等后文一齐揭露,真可谓神来之笔!

两"故昭氏"之"故"是"则",即"就是"的意思。郑国的昭文善于弹琴,这是明见于史籍记载的。根据《列子·汤问》的记述,昭文曾跟师襄学习弹琴,其琴艺高超,以至"当春而叩商弦以召南昌,凉风忽至,草木成实。及秋而叩角弦以激夹钟,温风徐回,草木发荣。当夏而叩羽弦以召黄钟,霜雪交下,川池暴沍。及冬而叩徵弦以激蕤宾,阳光炽烈,坚冰立散。将终,命宫而总四弦,则景风翔,庆云浮,甘露降,澧泉涌"。连师襄都不由赞叹:"微矣子之弹也!虽师旷之清角,邹衍之吹律,亡以加之,彼将挟琴执管而从子之后耳。"但就是如此高妙的琴技,得到的却是庄子的批驳。因为只要昭文一鼓琴,反映大道的"天籁"之美就会因此受到损伤。大道之域是混沌一团无所不在的,即便昭文弹得再好也只不过是大道中的偏残之美或一隅之美,连"地籁"都比不上,只能勉强算作"人籁"。如郭象所言:"夫声不可胜举也。故吹管操弦,虽有繁手,遗声多矣。而执籥鸣弦者,欲以彰声也,彰声而声遗,不彰声而声全。故欲成而亏之者,昭文之鼓琴也;不成而无亏者,昭文之不鼓琴也。"(《庄子注》)郭象认为在庄子看来,如果昭文不弹琴,那么大道的全真之美就完整地蕴含在天地之间,人世纷争的恶性循环便再一次被庄子指出来了。

在真、善、美三个元素当中,儒学偏重于善,尤其是善的功用,用现在的话来说就是思想内容健康不健康、上进不上进最为重要,艺术标准则在其次。如果恰好内容是善的,艺术形式也是美的,那么在孔子看来则是既尽善,又尽美。在这二者中,思想内容要起主导作用,形式再美,中心内容不善也是不行的。庄子就从来不谈思想内容善不善,他只谈真不真,只要能尽展宇宙间全真之美的东西便是好的,便是美的,便是值得推崇的,否则就是偏残之美。对此,庄子指出,昭文弹琴时,无论他的琴技有多高明,他所遗漏的天地之美肯定会更多。所以即便是旷古难寻的琴师,对于大道来讲也是一种反面因素。因此后世不少思想家和艺术家在老庄思想上进行了积极发挥,比如作画时需要留出空白,让欣赏者去自我想象,反能使其收获不一样的艺术体验,如《画筌》所言"无画处皆成妙境"。

师旷是晋平公时期的乐师,也是古代罕有的音乐奇才。枝策,就是持策以击乐器。枝,即持而击。策,谓击乐器之物。《韩非子·十过》里曾记有这样一个寓言故事,它说师旷奏琴,群鸟毕至:"一奏之,有玄鹤二八,道南方来,集于郎门之垝;再奏之,而列;三奏之,延颈而鸣,舒翼而舞,音中宫商之声,声闻于天。"至于惠子大家都很熟悉了,善于辩论。这三人在各自领域内的技艺,都已到达炉火纯青的境地。即便到了晚年,还在从事相关的事情。如惠子,他一心想让自己所喜欢的,别人也喜欢,自己弄明白的,别人也弄明白,最终在是是非非的困扰中,被"坚白同异"的问题给弄糊涂了。需要注意的是,这里的昭文、师旷是喻意,惠施才是正意,因为惠子探讨的是辩论是非之事,与文章总论契合,前面的弹琴与演奏音乐等描述都是为抨击惠子之事做准备的,因此一偏一正这个行文特点我们要知道。同样"惠子之据梧也"等几句,也可与《德充符》中"今子外乎子之神,劳乎子之形,倚树而吟,据槁梧而瞑",以及《天运》中"倚于槁梧而吟"等描写惠子之语相对读,是了解名家思想的重要文献之一。

另外需要强调的是,前面的"莫若以明"是大道的明,这里的"欲以明之"的"明"是诸子百家争论是非的明,二者同字而异义,是彼此对立的两个概念。而在后面的文字中,庄子又将抨击的炮火,对准了昭文的儿子。他说:"昭文之子又以学习鼓琴之技而终身,最终连昭文的鼓琴水平都达不到,如果这些都算是有成就的话,那么像我也可算是有成就的人;如果这些不算是有成就的话,那么像我也没有什么成就可言了。""圣人之所图"之"图",训图谋,可引申为图谋摒弃。此连上句是说,所以像昭文、师旷、惠施三人这样以滑乱可疑的言行炫耀于世的做法,只能扰乱人心,而无有裨益于世,体悟大道纯真之性的圣人,是坚决会予以摒弃的。而所谓的圣人,只会将自己混迹于芸芸众生,从不用主观意念来妄做判别。一切原欲纯肇出自然,所行所念皆从顺于大道,这就是用空明若镜的心灵来观照万物。庄子此处再一次点到了"以明"二字,即阐明只要内心空灵洞彻、混同万物,便可让大道停留在自我之身心当中。此处之"明"是得道者的明,与上文的庸人之"明"是相悖反的,一个是大道之明,一个是一偏之见,我们切不可混淆。所以对于"物论",圣人是要抛弃的,甚至连语言文字都不要,以此来恢复到混沌初朦的原始境界,如此一来,是非也就消失了。

总而言之,庄子认为,古人的智慧达到了最为完美的境界,于道于德都是无可挑剔的至高存在。此后的人们由于有了是非、彼此的观念,非但不能弄明白大道的根本所在,反而使它日益亏损而逐渐隐没了。及至小智小爱者,如昭文、师旷、惠施这一类人的出现,大道被破坏的情况也就达到了更为严重的程度。由此可证,此段是在申述前文"道隐于小成"的旨意。

> 今且有言于此,不知其与是类乎,其与是不类乎?类与不类,相与为类,则与彼无以异矣。虽然,请尝言之。有始也者,有未始有始也者,有未始有夫未始有始也者。有有也者,有无也者,有未始有无也者,有未始有夫未始有无也者。俄而有无矣,而未知有无之果孰有孰无也。今我则已有谓矣,而未知吾所谓之其果有谓乎,其果无谓乎?

"今且有言于此"这句,讲的是今天我说的这些话跟诸子百家所说的话,是属于同一类呢,还是不属于同一类呢?庄子为了"防人摘己而先自破之"(王敔语),接着就说"虽然,请尝言之",然后再来畅发自己的观点,其实是属于变相的"予岂好辩哉,予不得已也"。万物的形体是从无中产生的,所谓"有始也者",是指已有宇宙之象可见;所谓"有未始有始也者",指的是宇宙之象还未曾显现;所谓"有未始有夫未始有始也者",是说"未始有始"之前的空朦虚无的状态;所谓"有有也者",是指万物出生,忽然有了形体;所谓"有无也者",是说万物的形体,是从无中生长出来的;所谓"有未始有无也者",是说万物产生之前,世界空洞至虚,一无所有;所谓"有未始有夫未始有无也者",是说在"未始有无"之前,那种极端空洞虚静的状态,也是大道一点都没有受损害的时候。以上七句,庄子无非是想让世人明白,诸如是非之别、彼我之殊,均起于天地或万物出现以后,"在泰初未有天地或万物之时,固无所谓是非也"(蒋锡昌语)。

　　庄子这一番梳理,我们可能会不好理解,宇宙怎么会没有呢? 就算宇宙存在未出现时的状态,庄子又是怎么知道的呢? 目前,宇宙是否有原初形态我们还不得而知,但是星系、星体和星云等物体却是通过层积宇宙尘埃而渐趋形成的。2015 年,在恒星 HD100546 周围的轨道上,苏黎世联邦理工学院的科学家在欧洲南方天文台观测到一颗行星正在诞生,这是一颗巨型气态行星,周围被气体和尘埃所包围,在持续形成当中,这大概和庄子所说的"未始有无"状态差不多。我们现在认为无就是没有,但庄子认为在无以前还有更加原始的状态。无原本是一个概念,而上文说的"有未始有夫未始有无也者"就是连无这个概念都没有之前。之后世界忽然进入了"有"与"无"的阶段,但却不知道这个"有"是否可认为是真有,这个"无"是否可认为是真无? 我庄周已经有所说了,但不知我所说的果真是有所说呢,还是没有呢? 介于此,庄子也意识到自己说了太多的话,有些偏离大道并且接近物论了,所以他对自己提出了疑问。这种只是提出某种疑问,但是没有明确给出回答的案例在《庄子》里面俯拾即是,后文的"啮缺问乎王倪曰:'子知物之所同是乎?'曰:'吾恶乎知之!''子知子之所不知邪?'曰:'吾恶乎知之!''然则物无知邪?'曰:'吾恶乎知之!'"就是翻版重刻。《庄子》里面有不少地方在发问时都是由否定之语来回答的,比方说在《知北游》里面如果有人问道是什么，那么对方一定会说不知道，因为如果说知道的话那就不是道了，这是庄子语言逻辑的标志性特色。庄子反复申述这一点的缘由就是要说明，我只是尝试着说一说，并不一定含有绝对真理，仅是姑妄一说，与诸子百家那些有偏好、有是非、有胜负欲的俗众有云泥之别。

> 天下莫大于秋豪之末，而太山为小；莫寿于殇子，而彭祖为夭。天地与我并生，而万物与我为一。既已为一矣，且得有言乎？既已谓之一矣，且得无言乎？一与言为二，二与一为三。自此以往，巧历不能得，而况其凡乎！故自无适有，以至于三，而况自有适有乎！无适焉，因是已。

"秋豪"即"秋毫"，秋天鸟兽刚长出来的毛，其末端尤其尖细。"太山"即现在的山东泰山。庄子在这里说，天下没有比秋毫之末更大的东西，而泰山是小的，这就是物理学上所说的参照系的不同。泰山在古人看来，可能是最高的山之一，从古代无怀氏开始，一共有七十二个国君到泰山封过禅，仅汉武帝一君，就曾八次到泰山去封禅，所以古人把泰山当作是中华文明和权力地位的象征，世界自然与文化双遗产名录都有泰山之名，便足可见泰山之"重"！但庄子却偏偏说，秋毫要比泰山大得多。同样，在庄子看来，以不同参照物相对比的话，没有比短命的小孩（殇子）更长寿的，也没有比活了八百岁的彭祖更短命的，全看你切入的视角如何了。截至此处，全文铺陈的中心论点才终于显现，那便是："天地与我并生，而万物与我为一。"此语一出，全文豁地荡开一笔，前文所有的铺垫至此倏然收束，是非之争的解决方法也全然呈露。这两句话就相当于《逍遥游》中的"若夫乘天地之正，而御六气之辩，以游无穷者，彼且恶乎待哉"，是全篇之文眼。《齐物论》从开篇"南郭子綦隐机而坐"一直到"此之谓葆光"，都属于总论部分。此后逻辑线路逐步走向事

103

例阐说,"昔者尧问于舜"寓言故事成了分论部分的起始。

关于"天下莫大于秋豪之末,而太山为小;莫寿于殇子,而彭祖为夭"这几句,我还需再补充一点。在《天下》篇所载惠子的"历物十事"中,就有所谓的山与地平的理论,其目的是为了"合同异",以便取消事物之间的差别。虽然惠子和庄子在取消事物间的对立和差分方面有所类似,但不同的是惠施是停留在物质外化的层面上强调合同,也就是在事物的表象上面做文章,例如物之大小、箭之快慢等等,而庄子主要在精神上面倡导"齐一",强调物之大小无有差分,言之高低无有然非,以便泯灭世间物论,回返自然天道。根据郭象《庄子注》的表述,我们可以得知,郭象是提倡"适性逍遥"的,也就是只要满足个体生命的解放和欢愉的攫取就可以安于现状,就可以获得如同至人一般的天地逍遥。同样应用到这个层面来说,秋毫是没有必要羡慕泰山的,短腿的野鸭也是没有必要羡慕修长的天鹅的。因为它们都需安于现状,安于自然所赋予它们的一切,如果刻意地进行拆割与修补,反而会残杀天性,诚如《骈拇》所言:"是故凫胫虽短,续之则忧;鹤胫虽长,断之则悲。故性长非所断,性短非所续,无所去忧也。"投射到我们当下,同样也印证了这个道理。因此庄周此处取泰山秋毫之比、彭祖殇子之喻,是要说明"万物齐一"的道理。

由此庄子喟然感慨,既然我与天地并生,与万物为一,那我还有什么可说的呢?既然说出了"合为一体"的话,还能说没有说话吗?此二句,也是自破其非之辞。万物一体加上我所说的话,便是二个;二个加上一个,便是三个。这样往下推,善于计算的人也不能计算其数,又何况是凡夫之辈呢!所以我现在为了说明大道的大致情形,已经从无言到有言,以至达到了"三"的地步,又何况是百家辩士从有言到有言呢!正如王夫之所云:"有儒有墨,儒有九家,墨不一类,以及乎坚白异同,刑

名法术,姚姝启态,各炫其荣华,恶从而辨之哉!"《庄子解》故而庄子复
又感叹云:我不必再往下说了,唯因任自然便是了。庄子此处又是在
"破"自己,意为点到要害处即可,余论我不多讲,以免自己背离大道,宗
旨又再一次回到了"因"这个字上。对此,宣颖括曰:"以上三大段,凡六
节,'明'字一煞,'因'字一煞。"《南华经解》可见在《齐物论》的主旨内
容里,"明"和"因"占据了很大比重。

> 夫道未始有封,言未始有常,为是而有畛也。请言其畛:有左
> 有右,有伦有义,有分有辩,有竞有争,此之谓八德。六合之外,圣
> 人存而不论;六合之内,圣人论而不议。《春秋》经世先王之志,圣
> 人议而不辩。故分也者,有不分也;辩也者,有不辩也。曰:何也?
> 圣人怀之,众人辩之以相示也。故曰:辩也者,有不见也。

大道是普遍存在没有界限的,道既可大又可小,它的本质是"无"。
而正因为道体有无的特点,才造就了它的无所不在。在《知北游》中,东
郭子曾问庄子道何所在,庄子言"道在瓦甓""道在屎溺",并声明:"汝唯
莫必,无乎逃物。至道若是,大言亦然。"天地万物都被道囊括起来了,
没有谁可以逃脱道的涵括,道就如同宇宙覆地一般漫无边界。而如果
大道本质为"有"那就不可以了,因为"有"就会被形体所框缚,进而无法
超越天际,更不可能无所不在。这里的"言"是指符合大道的至臻之言,
这种符合大道的至臻之言是没有一定常规的。要而言之,如果像诸子
百家那样争来争去,就会出现前文"是唯无作,作则万窍怒呺"的乱象,
而正因为有争论,所以区别和界限就出现了,也就是所谓的"畛"。下面
庄子就开始具体阐发这些界限的概念。首当其冲的便是"有左有右",
这分明指的是儒家跟墨家,他们所热衷的伦常之道,是非分辨,将天下
搞得沸沸扬扬,尤遭庄周冷眼。"义"通仪态的仪,"八德"即八种界限,
它们划分出儒墨二家争论的焦点。"夫道未始有封"是没有界域的,而

儒墨是有界域的，不仅有界域，而且很多言论都是是非之说，所以庄子予以彻底否定。接着，庄子开始采用正向对比论证来申述己意。六合乃人间之方，即东西南北天地。六合之外，泛指常人无可企及之域和无可参悟之事，圣人自不必相论。六合以内，均属人间繁琐之事，圣人也只是泛泛论说，而不予妄议。正如吴世尚在《庄子解》中所说的："六合之外存而不论，非不能论也，不必论也；六合之内论而不议，非不能议也，不必议也。"

前面我们反复申述，"以儒解庄"是庄学史上非常突出的一种现象，这里的《春秋》，大部分的儒生都将其训示为孔子所修的《春秋》，进而将庄子拉入孔学门下，以示庄周奉孔。但我认为此处的《春秋》泛指古代的一切历史著作，并不一定与孔子之《春秋》有关。至于庄子尊侍孔子、为仲尼之徒的说法，我则认为纯属牵强附会。另外，蒋锡昌指出"《春秋》经世先王之志"的《春秋》专指记录先王治理社会的文献，因此"《春秋》经世先王之志"的"经世"应放到"先王"后面去，成"《春秋》先王经世之志"。《庄子》里面经常会有这种颠倒语序的现象，我们此前已经说明了，这和前文"山林之畏佳，大木百围之窍穴"的用法是一样的。总体来说，圣人并不是不能"辩"，如果论辩起来的话，他的口才可能比其他人更好，只是他觉得没有必要去争，对于人世间的繁芜陈迹，也只需把它搁置起来就好，谈都不去谈，这就是圣人的态度。对此庄子继续发挥，他说任何事物都有可区分的一面，也都有不可区分的一面，有可以辨认的东西，也一定有不可辨认的东西。所以天下事理能分别的，其中必定有不能分别的个体存在；能辩论的，其中也必定有不能辩论的因素存在。故而"圣人怀之"，以不辩为怀，那些每天争论因果是非的人，是见触不到大道的，因为如果见到大道他们就不会去辩了，所以境界越低下的人，越喜欢申辩一己之见。

夫大道不称,大辩不言,大仁不仁,大廉不嗛,大勇不忮。道昭
而不道,言辩而不及,仁常而不成,廉清而不信,勇忮而不成。五者
圆而几向方矣。故知止其所不知,至矣。孰知不言之辩,不道之
道?若有能知,此之谓天府。注焉而不满,酌焉而不竭,而不知其
所由来,此之谓葆光。

庄子这里开始陈列一些具体的人情案例来说明"夫道未始有封,言
未始有常"的真意,比如大道是无可名称的,大辩是不用言说的,大仁是
不有意为仁的,大廉是不自露锋芒的,大勇是不自逞血气之勇的。这里
我们需要把"仁"再讲一下。"仁"在庄子的理念当中,原本应该指自然
宇宙当中一种存贮于各个独立体之中的原生概念,是一种与生俱来的,
在人生命当中自然存在的真性。后来儒学将"仁"有意识地独立出来
了,这就潜在地破坏了自然天道的发生规律,后之学儒、习儒者便借此
发挥进而一发不可收拾了。庄子反复声明,道一经说明就不是真道,言
语过于辩察就不能达到真理,仁者滞于一偏之爱就不能周遍,过分表示
廉洁就会不够真实,自逞血气之勇也不会成为大勇。"嗛"通"慊",训崖
岸。"不称""不言""不仁""不嗛""不忮"这五个方面,本来是圆通混成
的,如果涉及昭、辩、常、清、忮等形迹,就变成四方之物了。"圆"字在古
代各种本子里都作"园",事实上不是公园的园,而是圆圈的圆。这个地
方我需要给大家再补充一下,在庄子的世界观里,他是崇尚圆而反对方
的。我们前面讲到门上面"枢"的两端是圆的,所以在环中旋转起来能
够应付无穷。刘凤苞对此评曰:"'大辩''大道'二句是主,余三件俱是
陪说。五者本是圆融浑成,一落形迹之中,如方者之不可为圆,而动形
滞碍矣。"(《南华雪心编》)由此可知,大道原本是浑圆的,足可以应对世间
的一切变幻,但这些俗士却有意地显示清廉和勇敢,有意地去做仁义之
事或去言说辩驳,以此来彰显自己的不一,这就潜在地让他们的自然真

性由"圆"转"方"了。

所以一个人知道止于性分之内,那就是智慧的极点了。我们现在都提倡向未知的方向去探索,似乎已成普遍真理,但是《庄子》里却反复提及,人只要停留在自己已知的层面就可以了,例如"吾生也有涯,而知也无涯。以有涯随无涯,殆已!已而为知者,殆而已矣"(《养生主》),不要向未知的方向去"劳形怵心",这样的人才是聪明之人。"孰知不言之辩,不道之道"是承接老子的观点,老子云:"圣人处无为之事,行不言之教。"(《老子》二章)大道是不由分说的,更无需用语言去表述,如果能懂得这个道理,就算是含德之人了。这种人心胸里涵容着大道,却从不轻易外显,任其注入都不会满溢,任其酌取也不会枯竭,而且又不知道它由来何处,这就叫做包藏光亮而不外露。

"葆光"和"天府"的意思差不多,都是收敛、包藏自己真性与智慧的代称。以上四句,以水、光为喻,也是在申述"天府"之意。现在的人大多违逆了庄子的思想,过于热衷彰显自己,有一点点成就与想法都要表露出来,缺乏涵混于大道的精神。到这里,《齐物论》总论部分就算全部结束了,随着"天地与我并生,而万物与我为一"的显露,中心论点嫁接了前后两个部分的内容,并将下文几个寓言一一引导了出来,正如明李腾芳所言"尧伐三子以下,皆是引证,义见前文"(《说庄》)。

> 故昔者尧问于舜曰:"我欲伐宗、脍、胥敖,南面而不释然,其故何也?"舜曰:"夫三子者,犹存乎蓬艾之间。若不释然,何哉?昔者十日并出,万物皆照,而况德之进乎日者乎?"

分论部分的第一则寓言故事,便是以尧攻打宗、脍、胥敖三个小国为起始申说的。这三个国家没有任何文献记载,应该是虚构的。"释然"是怡悦的样子,"释"通"怿"。下面的"若"是"你"的意思。至于尧为什么要攻打他们,庄子没有明说。成玄英在《南华真经注疏》中推测应该是这三个小国欠了尧的赋税,所以尧一怒之下,要去征讨他们。按庄子之意,宗、脍、胥敖三国国土面积非常狭小,仅可栖身于艾草蓬蒿之间,但尧却执意要攻打它们,于是舜便以十日之喻来加以申说。据《淮南子·本经训》载:"尧之时,十日并出,焦禾稼,杀草木,而民无所食,尧乃使羿上射十日。"但此处庄子不用"十日"为灾害之意,而是说十日普照万物,无所偏私,更何况是功绩远超这十日之德的唐尧呢? 言外之意,是劝尧不要去计较三个小国家的不轨行为。三个国家有不轨的行为都可以不去计较,那么诸子百家所谓的是非论争、强分彼我的愚昧做法又何足道哉? 在大道的观照下,又有什么不可以泯灭的呢? 对此,唐顺之有较好的概括,他说:"日并出,而蓬艾之间有背日焉……喻胸中冰释,不着一物,则无不齐。"(《庄子南华真经批点》)因此,这则寓言故事表面是在阐释尽管三个小国有卑污不义的举动,但也不必与之较量是非,更不能加以兵革,实际上还是在论证"天地与我并生,而万物与我为一"的内旨,这是分论一证,后面还有二证、三证。在三证过后,庄子还铺设了一个三人争论的反掉之笔,直至庄周梦蝶与前面的"南郭子綦隐机而坐,仰天而嘘"遥相呼应、内外契合后,才最终关锁全篇,真可谓是千古奇文,令人拍案叫绝!

　　啮缺问乎王倪曰:"子知物之所同是乎?"曰:"吾恶乎知之!""子知子之所不知邪?"曰:"吾恶乎知之!""然则物无知邪?"曰:"吾恶乎知之! 虽然,尝试言之。庸讵知吾所谓知之非不知邪? 庸讵知吾所谓不知之非知邪? 且吾尝试问乎女:民湿寝则腰疾偏死,鳅然乎哉? 木处则惴栗恂惧,猿猴然乎哉? 三者孰知正处? 民食刍豢,麋鹿食荐,蝍蛆甘带,鸱鸦耆鼠,四者孰知正味? 猿猵狙以为雌,麋与鹿交,鳅与鱼游。毛嫱丽姬,人之所美也;鱼见之深入,鸟见之高飞,麋鹿见之决骤。四者孰知天下之正色哉? 自我观之,仁义之端,是非之涂,樊然殽乱,吾恶能知其辩!"

这是分论部分的第二则寓言故事。关于齧缺的身份,历来没有定论,王雱《南华真经新传》认为他是"道之不全者也"。我认为齧缺,包括王倪,都是庄子虚构出来的人物,历史上应不会存有其人。《天地》篇载"尧之师曰许由,许由之师曰齧缺,齧缺之师曰王倪,王倪之师曰被衣"。这则寓言故事是这样的,齧缺问王倪说:"你知道天下万物有共同的认可标准吗?"王倪说:"我怎么会知道呢!"齧缺说:"你能知道自己何以不知的根由吗?"王倪说:"我怎么会知道呢!"

前面我们说过,《庄子》里面有很多问题在阐述时都是由否定之语来进行回答的,所以经常会出现"尝试言之"的表述。此刻的王倪就想尝试着去讲一讲,庄子的话语特色就是以尝试的方式去表白自我观点,因为如果以肯定之语去推演,便会陷入是非论证的误区,以致落入诸子百家的窠臼,因此庄子总是以模棱两可的态度去进行言说,意即"我表达的不一定对,我只是尝试着去说说,仅此而已"。比如下二句"庸讵知吾所谓知之非不知邪? 庸讵知吾所谓不知之非知邪",就是如此。"庸讵"是怎么的意思。这二句话的意思是:"怎么知道我所谓的'知'未必不是他人所谓的'不知'呢? 怎么知道我所谓的'不知'未必不是他人所谓的'知'呢?"庄子很少直接作出判断,现在我们都是用判断动词进行概括,比方"是什么","不是什么",但在《庄子》文段中不是这样的,他往往会说我哪里知道呢? 所谓知道就是不知道,所谓不知道就是知道,他不作肯定的回答,但言外的廓远真义大家却能了然于心。

在后面的文章中,王倪开始列举具体的案例。比如人在树上居住就会惊恐战栗,猿猴也会这样吗? 人、泥鳅、猿猴这三者,究竟谁知道哪里是标准的居处呢? 这是从外在条件下进行是非断的比附。后面王倪继续申说,人喜欢吃家畜的肉,麋鹿喜食美草,蜈蚣以食蛇脑为甘美,猫头鹰和乌鸦热爱吃老鼠,这四者究竟谁知道什么是可口的味道呢?家畜,包含"刍"和"豢"两大类,"刍"专指吃草的动物,比如牛和羊,"豢"专指吃五谷杂粮的动物,比如鸡鸭狗猪等,但这里没有必要分那么清楚,只做笼统概括就好。庄子在此处虽然表面上在讲物各有好,但实际上是在申明物各有性。吃什么,不吃什么,是天道赋予百物的真性,如果违逆动物之本性,让它们食用本不属于自己食物链的餐品,就会酿成灾祸。比如疯牛病,其发生缘由便是英国农场主为了攫取利润,增速肉牛的生长速度,擅自将动物蛋白作为牛的饲料添加进食谱,导致疯牛病的出现。牛本身是草食动物,被强制喂食动物蛋白后,造成了机体细胞病变,最终形成疯牛病波及全球,这就是《马蹄》篇所着重批判的"治天下者之过也"的做法。因此这段比喻,庄子还是在重申随顺自然、归复本性的真义。百物尚且如此,对于人而言,就更加难以协调了。南甜北咸东辣西酸,每一个中国人的舌尖都无法屈就自己,迎合他人,饮食喜好和食材选择常常十里不同风,百里不同俗,连人和人之间尚存有如此大的差异,又何况是人与动物之间呢?这显著的差分,不就是诸子百家眼中的物论吗?这源出于自然的分别,又有什么可辩论的呢?算了吧,还是归结于大道吧,庄子话锋至此,还是要申述"天地与我并生,而万物与我为一"的道理,真可谓用心良苦。

陈说完住处和食物后,庄子又将笔墨对准了美色。"猿猵狙以为雌"这句,我们需要注意一下,在释义时需要颠倒一下次序,意谓雄性猵狙喜与雌猿交配。崔譔说:"猵狙,一名獦牂,其雄意与猨雌为牝牡。"(陆德明《经典释文》引)雄的猵狙喜欢跟雌的猿交配,虽属近亲但不是同类,后面的麋喜欢与鹿交配、泥鳅喜欢与鱼交合也是如此,彼此纲目相近,但种属不同,各有各的美艳标准。"丽姬"就是骊姬,毛嫱和骊姬都是上古美女,但有学者怀疑"丽姬"是错文,应为毛嫱和西施,因为二者自古就并列出现，从未听说有毛嫱和骊姬同举之说，况且后面还专门论述了骊姬之事，所以此处不应再次出现骊姬以为赘语，应为西施之误。但不管怎样，这无关乎庄子文义的理解，所以我们不去做过多分辨。关于骊姬的事迹，《国语·晋语》《左传》僖公四年以及明梁辰鱼《浣纱记·论侠》里都有详细记述。骊姬本为春秋时骊戎国艾地守封疆人的女儿，后为晋献公妃子，生奚齐，以美色获得晋献公专宠，并逐步参与朝政。但骊姬对此仍不满足，她使计离间挑拨晋献公与儿子申生、重耳、夷吾的感情，迫使申生自杀，重耳、夷吾逃亡，后改立自己所生之子奚齐为太子，史称"骊姬之乱"。庄子在此处引用骊姬之名加以申说，只因其美貌过人，而与其道德品性无关。但就是如此美艳动人的毛嫱和骊姬，人人都为之倾狂的美女，游鱼见了她们却避入水底，鸟儿见到她们便飞上高空，麋鹿见到她们就急速逃跑。那么这四者究竟谁知道天下真正的美色呢？怕人是动物的天性，动物见到人类就会本能地逃跑，它们又怎么会知道谁好看，谁不好看呢？因此庄子叹曰："在我看来，仁义的头绪，是非的途径，全都错综杂乱，我又怎么能知道它们之间的区别呢！"由此可见，仁义道德，是非观念，本都是混淆一体的，哪儿又值得细细分辨呢？"樊然殽乱"的"殽"，通"菜肴"的"肴"。"肴"的本义，可以理解为我们吃完饭后的残羹冷炙和鸡骨鱼刺参混一体、无可分辨的那种状态，这个就叫"殽乱"。因为每一个人的爱好不同，审美水平也有差异，所以表现出对外物的态度也不尽相同。比如冯梦龙的《情史》里就记载了一位翩翩少年喜欢只有一只眼的"眇娼"的故事，这在我们旁人看来是万难理解的，但少年却说："余得若人，还视世之女子，无不余一目者。夫佳目，得一足矣，又奚以多为！"所以喜好没有定数，观念也极难统一，至于仁义制度、是非标准就更是无有裨益，甚至会成为荼毒天下的东西，庄子必欲将其一齐扫净，方可呈现清幽寰宇。

啮缺曰:"子不知利害,则至人固不知利害乎?"王倪曰:"至人神矣! 大泽焚而不能热,河汉沍而不能寒,疾雷破山、风振海而不能惊。若然者,乘云气,骑日月,而游乎四海之外,死生无变于己,而况利害之端乎!"

王倪在这里是一个得道者的形象,负责传递庄子的个人理论,啮缺应该是嘴巴有缺陷的一个人。在上述一段文字的阐释后,啮缺仍旧没有了悟王倪的真义。如果他真的懂得了王倪的话外真义,就不会再问下面这样的话了:"子不知利害,则至人固不知利害乎?"所谓的利害,不是我们今天所说的利害,而是对谁有益处,对谁无益处的意思。例如吃老鼠对猫头鹰有利,但是于人无利,以此类推。后面"至人神矣"的"神"是精神没有受到损害的意思,之后的"风振海"应当是有脱文的。北宋的陈景元曾看到一个江南古残本《庄子》,旧藏于浙江天台山,这个本子里刻的是"飘风振海"。这个"飘"字据我看来在《庄子》最初的版本里应该是有的,否则上下文不对应。在后面的文字中,庄子再一次强调了至人的特点,其文与《逍遥游》类似,我们不再赘述。需要指出的是,《逍遥游》中"若夫乘天地之正,而御六气之辩,以游无穷者"中的"御六气",不是至人骑着云气,而是顺着六气,贴合着自然之势自由翱翔于六气之中。不能翻译成"骑着"或者"坐着"云气,因为至人是无有所待的,因此不能理解成"凭借"的意思。此处之"乘云气,骑日月,而游乎四海之外"中"骑日月"的"骑"字也是顺着的意思,骑日月就是顺着日月,与《逍遥游》中的文义一致,都是"无所待"的外化特征。而"四海之外",便是指"无何有之乡",也就是远离尘嚣、超越是非的境界。

后面的"死生无变于己"一句,真堪称上佳之笔,在庄子的世界中,将生死都一齐放下往往是人生的最高境界。如果连生死都看破了,那还能有什么好坏、美丑、荣辱、夭寿的是非观念呢? 在庄子的哲学体系里,生死关是最后一关,也是最难攻克的一关,如果这一关隘都能逾越,那么尘世间之所有繁芜都不能动摇其真性。所以"至人无己"在《庄子》全书中是境界最高一级之代表,因为他们对自己的主体还存不存在,身形还复不复有都意识不到了,这自然就抵至无上境界了。所以无论是罗勉道还是宣颖,都认为"至人无己"是最高境界,连死生都无变于己,不撄于心,又何谈什么有利无利、有害无害呢?所以不区别利害,不划分对错,不纠结是非,是庄子齐同物论之第二证,大旨还是在复述"天地与我并生,而万物与我为一"这个中心论点。

对此我们还可以再作一点延伸,像至人这种泽中灌木焚烧不能使他感到炎热,江河冰冻不能使他感到寒冷,炸雷击破山岳、狂风掀起海浪都不能使他惊恐的超奇状态,究竟是如何达到的?在这里,我们需要借助郭象的注脚来加以阐释,他说:"夫神全形具而体与物冥者,虽涉至变而未始非我,故荡然无蛋介于胸中也。"(《庄子注》)成玄英也附云:"至人神凝未兆,体与物冥,水火既不为灾,风雷讵能惊骇?"(《南华真经注疏》)也就是说,至人因为看透生死,达于天境,所以不在意外物对他的损伤,这样反而受伤害比较小。《达生》篇里也有这样的案例:"夫醉者之坠车,虽疾不死。骨节与人同而犯害与人异,其神全也。乘亦不知也,坠亦不知也,死生惊惧不入乎其胸中,是故遻物而不慴。彼得全于酒而犹若是,而况得全于天乎?圣人藏于天,故莫之能伤也。"喝醉酒的人从车上摔下来什么事情也没有,而如果是一个清醒的人还没摔下车,就已经被吓得魂不附体了。其缘由就是醉酒之人已经全然忘我,"死生惊惧不入乎其胸中",所以能够脱离外物之制,自守真常之气,进而保全自我。此时的醉酒者,最接近于至人的境界。所以此例正好可以和上文互为发挥,借"以庄解庄"之法,《达生》篇"圣人藏于天,故莫之能伤也"正好可以为"死生无变于己,而况利害之端乎"之绝佳注脚。但需指出的是,在此段中庄子用"同一"的标准,去衡量在不同生活条件下所形成的人与几种动物千差万别的习性与意识,并由此而完全否定判别是非的客观标准,显然已经由辩证法滑向相对主义了,这个需要我们理性看待。

> 瞿鹊子问乎长梧子曰:"吾闻诸夫子:'圣人不从事于务,不就利,不违害,不喜求,不缘道,无谓有谓,有谓无谓,而游乎尘垢之外。'夫子以为孟浪之言,而我以为妙道之行也。吾子以为奚若?"

我们接着来看分论部分的第三则寓言故事。这则寓言故事中的夫子有两种解释,一种解释认为夫子是长梧子,比如陆德明《经典释文》便持此说。另一种解释则认为夫子是孔子,持这种观点的学者以俞樾最为典型,俞樾在《诸子平议》中考证其为孔子,其论证要点,便在于后文有个"丘"字。早期的解释认为这个"丘"指的是长梧子的名字,但后世大部分学者都偏重于这个"丘"指的是孔丘,我也比较倾向俞樾的解释,但他称"瞿鹊子必七十子之后人"则显得过于武断。

瞿鹊子说:"我听孔夫子说过:'圣人不愿营谋治理天下的俗事,不知贪图利益,不知躲避祸害,不热衷于妄求,无心攀援大道,没有说话却好像说了话,说了话却好像没有说话,遨游于世俗之外。'"这个地方可以看出,圣人不去从事具体的事,只作为一种精神文化象征存于天地之间。这种观念对于魏晋时期名士的影响是根深蒂固的,魏晋之人整日空谈玄理,无所事事,其出言玄远而不着边际,并以此为道之高妙,当是受了老庄的影响,受到了"圣人不从事于务"的启发。"不缘道",是指不是有意地去追求道。说了话又好像没说话,没有说话又好像说话了,一辈子讲话等于一句话没讲,一辈子没讲话又好像讲了一辈子话,其言幽远,无有定论,这才符合大道的特征。现在我们都提倡说话要谨慎得体,语言逻辑表达一定要准确规范,但在庄子的视野当中,在得道人的观念当中,这样的话是"事务之言",完全不含有道之精妙。"而游乎尘垢之外",则又一次展现了庄子的世界观。在庄子看来,大道之外的地方都是"尘垢",都是藏污纳秽之所,所以要以"游乎"的方式摆脱尘世间的污泥浊水,以达至臻天境。"游"这个字在《庄子》当中十分重要,至少出现了上百次,它集中展现了庄子对于人间乱象的处事态度。如《人间世》言"乘物以游心,托不得已以养中",《应帝王》曰"游心于淡,合气于漠"等,都是较好的范例。以"游"的方式脱离尘俗,摆脱物欲,最终齐同物论,是庄子"由凡至圣"的核心方法论,我们须明达于心。

要之,这几句话原文不是孔子所说的,而是孔子转述别人的语言,孔子认为此是孟浪之言,不着边际,但瞿鹊子却认为此乃切合大道之精要,由此产生了疑问。这同时也暴露了瞿鹊子的悟性弱点,通过下文我们便能知晓此话并不符合大道真谛,并且跟大道还有一定距离。

> 长梧子曰:"是皇帝之所听荧也,而丘也何足以知之!且女亦大早计,见卵而求时夜,见弹而求鸮炙。予尝为女妄言之,女以妄听之。奚旁日月,挟宇宙,为其吻合,置其滑涽,以隶相尊?众人役役,圣人愚芚,参万岁而一成纯。万物尽然,而以是相蕴。予恶乎知说生之非惑邪!予恶乎知恶死之非弱丧而不知归者邪!丽之姬,艾封人之子也。晋国之始得之也,涕泣沾襟;及其至于王所,与王同筐床,食刍豢,而后悔其泣也。予恶乎知夫死者不悔其始之蕲生乎!梦饮酒者,旦而哭泣;梦哭泣者,旦而田猎。方其梦也,不知其梦也。梦之中又占其梦焉,觉而后知其梦也。且有大觉而后知此其大梦也。而愚者自以为觉,窃窃然知之。君乎,牧乎,固哉!丘也与女,皆梦也;予谓女梦,亦梦也。是其言也,其名为吊诡。万世之后而一遇大圣,知其解者,是旦暮遇之也。"

这里的"皇帝",陆德明《经典释文》载"本又作'黄帝'",明正统《道藏》所收各本并同。"听荧",即听到后疑惑不明的样子。"是皇帝之所听荧也",指的是连黄帝这位上古明王听了都会疑惑不明。那么,孔丘又怎么能够理解其中真义呢? 常人连孔丘都比不上,他们又如何能知晓个中真谛呢? 随之而来的,便是长梧子对瞿鹊子操之过急的指责,即"且女亦大早计,见卵而求时夜,见弹而求鸮炙"。"大早"就是"太早"。"时夜"指司夜之鸡,此处"时"通"司"。"鸮炙"就是鸮鸟的烤肉。这几句话的表面意思是见到鸡蛋就想得到报晓的公鸡,见到弹丸就想得到鸮鸟的烤肉,而言外之意则是长梧子在讽刺瞿鹊子只想通过妙道精言来领会大道,却未能参透大道之妙是不能言说的,只要说出来就不是原生大道了,如《老子》开篇所言:"道可道,非常道。"所以长梧子表示,自己只能尝试着去说一下个人之心得,以供瞿鹊子参看,这本质上是一种谦辞。

后面的"挟"是怀抱的意思,也就是怀里装着宇宙,这就达到了"天地与我并生,而万物与我为一"的至臻境界,即我跟天地万物混为一体,无有分别。"置"就是放到一边,"滑"就是乱,"涽"就是暗,而"奚旁日月,挟宇宙,为其吻合,置其滑涽,以隶相尊",就是说为什么不依傍着日月,怀抱着宇宙,与万物混为一体,任其樊然殽乱而不顾,并且把卑贱与尊贵看作一样呢? 庄子声明,就此做法而言,圣人已经垂范在先,他们将万物投掷而来的一切都放置到一边,任其杂乱混沌而不理不顾,并且把尊卑视为一体,即将不同地位、种族、贫富、夭寿的人混同为一,不作半点分断,这就真正达到了"齐一"的状态。而普通人却还不知效仿圣人之法,日日舍本逐末,去纠结是非彼我的细部差别,完全不懂要道之精。其将死之状,即便连南华老人也无可奈何。所以只能叹曰:"众人役役,圣人愚芚,参万岁而一成纯。万物尽然,而以是相蕴。"即凡人驰逐是非之境而劳役不息,圣人却安于浑然无知,糅杂古今万事万物以为浑沌一团。万物都是如此,互相蕴积包裹而不分是非、可否、死生、利害。圣人与凡俗的区别,便又一次被庄子划分了出来。

于是庄子更进了一层,谈到了生死问题,即"予恶乎知说生之非惑邪",意为我怎么知道世人喜欢活着就不是一种困惑呢?在《至乐》中,庄子与骷髅的对话寓言故事,就是在复述这个道理,所谓"吾安能弃南面王乐而复为人间之劳乎?"活着的人害怕自己走向死亡,而死了的人却反而厌弃活着的时光。我怎么知道世人害怕死亡,就不是像幼孩迷失在外而不知回归其故乡呢?这个比喻极其精妙。在庄子眼中,人之生命终结,就等于回归自然,如他所言:"杂乎芒芴之间,变而有气,气变而有形,形变而有生,今又变而之死,是相与为春秋冬夏四时行也。"(《至乐》)认为自然即家乡,死亡便是回归自然,就如同迷失之孩童复返故乡一般,而厌恶死亡就如幼孩走失在外一样,无从知晓返家之路。如果我们厌恶死亡的话,就等同于不懂得回归自然,不懂得回归大道,这实在是一种糊涂啊!

骊姬的典故,我们前面已经讲过了。此处"丽之姬"的这个"之"没有什么意义,丽之姬就是丽姬,就如同介之推是介推的意思。骊姬刚被晋国得到的时候,她哭得泪水湿透了衣襟;等到进了晋献公的王宫里,与君主睡在一张安适的床上,天天吃着美味的肉食,这才后悔当初不该哭泣。由此遥接上文,"我怎么知道那些死了的人不会后悔自己为什么活着呢?"就如同骊姬会后悔自己曾经哭泣一般,以此来隐喻死未必是不好的事,活也未必是值得称道的事。夜里梦见饮酒作乐的人,早晨起来或许就会遇到伤心事而哭泣;夜里梦见哭泣的人,早晨起来或许就会高兴地去打猎。正当人在做梦的时候,不知道自己是在做梦。梦中又梦见在占卜梦的吉凶,醒来以后才知道自己是在做梦。只有非常清醒的圣人,才明白人的一生好像是一场大梦。所谓的"大觉",就是指得道之人，意即只有得道的人才能知道死与生其实并没有什么本质区别，而愚昧的人却自以为是清醒的，似乎什么都划分得很清楚的样子。只有大圣人才懂得大道至理，将世间一切都混然为一，将所谓君主、臣民都等而视之，孔丘与你，都是在做梦，我说你在做梦，其实我也是在梦中了。而我长梧子谈的这番道理，可以称之为"吊诡"。这"吊"字，根据章太炎等人的训诂来看，可以跟"諔"画等号，是奇异的意思。但也有人认为"吊"是极端的意思，比如宣颖，他就认为"吊诡"是极端的诡异。

　　要而言之，庄子自谓上述所言诚非真言，都是自己恢诡谲怪、神游荒诞之说，又暗合了庄子不欲自设一个物论的真旨。这种语言就是典型的"卮言"，像成玄英在疏解《庄子》的时候，就将"卮言"解释为没有理由的话。这些吊诡的话，似于极端神诞无涯之话，现在若想找到一个能了悟洞彻其中真义之人那的确很难，倘若万世之后遇到一位能悟解这番道理的圣人，就好像已经在旦暮之间了。言外之意是，想遇到此等神智之人是非常困难的，即使在万世之后能相遇，也属极度幸运了。

　　庄子此段以做梦为例是欲说明，人生本来就是一场梦。梦之中说梦，有何是何非？骊姬开始是哭泣的，后来就后悔哭泣了。人与人有不同的判别标准，物跟物也有各自的行为准则，何必要执着于一孔之是非呢？只有像至人这样，死生无变于己，哀乐不入于心，抵至"无己"之境，与天地万物混然为一，方可成其大美，是非荣辱也就因此而销声匿迹了。这是分论部分第三次来论证"天地与我并生，而万物与我为一"的真旨了。此"三证"的论述结构跟《逍遥游》很像，《逍遥游》也是先导出论点："若夫乘天地之正，而御六气之辩，以游无穷者，彼且恶乎待哉！故曰：至人无己，神人无功，圣人无名。"然后用三大段文字来分述至人、神人和圣人的真义，其行文逻辑与《齐物论》颇为一致。

　　　既使我与若辩矣，若胜我，我不若胜，若果是也，我果非也邪？

119

我胜若,若不吾胜,我果是也,而果非也邪? 其或是也,其或非也
邪? 其俱是也,其俱非也邪? 我与若不能相知也,则人固受其黮
暗,吾谁使正之? 使同乎若者正之,既与若同矣,恶能正之? 使同
乎我者正之,既同乎我矣,恶能正之? 使异乎我与若者正之,既异
乎我与若矣,恶能正之? 使同乎我与若者正之,既同乎我与若矣,
恶能正之? 然则我与若与人俱不能相知也,而待彼也邪?

"若",训你;"而果非也邪"之"而",通"尔",你;"或是",有一人对;
"或非",有一人不对;"黮暗",暗昧不明的样子。这一段文字是对前面
三则寓言故事的文义总结,也就是在"三证"铺排之后加以阐发其潜藏
的内在逻辑,并继续生发其余论真旨。其大意是说:假使我与你辩论,
你战胜了我,我没有战胜你,你就果真对,我就果真错吗? 我胜了你,你
没有胜我,我就果真对,你就果真错吗? 是有一个人对,有一个人错呢?
还是双方都对,双方都错呢? 我与你都不知道,那么别人就更加糊涂而
盲从于大流了。我又能让谁做出正确的评定呢? 如果让观点和你相同
的人来评定,那他都与你观点相同了,又怎么能评定呢? 如果让观点和
我相同的人来评定,那他都与我观点相同了,又怎么能评定呢? 如果让
观点和你、我都不相同的人来评定,那观点既然与你、我都不相同,又怎
么能评定呢? 如果让观点和你、我都相同的人来评定,那观点既然与
你、我都相同,又怎么能评定呢? 既然如此,那么你、我与他人都不能说
清楚,难道还要再找别人吗? 如果不是用天倪来调和是非,又有谁能弄
清楚呢?

此处我们需要注意一下,在"而待彼也邪"句后,可能发生了一些错
简。大多数的本子,"化声之相待,若其不相待,和之以天倪,因之以曼
衍,所以穷年也"这五句话是在"忘年忘义"之后。但吕惠卿在《庄子全
解》里则提出了异议:"'化声之相待,若其不相待,和之以天倪,因之以

曼衍,所以穷年也',其文当在'何谓和之以天倪'之上,简编差互,误次于此,观其意可知也。"褚伯秀在《南华真经义海纂微》里转引了吕惠卿的这些话,后世多数人也都认为吕惠卿的看法是正确的。因为按照通行版排序来看,文意似有不通之处,上下文衔接也颇有牵合之感。但若将"化声之相待,若其不相待,和之以天倪,因之以曼衍,所以穷年也"移放到"而待彼也邪"之后,则成先抛出"天倪"之词,后顿解"何谓和之以天倪"之义,文句逻辑便可畅然明晓。所以如宣颖的《南华经解》就将"化声"数句,移植到了"何谓和之以天倪"之上,对原文次第进行了些许调整。简而论之,庄子此段是要阐明,是非之端,无有判者,你、我及第三方都搞不清楚,只能靠"天倪"方可调和。今依多数学者意见,将原文调整如下:

> 化声之相待,若其不相待,和之以天倪,因之以曼衍,所以穷年也。何谓和之以天倪?曰:是不是,然不然。是若果是也,则是之异乎不是也,亦无辩;然若果然也,则然之异乎不然也,亦无辩。忘年忘义,振于无竟,故寓诸无竟。

"化声"即化生是非之言,就是与是非纠缠在一起的话。"相待",就是相对待、相对抗的意思。是非之间,两方相互抵抗,相互非难,便成"相待"之势。而若想双方不相抗,言论不"相待",则需"和之以天倪"。"天倪"就是自然的分际,也就是前文所说的"天籁""天钧"。句意谓用自然的分际来泯灭化声之言、是非之论,进而取缔分殊,最终混同为一,所以"和之以天倪"就是"若其不相待"的方法要义。"因"就是顺着,"曼衍"就是游移自得,通过这样随性自由的方法来享尽天年,达于至境。后面的"是不是,然不然"两句,历来有两种解释:一种如吕惠卿、林希逸等学者认为,正确的就是不正确的,不正确的就是正确的,两者水乳交融,难以分隔,照应了前文"故分也者,有不分也;辩也者,有不辩也"

的宗旨;而"照之于天",则无所谓对或不对,万事万物无须分辨。另一种解释认为,庄子此处是要重申"因"之本义,即你说对我也跟着说对,你说不对我也跟着说不对,是典型的"为是不用而寓诸庸",你说是什么就是什么,我只因随大众,不做过多辩解,宣颖《南华经解》就采用了这个意思。从全文的视角来看,第二种解释似更贴合"因之以曼衍"本义,也更能扣准庄子脉搏。"是"假设真的是"是",那么"是"与"不是"就是不同的,这用不着争辩;"然"假设果真是"然",那么"然"与"不然"就是不同的,这也用不着争辩。如果能达到这个境界,那么忘却时间就不再是遥不可及之事。如果连时间都超越了,那么人间义理就更加遗忘得一干二净了。后面的"振于无竟"的"振",按照传统音韵训诂之学无法解释,这里应该是"逍遥"的意思。宣颖将"振"翻译为鼓舞,即"鼓舞于无穷之境",也可备一说。"竟"可以与"境"相通假,也就是在忘却时间和人间义理之后,就可逍遥于无是无非的大道境界,同时全守自我,混同是非,便再也不会有因果正误的争辩,最终达到至人一般的神圣妙境。此段笔墨,是在归纳、收束前面"三证"文字之文意,具有一唱三叹及承上启下之功用。

　　罔两问景曰:"曩子行,今子止;曩子坐,今子起,何其无特操与?"景曰:"吾有待而然者邪?吾所待又有待而然者邪?吾待蛇蚹蜩翼邪?恶识所以然?恶识所以不然?"

这则寓言是全文的倒数第二段,其大意是罔两问影子说:"刚才你在行走,现在又停下来;刚才你坐着,现在又站了起来,你为什么没有独立的志操呢?"影子说:"我因为有所依赖才这样的吧?我所依赖的东西又有所依赖才这样的吧?我依赖形体而动,犹如蛇依赖腹下鳞皮而行、蝉依赖翅膀而飞吧?我怎么知道造成这样的原因呢?又怎么知道所以不这样的原因呢?"

这段话从文章学的角度来看,是《逍遥游》所没有的。《逍遥游》在论说三段故事后,直接关锁了全篇,没有再一次进行理论概括,而《齐物论》却论上加论,又一次申述了主旨。其中,"景"通"影",在魏晋之前,都是用"景"来代指"影"。"影子"之"影",是南朝陶弘景发明出来的,此前是没有这个字的。"罔两"之"罔",多数学者都将其与"两"合释,即影子之影,影外之影,如郭象言"罔两,景外之微阴也",可为正解。但也有少数学者对其单独训诂,将"罔"解释为无的意思,"罔两"即没有影外之影,也可聊作一种参考。需要明确的是,这段故事还是在阐发《逍遥游》中有待、无待的问题。按照庄子的说法,"影"之有待于形体,因为在灯光的照射下,有形体才会有影子。而形体一会儿站起来,一会儿坐下来,一会儿行走,一会儿停息,看起来也十分不安定,那为什么会这样呢?"大概是形体又有所依赖,才这样的吧。"庄子由此感慨。从上下文来看,形体之所待,乃前文之"真宰"。"真宰"跟我们所理解的灵魂不一样,它是一种自然本性,具有控制个体行为的潜在功用,而它本身却不显任何迹象,不留任何印记,但为什么会这样,庄子也搞不明白,这就好比我们在走路时不会想为什么我的两条腿要一前一后,为什么我的手要随之摆动,如果要深究这些,走路自然就走不好了。因为这些举动都源出于自然,都是"真宰"潜移默化运转起来的,常人无需辨明缘由,更无需争议结果。从这些角度来看,是非之争泯灭于大道,便又一次被庄子所申述,而关于是非辩争的议题,也终于可告一段落了。

在这则寓言里,庄子所言"恶识所以然? 恶识所以不然",与开头"南郭子綦隐机而坐,仰天而嘘,荅焉似丧其耦"之文有暗合之妙。"不知缘何如此",是两节文字共同之宗旨。这里通过"罔两问景"的方式,将道之微妙与灵幻刻画得淋漓尽致,尤其是道对万物潜移默化的改变,将开头"南郭子綦隐机而坐"之难点疑点尽数破除,有以例释例、以庄解庄之用。诚如宣颖所言："此一喻分明是丧我,分明是相待乎前而不知,隐隐便接转前幅文字。设喻之妙,沁入至微。除是天仙,断不能寄想到此。"(《南华经解》)

在这里,我还需要再补充一点,虽然我们刚才提及此段文义与《逍遥游》有待、无待之内旨相同,但郭象却不是这么认为的。可以说,郭象主要依据注解《齐物论》创发了他的"独化"理论,并且通贯《庄子注》全书。按照郭象在《庄子注序》中"通天地之统,序万物之性,达死生之变,而明内圣外王之道,上知造物无物,下知有物之自造也"等说法可知,他的哲学理念中的天地观、死生观以及有物、无物之理,均与《齐物论》中的相关概念有关。我们可以清楚看到,尤其是郭象对于"罔两问景"寓言的解释,简直与庄子本真思想格格不入。庄子认为,万物皆有待于它物,而郭象则认为,万物皆可"独化"而生,即不依赖于外物的加持,也可自然诞生于天地之间。比如在"吾所待又有待而然者邪"一句下,郭象便释曰:"若责其所待而寻其所由,则寻责无极,而卒至于无待,而独化之理明矣。"在"吾待蛇蚹蜩翼邪"下,郭象又曰:"若待蛇蚹蜩翼,则无特操之所由,未为难识也。今所以不识,正由不待斯类而独化故耳。"由此可见,在文字表层之间,郭象已然开始对庄子"有待"之论进行非难了。在最后"恶识所以然?恶识所以不然"这二句下,郭象更是直接阐发了大段的自我"独化"之论,认为"罔两"和"影"是同时产生的,二者彼此独立,互不干扰,完全自给自足,满足于各自的性分之需,表现着自己的全真之性。因此罔两并不受制于影,影也不受制于形,形也不是由"道"诞化出来的,三者之间并没有绝对的依附关系。

但是从已然存续的状态来讲,三者却是"彼我相因"、互为条件的,正所谓"物各自造而无所待",整个世界并非处于一种绝对多元的混乱状态下,各个具体的事物之间都在发生着"相与于无相与""相为于无相为"(《大宗师》注)的潜在关系,世界经由此方可趋于谐和与稳定。郭象此处之"相因"关系,与庄子所言万物皆"有所待"之思想境域可谓差分万里,郭氏认为"相因"是指万物之间一种无形的"玄合",而这种"玄合"是由"独化"之理引发而成的,即所谓"相因之功,莫若独化之至也"(《大宗师》注)。通晓这个道理,便可理解郭象立论之良苦用心,即只要随性自然,适性逍遥,"则本末内外,畅然具得,泯然无迹",如果逆此逐末,则物与我永无可"齐"之日。

其实,庄、郭述理之歧不仅仅体现于此,早在此前的老子,他所主张的"天下万物生于有,有生于无"(《老子》四十章)之论,就已经为其后近千年的有无相争埋下伏笔了。庄周为老学之拥趸,自然主张"无能生有"的论断,并将道看成是天地万物最终的归宿与源发之所,如《大宗师》谓其"自本自根,未有天地,自古以固存;神鬼神帝,生天生地;在太极之先而不为高,在六极之下而不为深,先天地生而不为久,长于上古而不为老"。此种思想延续到西晋时期,便分化出了名教与自然的关系问题。名教是儒家在两汉时期被主流意识割解后所诞育的表现形式,东汉时最为兴盛。而自然在黄老学派及王充等人的眼中,则作为一种社会政治态度逐步进入士人生活,并由此引起了玄学家的重视。正始时期,以何晏、王弼为代表的清虚学者,提倡"名教出于自然",他们踵续老庄之思想,认为"有"是依赖于"无"的,并高举"贵无论"大旗。在阐发老庄义理时,也往往用"无"来代替"道",以便宣扬自然之本旨。后来进入东晋,佛教思维渗透进中华肌理,士人开始用"空"来代指老庄道论,因此从历史横向视角来看,"道""无""空"三者是可以互通的,这个需要我们加以明确。之后以嵇康为代表的"竹林玄学",开始将矛头对准名教理念,他们认为司马氏所代表的官方名教已经腐朽发烂,与自己心中的"自然"真理完全不合,于是嵇康振臂一呼,提出了"越名教而任自然"的命题,以宣发自我的"不合作主义"。进入元康时期,裴頠首发新声,作《崇有论》以变更"时俗放荡"之态,其言:"夫至无者无以能生,故始生者自生也。"由此提出了著名的"崇有说",以抵訾何、王之"贵无说"。最后,郭象为名教与自然的关系之争画上了休止符。郭氏认为,玄学的发展离不开儒学的义理,将元康玄学引向儒学内旨是构建新的政教体系所必由的路径之一,于是郭象提出"名教即自然"的观点。由此可知,郭象注述《庄子》是有明确时代使命的,其用意就是要统合西晋各阶级以期达到上下齐一、宇内安定之目的。在郭象笔下,儒家所崇尚的孝慈、礼乐、忠信等圣人人格与道家追求的至人人格获得了高度契合,社会各个阶层的人物也都得到了充分的个性展现,所谓"圣人虽在庙堂之上,然其心无异于山林之中"(《逍遥游》注),进而在理论根源上解决了自然与名教的冲突问题,其所倡导的"名教即自然"理论,也广受世人推崇,既为当权者所承认,也为常人所欢迎,可谓皆大欢喜,庄子学也因此而更加兴盛。

> 昔者庄周梦为胡蝶,栩栩然胡蝶也。自喻适志与,不知周也。俄然觉,则蘧蘧然周也。不知周之梦为胡蝶与,胡蝶之梦为周与?周与胡蝶,则必有分矣。此之谓物化。

最后一则寓言故事,是我们很熟悉的"庄周梦蝶"。有一些学者在章节划分上,将其跟"罔两问景"合为一章,但也有一些学者是分为两章的。它们有个共同的作用,就是呼应开头,我们不再详说。此处的"昔"通"夕",是晚上的意思。此寓言故事讲的是夜间庄周梦见自己化为了蝴蝶,飞舞得轻快自如。自己觉得快乐极了,竟然完全忘记自己是庄周。突然醒来,就惊觉自己原来是庄周。不知道是庄周做梦化为了蝴蝶,还是蝴蝶做梦化为了庄周?庄周与蝴蝶,在世人的眼光中必定是有分别了。这就叫做"物化"。

在这里需要我们注意的是,"自喻适志与"是和"不知周也"相连接的,意即作为蝴蝶的庄周是快然自适的,而作为人类的庄周则显得十分难受。尤其是"栩栩然"的动态飞舞,让庄子更加感受到了自由奔逸的快感,由此可见现实中的庄周对人世之绝望和对物论之厌恶。"不知周之梦为胡蝶与,胡蝶之梦为周与?"是最为后人称道的两句,站在世俗的立场和是非的观点上来看,庄周做梦的时候变成蝴蝶,醒来的时候还是庄周,二者存有分别是不争的事实。但如果站在混同为一、万物齐等的场域来看,庄周与蝴蝶并无二致,这就是所谓的"物化",也就是万物皆可变化、无有定准之意。

"化"在庄子的哲学体系里至关重要,前面我们讲《逍遥游》时,就领略了庄周之变化无端的妙境:"北冥有鱼,其名为鲲。鲲之大,不知其几千里也。化而为鸟,其名为鹏。鹏之背,不知其几千里也。"鲲鹏二物在庄周的如椽巨笔下,被幻化得活灵活现。南宋罗勉道十分看重"化"这个字,在《南华真经循本》中就指出:"此篇以《逍遥游》名,而终篇贯串只一'化'字。"又在"化而为鸟"一句下评曰:"篇首言鲲化而为鹏,则能高飞远徙,引喻下文,人化而为圣、为神、为至,则能逍遥游。初出一'化'字,乍读未觉其有意,细看始知此字不闲。"对于《庄子》全书首次出现的"化"字,前人都未能从中看出有什么深意,而罗勉道却道"此字不闲",说明他一开始就与庄子关于"万物皆化"的思想发生了共鸣。通览《庄子》全书可知,罗勉道所言不虚,"化"字的确是贯穿《庄子》文本的重要字眼。例如《天道》篇所言"万物化作",《天地》篇所言"天地虽大,其化均也",《至乐》篇所言"万物皆化",《则阳》篇所言"日与物化"等等,都是庄子"万物齐一"的绝好例证,我们应该重视"化"这个字。

因此,无论人变为蝴蝶,还是蝴蝶变为人,在庄子看来都是"物化"的常规现象,万事万物随时随地都在变化,就如唯物哲学上所讲的世间一切永远处于运动当中一样。从这个视角来看,人跟物是没有区别的,不要执着于区分是庄周梦蝶,还是蝶梦庄周,这是道不清楚的,也无须道清楚。更不消说是蝴蝶对呢,还是庄周对呢,都是徒增凡间赘语罢了。"天地与我并生,而万物与我为一"的宗旨阐释至此达到了顶峰。同时,庄周本人的"现身说法"又与开头南郭子綦的寓言故事遥相呼应,二者都通过"丧我"的方法冥合了大道。有意识的"我"被剔除,无意识的"吾"进入了大道真界,无问缘始,不加分辨,"栩栩然"之轻灵快适才如约而至,天地间之"物化"真境便也浸透其中了。此文笔之高妙,气象之开合,真无愧宣颖所言:"将物化收煞《齐物论》,真红炉一点雪也。"《南华经解》)"红炉一点雪"为佛教术语,宋代正觉《宏智禅师广录》云:"生而不生,灭而不灭。归去来兮,红炉片雪。"意为一个熊熊燃烧的火炉,在大雪纷飞之时忽有一片雪花落入,其火焰之旺,将雪花形体顿然化为乌有。庄周之齐"物论",此时也关合笔锋,收束文字,其是非之论、然非之辩也如飞雪入火一般,倏然归为乌有了。

明清探究文章学的学者指出,这一则寓言故事和《秋水》篇最后一个寓言故事"濠梁之辩"有异曲同工之妙。虽都是上乘文字,但是"庄周梦蝶"之行文笔法较之后者而言则更为超拔,也更为精妙,将文脉走势融化得无影无踪,不显遗迹,所以在妙处上面要超过庄周与惠施的"濠梁之辩"。即便对于远在日本的禅学僧侣而言,"庄周梦蝶"之美亦超出佛教义理之广,如江户时期著名的学者藤原惺窝尝言:"浮屠者,以六喻偈为胜。于庄子梦蝶不然,文字与意旨共庄子为优。"

至此为止,《齐物论》的全篇内容我们已经讲解完毕了,但由于《齐物论》本身若隐若现的逻辑线路极难寻觅,所以我们还需要再梳理一下全篇的行文架构,以便让大家更好地体悟《齐物论》真旨。在开篇处,庄子通过铺叙南郭子綦"丧我"的故事,来暗示天下"物论"之所以不齐,全由"我"之偏见导致,所以要想齐而同之,就必先"忘我"。接着又通过子游的惊问,引出了人籁、地籁、天籁的概念,并且由杂奏不齐的地籁中的种种表象,来提示下文种种物论不齐的现象。而造成这种现象的原因,乃是由于人情的种种不齐之态难以统合,其喜怒悲欢之状,恐惧忧虑之貌,都被庄子刻画得淋漓尽致。而庄子之所以浓墨铺叙人情不齐之貌是欲说明,人情都已然如此,那么发自"成心"的种种物论也就纷纭难齐了。紧接着,庄子用"非彼无我,非我无所取"这一大段,来说明世人糊涂愚昧,只知道任凭私情的外发,而不知道有一个"真君"或"真宰"为全身血肉的天然主宰,所以这些人终身追逐名利,以至于形神残败,天真丧尽,而始终不悟。庄子由此点出,若想归于大道,就必先破除"成心",也就是自己的主观意识,这样才能达于天境,通于至道。之后庄子由"言非吹也"一句,来说明"天籁"纯任天机,即只有顺应自然,才可成就"天籁之音"。而人的言论却为机心所发,肇出于自我的主观臆断,因此产生了"言有彼此"的差别,然后由是非不可辩,引出了儒墨之间互相攻伐的愚蠢行径,乃是由于不明大道所致。有鉴于此,庄子请出圣人作为明鉴,要求世人停止辩论,并泯灭是非于无形之中。

在后面的文章中,庄子又抛出了"天地一指,万物一马"的比喻,这是承接圣人泯灭是非、彼此的论断而来的犀利话语。"可乎可"以下的文字,亦全部用来诠释"一指、一马"之理,此层层递进之法,令人应接不暇。最后通过对达者和愚者的对比描写,指出儒、墨、公孙龙等辈强行辩论是非、彼此的行为,和猴子"朝三暮四"的愚蠢思维以及妄用喜怒的做法无有二致。在接下来的篇章里,庄子进一步叙写了大道的特征,并指出只有古人真正参悟了大道,而此后的人因为有了是非、彼此的观念,导致大道日渐亏损。例如昭文、师旷、惠施等人有点雕虫小技就自认为掌握了世间真理,并以此搅扰天下,致使大道亏损得更为严重甚至趋于隐没，以此来重申"道隐于小成"的观点。最后，庄子用"今且有言于此"等一大段来说明世间并未有真正的是非对错，万物也没有绝对的彼我观念。至此，全文的核心观点才最终显露，那就是"天地与我并生，而万物与我为一"。

在总论部分阐明之后，庄子又连续设立了"尧问于舜""齧缺问乎王倪""瞿鹊子问乎长梧子"三个分论故事，来进一步阐发"天地与我并生，而万物与我为一"的宗旨，并且在瞿鹊子故事的最后写下一段"辩无胜"的说辞，来进一步收束前面数段的文义，指出辩论者的胜负、仲裁人的裁决，都不能决定什么是真理什么是谬论，所以解决"物论"的唯一方法就是"和以天倪"，以此来针砭那些强辩是非的人。论述完整个《齐物论》的宗旨后，庄子由罔两之间，引出庄周梦蝶，并照应开头"丧我"之意，道出逍遥自适、物我为一的人生态度。庄子指出，只有"丧我"，也就是忘记我，才能够与万物齐一、与天地共生。在那一刻你就是万物，万物就是你自己，你可以化为万物，万物也可以化为你。在梦中，庄子就幻化成了蝴蝶，栩栩然自在轻快，闲适忘我，最后由"此之谓物化"为结论关锁全篇，收束全文，《齐物论》至此结束。

【漫谈】

一、《齐物论》的历史地位与疏解方法的演变

自古以来，起码从魏晋以来，学者们对《庄子》文本最为重视的是内七篇。这在《宋书·谢灵运传论》中便已有记载："有晋中兴，玄风独振，为学穷于柱下，博物止乎七篇。驰骋文辞，义单乎此。"在玄学盛行的时代，做学问的人常常称引《老子》，但欲通达事理，了彻万物，则须倚赖《庄子》，其中最为重要的，最可博及万物的，当属内七篇文字，此也诚非谬论。从文章学的视角来看，内七篇以"草蛇灰线"之文法来推进文义

的特征较为明显，其"汪洋辟阖，仪态万方"之文学美感也最为突出。对于宏观文体的架构和内理逻辑的排布，都显示出庄周极强的文字驾驭能力，尤其是内篇各则寓言，皆是互为呼应、前后相缀的"因果文章"，任何一则寓言都不能独立抽出，否则庄子整个的哲学机体，将会缺失一环。反而像外、杂篇中《让王》等篇章，其寓言故事往往可以单行观览，与《吕氏春秋》等作品中的故事书写相仿。而从文章结构的场域来看，《逍遥游》之开篇，以"北冥""南冥"双起，《应帝王》之结束，以"北海""南海"双收，整个内篇之文脉肌理浑然一体，更无需说各篇目在具体行文中的逻辑架构了。由此看来，古之学人重视内七篇是相当正确的，其内理逻辑之圆融，前后文句之遥映，皆无可挑剔。

当然，从历代的庄学著作来看，除了内篇文章，外、杂篇的部分章目，也受到了古代学人的关注。比如在《世说新语》中，就记载了魏晋名士在谈论《庄子》时，往往需要事先拟定一个题目，然后再加以讨论。这些题目有些出自内篇，有些出自外、杂篇，包括后来被苏轼等人斥作伪篇的《渔父》，也曾被拿来研讨。因此，在魏晋士人的眼中，《庄子》全书都可资借鉴，但从总体来看，最重要的还是内七篇。包括郭象注《庄子》，也是内七篇注释得最为详细，外、杂篇特别是杂篇中《让王》《说剑》《渔父》等篇目，通篇甚至仅有寥寥几句的注解，这也证明了在玄学大师郭象眼中，也是内七篇最为重要。这就形成了一种惯例，后来的《庄子》选本从魏晋开始一直到明清，都倾向于将内七篇全盘收罗，而将外、杂篇有意识地删减或仅选择部分内容，其中《秋水》和《天下》就是学者们除内七篇之外，最为关注的篇目。

在内七篇和《秋水》《天下》这些篇目中，历代学者由于自身学养、立场、背景和情识的不同，对这九篇文章的喜爱、征引及解析的程度自然也不甚相同。从文学史的角度来看，或是从文章学的角度来看，《逍遥游》跟《秋水》两篇无疑是最受瞩目的。但如果从哲学史、思想史的角度来看,历来最受重视的,同样也是先秦时最为重要的一篇文章,则非我们现在所讲之《齐物论》莫属,这是有迹可循的。从研究视角来看,抑或是从学术论文的撰写角度来看,百年以来,最受重视的依然是《逍遥游》和《齐物论》。在这两篇中,《齐物论》是《庄子》乃至于先秦哲学里,最难读,最富奇趣,也是说理性最强的一篇文章,同样也是《庄子》当中最具有"草蛇灰线"特征的文章,故而在此视域下,《齐物论》较《逍遥游》而言略胜一筹。

除此之外,《齐物论》受历代学者重视的原因,还在于彼我方家之间的观点不一,解析出来的义理不一,包括历代文人整理出来的《齐物论》线索也不尽相同,这就引起了后代学者的浓厚兴趣。比如随着佛教的渗入,历代学者开始用佛教义理解读《庄子》。成玄英就是其中的一员,他尤其喜欢利用佛教中的"我执"概念来疏解齐物思想。在成氏看来,世人"愚迷",既滞于是,又滞于非。只要使他们破除"迷执",既不滞于是,又不滞于非,并且"遣之又遣",使之进而既不滞于滞,又不滞于不滞,这样就能达到重玄的境界。十分明显,这里所运用的否定再否定的思维方法,与他在疏解《老子》时所用的否定思维方式一样,也主要是借鉴佛教中观派双遣双非的否定思维方式而来的。成玄英还从佛教"空"的观念出发,进一步认为世界上一切对立的东西都是虚幻的。如他在《齐物论》疏中曾指出,世界上一切对立的事物都是因缘所生,刹那生灭,并没有质的规定性。因此,诸如物与我、彼与此、有与无、是与非等等,皆属虚幻不实;就连佛教所谓的"三界"(即欲界、色界、无色界)与"四生"(即卵生、胎生、湿生、化生)说法本身,也无不属于空幻,哪里可看成是实有的东西呢!由此可以清楚看到,成玄英显然是以佛教"诸法皆空"的理论来推导庄子"齐物"思想的,从而在魏晋玄学家以"有""无"等观念理解庄子思想之外开辟了新的解说途径,但也因此背离了庄子《齐物论》原本的宗旨。

再如进入 19 世纪后,西方理念开始渗入中国,中国学者便开始以西学思想来解读《齐物论》。例如严复在解读"罔两问景"这一则寓言时,就表明庄子这番精彩的哲学论述是在阐释近代光学、天文学的某种原理,并且用西方的"进化观"来解释"齐物论"的思想,他在评价"夫吹万不同,而使其自已也,咸其自取,怒者其谁邪"文字时就说:"一气之转,物自为变,此近世学者所谓天演也。"认为庄子万物转变的理念,是在进化的观念上提出的。胡适在此基础上,又提出了庄子主体思想是在阐释"生物进化论",与西方生物学家达尔文的思想不谋而合,则更是与《齐物论》的原本主旨大相径庭。冯友兰也曾把逍遥与齐物两点作为庄子思想的核心,但在 1949 年后,他开始批评逍遥和齐物两点,揭示出这种主观精神上的浪漫只是一种理论化的自欺欺人的幻想,是奴隶主阶级对于自身没落处境心理的平衡与保全,这同样也违背了《齐物论》的创作初衷。

由此可见,《齐物论》在各家的笔下都开掘出了不同的思想线索及文化内涵,这个跟《逍遥游》有所不同,《逍遥游》的主旨至明清时各家的观点都相对统一了,文本线索如何,思想脉络又是怎么发展的,大家都有了较为一致的看法,而《齐物论》的内核直到今天,都没有一个精准的定论。而造成历代观点偏差过大的原因其实也很简单,就是《庄子》研究在文章学介入之前,历代学者基本局限于对字词章句的求索和梳理,并没有窥及《庄子》文本内在的整体观与逻辑性,包括注庄最为精妙的郭象,也难逃这个窠臼。例如在解释《应帝王》最后一则寓言,也就是浑沌被凿七窍而死的那段文字时,郭象只用了四个字来概括,同样也是《老子》里的话,叫"为者败之"。我觉得解释得很好,简洁有力,直击要害,但郭象只注重对各篇义理的集中阐释,他并没有关注到《庄子》各篇之间潜藏暗伏的文本线索,这是较为遗憾的一点。一直到晚明时,如陆西星的《南华真经副墨》等,才开始注意到《庄子》各篇间的潜在联系。陆氏还以文评的方式记录下了自己的所想所思,开启了注《庄》新风。到清代林云铭的《庄子因》和宣颖的《南华经解》问世时,又进一步发展了文本考索与前后对读的研究方法,使庄学研究上升了一个新的台阶。至晚清刘凤苞著《南华雪心编》,便广集明清文章学之大成,充分发掘了《庄子》文本的内在勾连性与整体文学性,成为近代疏解《庄子》文义最为全面的书籍之一。

要之,中国前期对于《庄子》的研究,是较为零散的,就像是"庖丁解牛"里所讲的那样,晚明之前的学者对于《庄子》是"所见无非牛者",采用的方法也是"割也""折也"等生猛式研究方法,而明清之际的学者则从"郤""窾""经""綮"等处入手,沿着《庄子》文本间的脉络空隙,去细细抽剥,层层爬梳,庄子的旷古真意便也逐步显露了,这也就达到了庖丁所言的"恢恢乎其于游刃必有余地矣"的至高境界。因此,《庄子》研究需要义理考索与文本探析相结合,近些年的学者大多从西学角度或用西方观点去阐释《庄子》,对中国古人的学术成果缺乏继承,这恰恰犯了南辕北辙的大忌,得出来的文本结论,也就不那么贴合庄子原意了。

二、《齐物论》的影响

回归到《齐物论》本身上来。作为古今第一难懂的文章,《齐物论》在中国历史上留下了光辉的一页,尤其在思想领域,创获颇多,成为了后世哲学家无法逾越的一座精神高峰。下面我们就简要梳理一下,它在哲学及宗教学领域产生了怎样的影响。首先我们来看宗教对《齐物论》哲学思想的吸纳。根据目前已有的材料来看,佛教徒是最早关注到《齐物论》思想价值的群体,这一点以僧肇最为突出。僧肇是东晋高僧,

《不真空论》是其创作的一篇重要论文。在这篇论文中,他批驳了本无、即色、心无三派的学说,认为他们或偏于"有",或偏于"无",都未能按照印度正统般若学说,尤其是龙树般若中观学说来解释"空"的问题。因为在他看来,如果按照龙树的般若中观学说来解释,则"万象虽殊,而不能自异,不能自异,故知象非真象,象非真象,故则虽象而非象,然则物我同根,是非一气,潜微幽隐,殆非群情之所尽"。这也就是说,"物无彼此,而人以此为此,以彼为彼;彼亦以彼为此,以此为彼。此彼莫定乎一名,而惑者怀必然之志,然则彼此初非有,惑者初非无,既悟彼此之非有,有何物而可有哉?故知万物非真,假号久矣"。僧肇在这里是要明白告诉人们,万物虽然纷然杂陈而异,但就其本质而言,却皆虚妄不真,因而它们的实相、法性都是非有非无,连"我"也在这种非有非无的般若之光笼罩下而与宇宙万物化为一体了。从这里我们可以清楚看到,僧肇在这篇文章中,实际上是借用庄子的语言形式和他在《齐物论》中关于"是亦彼也,彼亦是也""物无非彼,物无非是""天地与我并生,而万物与我为一"的相对主义思想来发挥龙树的般若中观学说,从而进一步完善并发扬了大乘佛教的相关理念。

除却佛教外,道教的发展也离不开对《齐物论》的借鉴。比如唐代道士司马承祯的《坐忘论》便吸取了《齐物论》中的相关思想。"坐忘"的理论源自《大宗师》,唐代的道教学者进一步把这一悟道方法发展成了具有宗教色彩的"坐忘修道"理论,司马承祯的《坐忘论》又进一步延伸出了"安心坐忘之法",以此来阐释自己的"七条修道阶次"理论。其中第五条"真观",就是以《齐物论》思想为核心的修道方法。在司马承祯看来,坐忘主体在"观见真理"的过程中极易受到"色""恶""贫""苦"等东西的困扰,因此必须认识到这些东西的空幻性和危害性,这样才能彻底弃绝它们。在谈及"色"时,司马承祯便援引了《齐物论》中"鱼见之深入,鸟见之高飞"等语,来说明即使是人们心目中最美艳动人的美女,在游鱼和飞鸟看来也如怪物一般。因此坐忘主体在"观见真理"的过程中,必须视"色"为"秽浊""刀斧"而彻底摒弃之。由此可见,《齐物论》的相关概念为司马承祯修道观的形成注入了新鲜血液,同时也间接推动了道教思想的进一步发展。

其次,我们再来看看《齐物论》对宋明理学的发展又起到了哪些促进作用。宋元理学家,自称是直接继承孔孟儒学的人物,其实他们的哲学体系,除了以儒家思想为主体外,还吸纳了佛教、道家(包括道教)的诸多思想及方法。比如宋元理学家在构建自己的本体论思想体系时,便援引了老庄关于"道"生天地万物的思想。邵雍就曾以《齐物论》中"得其环中,以应无穷"之说来解说自己所创之《先天图》中的心法之论,他说"先天学,心法也,故图皆自中起,万化万事生乎心也",而"先天图中,环中也",这说明他的宇宙生成说与庄子有一定关系。南宋林希逸更以程朱理学所树立起来的"天理"这一合自然与伦理的本体,来替代《庄子》中"道""天"等作为宇宙万物之根源的本体,从而借庄子之说进一步推进了对"天理"的理解。众所周知,《庄子》中的"道""天"等哲学概念与程朱理学所谓的"天理"本来并不是一回事,但在林希逸的《南华真经口义》中几乎都是可以融合的,甚至可以用"天理"来阐释《庄子》中大量与"道""天"相关或不相关的概念。如他在阐释《齐物论》时便说:"天府者,天理之所会也。"说明在林希逸看来,程朱理学所说的"天理"简直就是一个万能概念,可以与《庄子》中的各种不同概念相重合,而《齐物论》恰恰是连接二者的一个桥梁,他通过对《齐物论》的精心改造,理学中的"天理"思想便合理地融入道家思想里,这样一来便扩大了理学的园地。

此外,元代道教学者苗善时在释解《齐物论》"地籁""天籁"诸语时,也运用了理学思想中的"理一分殊"说来进行阐释。他认为万物虽殊,宾主自别,但"万化一化皆神",与理学家所说的"理一"即"万物皆是一理"正是一个道理。从时代脉络来看,庄子在前,理学家在后,苗善时用理学家的观点阐释庄周之文,是否意味着理学中的"理一分殊"概念原本就取材于庄子,我们尚不得而知,但从二者的相似程度来看,其中应当有着潜在的因承关系。

最后,我们再来看看《齐物论》中的深邃理念对个体作家或文人产生了怎样的哲学影响。我们先来看看李贽对《齐物论》思想精华的吸纳。从已有材料可知,李贽在吸收阳明学派哲学思想和佛教思想前后,还醉心于老庄义理。如他在《焚书·念佛答问》中便说:"小大相形,是续鹜短鹤之论也。天地与我同根,谁是胜我者?万物与我为一体,又谁是不如我者?"这便是对老子"高下相倾"(《老子》二章),和庄子"凫胫虽短,续之则忧,鹤胫虽长,断之则悲"(《骈拇》)、"天地与我并生,而万物与我为一"(《齐物论》)等思想的进一步发挥。而对于《齐物论》的解释,李贽的观点也往往与前人不同。如他说:"天地间一大是非耳,未有能听之者。听之则是非蜂起,不听则闷然无当。听与不听又自有是非矣,何时一欤?"在他看来,既然是非无定,不可分别,那么又怎可"咸以孔子之是非为是非"(《藏书》)呢? 他在阐释篇中"瞿鹊子问乎长梧子"一则寓言故事时进一步说,对于"圣人不从事于务,不就利,不违害,不喜求,不缘道,无谓有谓,有谓无谓,而游乎尘垢之外"这样的要言妙道,"若孔某则全不知此矣"。意谓孔子连这样的道理都不懂,这就更不可把他作为裁决天下是非的标准了。由此可知,李贽在这里的阐释,已充分表现出了他那坚决否定传统儒学的大无畏精神,而作为抨击儒家道统与精义的哲学武器,《齐物论》无疑发挥了巨大作用。

进入近代,章炳麟所作《齐物论释》乃是诠释《齐物论》最为详尽的文本之一,章太炎也通过对《齐物论》的阐释,总结出了独特的"平等"与"自由"思想。在《齐物论释》的序言里,章炳麟这样写道:"《消摇》《齐物》二篇,则非世俗所云自在平等也。体非形器,故自在而无对;理绝名言,故平等而咸适。"可见,自由和平等正是他融合齐物和唯识提炼出来的两大哲学思想,这不仅是他对《齐物论》的理解,也是贯穿于他一生的重要思想。

与之相类的学者,还有中国哲学的奠基人冯友兰。冯氏提出了《齐物论》中有所谓消除物我分界,从而达到万物与我并生的方法,并将其命名为"负的方法",作为对西方分析哲学所无法言说领域的补充。

综合来看,《齐物论》无论对宗教发展,还是个体学人的哲学探索,都起到了积极的促进作用,正因为有了《齐物论》,中国哲学的版图才日渐完整,中华思想的精华才更为耀眼,因此我们更应该重视《齐物论》的哲学意义与宗教意义。除在思想史领域有突出成就外,《齐物论》对中国文学及艺术也产生了重要的影响。

首先我们来看看,《齐物论》对《庄子》文本的影响,尤其是对内七篇结构文法所产生的影响。作为全书之首,《逍遥游》为后世打开了一个恣意洒脱、潇然快适的"无何有之乡",但真正将其内理申说明晰的,却是《齐物论》。众所周知,《逍遥游》最后一则寓言故事是阐发"至人无己"论断的,而《齐物论》的开章也是接续"至人无己"的观点加以阐释,并且全文最后一个寓言故事"庄周梦蝶"也是在"无己"的基础上作出的理论延伸。由此可证,《齐物论》是《逍遥游》之理论注脚,清孙嘉淦言:"物者彼我,论者是非,丧我物化,道通为一,则皆齐矣。此畅发前篇'至人无己'之义,故次《逍遥游》也。"(《南华通》)通览《庄子》可知,由逍遥以至齐物,由丧我以释无己,庄子借《逍》《齐》二篇阐明了自己的哲学方法论,并进而统摄全书,其重要程度,便果如冯友兰所讲:"庄子之所以为庄子者,突出地表现于《逍遥游》和《齐物论》当中。"(《中国哲学史新编》)就其实际效果来看,《齐物论》不仅承接了上篇,还影响了内篇剩余五篇之义理发挥。

第三篇《庖丁解牛》之"缘督以为经",也是在倡导无为、无己的生命状态,唯有"因其固然"与"缘督以为经"才能养护好人的精神,从至虚无己的角度来谈养生,乃是跟《齐物论》之内在理路相接续的。第四篇《人间世》是讲人在这个社会上怎么保全自己,怎么不受损伤,也是与《养生主》之"缘督以为经,可以保身,可以全生,可以养亲,可以尽年"一以贯之的。在乱世之中,庄子言明只有无为无用才能保全自己,至虚淡然才是生存之制胜王道,然究其要本来看,依旧与《齐物论》内旨有关。第五篇《德充符》是以"道德充实于内,万物应验于外,外内玄合,信若符命而遗其形骸也"(郭象语)为中心论点展开的,其修内以至无为,齐美丑以达至圣,都是《齐物论》观点的薪火延续。第六篇《大宗师》以道为师为宗,既以道虚为主,自然与《齐物论》之无为、因顺冥然契合。《应帝王》作为政治方法论,明确道出有为之政祸乱天下,其弊端将如物论般搅扰人间,而为政之要枢则在于"游心于淡,合气于漠,顺物自然而无容私焉,而天下治矣",此"顺物自然"四字,便又为《齐物论》之真旨重提。

要之,整个内篇之精神前后相续,踵而齐一,乃是由于《齐物论》在内中扮演了至关重要的角色,其如穿针引线般弥合了各篇宗旨。至于对外、杂篇的影响,前文我们在梳理文句的时候,已经举过《骈拇》《马蹄》《达生》《田子方》《秋水》等诸多篇章的事例,它们往往是围绕《齐物论》真旨所衍化出来的寓言,诚如成玄英所言:"内篇明于理本,外篇语其事迹,杂篇杂明于理事。"(《南华真经注疏序》)其他没有列举的篇目,也与《齐物论》有藕丝牵连般的联系,如《天道》《天地》《天运》所讲君主"无为"之政,《刻意》《缮性》所谈自然养生之法等等,都与《齐物论》有渊源关系。可见,《齐物论》在整个《庄子》文本中具有举足轻重的地位,其齐彼是、齐是非、齐生死、齐物我之思想观念,通贯《庄子》全书。可以这么说,如果没有《齐物论》,《庄子》之千秋光耀,可能要暗淡许多。

接下来我们再来看看,《齐物论》对中国文艺理论的影响。《齐物论》的问世,便潜移默化地影响了艺术理论和艺术创作的生成途径,这种影响主要体现在,它解释了很多文学艺术创作者为之困惑,或者无法用语言精准概括的朦胧状态,比如"南郭子綦"的案例经常被从事文艺理论的人拿去做研究。解放前,郭沫若在集美学校做过一场报告,他在报告中就引用了这个例子。郭沫若说搞文学艺术就是要忘记"小我",从而让自己进入"大我"的境界当中,进入"无我"的境界当中,这样在进行艺术创作时才能有"神来之笔"。这等于为文艺理论创作者提供了一个很好的艺术标准,即创作者能否真实地、完整地、不加主观意念地反映客观现实。王国维在《人间词话》里曾大赞"无我之境"的美妙,其言曰:"有我之境以我观物,故物皆著我之色彩。无我之境以物观物,故不知何者为我,何者为物。古人为词,写有我之境者为多,然未始不能写无我之境,此在豪杰之士能自树立耳。"在王氏看来,"无我之境"较之"有我之境"难为,在于其空灵浑璞的原生之态难以捉摸,这种不着痕迹、尽得风流的纯真"技法",是草率直接的"有我之境"无可抵及的。陆机的《文赋》在解决"意不称物"问题时所提出的"伫中区以玄览",也是参看了庄子此处之"丧我"思想,其"玄览"之意,便是虚静无我之状,即在不受外物和杂念干扰的情况下,使心物合一,思虑清明,进而统观全局,照临四方,最终创作出优质的文艺作品。另外,陆机所强调的"应感之会",也就是艺术创作的灵感问题,也取材于庄子。陆机认为,人灵感的来源取自"天机",即所谓"方天机之骏利,夫何纷而不理",这种"天机"是要求创作者在进行艺术创造时要迎合自然真我,抛却物念思欲,不可强而为之,其中心论点依旧在于"无我"。

除此以外,从事美学和文艺理论研究的人经常会引用"庖丁解牛""轮扁斫轮"等寓言故事来进行文艺理论的阐发,在这一点上儒学是望尘莫及的。例如孔子只是讲"谓《韶》'尽美矣,又尽善也',谓《武》'尽美矣,未尽善也'"的声文标准,孟子也只是提出了"知人论世"等几个简单的文艺观念,他们始终在谈政治标准跟艺术标准之间的关系,甚至把二者结合起来进行比附,却没能从根源上阐释文学艺术创作的客观规律,这是较为遗憾的。但是在《庄子》这些不经意的讲话和寓言故事当中,反而无意间揭示了这些规律。例如《逍遥游》中的"乐游观"、《齐物论》中的"虚静观"、《秋水》中的"妙悟观"、《达生》中的"形神观"、《田子方》中的"协和观"、《外物》篇中的"言意观"等等,都为之后数千年的文艺创作提供了精神养料。这些以道意贯穿生活细节的文字,无不在每一个艺术毛孔中都渗透着乐舞感、美术感、线条感与灵动感,这才造就了广义的至道境界。而这种情思、趣味与物象的融洽结合,便自然构成了一个言说不尽的超然世界,给人以无穷的想象空间,而这种想象空间,归总到庄子文字上来,便是《齐物论》中的"天地与我并生,而万物与我为一",也就是我们熟知的"天人合一"。如把这铺展到艺术创作境地上,便是景与情的统一,物与我的统一,人与所描绘对象的统一。可以说,《齐物论》不仅统摄了庄子的哲学观,还统御了庄子的艺术观。由此敷展开的,便是中国文艺理论的井喷式发展,唐代画家张璪提倡的"外师造化,中得心源"便是力求通过"师造化"和"尽心源"的统一,在物我之间建立一种精神联系,打破物与我之间的隔阂,以贯通物与我的边界,这显然是庄子"物我齐一"的翻版复刻。同样,一般认为,王昌龄在《诗格》当中首次提出了"意境说",即"夫置意作诗,即须凝心;目击其物,便以心击之,深穿其境"。王氏在此处将"心"与"物"作为两个辩证统一的要素进行对照分析，得出了二者的交融是意境诞育的先决条件，故而凝心静气，穿物为境，心物相融，可将意境诗意地栖居在艺术作品中。但若翻检《庄子》文本便可知，王昌龄所谓"目击其物，便以心击之"的"心物相融"说，早在《齐物论》中便已有论及，其所言不分彼我、物我相融之态，即所谓"天地与我并生，而万物与我为一"之理。由此观之，王昌龄之"意境说"灵感，当源发自庄周。另外，明末清初"四僧"之一的画家石涛所倡导的"一画之法"，即"夫一画含万物于中。画受墨，墨受笔，笔受腕，腕受心"（《石涛画语录》），也是庄子思想的最优诠释者。石涛言："一画之法立而万物著矣，我故曰'吾道一以贯之'。"（《石涛画语录》）此处虽采撷孔子之语，但妙道之精却在庄子，其所谓"一"，即是指"我心"与宇宙精神在绘画中的合一，这无疑是受到了庄周"万物与我为一"的启示。因此从文学艺术的角度来看，以庄子为代表的道家对中国文艺理论的产生与发展贡献很大，这是远超儒学的。

最后，我们再来看看，《齐物论》为历代文学作品的创作提供了怎样的素材。仅据我在《庄子纂要》后所附与庄子相关的历代诗文序跋来看，我国自先秦至清末，至少有三百多位作家或学者在自己的作品里引用了《齐物论》的文字或观点。这些作品，有些是纯文学作品，有些是半文学类的学术作品，但无论如何，《齐物论》都在内里发挥了极大的促进作用，为作家及学者著述个人作品提供了相应的精神养料。比如班固的《幽通赋》"周贾荡而贡愤兮，齐死生与祸福"，就引了庄子"齐死生"的观点。湛方生在《秋夜》里，更是直接表达了自己喜欢老庄的原因始自《逍遥游》《齐物论》："拂尘衿于玄风，散近滞于老庄。揽《逍遥》之宏维，总《齐物》之大纲。同天地于一指，等太山于毫芒。万虑一时顿潄，情累豁焉都忘。物我泯然而同体，岂复寿夭于彭殇！"作为庄周拥趸的嵇康，也不忘在自己的作品中，透露自己的超然志向："凌扶摇兮憩瀛洲，要列子兮为好仇。餐沆瀣兮带朝霞,眇翩翩兮薄天游。齐万物兮超自得,委性命兮任去留。"(《琴赋》)此外,李瀚、包佶、石镇、蒋至还作有《罔两赋》,牛应真有《罔两问影赋》,夏方庆有《风过箫赋》,贾悚有《庄周梦为胡蝶赋》,张随有《庄周梦蝴蝶赋》,至于李商隐"庄生晓梦迷蝴蝶,望帝春心托杜鹃"(《锦瑟》),苏轼"堪笑兰台公子,未解庄生'天籁',刚道有雌雄。一点浩然气,千里快哉风"(《水调歌头》)等,就更是耳熟能详的名篇佳句了。

统而观之,中国历代思想文化的演变与各体文学的创作,大都难逃庄子的影响。因此,要想真正体会中华文化的精神与内涵,不读《庄子》是不行的,不读《齐物论》也同样是不行的。

（整理者：王泽宇）

第三讲

《养生主》:"缘督以为经"

【题解】

"养生主"三个字是什么意思?历代说法有很多,总的来说有两种解释,一种是养—生主,"生主"两个字是养的宾语,二者是动宾关系。另一种解释是养生之主,是偏正关系,养生是定语,主是中心词。主张第一种解释的人,把"生主"解释为《齐物论》里的"真宰",比如陆西星在他的《南华真经副墨》里就说:"养生主,养其所以主吾生者也。其意则自前《齐物论》中'真君'透下。盖真君者,吾之真主人也。"林云铭在他的《庄子因》里面也是这个观点:"养生主者,言养其所借以生之主人也,即《齐物论》篇所谓'真君'是也。"那么"真宰""真君"是什么意思呢?这是一个比较抽象的概念,我们看人,往往只会看到一个人的形体,那么藏在形体里面的,就是一种非物质的精神性的东西,即一个人的本性。这里,大家可能会习惯性用"灵魂"一词来解释,但我认为,《庄子》里是不讲灵魂的,最适合的还是指天然的本性,它体现着大道,主宰着一个人的行为。养生是要养性、养神,不是养形体,这是解释之一。

第二种解释,"养生之主"就是养生的主旨,这是比较常见的解释,比如陆德明就说:"养生主,养生以此为主也。"张默生解释说:"此篇标题为'养生主',乃即说明养生之道当以何者为主。"这个解释也比较符合先秦时的文法,相对来说"生主"连用这个语式在春秋战国文献里应该是找不到的。比如,"故人莫贵乎生,莫乐乎安"(《荀子·强国》);"今上尊贵轻物重生之士"(《韩非子·显学》)、"畏死远难,降北之民也,而世尊之曰贵生之士"(《韩非子·六反》);"有人于此,贵生爱身"(《列子·杨朱》);"变则伐死养生""先德后刑以养生"(马王堆汉墓出土帛书《黄帝四经》);"圣人深虑天下,莫贵于生""全生为上,亏生次之,死次之,迫生为下"(《吕氏春秋·贵生》)。

与以上文献相类的例子在战国文献中还有很多,我们可以看到,"全生""贵生""重生""养生""爱身",是一系列文章的主题。"贵""重""全"是形容词作动词,"生"是名词,这是一组动宾结构,在《庄子》中还有"卫生之经""完身养生""危身弃生"等等的讲法。对比来看,"生主"这个句式就见不到了,只有在《列子·杨朱》篇里出现了"身固生之主,物亦养之主",在《素问·六节藏象论》有"心者,生之本,神之变(处)"的说法,但这几句话已经在"生"和"主/本"之间多了个"之"字,和"生主"用法不太一样。所以我个人是同意把"主"解释为"宗旨""旨要"这个讲法的。

但是,就题名解释的文化意义上说,因为《庄子》文本内部的丰富性和它本身具有的强大张力,"生主"一词反而在《庄子》阐释史上的以儒解庄、以佛解庄、以道解庄三种阐释路径方面更为突显。例如,站在佛教的立场来看,"主"指的是主人公,这是禅宗里面的一个名词,不是我们一般意义上说的影视剧里的主人公。林希逸在他的《南华真经口义》里说"主犹禅家所谓主人公也",它指的是人类肉体里一种精神性的东西,一个人的佛性,无影无形,但又无处不在,充满形体。那么,"养生主"在笃信佛教的人眼中,就是修养一个人的佛性。而道教是炼丹养气

的，所以道教徒对《庄子》的很多解释，主要聚焦在"内丹"上面。根据清赵翼的《二十二史札记》记载，唐朝前期的几位皇帝，包括唐太宗都死于吃丹药，于是引发了朝廷对于"外丹"的怀疑，"内丹"就乘机而起，中唐时杜光庭就是内丹的代表人物。他们把身体当作炼丹的火炉，把"精神"当作丹药，这就是内丹。中唐以后，道教与庄子的合流，就主要体现在"内丹派"上面，金元时期的全真道就是其中的典型。"内丹"中有一个名词，叫作"丹基"，"养生主"的"主"，就自然被解释成了"丹基"。那么"丹基"是什么意思呢？"丹"指的是心，"基"就是肾，在五行上，心代表火，肾代表水；在八卦中，分别代表离（火）和坎（水）。养生，主要就是养丹基。我个人认为，这种看法显然不符合庄子的本意，和《养生主》的思想很不一致。《养生主》是养神，不是养心、养肾。"肾"，在《庄子》里是不提的，倒是"心"常常提到，但是"心"代表着一种思维活动，不是大道的象征。那么站在儒学的角度来谈养生主，是不是就合适呢？当然也是有问题的，无论是孟子的性善说还是荀子的性恶说，都和庄子的自然本性说差别比较大，以儒家的修身养性说和庄子的自然本性说一比较就知道，修身养性说其实戕害了人的自然本性，这正是《庄子·骈拇》《马蹄》《胠箧》等篇激烈批判的。

总而言之，涉及《养生主》题目的解释，主要就这三大"流派"，这些解释有的触及庄子本意，但是又不太一样。如果不得已要取一种解释，我认为也只有佛家的解释要接近一点，差别之处在于《养生主》还特别强调"因"的思想，顺应自然，这是佛家解释所忽略的。

【讲疏】

上面我们讲了《养生主》的题目，下面我们进入正文。

吾生也有涯，而知也无涯。以有涯随无涯，殆已！已而为知者，殆而已矣！为善无近名，为恶无近刑；缘督以为经，可以保身，可以全生，可以养亲，可以尽年。

前段时间我讲到《齐物论》"因是已，已而不知其然谓之道"的时候，就讲到过本文"殆已！已而为知者……"应当是"殆已！殆已而为知者……"的省略，省略了"殆"字，就两篇中这种省略的句式来看是一样的。庄子这几句话的意思是说：以有限的生命，去追求无限的情识，就危险了；已经危险了，还要去追求，就更加危险了。这个"知"字，按常规解释成"知识"，也有解释为"思虑"的，如林希逸就说："知，思也。心思却无穷尽。以有尽之身，随无尽之思，纷纷扰扰，何时而止？"我个人认为"知识"和"思虑"都比较单薄，所以解释为"情识"，比如宋王雱说："思虑交萌而妄情无限，故曰：智也无涯。""情识"可以很好地涵盖"思虑"和"妄情"两个词汇。上述说明，对于人们不懂自然生命的极端有限，却汲汲不已地去追求情识的行为，庄子是表示坚决反对的。但可惜的是，他的这番关于情识与人生边界的探讨思索，往往被后世的人们半路腰斩，反其意而用之。特别在当今社会，它更是成了家长们引导孩子"将有限的人生投入到无限的琴棋书画、ABCD中去"的经典台词："看看，古人不是说过要'以有涯随无涯'么！"所谓断章取义的功力，由此可见一斑，真让南华老人在九泉之下哭笑不得。

对于"为善无近名，为恶无近刑"这两句话，历来的解释很不统一，到现在也莫衷一是。一说善、恶指的是行为，如郭象说："忘善恶而居中。"还有一种解释，善恶是境遇，孙嘉淦说："'善''恶'当就境遇上说，人生之境，顺逆不一。"（《南华通》）我本人比较同意刘凤苞的说法，他说："有为善之迹则近名，有为恶之实则近刑，善恶俱泯，两忘而化其道，所谓游于至虚也。"（《南华雪心编》）他的意思就是说，养生之人，不要为善，因为你一旦去做善事，就会招来名誉；也不要为恶，因为有为恶之名，就要遭到刑罚。你啊，应该忘掉所谓的善恶，去顺应自然。庄子的本来意思，已经不很摸得清了，但刘凤苞这个解释值得参考。

也因为庄子的这两句话在字面意思上实在太过大胆、太过耸人听闻，所以招致了理学大家朱熹的尖锐批评。他说："老庄之学，不论义理之当否，而但欲依阿于其间，以为全身避患之计，正程子所谓闪奸打讹者，故其意以为为善而近名者，为善之过也，为恶而近刑者，亦为恶之过也，唯能不大为善，不大为恶，而但循中以为常，则可以全生而尽年矣。"（《养生主说》）"闪奸打讹"这个词不是很好懂，可能是当时的俗语，"奸""讹"都是贬义词，这个词肯定不是正面词汇，是讽刺庄子奸诈之类。他说庄子为了避祸保身，所以不大去做善事，也不大去做坏事，直白点说就是小人的行为，委曲求全、阿意奉承。但对庄子学说有一定了解的人，肯定不以为然，明末陈治安就这样评论朱熹这番话："为善必名，为恶必刑，是事理必然。今两不近者，以其无为也。虽不得已而为，迹似涉于善恶，身不近于刑名，仍是以无为而为之者也。朱子以为不大为善，不大为恶，专计利害循中以为常，不但庄子之识决不浅陋如此，天下事亦必无不大为而又为得之理。朱子谓解庄子者，无一人拈得本义出，俱是臆说，某若拈出自别。由此观之，使朱子尽数拈出，犹恐有臆说在也。"（《南华真经本义》）朱子是一代理学宗师，对于儒学的新发展作出了重要贡献，但就这处来说恰恰是错解《庄子》了，所以解读也带有很大的偏见，是很典型的"流俗"看法。我们认为儒家学派总是要是是非非分个清楚明白，好的坏的都要区别开来，"唯女子与小人难养也""君子喻于义，小人喻于利"等等，但是庄子是主张齐同万物、泯灭是非的，所以在涉及为善、为恶上，两者的理解就出现了巨大的差异。在庄子看来，如果一个人有意追求做好事，他是不赞成的，而应该无心而为，一切遵从自己的本性。

我认为,庄子这两句话的句式可以化解为"既不……也不……",那么随之而来的必然是"缘督"了,顺顺当当地去做事情,即"缘督以为经"。"缘"是沿着的意思,"督"有两种解释,《六书故》说:"人身督脉当身之中,贯彻上下,故衣缝当背之中,达上下者,亦谓之督。"另一种解释,所谓"督"就是脊梁骨中间那条脉,叫作督脉,是人体最粗的脉。当然,这一解释也与《六书故》有相同的地方。这样看来,所谓"督"就是"中间"的意思。不过,除了文字训诂上的解释,还有其他"望文生义"的解释,比如林希逸说:"督者,迫也,即所谓迫而后动,不得已而后起也。"(《南华真经口义》)王夫之则把"督"解释成"虚","缘督者,以清微纤妙之气,循虚而行,止于所不可行"(《庄子解》)。这几种解释,在义理上的确和庄子有相通的地方,但是这是根据文义解释词汇,而不是根据词汇解释文义,犯了本末倒置的毛病。所以,在这里我们就不采纳他们的看法了。

有人可能会问,既然说"督"是"中间"的意思,"缘督"就是沿着中间去做事情,那正是儒家"中庸之道"的意思啊。《孟子》里就有这样的话,说杨朱"拔一毛而利天下不为也",如果问杨朱,拔你身上一根汗毛,天下就能得到好处,你愿意吗,杨朱一定满口回绝;而墨家是相反的一家,墨翟为了天下安宁,摩顶放踵,头都秃顶了,脚皮都磨破了。孟子就对这两家持批判态度,他说:"子莫执中。"子莫在杨朱和墨家两家之间取其中,有些古人就用"执中"来解释"缘督",那么这合不合适呢?这是不对的。既然说"执中"是执着于中间,那必然和庄子思想相违背了,不是他所追求的大道。在庄子的观念里,大道退而可藏于密,进而可充盈于天地之间,既在屎尿之中,又在四海之外,如果"执中"是执着于一点,那显然不相符合了。至于下面几句话,"可以保身,可以全生,可以养亲,可以尽年",意思就比较清楚,可以理解为"缘督"所产生的效果,这里就不多作解释了。

在引出"缘督以为经"这个全文主旨以后,庄子就要用寓言故事来作形象化的阐释了。要注意,这是庄子的一个文章脉式,他往往先说义理,然后铺垫以寓言故事。《养生主》全文是围绕"缘督以为经"作为核心观点展开的,分别采用了正反比喻来论证这个观点,"庖丁解牛""泽雉"都是正面比喻,断了一只脚的"右师"则属于反面比喻。

> 庖丁为文惠君解牛,手之所触,肩之所倚,足之所履,膝之所踦,砉然向然,奏刀騞然,莫不中音,合于《桑林》之舞,乃中《经首》之会。
>
> 文惠君曰:"譆,善哉!技盖至此乎?"
>
> 庖丁释刀对曰:"臣之所好者道也,进乎技矣。始臣之解牛之时,所见无非牛者;三年之后,未尝见全牛也。方今之时,臣以神遇而不以目视,官知止而神欲行。依乎天理,批大郤,导大窾,因其固然,技经肯綮之未尝[微碍],而况大軱乎!良庖岁更刀,割也;族庖月更刀,折也;今臣之刀十九年矣,所解数千牛矣,而刀刃若新发于硎。彼节者有间,而刀刃者无厚,以无厚入有间,恢恢乎其于游刃必有余地矣。是以十九年而刀刃若新发于硎。虽然,每至于族,吾见其难为,怵然为戒,视为止,行为迟,动刀甚微,謋然已解,[牛不知其死也,]如土委地。提刀而立,为之四顾,为之踌躇满志,善刀而藏之。"
>
> 文惠君曰:"善哉!吾闻庖丁之言,得养生焉。"

二十年前,我被派往上海崇明给中学语文老师讲古代文学,有的老师曾经问我《庄子》"庖丁解牛"的主题是什么,他们的教材上说只要经过反复的实践,掌握了事物的客观规律,就能把事情做好了。后来中文系办硕士课程班,让我讲授《庄子》课,听课者大多为高中语文教师,我问他们"庖丁解牛"的主题,得到的回答也都是错的。显然,我们的教材用反复实践、积极进取的实践原则去理解"庖丁解牛",那自然是南辕北辙啦!

寓言故事第一句"庖丁为文惠君解牛",庖丁在历史上有两种解释,第一种解释,"丁"相当于师傅,庖丁是一个解牛的老师傅;另一种,"丁"是姓,庖丁是一个姓"丁"的宰牛师傅。关于文惠君,一般都认为是梁惠王,但这其实也是不能落实的,可能是据"惠"字附会而来。王懋竑的《庄子存校》、俞樾的《庄子平议》都对此持存疑态度,但也说不出到底为何人。我们说,《庄子》毕竟是寓言十九,假托历史人物来演说故事,这是他的文章惯例,所以也不必坐实它。至于《吕氏春秋·精通》谓其为"宋之庖丁",《淮南子·齐俗训》高诱注复谓为"齐屠伯",也不知有什么依据,仅能备作参考而已。

接着四句"手之所触,肩之所倚,足之所履,膝之所踦",这是写庖丁解牛的起始动作。触,是用手推牛;倚,是以肩靠牛;踦,用膝盖抵住牛,写出了宰牛之前,先制牛、止动的架势。我小时候就见过村里宰牛,先用围裙把牛眼睛遮起来,再以绳把牛前后四只脚捆起来,几个成年人用力一推,牛就倒了,然后就开始用刀子宰牛。当时宰牛师傅有好几把刀,大的刀用来砍大腿骨等粗的骨头,小的刀用来分开犄角旮旯儿的小骨头。因为牛的骨头很坚硬,师傅们用刀砍,要不了多少时间,刀刃就变钝了,这就叫作"月更刀"。但是庖丁的宰牛功夫高,只用一把刀就能把牛宰割完毕,用了很久还像刚刚磨过一样新,一样锋利。"砉然向然,奏刀騞然,莫不中音,合于《桑林》之舞,乃中《经首》之会",是对庖丁解牛的艺术性描写。屠夫宰牛为什么用"奏"字呢?罗勉道的《南华真经循本》就这样解释:"奏刀者,其用刀有节奏,如奏乐然。"钟泰的《庄子发微》说:"奏刀,进刀也,不曰进而曰奏,奏刀犹奏乐然。"即庖丁挥舞牛刀,竟然合于乐章的舞步节奏,使本来是粗贱的宰牛工作,变成了高雅的艺术表演。

这后两句"合于《桑林》之舞,乃中《经首》之会"中的"桑林",《左传·襄公十年》"宋公享晋侯于楚丘,请以桑林",杜预注:"桑林,殷天子之乐。""经首",《路史·后记》说陶唐氏"制《咸池》之乐,而为《经首》之诗,以享上帝,命之曰《大咸》"。一为商汤的乐章舞蹈,没有流传下来,另一为唐尧的乐章舞蹈,也没有流传下来,所以他们的乐章舞蹈之节奏,我们无法知道。但我们可以比况一下,《吕氏春秋·古乐》里面有这样几句话,"葛天氏之乐,三人操牛尾,投足以歌八阕",三个人手上拿着牛尾巴,跳舞唱歌,既然都是上古的音乐,可能有相似的地方。用现代舞蹈比况的话,就如探戈,快慢错落、动静有致。

在见到了庖丁神乎其技的表演之后,文惠君被深深吸引住了,禁不住问他:"譆,善哉! 技盖至此乎?""譆"通假字,通"嘻",是惊叹声;"盖",也是通假字,通"盍",训何故。句意是说你的解牛技术,为什么能达到这样高超的地步呢? 庖丁放下刀说:"臣之所好者道也,进乎技矣。"在这里,庖丁终于从一个粗鄙的宰牛匠人,转变成一个向君王传道的高人啦! 他说,我虽然向您展示的是宰牛的技术,但我真正喜欢的是"道"啊!"道"是相对于"技"来说的,《天地》篇说"能有所艺者,技也。技兼于事,事兼于义,义兼于德,德兼于道,道兼于天",在庄子看来,真正的技术是不能限于形器之间的,如果一个人掌握了一门技艺,但他的思想觉悟还仅仅停留在眼前的技术上,那这个人肯定没有开悟,就像儒门内那些规规矩矩的老儒生。

庖丁接着说:"始臣之解牛之时,所见无非牛者;三年之后,未尝见全牛也。"我刚开始宰牛的时候,眼睛里看到的是一整头牛,没有下手之处,不知道从哪个部位开始。三年之后呢,对牛的自然结构已经非常熟悉,所以眼中所见,不是一整只牛了,而仅仅是一些可以解剖拆卸的零件。前面我们说过关于《养生主》的题名解释,有以佛解庄、以儒解庄、以道解庄,那么成玄英在这里的解释就是以佛解庄的路数。他说:"操刀既久,顿见理间,所以才睹有牛,已知空郤。亦犹服道日久,智照渐明,所见尘境,无非虚幻。"(《南华真经注疏》)"智照渐明""无非虚幻"带有强烈的佛家特色,解释有点隔阂。而明朝道教修习人士,内丹派东派的创始人陆西星的解法,却很贴合,他说:"初学道时,人间世务看不破,觑不透,只见万事丛脞,摆脱不开。功夫纯熟之后,则见事各有理,理有固然,因其固然,顺而应之,大大小小,全不费力。"(《南华真经副墨》)这是以玄理解庄。就这个句子来说,我们以陆西星的解释为优。

庖丁接着说:"方今之时,臣以神遇而不以目视,官知止而神欲行,批大郤,导大窾,因其固然,技经肯綮之未尝,而况大軱乎?"现如今的庖丁,在解牛的时候,已经不必使用自己的感觉器官了,这些功能都废止不用,而是专凭精神活动来行事。批大郤,就是用刀劈开筋骨连接处的空隙;导大窾,就是用刀深入骨节间的空隙。"技经肯綮之未尝"一句,诸家分歧较多。"技",郭象认为是技术;王闿运认为是"支","支经"就是剥开牛体的经络;高亨把"技"解释为"忮",把"经"解释为"嬰",意思是未尝逆触肯綮之微。我们认为"技"可能是"枝"的错字,"技经"当为"枝经"。"枝"与"支"相通,据《灵枢经》的解释支而横者为"络","支经肯綮"都是指骨与肉之间的结节处。另外,俞樾据郭象注"技之妙也,常游刃于空,未尝经概于微碍"推测,这个句子缺了"微碍"两个字,所以完整的句子应当是"枝经肯綮之未尝微碍",用刀在经络处无所阻碍。这里虽然在说宰牛的过程,但话锋所指,仍然是接着在讲"为善无近名,为恶无近刑"的人间处事问题,顾如华说"伤于事,譬之刀折于牛。日用所接之事及所遇之人,不论大小美恶,如牛一身,必有所技经肯綮,必有大軱,且必聚会盘结之所"(《读庄一映》),即牛的身体盘根错节,人世间的事情也纷繁复杂,刀在牛的骨骼间游走,就像人在人世间生活。

在介绍了解牛的心得后,庖丁得出他的结论说:"良庖岁更刀,割也;族庖月更刀,折也;今臣之刀十九年矣,所解数千牛矣,而刀刃若新发于硎。"族庖是技术最蹩脚的人,《经典释文》引崔譔说"族,众也","众"在古汉语里有普通的意思。"折"在这里有两个解释,一说是刀被折断了,郭象说:"中骨而折刀。"一说是用刀折断骨头,释德清《庄子内篇注》说:"折,犹斫也。"斫,就是砍的意思。结合上下文意,割是用刀割肉,那么"折"也应该是相同的用法,俞樾说:"折,谓折骨,非谓刀折也。"并举了《左传·哀公元年》"无折骨"作为例证。俞樾这个解法是对的。"硎"就是我们日常能看到的磨刀石。这几句话意思是说,一个月换一把刀的人,是普通的屠夫;一年换一把刀的人,是优良的屠夫;而像我庖丁这样的,刀用了十九年,杀了几千头牛,还跟刚用磨刀石磨过一样,那是最厉害的屠夫啦!

庖丁又接着说:"彼节者有间而刀刃者无厚,以无厚入有间,恢恢乎其于游刃必有余地矣,是以十九年而刀刃若新发于硎。"这又是庖丁反复地在说明着他解牛的心得,这几句话概括得更加玄远凝练。"彼节者有间",就是说牛的骨节间都有空隙。"节"就是骨节的意思,"间"是空隙。"无厚",就是没有厚度,这是极度形容刀口之薄。"恢恢"是宽绰有余的样子。这里虽然在说解牛,但是其关照处,却又鲜明地指向了"养生"问题。林希逸说:"言世事之难易,皆有自然之理,我但顺而行之,无所撄拂,其心泰然,故物皆不能伤其生。"(《南华真经口义》)这个解释是精到的。成玄英也这样说:"况养生之士,体道之人,运至忘之妙智,游虚空之物境,是以安排造适,闲暇有余,境智相冥,不一不异。"(《南华真经注疏》)说明庖丁此处所说,无不在关会着养生。但"以无厚入有间,恢恢乎其于游刃必有余地"这样的灵机妙语,其含义不止于此,它的意蕴早就超出了养生的宗旨,进而可以联系到世间的一切事情。

在这里,我想以庖丁的解牛来比况一下我们的《庄子》解读史,明清以前理解《庄子》文章,像成玄英等人围绕一字一句作解释,像小摊贩卖猪肉,大刀砍下,连肥肉带瘦肉,夹点骨头渣,称称分量卖,这样就找不到文章的"脉络"。发展到宋末,特别是晚明以来,从文章学角度研究《庄子》的势头越来越盛,努力寻找着《庄子》文章之间的脉络,这样就深入到《庄子》的肌理了,正有如庖丁的解牛,依乎天理,因其固然,恢恢乎游刃有余,能够得其经络空隙之所在了。只可惜这些学者多数长期受儒学禁锢,他们虽运用了新的解读方法,却仍不能从以儒解庄的窠臼中解脱出来,所以并不能真正寻找到庄子思想之正穴。

话题说远了,让我们把思路拉回文本。庖丁说:"虽然,每至于族,吾见其难为,怵然为戒,视为止,行为迟,动刀甚微,謋然已解,如土委地。"这里的"族"和上文"族庖"的"族"解释不一样,郭象解释说:"交错聚结为族。"也就是说,筋骨交错盘结的地方就叫作"族"。"謋",有两种解释,一种说是"声音",林云铭就说是"物断之声";还有一种解释说是形容牛体剖开的样子,认为"謋"可能就是"磔"字,是古代的一种酷刑,并举《广雅·释诂》说:"磔,开也。"我个人同意第二种解释。我们现行大部分《庄子》版本中,都缺了一句,据陈碧虚的《南华真经章句音义》、杨慎的《庄子阙误》引文如海本、刘得一本,"解"字下面,有"牛不知其死也"一句。此句连上面数句是说,虽然庖丁的技艺已经神乎其神,但是他在动刀过程中仍然很警惕,眼神也很专注,手的动作也很迟缓,刀子微微一动,牛就哗啦啦解体了,如同泥土溃散落在地上一般,牛却不知道自己已经死了呢。

在解完牛后,庖丁"提刀而立,为之四顾,为之踌躇满志,善刀而藏之","善",通假字,通"缮",把刀擦干净,藏起来。"踌躇满志"是闲豫安适、从容自得的样子。刀刃不是总要露锋芒,而是用完就藏起来,意味着我们的精神也要退藏于密,藏到刀鞘里,在"虚"的境界中,被保护起来。

文惠君在见到庖丁的现场表演,听了庖丁的解释后,举一反三,悟到了养生,说:"善哉!吾闻庖丁之言,得养生焉。"庖丁解牛整个寓言故事,没有一句话在说养生,就是通过文惠君最后才点出,这是点睛之笔。回过头来看,整个解牛过程,都是关会养生的,处处在发挥着"缘督"两个字,非常吻合。

以上,我们讲了庖丁解牛中所蕴含的"顺应自然"的本意。除此之外,如从其他角度分析庖丁解牛,还可以有很多。比如我们就不妨用弗洛伊德的理论来作一番解释,这虽然不尽符合庄子的原意,但是站在阐释学的角度来看也是可以的。在这里我就将庖丁解牛实践的过程分为三个阶段:开始,他搞不清楚牛体的结构,找不到可以进刀的空隙,因此所看到的不过是一头全牛,这属于学习宰牛技术的初级阶段。三年之后,他积累了一定的经验,对于牛的全身何处有空隙,何处有筋骨,都已完全了解,因此呈现在眼前的是许多可以任意拆卸的牛的零件,这属于技巧娴熟的高级阶段。方今之时,他游刃恢恢而宽大有余,但并没有依赖于各感觉器官的任何帮助。在庄子看来,这已超出技的范畴而进入了"道"的境界。

综观上述,我们至少可以从庖丁解牛实践的过程概括出以下几个特征:第一,行动的控制从有意识向无意识变化。在学习的初期,庖丁也不外是一个"族庖",尽管他小心翼翼地以自觉意识去控制自己的动作,但他的运刀总不免是十分生硬的砍斫。后来由于长期反复练习,他进入了废弃"官知"而游刃有余的境界,说明他的意识控制已经逐渐减弱,而动觉自动控制则得到了不断加强。第二,由视觉控制转向非意识性的习惯思维控制。无论是"所见无非全牛者",还是"未尝见全牛也",所强调的都无非是一个"见"字,说明他的视觉一刻也没失去过对宰牛动作的控制。但在方今之时,他则仅"以神遇而不以目视",即可以废弃视觉的控制作用,完全凭借着习惯思维来行事,而这种习惯思维,正是在长期的宰牛实践过程中所形成的一种自动化的思维模式。第三,动作不断趋向于协调化和自动化。庖丁初学解牛时的动作,表现为一砍一斫的局部动作形式。方今之时,这种局部动作已结合为完整的动作系统。也就是说,各动作之间的停顿时间已大为缩短,多余或不协调的动作已完全消失,所以刀子才得以轻快自如地"游"起来,达到了一种高度自动化的美妙境界。第四,在习惯无意识的参与下,动作的准确性达到了惊人的程度。如所谓"技经肯綮之未尝,而况大軱乎",即说明他的刀子始终游行于空隙之间,未曾误碰经络一下,何况是大骨呢?从某种意义上来说,这种高度的准确性,往往是意识指导下的动作所不能达到的,主体自己也是无法察知的。第五,紧张的劳动状态已转化为轻松愉快的审美境界。开始学习解牛之时,庖丁"所见无非全牛者",说明他必定因找不到下刀之处而感到十分紧张。方今之时,则已"进乎技矣",只要他的习惯无意识思维信号一启动,整个运动感觉系统就会按照严格的运动程序,以连锁反应的方式实现其整个劳动过程。如"手之所触,肩之所倚,足之所履,膝之所踦,砉然向然,奏刀騞然,莫不中音,合于《桑林》之舞,乃中《经首》之会",这就是一种高度协调化、高度自动化的无意识动作系列模式,简直像一场极其高妙的"解牛乐舞"。那么,这时的庖丁哪里还能意识到什么紧张和劳累呢?

我这个解释套用了西方理论知识,当然也有过度阐释的嫌疑。弗洛伊德创建的精神分析学体系,是建立在无意识理论基础上的。我这里就是把庖丁解牛视为已经进入了一种无意识状态,就像车间里的电闸一开,机器就会自动运行起来。我老是想到,很多年前我学会电脑五笔打字法后,我的窍门是眼睛不要去盯着键盘看,如果我的眼睛一看着键盘,我就不会打字了。脑子呢,也不要去想,脑子一想,也不会打了。我想大概这和解牛也有相通的地方,庖丁开始学习解牛的时候,也没达到游刃有余的境界,尽管使劲用刀,但是他的刀还是不听指挥,后来进入了比较"熟"的境界,到了最后连大脑、思维也不用参与了,于是就恢恢有余了,这就是弗洛伊德所谓的"无意识"状态吧。

下面我们讲"右师"和"泽雉"故事。"右师"和"泽雉"两个故事是一反一正,从两个方面继续阐释"缘督以为经"的道理。

> 公文轩见右师而惊曰:"是何人也? 恶乎介也? 天与,其人与?"曰:"天也,非人也。天之生是使独也,人之貌有与也。以是知其天也,非人也。"

> 泽雉十步一啄,百步一饮,不蕲畜乎樊中。神虽王,不善也。

公文轩是人名,这个没有疑义。但是"右师"是不是人名,就有问题了。历史上有两种解释,司马彪认为右师是个人名,"姓公文氏,名轩",宋人也。但是梁简文帝以及后来的林希逸,都认为右师是个官名。"已刖之人为右师之官",在这里,我认为右师是一个官名,因为贪恋名利,所以受到刖刑,成为一个身体残缺的人,"介"就是一只脚的意思。公文轩看到右师残缺一只脚,问他是人造成的,还是天造成的? 下面所谓"天也,非人也。天之生是使独也,人之貌有与也。以是知其天也,非人也",关于这个回答,有的学者认为是右师之答。但是如果作右师之答,那么这则寓言故事的意思是"右师虽然遭到了刖刑,但仍处之自然,安受天命",意思虽然也正确,但是和下文"泽雉"寓言脱然有间、互不相关了。所以这里应该是公文轩悟而自答。刘凤苞说:"'曰'字,自为转

158

语。"张默生说:"'曰'字非右师答语,乃公文轩惊疑后自悟之语。"这两个人的看法,都是有道理的。所以我们认为,右师是作为一个贪生丧足的反面形象出现的。人生来就有上天给予的完整样貌(双腿健全),现在独独右师只有一只脚,那么必定是上天让他这样的。这个寓言故事是从反面来论证不能"缘督",就会遭受到各种各样的伤害。

接下来是"泽雉","泽雉十步一啄,百步一饮,不蕲畜乎樊中。神虽王,不善也"。泽雉就是水泽里的野鸡,完完全全地在野外自由自在地生活,不希望自己被关在笼子里,"神虽王,不善也"。吕惠卿对此解释道:"'不蕲畜乎樊中。神虽王,不善也',则制乎人间而不得逍遥之譬也。"(《庄子全解》)意思就是说,假如野鸡被供养在笼子里,即使供养丰厚,精神旺盛,也并不会感到自在。讲到这里,我想起了刚才经过研究生公寓招待所门口时,看见有位女士牵着三只小狗,每只小狗的脖子上都系着牵引绳,身上还给穿上了红色衣服。此情景让我想起了"泽雉"这则寓言。我个人觉得给小狗系上牵引绳、穿上衣服这些都不好,小狗们虽然有主人喂养,不愁吃喝,不受风霜雨露,但被系起来、像人一样穿上衣服,就违背了小狗的天性啦,这不就是"神虽王,不善也"吗?

接着再看下一个故事,"老聃死,秦失吊之,三号而出"。

老聃死,秦失吊之,三号而出。弟子曰:"非夫子之友邪?"曰:"然。""然则吊焉若此可乎?"曰:"然。始也吾以为其人也,而今非也。向吾入而吊焉,有老者哭之如哭其子,少者哭之如哭其母。彼其所以会之,必有不蕲言而言,不蕲哭而哭者。是遁天倍情,忘其所受,古者谓之遁天之刑。适来,夫子时也;适去,夫子顺也。安时而处顺,哀乐不能入也,古者谓是帝之县解。"

这个"秦失"的"失",应该是个"佚"字,通假字。秦失是个得道的人,老聃死了,他去吊丧,看到人家哭,他也哭了三声,他的学生就说:

"非夫子之友邪?"老师,这个老聃恐怕不是你的好朋友吧? 秦失说:"是的,是好朋友。"学生嗔怪说:"然则吊焉若此可乎?"认为既然是好朋友,你怎么只哭了三声就不哭了呢? 秦失就说:"始也吾以为其人也,而今非也。""其"指老聃,"人也"是世俗的人,我原来以为老聃是一个世俗之人,所以跑来吊丧,准备哭他,后来知道他不是个世俗的人,所以我哭三声就够了。这与《大宗师》里的一则故事很相近,"人哭亦哭"是说世俗的人在哭,我为了顺从"自然",所以也顺着他们哭一哭。但是人作为一个生命体,是顺自然而来又顺自然而去,我不必为这种生命的变化而陨性伤神,所以只是象征性哭几下就停止了。这样一来,我这个做法,既顺从了世俗的人,又顺从了天道的自然变化。顺从世俗,是庄子游世思想的表现之一,这是值得注意的。关于这里的老聃,学者有两种相反的看法。一种解释说,老聃是得道的人,那些啼啼哭哭的人是世俗之人。另一种解释说,老聃不是得道的人,林希逸在《南华真经口义》中就是这么解释的,认为老聃死了,世俗的人为什么会哭泣呢? 问题是出在老聃本人身上,老聃的修养还没有达到大道的境界,无法真正地韬光养晦,把自己隐藏起来,就像庄子在《庚桑楚》中批评舜身上有羊肉的腥味,所以才吸引了蚂蚁。这种解释也有道理,有义理上的依据。我本人呢,比较倾向于前一种解释。因为老子这个人,在《庄子》书里基本上是以一个得道的正面形象出现的,特别是《天下》篇称赞他为"博大真人"。

那么秦失就认为这些人"老者哭之如哭其子,少者哭之如哭其母。彼其所以会之,必有不蕲言而言,不蕲哭而哭者","蕲"是期望的意思。这些人哭得好像死掉了母亲、死掉了子女,哭得太伤心了,这并不是老聃希望看到的。他们之所以这样哭,是因为他们没有领悟到大道啊!"是遁天倍情,忘其所受,古者谓之遁天之刑"。"遁",是逃避;"背",是违背。句意是说众人遁逃了天理、背弃了情实,哭成这个样子,恰恰是他们遭受到了刑罚啊!那真正对待死生的态度应该是怎样的?这些遭受到遁天之刑的人,应该怎么解开他们的刑罚呢?秦失接着说:"适来,夫子时也;适去,夫子顺也。安时而处顺,哀乐不能入也。"认为应当来的时候,老聃应时而生;应当去的时候,老聃顺理而死。一个人只要安于大道的运化,处处随顺,那么悲伤或者开心,就都不能进入你的心胸啦!这些话,可与《大宗师》篇"古之真人,不知说生,不知恶死;其出不訢,其入不距;翛然而往,翛然而来而已矣"相发明。能做到这样就是"帝之县解"了。"县",通"悬"。我们常常说解民于倒悬,人一生下来就开始从生走向死,每时每刻都被这个东西困住,好像脱逃不开,这就是人被"倒悬"的状态,就好像拿绳子把你倒着吊起来。但是只要你安时处顺,那你就被天帝解放了,这就是"县解"。

这则寓言故事是顺着前面的几则寓言故事,更进一步论证"缘督以为经",顺从天道、顺从自然,连生死都被勘破,所以比庖丁解牛又更进了一层。

指穷于为薪,火传也,不知其尽也。

文章最后又以这句话作为总结,收束全文。这里关于"指"的解释,歧义比较多。林希逸说"指"为"指示"之"指","指其薪以观之,则薪有尽时,而世之火古今不绝"(《南华真经口义》),即用手指着薪火,观察它,感悟到薪是会烧完的,但是世界上的"火"却是从古时候到现在也烧不完的;褚伯秀说"指"同"旨","犹云理也,理尽于为薪"(《南华真经义海纂微》);孙嘉淦说"指"是"物"的意思(物莫非指),是世界上可以看见、观察到的东西;俞樾直接训为"以手指取薪"。此外,其他解法还有很多,这里就不一一列举了。我们认为,"指"即"脂",指的是动物的脂肪,"薪"有两种,一种是烧火用的木柴,另一种是用来照明的蜡烛。这里的"指穷于为薪"指的就应该是裹上了动物脂肪的木柴。它比喻的是人的形体,形体总有枯槁的时候,但是人的精神是可以传下去的。所以这是总结性的话,养生主要不是养形体,而是护养人的精神。这几句话,对后世影响非常大。魏晋时期,关于形神的争论,关于精神不灭,有很大一部分理论就是借鉴这几句话并在此基础上进行发挥的。

最后,我想再总括全文的逻辑结构,捋捋清楚。《养生主》全篇是以"缘督以为经"为纲,然后通过三则寓言故事来阐明养生宗旨的。其一,是用庖丁善于解牛的寓言故事,从正面阐明宗旨。其二,是用右师不善养生与泽雉不蕲畜乎樊中的寓言故事,从正反两面阐明宗旨。其三,用老聃安时处顺、哀乐不入的寓言故事,进一步阐明宗旨。文章最后又以"薪尽火传"之喻总结前文,戛然锁住全篇。综观全文,以大笔起,以大笔收,开头和收束皆有千钧之力,而中间三则寓言故事,紧扣全篇宗旨,正反设喻,妙意环生。以下我拟对每段进行简要概述。

第一段从"吾生也有涯"到"可以尽年"是总论养生原则的,其中"缘督以为经"——把顺应中虚之道作为养生的常法,是全篇的宗旨所在。

第二段庖丁解牛是"正喻"。庖丁操刀若神,引起了文惠君的惊奇赞叹,使他情不自禁地向庖丁提出"技"的问题,但庖丁却以"道"字换"技",而大谈其心得。庖丁起初时与众多普通的屠夫一样,所见"无非全牛",只会蛮横地用刀砍肉、砍骨头,刀刃卷折,是"族庖"。但是经过了三年以后,庖丁却从宰牛过程中,体会到了"天理"——"臣之所好者道也,进乎技矣"。这里面的"天理",就是"缘督以为经",庖丁用刀全然是顺着牛的肌理经脉而来,是沿着骨与骨、肉与肉间的空隙。这些"空隙"就是"虚"。庖丁这样说就关会了"养生",而所谓的"养生",就是要顺因世间的万事万物,要自然而然,去因应固有的程序,遵循客观的道理,不要自作主张,妄意妄为。他认为,技艺只能满足以手役刀的需要,属于始学解牛时运用心智所得到的粗迹,体悟大道,遗形去智,运刀以神，游于至虚，方臻绝妙境界，所以解牛数千头，历时十九年，而"刀刃若新发于硎"。聆听之后，文惠君不仅再度赞叹，而且从中悟到了养生之道。由此可见，虽然谈的是解牛故事，其意却无处不在发明"缘督"宗旨，关会"养生"奥义，真可谓托意遥深，文情妙绝。而这则寓言故事，同《达生》篇"佝偻承蜩""津人操舟""吕梁丈人""梓庆削鐻"的故事一样，其本身所体现出来的客观意义，又远超过作者的创作原意，使人们诵读之后，可以从中引出如何在实践中精通技术，掌握存在于各种事物中的"道"（即内在规律），以便由"必然王国"进入"自由王国"的合理见解。

第三段讲"右师"和"泽雉"是用一反一正来说明"缘督以为经"。右师和世间众多追名逐利的士人一样，惑于利禄而游于彀中，因贪心不止而被刖刑，砍掉了一只脚。这里的"右师"就是"养生"反面教材，他显然违背了"缘督以为经"的宗旨，处理人世间的事情时，任意妄为，不顺任社会、自然。就像当初庖丁手中的刀一样，蛮横地砍斫骨头，最终的结果是刀刃卷折了，自己的身体也遭受到了摧残。泽雉，恰恰是"右师"的对立面，这只小野鸡，宁愿放着有吃有喝、风吹不着、雨打不进的笼子不待，而生活在笼子外面，逍遥于广阔的大自然当中，虽然可能有时为饥寒所迫，但是精神却是自由自在的，这就是"缘督以为经"。可见右师困于利禄，岂若泽雉俯仰于天地之间、逍遥乎樊笼之外呢？这两则寓言，一反一正，互为衬托，不失为发明养生趣旨的妙文。

第四段讲众人吊唁老聃，何其哀也，则从社会、自然两方面，比较具体地告诉我们怎么去克服生死之惧，从而做到"缘督以为经"。因为"生死"是人生所要面对的最大难题，可以说伴随着人的降生而来，就像把人一直吊着一样，直至"死亡"才能消解。如果一个人能坦然面对生死，那么他自然就不会为了保养身体、延长寿命而去做各种违背天理的事情，在人世间自然会坦然地面对各种事情，顺其自然。所以庄子在阐释

163

"缘督以为经"时,也就必须顺带解决"生死"问题。在老聃死这则寓言故事中,庄子就给出了自己的看法。秦失之所以只干号了三声,就是因为他首先觉得,老聃的出生是顺应自然而来,他的死也是顺应自然而去,我们并不需要去刻意改变这种生命规律,只要顺任它就行,正是理解了这个规律,所以不用哀哭,没有那个必要,何况哀哭反过来会损耗自己的心神呢!而他之所以"号"这个三声,是因为要顺任世俗,社会中的普通大众,总是为各种忧愁、喜乐所包围,如果秦失不哭,肯定会受到各种非议、责难,为了避免这类麻烦,所以顺应着哭几声。这就是从自然、社会两方面阐明"缘督以为经"了。这则寓言故事以"死"开端,通过屡次转折,最终仍归到养生主旨,落想可谓出奇。

第五段以薪尽火传的比喻,来说明保养精神的重要性,并收结全文,的确具有很大的艺术魅力,所以宣颖说:"忽接此三句,如天外三峰,隐隐映现。乍读之,似乎突然;谛玩之,妙不容言。其笔墨自上节飘下,而收全篇之微旨,悠然又屹然。"(《南华经解》)

【漫谈】

《养生主》文本部分我们已经疏讲完了,现在我想先概括地谈谈"薪火"问题,谈谈形体和神的关系。在《养生主》的作者看来,形体有尽,精神无穷。对于这个观点,后世形成了不同的看法。桓谭在《新论·祛蔽》中曾以"烛火"之喻来阐述形尽神灭的道理,王充在《论衡·论死》中也认为"天下无独燃之火,世间安得有无体独知之精?"杨泉在《物理论》中以"薪火"为喻,同样认为"人死之后,无遗魂矣"。我们大概觉得王充是唯物的,但这里庄子讲的其实是精神的传承,两者所论不是同一个问题,用王充所论来批评庄子,不太合适。到了魏晋时期,《庄子》的影响更加大了,一些佛教人士就借助薪火观念来论证佛教的转世轮回,比如慧远在《沙门不敬王者论》中说:"火之传于薪,犹神之传于形;火之传异薪,犹神之传异形。前薪非后薪,则知指穷之术妙;前形非后形,则悟情数之感深。惑者见形朽于一生,便以为神、情俱丧,犹睹火穷于一木,谓终期都尽耳。"与王充、桓谭相比,佛教的转世轮回说与"薪火之喻"关系要更加密切一些。佛教强调灵魂,而庄子讲究精神,二者似乎有联系,但是千万不能把二者混在一起,佛教所讲的灵魂是可以在形体死亡以后,投胎转世的。清代易学家魏荔彤就批评说:"若庄子'薪尽火传'之说,释氏以之言转生。然庄子本意从'古谓是帝之县解'来,亦不与释氏同。即如所说,火者一念之灵明也,此薪尽而火传于彼,如转生之递传也。但气在则灵明方在,如气已散,灵明何所附丽乎?薪必稍有余烬,则可传于他薪,如已为灰,尚何传火乎?"(《大易通解》)庄子是将人的形体、精神与大道联系起来,天地万物都由大道派生,人的精神遨游于天地之间,和灵魂依附之说有着显著的区别。

李存山先生在《庄子的薪火之喻与"悬解"》中认为,庄子《养生主》的"薪火"之说,既不是佛教的解释,也不是王充的解释,而是说整个自然生命包括形体,都要融合到天道之中,与宇宙精神融合在一起,是"将个体生命之'小我'融于宇宙大化之'大我'的自然达观"。但我的看法是,庄子的"薪火"之说,主要指的还是人的精神。李存山先生把"形体"也包括在内,可能是受到了外、杂篇部分的干扰、影响。

我们都知道,《庄子》的篇章结构分为内、外、杂三个部分,内篇基本确定出自庄子手笔,外、杂篇可能是后学对其师思想的扩充。在这一后续"修补"过程中,既有所发明,也有"误会"之处,反而把庄子本人的思想庸俗化了。庄子所谓的"养生主",就是要循乎天理,依乎自然,处于至虚,游于无有,让精神融于宇宙大化之中。也就是说,庄子生命意识中的重点是在强调护"神",认为"神"之存在的重要性不但超越了形体,同时也应置于"心"与"知"之上，因为只有精神生命才最具有延续的意义和延展的价值。然而，庄子所处的时代，由于物质文明得到很快发展，人们对物的欲望也空前膨胀起来，于是"禽贪者"（《徐无鬼》）有之，只是一味追求物质的享受，渐渐忘却了对生命境界的提升。其风气所趋，庄子的后学中，也有主张"备物以将形"的。如《庚桑楚》篇说："备物以将（训"养"）形，藏不虞以生心，敬中以达彼，若是而万恶至者，皆天也，而非人也。"认为备物以奉养形体是人们必须做的事，如果这样做而各种灾害仍然降临，那就是天然而非人事了。可见以"物"养形在这里已提到一定高度来认识，与庄子本人养生重在养"神"的思想已大有不同。又《达生》篇说："达生之情者，不务生之所无以为；达命之情者，不务知之所无奈何。养形必先之以物，物有余而形不养者有之矣；有生必先无离形，形不离而生亡者有之矣。生之来不能却，其去不能止。悲夫！世之人以为养形足以存生，而养形果不足以存生，则世奚足为哉！虽不足为而不可不为者，其为不免矣。"这里虽然承认"物有余而形不养者有之"，"物"甚至有可能害"形"，但作者仍以"物"为养生的先决条件，与庄子本来思想同样有很大差别。

"误会"之处不仅如此，庄子的后学们还常用"精气说"来阐释《养生主》。"精气"是中国先秦哲学中的重要范畴，而以《管子·内业》中的说法为最详，认为"精"是最细微的"气"，"精也者，气之精者也"，而"精气"则是生命的来源，也是圣人智慧的来源，所谓"凡物之精，此则为生，下生五谷，上为列星，流于天地之间，谓之鬼神，藏于胸中，谓之圣人"。庄子的后学大概因受到这种观念的影响，每以"精""气"来阐释内篇的养生思想。如《刻意》篇以"精""神"并用，认为"圣人贵精"是最完美的"养神之道"；《达生》篇所强调的是"纯气之守"，认为气守则神全，神全则无隙可乘，无隙可乘则可以任意游行于万物之间而物莫能伤，所以养神、养生必以守住"纯气"为先决条件。可见，这里已在庄子重"神"的基础上掺进了"精""气"两个要素，使内篇所表达的生命境界中"神"的重要性大大降低了。

那么《养生主》的养生说对后人养生之术有没有影响呢？前面我们提到庄子后学在外、杂篇中提出"贵精""守气"等观点，这就使得庄子本人比较形而上的养生学，变成比较迎合大众想法的养身学，既养神，又养身守气，因而其影响力就变得更为广泛了。大约成书于秦汉之际的《黄帝内经》，它的第一篇《素问》就介绍了一些养生法："是以嗜欲不能劳其目，淫邪不能惑其心，愚智贤不肖，不惧于物，故合于道"；"余闻上古有真人者，提挈天地，把握阴阳，呼吸精气，独立守神，肌肉若一，故能寿敝天地，无有终时，此其道生"；"其次有圣人者……以恬愉为务，以自得为功，形体不敝，精神不散，亦可以百数"，这些说法就很有可能受到《庄子》影响，比如"独立守神""精神不散"等，就有明显的"薪火之喻"的痕迹，而"呼吸精气""形体不敝""肌肉若一"又明显是庄子后学的一些观点。在汉初还有一部《淮南子》，这部书中的"养生"内容，可能也受到《庄子》的影响，比如《原道训》说："故以神为主者，形从而利；以形为制者，神从而害。贪饕多欲之人，漠眠于势利，诱慕于名位，冀以过人之智，植于高世，则精神日以耗而弥远，久淫而不还，形闭中距，则神无由入矣。"这里说欲望多的人追逐名位，就会精神日耗。此外《淮南子》还说"念虑者不得卧"，这和"以有涯随无涯，殆已"的说法，何其相似，都在提示世人，不要被外物牵着鼻子走，要保养自己的"精神"。

总的来看，《养生主》一篇对后世影响是深远的，不仅为养生家所喜欢，后世文人也很喜爱读它，尤其熟谙"庖丁解牛"这则意味深长的小故事。如唐人王履贞著有《目无全牛赋》，张楚有《游刃赋》，都是直接赋咏庖丁的，就连清朝的皇帝乾隆也撰有《庖丁解牛》诗，可见其受欢迎程度。在具体影响方面，文人在思想上和艺术手法上，往往有学习《养生主》的痕迹。我们可以宋人黄庭坚为例。据学者统计，黄诗用《庄子》典故有 700 余处，而其中关于《养生主》的大概有 40 处左右，个中又以"庖丁解牛"为多，计 24 处，如"平生割鸡手，聊试发硎刀"（《送舅氏野夫之宣城二首》）是对即将往宣城做官的舅氏野夫，寄寓远大的希望，期望他能把宣城治理得井井有条，就像庖丁解牛一样；另如"先生早擅屠龙学，袖有新硎不试刀。岁晚亦无鸡可割，庖蛙煎鳝荐松醪"（《戏答史应之三首》之一），两用《庄子》典故，虽然是"戏答"，却深切表扬了史应之学富五车，然而甘于平淡、不与世俗同流的高风品格。从这两处，我们也大概看到，古代文人对"庖丁解牛"的倾心，喜欢引为典故。

不仅如此，庖丁解牛所关涉"技"和"道"的关系，其"技进乎道"的思想，对文人的文学艺术也有着长远影响。《宣和画谱》谓吴道子、顾恺之等人"皆以技进乎道"，就是说皆深受"庖丁解牛"影响。"技进乎道"又是什么意思呢？技术中蕴养了"道"，那就是艺术啦！艺术，是脱离功利的，是纯粹的美的享受，是自由的象征，这几点和庖丁解牛异曲同工。庖丁的三年解牛经验，就像文人绘画、书法的长时间练习，掌握了绘画运笔的规则，之后要超出其上，"出新意于法度之中"，不被"技术"所拘束，这就是绘画理论中"法"和"理"的辩证关系。清华琳的《南宗抉秘》就说"初学用笔，规矩为先……待之纯熟已极，空所依傍，自然意到笔随"，所谓"意到笔随"，正是庖丁解牛时的"以神遇而不以目视"，一样的境界，一样的理论，只不过换了个说辞。如果我们换个角度看庖丁解牛，庖丁对牛进行的"艺术"创作，解牛完成后"为之四顾""为之踌躇满志"，正如文人对书法、绘画作品所进行的摈弃一切功利的、纯粹的、美的欣赏。

（整理者：黄　锋）

第四讲
《人间世》:"托不得已以养中"

【题解】

　　《逍遥游》对《庄子》内篇具有一定的统摄作用,其余六篇对此篇的一些观念也分别有所承继和发挥。《人间世》一篇的主旨为"虚己游世",即人若要进入社会,必须要做到"虚己",采取"无为""无用"的态度,这样的观点在《逍遥游》中是可以找到的,如庄子与惠子对话中的"至人无己"一节,即是明证;这同样与《齐物论》中"南郭子綦荅焉丧耦""庄周梦蝶"相通,《养生主》中的"缘督以为经"谈的也是"虚己"的问题。其中《人间世》与《养生主》的联系更为密切一些,按释性通所云:"前《养生主》是入世之道,《人间世》乃人间处世之道。要见出世,必于涉世。应事接物、触景生变而不荷其累,斯可游于世矣。"(《南华发覆》)以人之内外来看,《养生主》是讲内的,即内在的虚己工夫,而《人间世》则是讲外的,即人如何游于人间世,一内一外,由内而外,虚己亦是无己,需要从内心出发,做到一种"虚",方可颐养身心。但人游世间,又必然要与外界相接,故郭象谓"与人群者,不得离人。然人间之变故,世世异宜,唯无心而不自用者,为能随变所适而不荷其累也"(《庄子注》),重点无疑还是落在了"虚"上。此外,林希逸《南华真经口义》亦曾注言曰"前言养生,此言人间世,盖谓既有此身,而处此世,岂能尽绝人事,但要人处得好耳。看这般意思,庄子何尝迂阔,何尝不理会事?便是外篇所谓'物莫足为也,而不可以不为'","处得好"一语破的,在庄子看来"处得好"就必然要做到"虚己应物",与外部势力保持统一,《山木》所谓"物物而不物于物"一句,说的也是此般道理。

人间世,即人间社会。如何能够做到"涉乱世以自全"(王夫之语),这就是本篇所要论述的主要问题。此处"人间"应理解为人与人之间的各种关系,在乱世中,此类关系极少有温情的一面,更多是强权人物对弱者的戕害压迫与武力统治。庄子就此探讨自己与强权的相处之道,其关注的视角无疑落实在个体的祸福问题方面。《淮南子》亦有《人间训》篇,其《要略》中所言"《人间》者,所以观祸福之变,察利害之反",亦承袭了《庄子》的哲学旨趣。另外,"人间"一词还牵涉到人在社会生活中所表现出的人之常情与交往习惯,《韩非子·难言》云"言而远俗,诡躁人间,则见以为诞",陈奇猷注云"人间所说如此,是人所说如彼,则变易人间之说,故曰'诡躁人间'"(详见陈奇猷《韩非子新校注》),可见人间与俗义近,皆表示世俗之人所常有的认知、心态与行为。庄子"不谴是非,以与世俗处"(《庄子·天下》),不欲与世俗之见发生正面冲突,而是采取因应随顺的态度与之周旋。这种观念对后世的影响很大,例如《淮南子·要略》评《人间训》之义时所谓"诚喻至意,则有以倾侧偃仰世俗之间,而无伤乎谗贼螫毒者也"云云,亦得乎《庄子》精神。

那么,庄子究竟用什么办法来应对复杂的"人间世"呢?从全文的逻辑来看,他的处世之道就寄托于此篇的"颜回请行"等七则寓言故事之中。简单概括来说,便是虚己顺物、以无用为大用,在这一原则下泯灭求功求德之心,含蓄内敛,随顺万物,以此来远害避祸,保得全身。

从《庄子》内篇来看,《人间世》有着与其他篇目天然相合的创作路径与逻辑架构。在对《人间世》中的寓言故事所表达的思想进行整合时不难发现,前三则寓言故事主要讨论的是"入有间"的问题,后四则寓言则专论"无厚"之义,这与《养生主》的文字脉络是契合相通的,《人间世》篇末庄子所言明的处世之法,既可教人躲避人间之患,也能使受众在方外之地寻找到自身的寄托。统而论之,通过趣取无用,庄子从社会秩序以及伦理规范(即"命"与"义")中安然脱离了出来。脱离非是逃离,而是能"应"得好。庄子并没有将人世与自身全然割裂开来,而是既做了区别,同时又能够依循着"道"之奥义来面对人世,进而重新找回生命意义和自身寄托,故整个《人间世》背后的逻辑体系是,进入人间世则不可安身,出离人间世才能逍遥无待,出离世界的方法即是懂得无用之用,虚己以游世,以"不材"保全自身。明晰这点,方能了悟庄子于二千年前寓寄在行文脉语之间的生存秘义。

【讲疏】

《人间世》篇分作七个寓言故事进行哲学阐述,即"颜回请行""叶公子高适齐""颜阖将傅卫灵公太子""匠石之齐""南伯子綦游乎商之丘""支离疏"和"孔子适楚"。前三则寓言故事讨论"入有间"之题,即进入人间世界所面对的种种问题,后四则讨论"无厚"秘要,即以"虚己应物"来居处人世,合起来正是《养生主》中所言的"无厚入有间",庄子的"应世""应物"思想也正是从《养生主》"因其固然"中所演绎出来的,此后在《人间世》中得到了进一步论证,如《人间世》中所谓"托不得已以养中""形莫若就,心莫若和"等,即是对《养生主》宗旨的有效呼应。

乱中取序,若我们将这些寓言故事整合起来便能理出一条思路:从一开始试图进入人间,成为人间的一分子,再到进入人间后成为某类固定人群,经历其所需承担的人间事务,最终到与人间保持距离,全守自我。这一逻辑链条反映着庄子从入世到出世一套完整的心路历程，如同"自寇"的山木一般，庄子意识到"材美"所带来的祸患已是不可回避的重要问题，面对残酷的现实，庄子一方面提出要通过"趣取无用"之法来应世以躲避灾祸，另一方面又转向内在的精神世界，以求寻绝对的自在逍遥。就三十三篇旨要来看，庄子人生哲学中有很大一部分是有关于"心"内容的探讨，这也正体现出庄子对于精神世界的重视，即如何不受外界的干扰，抑或是如何超越外界，这成为了庄子摆脱现世困境的着力方向与最终依归。

下面我们来详解《人间世》里面的七则寓言故事。首则寓言故事为"颜回请行"，庄子借由颜回之口而引出了"心斋"这一重要概念，寓言故事中"孔子"和"颜回"发生的对话应是虚构的，孔子声名显扬，具有绝对的说服力，故庄子特借孔子之名来著言立说。原文云：

> 颜回见仲尼，请行。曰："奚之？"曰："将之卫。"曰："奚为焉？"曰："回闻卫君，其年壮，其行独，轻用其国，而不见其过。轻用民死，死者以国量乎泽若蕉，民其无如矣！回尝闻之夫子曰：'治国去之，乱国就之，医门多疾。'愿以所闻思其则，庶几其国有瘳乎！"

"颜回见仲尼，请行"，即颜回前往孔子住处向他的老师请求远行，孔子询问颜回将要动身前往何处后，颜回答曰他将前往卫国去辅佐卫君。根据颜回的描述，卫君是一位"年壮行独"即专断自用的少壮国君，这样的国君在治理国家时往往"轻用其国，而不见其过"，意即轻率地处理国事，对自己所犯过错视而不见。"轻用民死，死者以国量乎泽若蕉"，国中死者相枕藉，好像蕉草填满了大泽一样，这里是在描述卫君轻率地处理国事，为此丢掉性命的百姓人数众多，另一方面百姓们又无处可去。颜回接着说道："回尝闻之夫子曰：'治国去之，乱国就之，医门多疾。'愿以所闻思其则，庶几其国有瘳乎！"在此处，颜回引用孔子先前的教导,国家治理完成就该离去,国家危乱则应前往救扶,好像医家门前有很多病人等待着救治,秉承孔子之教,颜回下定决心前往救治卫国,希望通过自己的一己之力劝说卫君,或许能够让卫国的百姓免受疾苦。

仲尼曰:"譆,若殆往而刑耳!夫道不欲杂,杂则多,多则扰,扰则忧,忧而不救。古之至人,先存诸己,而后存诸人。所存于己者未定,何暇至于暴人之所行?且若亦知夫德之所荡而知之所为出乎哉?德荡乎名,知出乎争。名也者,相轧也;知也者,争之器也。二者凶器,非所以尽行也。且德厚信矼,未达人气;名闻不争,未达人心。而强以仁义绳墨之言术暴人之前者,是以人恶有其美也,命之曰菑人。菑人者,人必反菑之。若殆为人菑夫!且苟为悦贤而恶不肖,恶用而求有以异?若唯无诏,王公必将乘人而斗其捷。而目将荧之,而色将平之,口将营之,容将形之,心且成之。是以火救火,以水救水,名之曰益多。顺始无穷,若殆以不信厚言,必死于暴人之前矣!且昔者桀杀关龙逢,纣杀王子比干,是皆修其身,以下伛拊人之民,以下拂其上者也,故其君因其修以挤之。是好名者也。昔者尧攻丛、枝、胥敖,禹攻有扈,国为虚厉,身为刑戮。其用兵不止,其求实无已,是皆求名实者也,而独不闻之乎?名实者,圣人之所不能胜也,而况若乎?虽然,若必有以也,尝以语我来!"

颜回虽然悟性和天赋极高,但就在他想要前往游说卫君之时,孔子却冲着颜回说道:"譆!若殆往而刑耳!"在孔子看来,如若颜回执意前往卫国便会招致刑罚,最终惹来杀身之祸。孔子认为,卫国的国君年轻气盛,看不到自身的过错,以致于百姓因为政治黑暗而丧命,也就是上文所言及的"死者以国量者泽若蕉"。颜回很想用孔子所教导的仁义等理论去改变卫君,但在孔子看来,颜回的能力尚有不足,还不能够实现他想要做的事情。首先在仲尼看来,成事需符合于道,即"以虚行事",

即不为名利,纯以一种"虚"的状态行事。王雱《南华真经新传》指出"仲尼者无我也,无我则己见无对,于当天下之至变,处天下之至难,则寂然不动而无纤毫之累"。而这里的颜回还停留在有思有为的浅薄境界上,有思有为则心不自止,心不自止则不免于累。所以孔子接着说道:"夫道不欲杂,杂则多,多则扰,扰则忧,忧而不救。"这是在说,道本虚无,不能掺杂其他,如果繁多就会干涉到自身的体悟,由此便受到干扰,内心便会产生忧惧,如此一来便不可挽救。故孔子又言道:"古之至人,先存诸己,而后存诸人。所存于己者未定,何暇至于暴人之所行?"意即颜回还没有做到"存己",哪有闲工夫去纠正别人(这里指的是卫君)的行为呢?在这里我们需要补充一点,《庄子》中的至人、神人、圣人都是理想人格,三种理想人格实质上又归于一致,故而此处的"至人"就是"圣人",就是道家圣人。孔子借"古之圣人先存道德于己身"之言,就是教导颜回要"先存诸己",欲先治人,必先自治,也就是自己要先符合道、达到道的境界,才能拯救别人。

孔子接续上文继续向颜回说道:"况且你知道道德丧失和智慧显露的原因吗?"在孔子看来,道德的荡失是由于好名,智慧的外露是由于好争。对于"名"和"智",孔子认为此两者只能成为人们互相倾轧和相互争斗的工具,故而指出"二者凶器,非所以尽行也",名和智是凶恶的器具,都不可以作为处世的正道。在孔子眼中,世人往往通过彰显德行以求得名声,依靠私智以求得利益,孔子十分反对这种争名逐利的行为,并指出名才是导致道德丧失的根源,智才是导致人们相互争斗的原因,因此名、智所带给人们的只有数不尽的祸患。由此观之,名和智尚且不能用来处世,又怎么能够用来劝化卫君呢?"且德厚信矼,未达人气;名闻不争,未达人心"四句较为复杂,此处的"人气""人心"皆指卫君而言,四句译作:"即使你道德醇厚,笃守信行,然而此刻你尚未知晓对方的情况；即便你无心于名声，然而卫君内心也并未认可你。"下文"而强以仁义绳墨之言术暴人之前者，是以人恶有其美也，命之曰菑人。菑人者，人必反菑之。若殆为人菑夫"中的"术"通"述"，即陈述、表述。这数句表明，如果以仁义德性去强制勒令卫君改正，便会触犯卫君的忌讳，卫君会认为你是在炫耀你的美德和智慧，并将你视作灾人。"且苟为悦贤而恶不肖，恶用而求有以异？"意为如若卫君爱好贤人，厌恶不肖之人，那么又为什么需要通过异样的表现去帮助他改正呢？此处"异样"意即通过德行来劝化卫君。仅从字面之意也能判断得出，既然卫君属于"异类"，那么便与普通大众具有明显差异，自然容易让颜回招致灭顶灾祸。

紧接上文，孔子又从另外一个角度阐明道，除非你不开口谏言，否则卫君必将乘机抓住你的漏洞而施展他的巧辩，从而战胜你，压制你，到那时，你会目眩眼花，面色和顺，说话笨拙，恭卑之色现于脸面，内心就会迁就卫君的主张。结合下文"是以火救火，以水救水，名之曰益多"可知，孔子认为颜回这样的做法如同"以火救火，以水救水"一般，只能更加促使卫君嚣张行事而不加收敛。话头一转，孔子淡然说道："顺始无穷，若殆以不信厚言，必死于暴人之前矣！"此三句翻译作"如果按照开始时的样子不断地谏诤下去，怕是虽有忠诚之言却不被信用，那就必定要死在暴虐之人的面前了"。孔子谆谆教诲，声明颜回如果按照原来的做法（即以自身良好德性才智来劝导卫君）来进行，那么一定会被卫君杀死。

紧接着，孔子举例而言。关龙逄，姓关字龙逄，桀王贤臣，因竭诚忠谏而遭斩首；比干，纣王庶叔，因忠谏而被纣王剖心。伛拊，即曲身抚摸之意，按《经典释文》引李颐注云："伛拊，谓怜爱之也。"这里孔子以关龙逄、比干为例是说："他们之所以遭此下场，这都是因为他们修饰其身，以臣下的地位去爱抚君主的民众，进而违反君主的意志，所以君主才借他们的饰身好名之弊乘机陷害了他们。"孔子此语是欲说明,贤良之人看似爱护民众,具备良好德性才智,但在君主眼中,关龙逢、比干这些人恰恰都是影响自身统治地位的不安因素,而关龙逢、比干的悲剧下场也正是因为他们过分地追逐虚名,依仗自身的才能多次悖逆君主才招致祸患,殊不知作为下位者不应违逆上位者,正所谓"以下拂其上者也,其君因其修以挤之",说明臣下的德性才能超过君主,便会招来人君的嫉妒,他会想尽一切办法来弹压你,所谓的帝王之术、驭臣之法不外如是。孔子接着举例。此处尧所攻之国,皆为虚构之小国。这几句话翻译为:"从前尧攻打丛、枝、胥敖,禹攻打有扈,使这些国家变成废墟,百姓变成厉鬼,国君都被杀死,他们不断用兵,贪图实利不止,这些都是追求虚名和实利的结果,你没有听说过这些事吗?"最后孔子说道:"追求虚名实利的人,虽有圣人都不能感化他们,又何况是你颜回呢?"在一番痛彻心扉的举例论证后,孔子认为自己想表达的已经说完了,颜回既然信心满满地想要说服卫君,自己作为老师也不能"一言堂",于是说:"既然你(颜回)要有所行动,那么一定有相应的方法,你就给我讲讲吧!"此处的"来"与《大宗师》中的"嗟来桑户"之"来"同,皆为语助词。

　　颜回曰:"端而虚,勉而一,则可乎?"曰:"恶!恶可?夫以阳为充孔扬,采色不定,常人之所不违,因案人之所感,以求容与其心,名之曰日渐之德不成,而况大德乎?将执而不化,外合而内不訾,其庸讵可乎?"

　　"然则我内直而外曲,成而上比。内直者,与天为徒。与天为徒者,知天子之与己,皆天之所子,而独以己言蕲乎而人善之,蕲乎而人不善之邪?若然者,人谓之童子,是之谓与天为徒。外曲者,与人之为徒也。擎跽曲拳,人臣之礼也,人皆为之,吾敢不为邪?为人之所为者,人亦无疵焉,是之谓与人为徒。成而上比者,与古为徒。其言虽教，谪之实也，古之有也，非吾有也。若然者，虽直而不病，是之谓与古为徒。若是则可乎？"仲尼曰："恶！恶可？大多政法而不谍，虽固亦无罪，虽然，止是耳矣，夫胡可以及化！犹师心者也。"

颜回应道"端而虚，勉而一"，意即"外表端正恭敬，内心谦虚专一"，孔子认为此举不可行，随即批驳之。"阳"即内心刚猛之个性，"充"为充满，"孔"为甚，"扬"为显扬，此四者皆指卫君而言。孔子的意思是说："卫君其人如此，又喜怒无常，一般的大臣是不敢去违逆的。如若你颜回去违背其意愿，卫君必然会压制你的劝谏而让自己的内心快适起来。"所以孔子接着补充道："名之曰日渐之德不成，而况大德乎？将执而不化，外合而内不訾，其庸讵可乎？""日渐之德"即伴随时间通过德性累积的方式逐渐成就的德行，句意即言像卫君这样的人，连日渐之德都不能做到，何况你一上来就使用大德来约束他，这怎么能行呢？卫君必然会固执己见，不听规劝。即使接受，也不过是表面上的迎合，实际上内心却拒不纳谏，这样又岂能谓之成功？

颜回旋即又给出了"内直而外曲，成而上比"的方法，意即"内心正直，外表屈从"，同时也进一步详论了内直与外曲义。内直就是与自然为同类，与自然为同类，知道人君和自己都是天生的，这样，我哪里会去祈求人家称赞我的话为善，又哪里会管人家的话为不善呢？像这样，世人就会称我为天真纯一、未失自然本性的人，这就叫做与自然同类。颜回进而提出，既然是与天为徒，那么就与天道、自然同一，以这种高度来看，卫君与我都是天所化生而出的，这样境界的人哪里又会在乎别人（指卫君）对我的劝谏接受与否呢？再说外曲者。"与人之为徒也"之"之"字当为衍文，应当删去。与人为徒即是通晓人道。"擎跽曲拳"之"擎"即"执笏"，"跽"即"跪拜"，"曲拳"即"鞠躬"，数句的意思为"外表恭敬就是与世人为同类。执笏鞠躬,行人臣之礼,这些是作为臣子应当去做的,作为人臣的我又怎么敢不遵守人的礼节呢?与常众一般,世人便不会怪罪于我,我自然也不会招来罪责"。在此基础之上,颜回又言及了"成而上比者"的观点。"谪",即"责"义,数句可翻译作:"援引成说而上比于古人,就是与古人为同类,劝谏的时候需要引用古人的教诲之言。这些言语虽带有教诲的倾向,却都是在讽刺责问当今人君的过失。但这些教诲又都出于古人,并不是我所虚构的,虽然是直言讽刺责备,但卫君也不会归罪于我。"

看似颜回拿出了近乎完美的应对方法,但孔子还是予以否定,孔子认为颜回用以劝化卫君的方式过于繁杂且不妥当,虽然不会招致罪责,但也只能保存自身而已,并不能达到劝化的目的。所谓"犹师心者",意即这些做法只不过是运用心智的结果罢了。《齐物论》有"成心"一词,按成玄英"夫域情滞著,执一家之偏见者,谓之成心"(《南华真经注疏》)的疏语来看,"成心"指人的主观偏见,这种一己之见是不符合大道内要的。此处的"师其心"中的"心"与"成心"相同,也属于后天的知性累积,庄子是反对这种有为之心的,认为这是对人性本然的伤害。从全书视角来看,庄子一贯主张去除一切有目的的人为之举,倡导恢复自身的本然之真。如《应帝王》中的"既雕既琢,复归于朴"、《达生》中的"形全精复,与天为一"(战国中后期,"精"多指"道"而言)等等,皆是明证。庄子心目中的得道之人,是不怀有任何主观目的的"天人",即所谓有"人之形"而无"人之情"。这里的"人"已经不能简单地从"你我他"的角度去看待了,而是庄子将天和人合而为一的结果。

　　颜回曰:"吾无以进矣,敢问其方。"仲尼曰:"斋,吾将语若。有而为之,其易邪?易之者,皞天不宜。

　　颜回曰:"回之家贫,唯不饮酒不茹荤者数月矣。如此,则可以为斋乎?"曰:"是祭祀之斋,非心斋也。"

回曰:"敢问心斋。"仲尼曰:"若一志!无听之以耳而听之以心,无听之以心而听之以气。听止于耳,心止于符。气也者,虚而待物者也。唯道集虚,虚者心斋也。"

颜回曰:"回之未始得使,实自回也;得使之也,未始有回也,可谓虚乎?"夫子曰:"尽矣!吾语若:若能入游其樊而无感其名,入则鸣,不入则止。无门无毒,一宅而寓于不得已,则几矣。绝迹易,无行地难。为人使易以伪,为天使难以伪。闻以有翼飞者矣,未闻以无翼飞者也;闻以有知知者矣,未闻以无知知者也。瞻彼阕者,虚室生白,吉祥止止。夫且不止,是之谓坐驰。夫徇耳目内通而外于心知,鬼神将来舍,而况人乎?是万物之化也,禹、舜之所纽也,伏戏、几蘧之所行终,而况散焉者乎?"

"吾无以进矣,敢问其方"二句开启了下面的对话内容,颜回表示自己没有更好的办法了,于是向孔子询问是否有更好的方法。孔子答道:"斋,吾将语若。有而为之,其易邪?易之者,暤天不宜。"孔子教导颜回先应做到"斋心",并说道,即使你有心去感化卫君,也是不容易使其改变的,"有而为之"指的是上文颜回所说的"端而虚"等语,皆为"师其成心"的结果,下文"易之者,暤天不宜"表明这种改变是与自然之理相违背的做法,"暤天"即"自然",以此来看颜回上文中的这些做法均是悖逆大道的反常之举。

一开始,颜回将孔子所言之"斋"理解为类于"祭祀之斋"的常规仪俗,并说明自己已经"不饮酒不茹荤者数月矣",求问这是否可以称作"斋戒"了。孔子旋即告诉颜回,这些只不过是祭祀斋戒之前的准备工作,而他所谓的"斋"是指"心斋"。以此来看,在庄子眼中,儒者的各种祭祀礼节都反映着他们其实远未达到大道的境界,都还在做着一些有心有形的事情,称不上是领悟道意之人。那么,何谓"心斋"呢?孔子分了两个阶段来说明。首先是要"专一你的心志,不要以耳朵来听,耳朵比起心来是不可靠的",此说与佛教所谓六根说即"眼、耳、鼻、舌、身、意"相似,均认为依靠人体感官得来的经验材料并非真实可靠。孔子又进一步说,"气又比心更为真实可靠",因为"心"之思虑,仅能与外物相合而已。"气也者,虚而待物者也"是说,气是介于虚实之间的,能够以虚空容纳万物,而大道至虚,唯聚于空明虚静的心境。从老子到庄子,逐渐实现了一种从"道"论向"道气"论的转化,庄子用"气"来解释万物运动变化的质料因和动力因,进一步优化了老子"万物负阴而抱阳"的气论思想。在老子那里,气作为质料因和动力因的特性不是很明确,而庄子的"通天地一气"明确提出了"气"的概念,《知北游》中即有"人之生,气之聚也。聚则为生,散则为死。……故曰通天下一气耳"的说法。

与道家不同,在儒家看来人是最重要的,故而有"其有知有义,故而为天下最贵"(《荀子·正名》)的观点。但在庄子眼中,人也不过是气之产物。大道派生气,气又派生出其他种种介质,即"杂乎芒芴之间,变而有气,气变而有形,形变而有生"(《至乐》)。由此来看,气才是天地万象间最为珍贵之物,人只不过是与他物无异的气之产物。

从庄子的这些文字观之,从人之心得来的认识,远没有从气得来的真实,气是虚的,故而能虚空以容纳万物,只有通达大道才能够体会到气。所以若要做到心斋就应先做到虚,将后天所接收到的知性累积全部消融掉,是要去掉一些已有的负累的东西,并不是要达到祭祀之斋。《老子》四十八章有"损之又损,以至于无为,无为而无不为"之语,王阳明有"吾辈用功,只求日减,不求日增"(《传习录》)之说,此处的"心斋"也与老子、王阳明的两种说法是相类相通的。刘鸿典把"心斋"看做是观察、了解天道的必由之路,他在《庄子约解序》中说,"孔子之言性与天道,不可得闻",此处又说"自然之天,非心斋者不知也",将《论语》中子贡之语与《庄子》寓言故事结合而论,把原意为引导人一志虚静、凝气内视的"心斋"之学看成是儒门的会心之传、儒者的希望之功,故颇有一种糅合儒道的主观意识在其中。另外,刘鸿典在《大宗师》篇末"颜回坐忘"寓言故事后还说:"假颜回之言以明得道之次序,仁义礼乐,皆从道中发出,而道有其本,非'坐忘'不能领其妙。……此乃孔门传心之法,而庄子和盘托出,以之收束全篇。真人以'坐忘'而真,圣人以'坐忘'而圣。……所谓大宗师者,无为而无不为也。而其致功之要,则在'坐忘',知'坐忘'之义者,不愧为仲尼之徒矣。"《大宗师》篇末颜回与孔子关于"坐忘"的对答之辞,亦如上文《人间世》篇所列"心斋"之说,目的或是为了说明一志笃静的虚心之法,或是为了阐发离形去智、同于大通的"坐忘"思想。但刘鸿典却将它们坐实来看,把"坐忘"归入儒学,称它为"孔门传心之法",而《庄子》书中神人、真人这些得道的人物形象,在刘鸿典的观点中也都成了知儒门"心斋""坐忘"之功的儒者,与庄子一起都不愧是孔子的高徒了。依刘氏的理解,庄子对于"心斋""坐忘"之功的传承,是他除了攻击儒学末流以回护儒学本真之外所作的另一贡献了。

我们再回到《人间世》的原文中来。颜回在听完孔子这一番教导后回应道:"回之未始得使,实自回也;得使之也,未始有回也,可谓虚乎?"意即我颜回未受教诲之时,当我自我感受的时候,我能感觉到自己是存在的;既闻"心斋"之教后,则忘掉了自己的存在,这样可算得上是虚了吧?这里颜回所言说的状态与《齐物论》中南郭子綦之"丧耦"状态是相同的。孔子回答道"尽矣",认为颜回明白了自己的意思,接着又补充道:"若能入游其樊而无感其名,入则鸣,不入则止。无门无毒,一宅而寓于不得已,则几矣。"这是在告诉颜回,你入游卫国,不可为虚名所动心,卫君能接纳你的话就说,卫君不能接纳你的话就不说。"无门无毒",参考陆西星《南华真经副墨》"不开一门,不开一药"之语,应解作"不要自作主张,要顺其自然",孔子教导颜回不要主动地有所作为,要处心于至一之道,必等到不得不说时再发话,即"一宅而寓于不得已",不得已,谓不得不然者,如释德清《庄子内篇注》所云"切不可有心强为",这样做才算是掌握与卫君对话的真谛了。

最后,孔子说道:"绝迹易,无行地难。为人使易以伪,为天使难以伪。闻以有翼飞者矣,未闻以无翼飞者也;闻以有知知者矣,未闻以无知知者也。"其中的"绝迹易,无行地难"作为比喻,谓不走路是很容易的,但走路不留痕迹就很难了,喻意逃离人世、彻底出世是非常容易的,但身涉世中却还想不为世事所累就难了,下二句"为人使易以伪,为天使难以伪"则是作为正意,是说为人欲所驱使,就容易作伪;唯任自然天理,就难以作伪。喻意、正意结合在一起,清楚表达了孔子对"人伪"的否定,他认为"人伪"是不能够处理好人间事务的,如果想要在人间保存自身,就必须要进入"道"的境界,即不能依靠智慧自作主张,要祛除一切智虑,回归道的主张而不是自己的主张,最终达到"瞻彼阕者,虚室生白,吉祥止止"的状态。其中的"吉祥止止"一句,俞樾《庄子平议》指出,下"止"字乃"也"字之误,当作"吉祥止也",即在你眼前一片空白,也就是万物皆空的那样一种超然状态,这便是人心的本然状态,如若人主观上持虚,那么自然能够达到一种"空"的状态。在庄子看来,若能将眼前万物化之为虚,便能使自己的心境空明,进而生发出纯白的自然天光。让内心虚出来,回归自然的状态,这便是"心斋"。从此内心便是符合大道的,吉祥也会驻留在你虚明的内心之中。

我们接着来看原文。所谓"夫且不止,是之谓坐驰","坐驰"即是"形静而心驰"的简语,按释德清《庄子内篇注》所云"私欲萌发,则身坐于此而心驰于彼",与我们常说的"心猿意马"一样,谓"心"始终没有保持住空明虚静的状态。下面"夫徇耳目内通而外于心知,鬼神将来舍,而况人乎"中之"舍"即"冥附","人"即"卫君"。意即"使耳目等器官内通于心,把心智排除在外"。接下来"是万物之化也,禹、舜之所纽也,伏戏、几蓬之所行终,而况散焉者乎"里的"几蓬"也是传说中的古代圣君,"散焉者"即指普通老百姓。孔子说道:"万物都可以被感化,心斋是禹、舜处世应物的关键,也是伏戏、几蓬始终不忘的御世原则,哪里还有普通老百姓不能被感化的道理呢?"也就是说只要颜回做到了"心斋",自然能够完成对卫君的劝化。

在这里我们简要总结一下上述内容。从一开始感化卫君,再到阐发心斋之意,再回转到劝化卫君上来,庄子的行文逻辑十分严密。郭沫若《十批判书》中将孟子、庄子、荀子、韩非子看做"先秦文学的四大台柱",认为他们作品的文法与文学价值都极高,足可供后世为文者参鉴。其中,郭沫若认为庄子为文最高,初看以为杂乱无序,其实很有分寸,内部丝丝入扣,具有极强的逻辑性。从文章学的角度来看,在不考虑错简的情况下,《庄子》几乎没有脱节文段。"以喻为文"是庄子的习惯,有些看起来背离文段主旨的内容也都是其所设之寓言。从接受者的视角来看,对庄子寓言故事的理解要以正确的角度切入,这样方可对其内在肌理与深刻涵义进行有益探寻。即使这样,我们也未必能够得到庄子真意之大全。但若不为此,只不过尽得些浮光掠影之意义,终究流于表面。

最后我们再来看庄子对于人间的态度。虽然大致可以定位为消极躲避,但庄子对于人性的洞察与揣摩是非常切实到位的,这就表明庄子对于尘世的东西并不是全然抗拒的,对于尘世间所发生的一切也未必全然不闻不问。传统注家认为庄子是完全超脱于尘世的,是逍遥的。

直到明末清初的一些注家，如明末遗民归庄、王船山等才认为庄子内心是极其矛盾与痛苦的，只能装作看不到尘世之垢，而勉作逍遥。从此章及下章我们能够看出庄子对于当时兴起的游说之术是有所涉猎的，但也有学人提出这应该是纵横家的作品混入的迹象，实则不然。从"叶公子高将使于齐"这则寓言故事中能够看出，庄子本人是受到了战国游说之风的影响，对出使别国一事也有所耳闻。由此观之，尘世间的一切对于庄子而言是避无可避的，只能采取虚己游世的方法来接应外物。

另外，庄子的观点还应放在诸子学的背景下来理解。战国时期，臣子仗义执言、匡正君主是忠心正直的表现，士人极力称赞之，尤其是儒家更将其理论化、合理化，如孔子谓"以道事君，不可则止"（《论语·先进》），孟子称"务引其君以当道"（《孟子·告子下》），荀子亦主张"从道不从君"（《荀子·臣道》），皆是明证。儒家诸子皆反对奉承君意，推崇比干等敢于直谏的忠臣。所以战国时期揣摩、顺从君主之意来游说的策士是被儒家所轻视的，如孟子在批判张仪这种说客时便指出"以顺为正者，妾妇之道也"（《孟子·滕文公下》），孟子甚至反对用非正义手段去亲近君主，然后趁机谏说的做法，认为世上绝无这种"枉己而正人""辱己而正天下"的道理（详见《孟子·万章上》）。所以在孟子看来，游说、谏说君主就应以尧舜正道为据，士人要以师者的姿态匡正教导君主。

本文开头颜回的想法颇能代表儒家的思路，庄子则借孔子口吻给出了道家的应对之策。

道家的始祖老子尚柔，反对这种强硬的谏言方式，《老子》四十二章"人之所教，我亦教之"，王弼注谓："我之非强使人从之也，而用夫自然，举其至理。"庄子则进一步发展了这一立场，在他看来，儒生掌握了仁义大道后就要纠正君主之过、将其拉回正轨，这必然是件危险的事，因为君主未必会认同其价值观念，反而会猜忌他们是有意与自己作对以博取名声、显示才能。君主这种反应固然浅陋，但却又是人之常情，士人身处"人间"就得面对这一现实，否则便会遭遇横祸，正如《淮南子·要略》中所说"知公道而不知人间，则无以应祸福"。但庄子又不像张仪等纵横家一样善于去哄骗君主、钓取名利，他是要通过"虚己"来使君主亲附，使君主浸于大道之中进而得到劝化。

法家也与道家有相近的立场，两家皆反对儒家以师者姿态匡正君主、博取忠名的做法。法家集大成者韩非明确指出："称比干、子胥之忠而见杀，则疾强谏有辞。"（《韩非子·饬邪》）所以韩非反对强谏，认为君臣间未有亲密互信关系时谏言极易招致灾祸，因此游说君主也特别要注重揣摩君主的心理（详见《韩非子·说难》）。但他是为了推销自己尊主强国的法家之术，而不是像张仪那样为一己私利，因此就现有材料来看，韩非和儒道两家一样都很反感纵横家。韩非以君主为中心构建其法术势学说，他在推销其学说时亦是以君主为中心，考虑到了其接触学说、接受进谏时的各种障碍，可谓将人情琢磨得极透。他和庄子都能正视人们不愿接受谏说这类人之常情，并积极调整自我来应对之。但对比来看，韩非担心谏说时触碰君主逆鳞，故详尽地罗列了有关的情况，看似是将君主心理把握得死死，而庄子则只用"虚己"一条原则便能达成劝化之效，可谓以简御繁、不牵累于私智，境界高于韩非。韩非围绕君主展开谏说，体现了法家尊君尚功的传统，而庄子围绕"虚己"做功夫，则体现了道家对个体生命精神自由的追求，此便是庄、韩之差异所在。当然，韩非著《说难》亦寄托了处于"人间"复杂利害关系网中的焦虑，亦有得于老子"和光同尘"之旨，在这方面与庄子亦是殊途同归。所以《史记》中将老、庄、韩同传，其中记载了老子"深藏若虚""盛德若愚"之说，描述了庄子"王公大臣不能器之""曳尾于涂中"的特点，又摘录了韩非《说难》之文，这些内容大概是太史公有意地整合到一块的，其中所寄托的亦是他对游"人间"不易的感慨。

第二则寓言故事为"叶公子高将使于齐",这则寓言故事承接上则寓言故事所言之"心斋",继续讨论"虚己"的内旨,设有"阴阳之患"和"人道之患"两难,并提出只有做到"乘物以游心,托不得已以养中"才能够免除祸患,长养于世。

> 叶公子高将使于齐,问于仲尼曰:"王使诸梁也甚重,齐之待使者,盖将甚敬而不急。匹夫犹未可动,而况诸侯乎!吾甚慄之。子常语诸梁也曰:'凡事若小若大,寡不道以欢成。事若不成,则必有人道之患;事若成,则必有阴阳之患。若成若不成而后无患者,唯有德者能之。'吾食也执粗而不臧,爨无欲清之人。今吾朝受命而夕饮冰,我其内热与!吾未至乎事之情,而既有阴阳之患矣。事若不成,必有人道之患。是两也,为人臣者不足以任之,子其有以语我来!"

> 仲尼曰:"天下有大戒二:其一,命也;其一,义也。子之爱亲,命也,不可解于心;臣之事君,义也,无适而非君也,无所逃于天地之间。是之谓大戒。是以夫事其亲者,不择地而安之,孝之至也;夫事其君者,不择事而安之,忠之盛也;自事其心者,哀乐不易施乎前,知其不可奈何而安之若命,德之至也。为人臣子者,固有所不得已,行事之情而忘其身,何暇至于悦生而恶死?夫子其行可矣!"

刘向《新序》中有"叶公好龙"一则故事,主人公"叶公"与此处的"叶公子高"是同一人,即楚庄王玄孙,姓沈,名诸梁,食采于叶,僭号称公,故为"叶公"。此则寓言故事中孔子与叶公的对话应当是虚构的,这是庄子为文的惯用手法,即"藉外论之"(《寓言》),目的就是使自己的观点更具说服性。此则寓言故事中的叶公子高即将出使齐国,但他却表现出一副"甚慄之"的状态,据其描述,齐国对待各国使者表面上显得十分恭敬,实际上却迟迟不肯依允别人的请求。以此来看,出使齐国并不是一件轻而易举的事情。针对这种情况,叶公子高向孔子询问如何应对下文所提到的"阴阳之患"与"人道之患"。需要注意的是,叶公子高在询问时带入了孔子先前的言论,意谓事无大小,未有不依于大道而欢然成功的。事情如果不成,那么就有"人道之患",事情如果成功,那么就有"阴阳之患",不管成功与否都能够保全自身不受灾祸的,只有有德的人才能办到。"若成若不成而后无患者,唯有德者能之"二句也正引出了下文孔子更为详细的说明。"人道之患"即国君的惩罚,"阴阳之患"是指人内心情绪起伏波动对人体所造成的损伤,按成玄英所作疏解云"喜则阳舒,忧则阴惨,事既成遂,中情允惬,变昔日之忧为今时之喜,喜惧交集于一心,阴阳勃战于五藏,冰炭聚结,非患如何",因为忧惧事不成,故而心情郁闷焦虑,而事情告成又欣喜若狂,像这样喜惧交战于胸中,必然会招来疾病。故而"阴阳之患"指的是与外在的人道之患相对的内在的祸患。如上文"今吾朝受命而夕饮冰,我其内热与"二句中的"内热"即为阴阳之患。所谓的"若成若不成而后无患者,唯有德者能之",反映的是"无我"的主张,即将"成与不成"暂且搁置一边,顺其自然,以天合天,以自然应自然,以原始状态下的内心去冥合万物,如此成事才算是依道而成,如《达生》之"梓庆削木为鐻,鐻成,见者惊犹鬼神",再如《田子方》中"宋元君将画图"寓言故事里的那个"儃儃然不趋,受揖不立……解衣般礴,赢"的画师,以及《养生主》中的庖丁等皆是此类,这类人能够依循道来成事,已然达至了"无我"极致状态,具有极高的精神境界。

接下来是"吾食也执粗而不臧,爨无欲清之人。今吾朝受命而夕饮冰,我其内热与",本来叶公子高在食物的选择方面就不太精细,按道理并不会发热,但即使是这样的人都不能免于内心的煎熬,可见阴阳之患对于个人的危害，以此更能见庄子行文之绝妙生动。梁启超的饮冰室也是得名于此处，因其内心常常热烈恳切于救国救民，故而备受心火煎熬之苦，就取名为"饮冰室"。"吾未至乎事之情，而既有阴阳之患矣。事若不成，必有人道之患。"叶公子高是说，我还没有出使齐国，内心就已充满忧惧，如果这件事情没有办成，就必然要遭到国君的惩罚。最后他说"是两也，为人臣者不足以任之，子其有以语我来"，"其"表"希望"，意即希望你的话能对我有所帮助。"有以"，即可以拿来做某事的某种方法，这里表示能够用来应对人道之患与阴阳之患的方法。"来"，当解为语助词，类似于"吧"。叶公子高表示自己无法应对这两种祸患，希望能得到孔子的教导。

孔子闻后，即说道："天下有大戒二：其一，命也；其一，义也。子之爱亲，命也，不可解于心；臣之事君，义也，无适而非君也，无所逃于天地之间。是之谓大戒。"孔子指出"命"与"义"是不能摆脱的，即君臣关系（社会关系）、父子关系（家庭关系）是不能够逃避和摆脱的。下文"是以夫事其亲者，不择地而安之，孝之至也；夫事其君者，不择事而安之，忠之盛也"也给了以儒解庄者极大的发挥空间，认为庄子有儒家的忠孝观念，故而申说此旨。那么，庄子真的具有儒家思想吗？首先关于此章之中的"大戒（忠孝）"，当将其视作喻意，而下文"知其不可奈何而安之若命"则为正意，另按释德清《庄子内篇注》所言"庄子也通达人情世故"，所谓"人情世故"也不应只对应儒家观念，儒家观念虽然是以伦理为基础，但这本就不是儒者的特殊权利。至于庄子是否认同儒家观念，显然不能只从文字上来看，要深入文章内容，对其内在肌理有所体察，细究其文理后，我们不难发现，庄子所要讨论的重点在下文的"知其不可奈何而安之若命"，其关注的是"至德"。故而此处应以宣颖《南华经解》为参考，解作"庄子实言心身，而借以臣子字面"。下文将详细论之。

下数句承接上文,所谓的"孝"和"忠"都是无可奈何的,既然无可奈何,那么自然是需要履行的。需要注意的是"自事其心"的"心",并非上文中之"成心",而是"自然本心"。体悟大道的得道之人,能在保养自然本心的过程之中,确保自身不会受到外界营造出的哀乐气氛的干扰。因为无可奈何,无所奈何,故而才需要"认命"。这里的认命中的"命"并非主宰之"天命",而是自然之天之下的人间世界的一般规定,"认命"即顺应自然。而"知其不可奈何而安之若命",更是对于"德"的强调。庄子的"德"与"仁义礼智"等概念全然不一,"德之至也"中的"德"与"道"相关联,"德"是无限接近于自然本性的内容,即德是无限接近于道的,所以庄子眼中的"德"是承接着"道"来言说的,有德者和得道者往往是齐同的。另外需要注意到庄子行文有使用双重寓言的习惯,往往是双起双承,如内篇先以《逍遥游》的"北冥""南冥"双起,后以《应帝王》的"南海""北海"双收,但也有些是双起而单承的,此处即运用了以两种比喻(双起)相结合而后综合提出观点的手法,其承接的,便是"知其不可奈何而安之若命"这个核心论题。

孔子接着说道:"为人臣子者,固有所不得已,行事之情而忘其身,何暇至于悦生而恶死? 夫子其行可矣!"此处"臣子"二字当连读,而不应为"臣、子"。按照宣颖《南华经解》中以"臣子为身,君亲为心"的说法,此处的"人"即"君亲",也即"心",此处的"臣子"即为"身"。心为身之主(即"固有所不得已",譬如君辱而臣死),然而又不应该以心为身之主(即下文之所谓"行事之情"而忘却"身"受心之所辖制)。细言即心之动乱将有害于身,还不如一切都顺从自然而行事,所以有下文的"忘身"。这就构拟出了一条切实可行的方法,即"行事之情而忘其身,何暇至于悦生而恶死!"根据实情,根据自然处事,成败与否应当付诸自然。最后又隐晦地点出不要妄自干预事情的成败,即下文所谓"传其常情,无传其溢言"。

孔子指出，如若你能够做到忘我（无我），而不去主动言说，就不会有人道之患。有人指出庄子这里是抹杀掉了人的能动性，其实不然，人的能动性也包括在道的自然性之内，依自然而行正是人的能动性的体现，在孔子看来，之所以有人道之患，有很大一部分原因来自自身，此处已经说得较为明显，所谓的人道之患已经被消解于自然之道中，顺应自然又怎么能叫遭受祸患呢？实际上到此处，存在的祸患就只有阴阳之患了。

丘请复以所闻："凡交，近则必相靡以信，远则必忠之以言，言必或传之。夫传两喜两怒之言，天下之难者也。夫两喜必多溢美之言，两怒必多溢恶之言。凡溢之类妄，妄则其信之也莫，莫则传言者殃。故《法言》曰：'传其常情，无传其溢言，则几乎全。'且以巧斗力者，始乎阳，常卒乎阴，大至则多奇巧；以礼饮酒者，始乎治，常卒乎乱，大至则多奇乐。凡事亦然，始乎谅，常卒乎鄙；其作始也简，其将毕也必巨。夫言者，风波也；行者，实丧也。风波易以动，实丧易以危。故忿设无由，巧言偏辞。兽死不择音，气息茀然，于是并生心厉。剋核大至，则必有不肖之心应之，而不知其然也。苟为不知其然也，孰知其所终！故《法言》曰：'无迁令，无劝成。'过度，益也。'迁令''劝成'，殆事。美成在久，恶成不及改，可不慎与！且夫乘物以游心，托不得已以养中，至矣。何作为报也？莫若为致命，此其难者。"

二人的对话此时尚未结束，"丘请复以所闻"承接了上文的余绪。"请"，译作"请你允许我如何如何"。孔子认为"传两喜两怒之言"属于天下之难事，两君喜则其辞必多溢美，怒则溢恶，皆非实辞。此一来传言者必受其殃，故而应当传其实情，不要自己有所增添。《法言》应是当时的公共文献，类似于古语、格言。孔子引《法言》谓"传其常情，无传其溢言，则几乎全"，意在告诫叶公子高不要擅自妄加猜度，加入自己的主观想法,这样是能够保全自身的。这里的"溢"可以理解为人之主动性,庄子这里强调的是人之主动性对于事物自然性的损害问题,不止如此,这种损坏又会反过来左右自然变化,回过头来损害施加主动性的主体。下文即详细论述为何不应该加入人之能动性,而此则寓言故事之中人之能动性之体现即是语言。

"且以巧斗力者,始乎阳,常卒乎阴,大至则多奇巧;以礼饮酒者,始乎治,常卒乎乱,大至则多奇乐。凡事亦然,始乎谅,常卒乎鄙;其作始也简,其将毕也必巨。"孔子先举以比武,再举以礼饮酒,虽早有规定,"阳"即公平正义,"治"即依循规矩,但最终却违反了先前的规定。"阴"即阴谋诡计,"乱"即迷乱大醉,不守礼法。虽是"以礼",但最终还是没有遵循"礼"。这既比喻了上文中的语言会产生变化,也与下面的"始乎谅,常卒乎鄙;其作始也简,其将毕也必巨"构成了一组喻意和正意。"始乎谅,常卒乎鄙;其作始也简,其将毕也必巨","谅"即"诚信"义,"鄙"即"欺诈"义,最开始的语言是真诚可信的,但最终却往往变成了欺诈之言。"其作始也简,其将毕也必巨",意即许多事情开始时只露出征兆,到后来就酿成了大祸,比喻虽然一开始只有简单的几句话而已,但后来正是这几句简单的话招来了大祸。

下文也提到了"言",其主要的讨论对象也是"言"。庄子是紧扣着"言"来讨论的。庄子的行文丝丝入扣,一环接一环。此处通过设喻表达出语言的变化不定,难以把握。"言者,风波也",形容语言如同水波一般,很难不发生变化,如若按着这种十分容易发生变化的语言行事,自然会丧失事物原本的真实性,即所谓"行者,实丧也"。下文"风波易以动,实丧易以危。故忿设无由,巧言偏辞",意即语言容易时刻发生变动,行事会因此失真而容易招致危险。如果要传"溢言",那么传话必然会发生变化,等楚王的话到了齐王耳朵里,可能会惹得齐王勃然大怒。

同样,齐王的话再被传回楚王耳朵里,也可能会引起楚王勃然大怒。而他们勃然大怒的原因没有其他,就是因为你(叶公子高)在传一些"巧言""溢言",而没有去传递实情。"兽死不择音,气息茀然,于是并生心厉。剋核大至,则必有不肖之心应之,而不知其然也。""茀然"谓怒气发作。"心厉"谓伤人之恶念。"剋核"是苛求的意思,《道藏》陈碧虚《南华真经章句音义》所出本"剋"作"刻"。"大至"谓太过分,《道藏》各本"大"多作"太"。此数句为正意,"厉心"之所以产生,还是因为你过分苛责成败,过分苛责,就必然招来厉心、不肖之心。

下面孔子引《法言》,是要告诫叶公子高,不要试图去超过一开始所寻求和所应得到的好处,认为应对此事最好的状态是"乘物以游心,托不得已以养中",此处的"乘"与《逍遥游》"若夫乘天地之正"之"乘"同解作"顺",教人应当以顺应万物的方法来处世。"至矣"即"可避阴阳之患",此数句和《山木》之"乘物游心,虚己游世,物物而不物于物"是相通的。"不得已"者,言顺物应情而不妄动。"养中"即养人之本性,养人之内心。庄子并不倡导主动地运作,他认为应当在大道之中游心,在大道之中养中。

最后孔子对叶公子高说道:"何作为报也? 莫若为致命。此其难者。""何作为报也",意即出使游说带回的对方国君的答复,即出使之结果。"莫若为致命",即原原本本把实情带回来。从一开始的出使齐国,再到最后的顺应自然将实情带回,庄子强调不要妄自干预事情的成败,主张采取无为、顺应大道的方法,这与儒家主张的观点是相区别的。儒家固然强调臣受君命后应秉持忠实的态度转达之,但他们同时也认为"大夫受命不受辞,出竟,有可以安社稷、利国家者,则专之可也"(《春秋公羊传》庄公十九年)。儒家一直重视文饰,孔子谓"言之无文,行而不远"(《左传》襄公二十五年),具体到外交领域的辞令,他们必然也主张做一些文饰的功夫，而这些文饰便很容易发展为文中所说的"溢言"。至于纵横家则完全是用花言巧语哄骗两方的君主，这更是庄子所排斥的行为了。使者在乱世中被视为极有难度、也极能展示"智慧"的职业，庄子则主张使者摒弃自己的思虑营谋，以求达到"无己"境界，这是儒家、纵横家所不及之处。

这则寓言故事所展开的论述，从出仕游说到阴阳之患，再到语言如何如何，最后到"托不得已以养中"的和盘托出，已可见庄子行文之丝丝入扣。从整段文字来看，其主体思想是与儒家相异的。文段中虽然对于忠孝的表述十分精妙，但这正是庄子"曲尽物情"的独特洞悉。因此我们读庄、解庄要从整体上去把握体察，不能仅从个别文句上来作浅层理解。

第三则寓言故事为"颜阖将傅卫灵公太子"，与前两则寓言故事一样，此则寓言故事也是在讨论如何在政治混乱、国君昏聩的国家中保存自身。《人间世》的前三则寓言故事中的主人公所处环境是极度严峻和危险的，而庄子之所以设置如此极端的情境，这与他本人对于人间世界的认识有关。在庄子看来，人间世界是混乱且危险的，稍不留意便会招来祸患，只有依道行事才能够勉强保存自身。

> 颜阖将傅卫灵公太子，而问于蘧伯玉曰："有人于此，其德天杀。与之为无方，则危吾国；与之为有方，则危吾身。其知适足以知人之过，而不知其所以过。若然者，吾奈之何？"
>
> 蘧伯玉曰："善哉问乎！戒之，慎之，正女身也哉！形莫若就，心莫若和。虽然，之二者有患。就不欲入，和不欲出。形就而入，且为颠为灭，为崩为蹶；心和而出，且为声为名，为妖为孽。彼且为婴儿，亦与之为婴儿；彼且为无町畦，亦与之为无町畦；彼且为无崖，亦与之为无崖。达之，入于无疵。汝不知夫螳螂乎？怒其臂以

当车辙,不知其不胜任也,是其才之美者也。戒之,慎之! 积伐而美者以犯之,几矣! 汝不知夫养虎者乎? 不敢以生物与之,为其杀之之怒也;不敢以全物与之,为其决之之怒也;时其饥饱,达其怒心。虎之与人异类,而媚养己者,顺也。故其杀者,逆也。夫爱马者,以筐盛矢,以蜄盛溺。适有蚊虻仆缘,而拊之不时,则缺衔毁首碎胸。意有所至,而爱有所亡,可不慎邪!"

颜阖作为鲁国的贤人,即将前往卫国担任卫灵公太子蒯聩的老师,卫君昏聩致使卫国上下混乱不堪,故颜阖十分担忧自己的前景,于是便向卫国的贤大夫蘧伯玉请教,以求保全自身。"有人"指卫太子蒯聩,"其德天杀",成玄英谓"蒯聩禀天然之凶德,持杀戮以快心"(《南华真经注疏》)。蒯聩虽贵为储君,但其禀性凶顽,再结合"其知适足以知人之过,而不知其所以过"二句来看,蒯聩只能看见别人的错误,而不能看到自身存在错误,不能规正己身。从长远的角度来看,如若卫太子得不到规劝,任其荒淫无度,必会导致国家灭亡;而若颜阖前去规劝卫太子,便会招致他的憎恨,进而引来杀身之祸。对此,颜阖一时难以抉择,陷入了两难的处境,故向蘧伯玉求问当如何应对此种境况。

蘧伯玉回应道:"戒之,慎之,正女身也哉!"蘧伯玉一开始便告诫颜阖需要"正女身","女"即"汝",颜阖应当端正态度谨慎应对。接着教导颜阖要做到"形莫若就,心莫若和",意即不能以老师的姿态、心态去教导卫太子,要在外形上顺从他,在内心里也要顺从他。《山木》中有"形莫若缘,情莫若率;缘则不离,率则不劳;不离不劳,则不求文以待形;不求文以待形,固不待物"数语,可作为更清晰准确的补充说明。但即使如此,此番赴卫仍然是存在隐患的,"虽然,之二者有患"。"之"相当于现代汉语中指示代词"这",这是《庄子》一书用例特点之一,先秦文献中虽然均有用例,但在《庄子》中却是频繁出现,故《庄子》用法属于独一档。在蘧伯玉看来,做到了"形莫若就,心莫若和"仍然是有患的,还需要做到"就不欲入,和不欲出"。所谓"就不欲入",就是"迁就不应入于己心";所谓的"和不欲出",意即"内心和顺之功不能显扬于外"。因为如果你迁就他,那么迁就就会进入自己的内心;如果你顺从他,那么和顺之美德就要从内生发于外。"就入"意即你会因受到卫太子的影响而损害自身修养工夫,同下句之"为颠为灭,为崩为蹶","颠"即覆败,"灭"即毁灭,"崩"即败坏,"蹶"即绊倒,合起来就是表示与卫太子同流合污的意思。而之所以要提防内心的和顺之功显扬于外,是因为你一旦彰显自身德性就会见恶于卫太子,即下句之"为声为名,为妖为孽","妖""孽"即"灾祸"义,卫太子会以为你想要通过彰显德行来求得名声,如此一来,你必将招致灾祸。林云铭《庄子因》谓此处"就不欲入,和不欲出"即"恐与己同,恐与己异"意,也就是当外在的迁就行为内充于己心,自此便成为与卫太子一样的人;同理,若内在的调和行为外显于己身,便会被卫太子察觉到内在的德性,进而招致卫太子的憎恶。所以,在教导卫太子的过程中,既要顺从卫太子与其保持一致,又要避免让自己成为像卫太子一样的人,这样一来颜阖便陷入了两难抉择的处境,由此更见身处人世之艰难。简而论之,从"虽然,之二者有患"到"为妖为孽"这数句,是对"形莫若就,心莫若和"的反向补充,即强调任何可被视作德行的东西都会招来祸患,以此来承接阐释第一则寓言故事中"德荡乎名,知出乎争"等句之意。

"彼且为婴儿,亦与之为婴儿;彼且为无町畦,亦与之为无町畦;彼且为无崖,亦与之为无崖",这是蘧伯玉为颜阖行为所设立的执行通则,"町畦"即"田界",引申为"检束","无崖"即"放荡不羁",蘧伯玉要求颜阖在对待卫太子时要保持一种"他若为婴儿就婴儿""他若行为不检束就不检束""他若不守规矩就不守规矩"的态度。庄子有着一正一反两相结合的论述习惯,先提出正题,再配以反题,即从正反两个维度分别进行表达,再最终归总到全面综合论述的主题上来。据钟泰《庄子发微》推论,此几句与上文"形莫若就,心莫若和"相对应,宣颖的《南华经解》也持相同的看法。而"形莫若就,心莫若和"的最终目的是"达之,入于无疵"。那么"入于无疵"者为何人?细绎文句,应当不是指颜阖,如果只是颜阖入于"无疵",明显在卫太子处还隐藏着诸多祸患,颜阖又岂能真正"无疵"?并且从文章学的角度来看,下文"螳蜋""养虎""养马"三则寓言,都是在讨论如何在保全自身的情况下去劝化卫太子,故而此处之"入于无疵"者,当为卫太子。

"汝不知夫螳蜋乎?"此一喻为反喻。"螳蜋"即"螳螂"。"怒"字应解作"奋举"。庄子文字不能全从训诂入手,应当结合整句的文法来整体释义。"当"训"抵挡"。"车辙"指车轮碾过的痕迹,这里引申为车轮。"是"即"自以为是,自恃"之义。螳螂自恃才美而招致祸患,身为齑粉,此则寓言即告诫人们处事一定要警戒、谨慎,如恃德才而去违逆上位,下场必将与当车之螳螂无异。这是庄子通过反喻来说明悖逆君主所将导致的祸患。

"汝不知夫养虎者乎?"此一比喻为正喻,即从正面角度来谈"形莫若就,心莫若和"的内义。庄子指出,养虎要尽可能避免诱发它的兽性,要等待合适的时间、合适的时候再去喂养,知道它的饥饱而伺候,再顺着它的喜怒之情去疏导。老虎虽然异于人类,但它们都愿意亲近和喜欢对自己顺从谄媚的人。老虎虽有野性,但只要足够了解,做到顺其性,是可以与其和谐共存的,也从正面说明了"顺物应情"的重要意义。

"夫爱马者,以筐盛矢,以蜄盛溺。适有蚊虻仆缘,而拊之不时,则缺衔毁首碎胸。意有所至,而爱有所亡,可不慎邪!""矢"通"屎",马粪。"蜄",一种以贝壳作装饰的器皿。"溺"通"尿",马尿。此一寓言又是反喻,即养虎寓言的反辞,庄子从养虎之正喻反出,再详论"顺"的相关问题,具有极强的逻辑性。王念孙《庄子杂志》中解"仆"通假"附","仆缘"即"附缘于马体",此是说养马的人爱马太甚,看到有蚊虻叮在马身上,而拍打得不及时,就会使马受惊吓而发怒,养马的人反倒被马用蹄子踢踩至死。说明这里的爱马之人,并没有按马的本性去施行"顺",所以就招来了杀身之祸。

上述"螳螂""养虎""养马"三则寓言都是对"形莫若就,心莫若和"的补充说明,与前文的"就不欲入,和不欲出"相呼应。其中"螳螂"寓言与"和不欲出"相对应,即告诫颜阖不要自恃才能,试图违逆卫太子;"养虎"寓言和"养马"寓言与"就不欲入"相对应,是告诫颜阖在教导卫太子时要能顺从其自然本性。通过上述三则寓言,蘧伯玉告诫颜阖在教导卫太子时,既要做到外在与内在两方面的顺从,还要注意将自己的德性才能收敛起来,切忌彰显自身才能,尽可能给旁人一种自身毫无棱角的感觉。不难看出,蘧伯玉传授给颜阖的应对技巧的中心思想全在一个"顺"字上,同时"顺"的思想也贯穿于整篇《人间世》,"顺"即依循自然之道,顺应外物的自然规律,庄子主张通过"顺"的方法来居处人世,从而躲避世间的诸多祸患。

在《人间世》的"颜回请行""叶公子高适齐""颜阖将傅卫灵公太子"寓言故事中,庄子为其中主人公设置的情境似乎都是极难应付的,颜回面对的是轻用其国的卫君,叶公子高面临的是人道之患与阴阳之患的双重压迫,颜阖面对的则是凶残顽劣的卫太子。尤其在"颜阖将傅卫灵公太子"的寓言故事中,蘧伯玉最后为颜阖讲述的养虎和养马寓言,更是反映了人生处人间,待人接物之不易,虎有时媚养己,而马有时忘其爱,但是祸患又每每产生于人常常会有所疏忽的地方,故而文段末尾有"可不慎邪"之语,告诫人们不可稍有疏虞,否则将罹遭横祸。可见在庄子眼中，人间世界本是如此，社会秩序和人伦规范都是竖起的荆棘，让人难以下脚。这无一不反映出人间世界是艰难的，也为修道者出离世间（指精神逍遥）做足了准备。

第四则寓言故事为"匠石之齐"，从此则寓言故事开始，庄子开始论述如何通过"无用"来全身避祸。

> 匠石之齐，至于曲辕，见栎社树。其大蔽数千牛，絜之百围；其高临山，十仞而后有枝；其可以为舟者，旁十数。观者如市，匠伯不顾，遂行不辍。弟子厌观之，走及匠石，曰："自吾执斧斤以随夫子，未尝见材如此其美也。先生不肯视，行不辍，何邪？"曰："已矣，勿言之矣！散木也，以为舟则沉，以为棺椁则速腐，以为器则速毁，以为门户则液樠，以为柱则蠹，是不材之木也。无所可用，故能若是之寿。"

"匠石之齐，至于曲辕，见栎社树"，"匠"即木工，"石"即此木工名，"社"是祭祀土地神的地方，由此可知此则寓言故事的主人公是一名叫作石的木工，这名匠人动身前往齐地，途经曲辕，看到了一棵长在社中的栎树。"曲辕"，成玄英说："曲辕，地名也。其道屈曲，犹如嵩山之西有辕辕之道，即斯类也。"（《南华真经注疏》）这棵栎树并非实物，应是庄子臆想出来的。下文谓"其大蔽数千牛，絜之百围；其高临山，十仞而后有枝；其可以为舟者，旁十数"，足可见此栎树之大，其树枝繁茂能够遮蔽数千头牛，树身亦有百围之粗，高过山头，若要用其旁枝来制作独木舟，数量当以十计，这样的树显然是不可能存在于现实生活中的，因此是庄子超绝创作手法的直接体现。寓言故事中的这棵奇树引来了众人围观，匠石却并未驻足观看，甚至头也不回地继续前行。

等到他的弟子看够了之后，走到匠石身边问道："自吾执斧斤以随夫子，未尝见材如此其美也。先生不肯视，行不辍，何邪？"在弟子眼中，

这棵长在社中的栎树如此高大,作为木工师傅的匠石应当驻足观看才
是,但匠石却看也不看,甚至连脚步也没有停下,委实不知是什么缘故。
匠石回答道:"已矣,勿言之矣!散木也,以为舟则沉,以为棺椁则速腐,
以为器则速毁,以为门户则液樠,以为柱则蠹,是不材之木也,无所可
用,故能若是之寿。""散木",按郭象注为"不在可用之数,故曰散木",陈
寿昌《南华真经正义》曰"不合于用为散",说明这棵奇树在匠石眼中只
不过是一散木罢了。用它来造船就会沉没,用它来做棺材很快就会腐
烂,用它来做器皿一定用不长久,用它来做门窗它的脂液会外渗,用它
来做柱子则会被虫子所蛀而不牢固。在匠石看来,这棵树之所以能长
这么大,正是因其无所取用。弟子眼中的"栎社树"如此不同一般,而匠
石一眼便看出"栎社树"无所取材,没有实际的用处,同为木工,匠石的
眼界显然是要高于其弟子的,但在下文中栎树又托梦给匠石,狠狠地批
驳了匠石,表明栎树的境界又远高于匠石。此处的"栎社树",按释德清
《庄子内篇注》云:"此言栎社之树以不材而保其天年,全生远害,乃无用
之大用,返显前之恃才妄作、要君求誉以自害者,实天壤矣。"其能够以
无所取材从而保全自身,正反映出庄子无用之大用的思想精髓,对比前
边三则寓言故事的主人公,颜回、叶公子高、颜阖无不是有才之士,但这
份才能却将其送入险境,由此来看,庄子所主张的"无用之大用"对于全
身避祸起着重要意义。

> 匠石归,栎社见梦曰:"女将恶乎比予哉?若将比予于文木邪?
> 夫柤、梨、橘、柚、果、蓏之属,实熟则剥,剥则辱;大枝折,小枝泄。
> 此以其能苦其生者也,故不终其天年而中道夭,自掊击于世俗者
> 也。物莫不若是。且予求无所可用久矣,几死,乃今得之,为予大
> 用。使予也而有用,且得有此大也邪?且也若与予也皆物也,奈何
> 哉其相物也?而几死之散人,又恶知散木!"

匠石觉而诊其梦。弟子曰："趣取无用,则为社何邪?"曰:"密!若无言!彼亦直寄焉,以为不知己者诟厉也。不为社者,且几有翦乎!且也彼其所保与众异,而以义誉之,不亦远乎!"

等到匠石回去,栎树便托梦向匠石言道:"女将恶乎比予哉?若将比予于文木邪?"《庄子》书中多有见梦的比喻,这是庄子行文的一种特点。在庄子看来,世俗自谓清醒的人还没有那些喝醉的人、做梦的人清醒,因为人越清醒,越摆脱不了现实的种种限制,只有进入到梦境中去,才能够脱离世俗的束缚,进而进入到大道的境界。栎树向匠石开口责问道:"你打算把我与什么作比较?你打算将我与那些文木作比较吗?"文木,意即纹理细密的有用之木,可用以制作工具、家具的树种。栎树接着说道:"夫柤、梨、橘、柚、果、蓏之属,实熟则剥,剥则辱;大枝折,小枝泄。此以其能苦其生者也,故不终其天年而中道夭,自掊击于世俗者也。物莫不若是。"庄子在行文时常常先列举出多种物象,如"夫柤、梨、橘、柚、果、蓏之属"等,在下文中又会对所列物象的某几类进行细致解释,进而显示出其独特的文思与论说的重点,如《逍遥游》中庄子便先列举了鲲、鹏,后文也只是解释了鹏而不再对鲲作解。"柤"即山楂;"果、蓏",按郑玄注《周礼·地官·场人》云:"果,枣、李之属;蓏,瓜、瓠之属。""剥"即遭受敲打;"辱"应解作折断。"泄",《太平御览》三九九引逸注云:"泄,亦折也。"栎树向匠石言道,像那些柤、梨、橘、柚、果、蓏之类的果木,一旦结出果实,就会被人扑打、拖拽,直至被人摧毁,这些树木或瓜果之属之所以不能终其天年而损毁于半道,都是因为它们自己想要有用从而受到世俗之人的打击。以此可见,栎树并不认同所谓的"有用论",在它看来,像柤、梨、橘、柚、果、蓏之类,因其见用于人从而招致祸患,故"有用"只会为自己带来杀身之祸。

栎树接着又说道"且予求无所可用久矣,几死,乃今得之,为予大用","乃今得之,为予大用",按释德清《庄子内篇注》云:"今幸而得全,以不材全生为我大用。"这里栎社树表明自己求取"无用"的时间已经很久了,且差点被庸人砍死,幸得"无用"之大用,可见此处的"大用"即保全自身。"使予也而有用,且得有此大也邪?"意谓若按照你匠石所说的"有用",难道我还能活得这么久吗? 这进一步强调了只有趣取无用方能全生避祸。随即栎树批驳匠石道:"且也若与予也皆物也,奈何哉其相物也? 而几死之散人,又恶知散木!""相物"之"相"即"视","相物"意为匠石以"散木"来看待栎树;"几死之散人",按陈寿昌《南华真经正义》注云"尔近死之人,既不材,又不寿",这里是在说明像匠石这种近乎死亡的庸人是不会明白无用之大用的真正内涵的。在栎树看来,匠石和自己一样都是大道运化过程中的产物,本当齐同为一,匠石却非要将自己视作无用的散木,这是有违自然浑全之道的,况且在栎树眼中,匠石也只是一个快要死去的散人,并不真正懂得无用的涵义。

值得注意的是此处的"散木"与"散人"是相对应的,"散木"意指无所取用的树木,"散人"意即不遵从规矩绳墨法度,能够依照自然本性生活的人。"散木"和"散人"都是指那些能够进入大道境界,通过趣取无用从而保全自身的物或人。虽然匠石与栎树互相评价为"散木"与"散人",但却有着明显的区别。匠石视栎树为无用之"散木",并指明栎树是通过不材来保全自身的,而栎树眼中的匠石却是一个"几死之散人",栎树之所以会在"散人"前加上"几死"作为修饰语,是因为匠石虽然能够发出"趣取无用以全生避祸"的言论,但他自身却又不能趣取"无用",由此可见,匠石理解的"无用"仅仅是一种与有用相对的观念,其对于无用的认识还停留在一般的价值意义上,尚未懂得无用的真正内涵,同时也表明匠石远没有达到"散人"的境界。

要之,寓言中栎树与匠石的差别具体体现在认识和实践两个方面,从认识论的角度来说,针对无用之大用,栎树能够将无用作为一种自然而然的认识纳入己身,做到浑然一体,而匠石却还停留在一种观念性的认识上,他眼中的无用只是一种与有用相对的价值观念。从实践论的角度来说,栎树能够通过趣取无用保全自身不受到损害,从而享受天年,而匠石却不能将无用落实到现实生活中去,对于他来说,无用只是一种价值观念而已。由此可见,不管是从认识的角度还是从实践的角度,栎社的境界都要高过匠石,庄子借栎树之口批评了匠石这类只了解无用的浅层意义,却不能知晓无用的深刻内涵的人。

"匠石觉而诊其梦","诊"通"畛",训作"告",按王念孙《读书杂志》所云:"向秀、司马彪并云:'诊,占梦也。'念孙案,下文皆匠石与弟子论栎社之事,无占梦之事。诊,当读为'畛'。《尔雅》:'畛,告也。'郭注引《曲礼》曰:'畛于鬼神。''畛'与'诊',古字通。此谓匠石觉而告其梦于弟子,非谓占梦也。"匠石醒来后将自己与栎树的对话告诉了弟子,匠石弟子询问道:"既然求取无用,又何必要长在社中呢?"伐木之人不会从社地取材,因为此处是祭祀土神的专门场所,此地的一切都具有神圣的意味,而生长在社中的栎树也会因此被人崇敬。故而在弟子看来,既然栎树主张无用,又何必生长在社中以求得尊崇与荣耀呢?按成玄英疏云:"栎树意趣,取于无用为用全其生者,则何为为社以自荣乎?"其实,栎树之所以选择长在社中只不过是一种保全自身的方式,并没有自以为身份尊贵而萌生出骄躁之心。

针对弟子的询问,匠石答道:"密!若无言!"匠石告诫自己的弟子不要再妄自议论,并说道:"彼亦直寄焉,以为不知己者诟厉也。""诟厉"即"訾议",按胡文英《庄子独见》注云:"故欲使人诟厉以自全。"另陈寿昌《南华真经正义》注云:"言彼之寄迹于社,特欲借此为不知己者讥议之地,以自掩其真也。"栎树之所以选择在社中生长,目的在于通过招致不了解自己者的无用之议进而保全自身。栎树也只不过是暂且寄寓在社，只是为了保全自身而已。匠石最后说道："不为社者，且几有翦乎！且也彼其所保与众异，而以义誉之，不亦远乎！"按褚伯秀《南华真经义海纂微》云："盖彼所保者不材，故与众异，而汝以社义誉之，相去远矣。喻淳朴之人，自全于世，不愿人之吹嘘奖借，或得誉于乡党，亦寄焉耳，岂以为荣哉！"如果栎树不选择生长在社中，必然会被砍伐。栎树所保存的东西与其余众物不同，通过趣取无用来全身避祸，不能依照常理来对其进行判断。那些能够保持纯素之性的人能够以无用来保全自身，并不希望受到众人的吹捧，假若出于偶然而为乡里所称颂，也能保持先前的纯一之性，丝毫不会受到众人的影响。

最后栎树的这个托梦，将这则寓言故事变得活灵活现，具有点睛之效。在《逍遥游》中也有与此栎树相类的樗树，"其大本拥肿而不中绳墨，其小枝卷曲而不中规矩"，在庄子看来，此类大树应当树之于"无何有之乡，广莫之野"，在这样的地方"彷徨乎无为其侧，逍遥乎寝卧其下"，任意闲然地悠游于树旁，怡然自得地躺卧在树下，树能够免于刀斧的砍伐，人也能够远祸全身、超然物外，绝对的逍遥也就在这冥冥之中得到了最彻底的呈露。

第五则寓言故事为"南伯子綦游乎商之丘"，此段文字由两部分组成，均接续上则寓言故事继续讨论"无用之大用"的外部表现与内在秘义。

> 南伯子綦游乎商之丘，见大木焉，有异，结驷千乘，隐将芘其所藾。子綦曰："此何木也哉？此必有异材夫！"仰而视其细枝，则拳曲而不可以为栋梁；俯而见其大根，则轴解而不可以为棺椁；咶其叶，则口烂而为伤；嗅之，则使人狂酲三日而不已。子綦曰："此果不材之木也，以至于此其大也。嗟乎神人，以此不材！"

参看下文可知,此节文字是正喻,旨在从正面论述说明不材之木可以长久地保全自身。寓言故事开篇即说,南伯子綦到商丘游玩,看见了一棵大树,它的高大异乎寻常,其"结驷千乘,隐将芘其所藾","芘"通"庇",训作"遮蔽","藾"训作"荫",句意谓即使连结千乘车马,也将为枝叶之荫所隐庇。"此必有异材夫",意即此棵大木必然有着异于其他树木的材质,商丘的这棵大木与上则寓言故事中的栎树相类,均为不材之木。"仰而视其细枝,则拳曲而不可以为栋梁","拳曲"即"卷曲",陆德明《经典释文》云"拳,本亦作'卷'",句意谓仰起头来看看它的细枝,却只见弯弯曲曲而不能做栋梁;"俯而见其大根,则轴解而不可以为棺椁","轴解",刘凤苞《南华雪心编》谓为"文理不密,旋纽而解",意即木纹旋散,句意谓低下头去看看它的大干,却见木纹旋散而不能做棺椁;"咶其叶,则口烂而为伤","咶"训舔舐,句意谓舔舐它的叶子,嘴就会受伤;"嗅之,则使人狂酲三日而不已","狂酲",按陆德明《经典释文》引李颐注云"病酒曰酲",句意谓嗅嗅它,就会使人狂醉,三天醒不过来。就此表明"不材"的树木能够长成如此巨大,更能体现出"不材"对于保全自身的重要作用。南伯子綦最后感叹道:"嗟乎神人,以此不材!"林希逸《南华真经口义》注云:"古之神人所以全其生者,亦以此不才而已。""神人"指得道者,而神人之所以能够神凝而常存,正是采取了不材的方法。

> 宋有荆氏者,宜楸柏桑。其拱把而上者,求狙猴之杙者斩之;三围四围,求高名之丽者斩之;七围八围,贵人富商之家求樿傍者斩之。故未终其天年而中道之夭于斧斤,此材之患也。故解之以牛之白颡者,与豚之亢鼻者,与人有痔病者,不可以适河。此皆巫祝以知之矣,所以为不祥也。此乃神人之所以为大祥也。

对照前文可知,此节文字是反喻,荆氏生长的楸、柏、桑与上文所言之商丘大木构成正、反两喻。这里旨在从反面说明有材之患，即宋国荆氏长出的那些有用之材，最后都夭折于斧斤之下，未能终其天年，以再申"不材以自全""材美足以自害"的观点。楸、柏、桑之类的文木，长到一两把粗以上的，就会被寻求拴猴子的小木桩的人砍伐；等长到三围四围粗的，就会被寻求做高大栋梁的人砍伐；等长到七围八围粗的，就会被富贵人家寻求整块板制成的棺材的人砍伐。所以它们不能享尽天年而中途被斧头砍伐了，此正因其具备"有用之材"的特质，故而才招来了祸患。

"故解之以牛之白颡者，与豚之亢鼻者，与人有痔病者，不可以适河"里，"解"字有两解，一为古代巫祝者书名，一为祭祀之名。《汉书·郊祀志》中有"古天子常以春解祠"，颜师古注云："解祠者，谓祠祭以解罪求福。"另《淮南子·修务训》也有"是故禹之为水，以身解于阳盱之河"之语，高诱注云："为治水解祷。"今从第二种解法，即"解"是一种祭祀之名。"解"祭的时候，是不能将"牛之白颡者""豚之亢鼻者""人有痔病者"三者投入河中的，因为额头上长着白毛的牛属于色不纯，鼻子向上翻起的猪属于形不美，而生有痔疮的人属于身体上有缺陷，故而在巫祝眼中这三者都是不完美的，不能用来祭祀，而神人却认为通过"不材"来保存自身是最大的吉祥。

两节文字中都提到了"神人"，前文我们提及了《庄子》一书中的"至人""神人""圣人"是归于一致的，都是庄子心目中的理想人格，其中至人最高，因其无己。那么神人作为得道者，自然是能够顺从于大道，将自身融入大道的运化中去的，得道的神人，不会受到后天智性的束缚，世俗的一切不会对其产生影响，故而在巫祝认为"牛之白颡者""豚之亢鼻者""人有痔病者"三者是"不祥"的时候，神人却认为此三者为"大祥"，褚伯秀《南华真经义海纂微》引林自云："神人贵无用之用，则所以为大祥也。"即神人主张通过不材无用来保全自身,说明前文中楸、柏、桑之类的文木,未能通晓不材以全生的道理,故而遭受砍伐,不得终其天年。

就文中结构而言,"商丘大木"与"荆氏楸柏桑"前后相对照,褚伯秀《南华真经义海纂微》引吕惠卿注云:"前论大木以不材终天年,次论荆氏楸柏夭于斧斤,以材为之患。是以圣人、神人之于用,致之为尤深,藏之为尤密,故无用而用以之通,不材而材为之使,则游人世间而吉凶与民同患者,尤不可不知此。"通过前后对照,此则寓言故事接续上则寓言故事中的"趣取无用"之说,提出了"不材能够自全""材美足以自害"的观点,对无用思想进行了丰富和完善。

上述所写"栎社树""商丘大木""荆氏楸柏桑"三个例子皆以树木来比喻人事,这当然绝非巧合,其背后有着某些必然性。一方面,庄子本人担任过漆园吏,对树木极为了解,在砍斫树木时体会到材美者被伐的悲哀,故会极自然地把它们写到自己的文章中。另一方面,"材"字本义便是指树木的质量特性,以木之材喻人之才亦符合当时人的普遍认识。本文结尾处"山木自寇"的论断给不材之木的喻象赋予了更深刻的内涵,而在后世,不材之木的喻象逐渐符号化,由庄子后学所作的《山木》便是以此为引线推导出了更多在乱世中避祸的方式。

第六则寓言故事为"支离疏",此则寓言故事中庄子将对于"无用之大用"的讨论转入到现实的"人"身上,庄子从前面的非人之物渐渐转入到关于"人"的讨论上来,即如何在人间世界保全生命。这种结构同样也见于《逍遥游》,从开始的"小大之辩",庄子逐步转入到关于"人"的讨论上来,即从"故夫知效一官,行比一乡,德合一君而征一国者"数句,直至最后所提出的"至人无己,神人无功,圣人无名"的总论,来呈露出只有达到至人、神人、圣人的境界,才能够实现真正的逍遥。

> 支离疏者,颐隐于脐,肩高于顶,会撮指天,五管在上,两髀为胁。挫针治繲,足以餬口;鼓䇲播精,足以食十人。上征武士,则支离攘臂而游于其间;上有大役,则支离以有常疾不受功;上与病者粟,则受三钟与十束薪。夫支离其形者,犹足以养其身,终其天年,又况支离其德者乎!

"支离疏"一类的人物频繁出现于《庄子》中,如《德充符》中的"哀骀它"等,这类人物多半具有形体异于常人的特点,即或缺或异,但他们都有一个共同点即"德全",此处的"德"并非儒家所谓的"仁义礼智信"等德目,而是与道相通的德。从全文主旨来看,支离疏一类的人物能够洞悉大道,做到忘形去智,按释德清《庄子内篇注》云:"支离者,谓隳其形;疏者,谓泯其智也。乃忘形去智之喻。"即只有忘形去智方能通达于大道,依乎自然行事。对于支离疏的形象,寓言故事中有"颐隐于脐,肩高于顶,会撮指天,五管在上,两髀为胁"数句,文意是说他脸部隐藏在肚脐下,肩膀高过于头顶,颈后的发髻朝天,五脏之腧随背而向上,两条大腿和胸旁肋骨相并。就观者阅读体会而言,庄子将支离疏的形象刻画得惟妙惟肖,栩栩如生,其行文可谓"文中有画",后代苏轼的文章创作就取法于《庄子》,如日本江户时期著名学者林罗山即言:"南华之文,以无为有;战国之文,以曲为直,东坡兼之。"(《罗山林先生集》卷三十四)但在明清时期有些研究《庄子》的学人看来,苏轼其实仅学得了庄子的一点皮毛。

从其外表来看,支离疏似乎只是一个无用的怪人。他身体畸形,只能依靠"挫针治繲,鼓䇲播精"来生存。"挫针治繲",陆德明《经典释文》引司马彪注云:"挫针,缝衣也;治繲,浣衣也。""鼓䇲播精",司马彪注云:"鼓,簸也。小箕曰䇲,简米曰精。"这些工作往往是由那些没什么才能的人来完成的,如此看来,支离疏似乎是一个无所取用的废人。然而等到朝廷征兵、征夫的时候,支离疏却能够以这样的身躯免除有着生死之患的徭役。"攘臂"犹"掉臂",比喻逍遥自在的样子。支离疏凭着身形上的残缺无所顾忌地自在游行,甚至还能以此获得朝廷的慰问,故寓言故事末尾说:"夫支离其形者,犹足以养其身,终其天年,又况支离其德者乎!"吕惠卿对此注云:"支离其形者,征役之所不能加;支离其德者,事为之所不能累也。"(《庄子全解》)"支离其形",意即忘却自身形体,寓言故事中的支离疏并不在意个人身形的残缺,反倒能够以此免于身犯险境的隐患从而保全自身,进而将外在祸患所带来的风险降到了最低。"支离其德",意即忘却后天的道德观念,重新恢复自然本性。可见支离疏支离其形尚且足以保全自身生命,更何况那些支离其德者,自然能够免除人间的祸患呢!

对此,我们还应该看到,此处所谓"支离其德"大概也是针对文章开头的颜回来说的,颜回欲德化卫君,却不知在暴君面前彰显仁义之德正是取祸之门。"支离其德"便是要把心中所预设的仁义道德观念先消解掉,通过虚己来体悟道家的大道与玄德。消解掉仁义这种"下德"(《老子》三十八章),其目的在于避祸,由此便可复归"不德"的"上德"(同上),真正与道为统而为一,其功用在于化人。下一篇《德充符》即是在讲"上德"充身、引人亲附、化人无形的形残之人的故事,与此文的支离疏正相呼应。

第七则寓言故事为"孔子适楚",此则寓言故事借接舆之口说明当今的世道已经非常衰败,人们仅仅做到自保就已经不容易了,至于儒家所提倡的道德观念,在庄子眼中更被视为是导致祸患的源头。

孔子适楚,楚狂接舆游其门曰:"凤兮凤兮,何如德之衰也!来世不可待,往世不可追也。天下有道,圣人成焉;天下无道,圣人生焉;方今之时,仅免刑焉。福轻乎羽,莫之知载;祸重乎地,莫之知避。已乎已乎,临人以德!殆乎殆乎,画地而趋!迷阳迷阳,无伤吾行！吾行郤曲，无伤吾足！"

山木自寇也，膏火自煎也。桂可食，故伐之；漆可用，故割之。人皆知有用之用，而莫知无用之用也。

此则寓言故事同样见于《论语·微子》。对于寓言故事中接舆对孔子所说的话，人们有着两种不同的理解：一是认为接舆在肯定孔子，所谓的"天下有道""天下无道"，实是在表彰孔子的德行，天下有道，孔子依靠自己的德行可以成就一番功业，天下无道，连道德志行盛如孔子都不能有所挽救，故而他所能做的也只有保全自身。这是使用了以儒解庄的注解方法，显然是站在儒学的立场来解释《庄子》一书中的孔子形象。二是认为接舆在否定孔子，如本篇第一则寓言故事、第二则寓言故事都与孔子有关，第一则寓言故事讲的是"心斋"，第二则寓言故事讲的是"托不得已以养中"，庄子以孔子为传声筒，借孔子之口来表达自己的思想。但在庄子眼中，孔子并非达道之士，最终"孔子"这一形象又势必为庄子所否定。

如若按照第二种理解来看待此则寓言故事中的"孔子"，其形象与先前的两则寓言故事("颜回请行""叶公子高使齐")并不一致，是否意味着《人间世》一文的寓言故事结构上存在着一些不够完善的地方？事实并非如此，今以"匠石之齐"这则寓言故事为例，从匠石动身前往齐国一直到其指出栎树是通过趣取无用来保全自身为止，匠石这一人物形象是正面的，而后庄子又借栎树之口道出匠石也不过是"几死之散人"，对于匠石又进行了否定。首先庄子具备传统的道家思维范式，儒家的论述与判断方式表现为是非分明，即"此人是'君子'或'小人'"，而庄子的论述方式则是否定之否定。《逍遥游》中鲲、鹏、蜩、学鸠、宋荣子、列御寇等一系列物与人都是被层层否定的，庄子直到最后才道出"若夫乘天地之正"等语。在论述方法上，佛学与老庄也很是相似，都在以一种否定化的表达方式来进行说理。历史上很多道教人物在为《庄子》作注时都会引用佛学思想,其中成玄英所作疏解与中观一派的龙树思想是很相近的,也是以一种否定之否定的表达方式来进行疏解。特别是明陆西星的《南华真经副墨》一书,更是大量引用了佛教的思想。因为道教属于宗教实践,理论上缺乏抽象思维,而佛教的理论精妙,与老庄有一些共通之处,所以常常被用来解释《庄子》。

在以儒解庄的视角下,孔子虽然不断地被"扶正",但在《庄子》一书中,孔子的形象总归是要逊色于得道者的,而根据以儒解庄的解法,前代文人认为此则寓言故事中的"孔子"是"有道则现,无道则隐",但庄子对此则寓言故事中的"孔子"形象应当是持否定批判态度的。孔子来到楚国后,楚国的狂士接舆来到孔子的馆舍,口中唱道,"凤兮凤兮,何如德之衰也",闻一多在《庄子内篇校释》中指出此处的"凤"即为"孔丘","凤兮凤兮"意为"孔丘啊孔丘",此处的"德"为儒家之德。与《论语》中的相似文段作对比之后可发现,《人间世》中的首句多了一"如"字,按刘凤苞《南华雪心编》注云:"只增一'如'字,便与《论语》意境迥别,彼是叹其德之衰,此则叹其德之盛,转不如德之衰也。"说明"何如德之衰"一句并非是感叹道德之衰,其意旨在说明道德之盛行还不如道德之衰败,此处应看作是接舆对于孔子的讽刺。而《论语》中的"凤兮凤兮,何德之衰",意思是说"世道衰败啊,人心不古啊",是一种针对当时道德衰败的感叹,《论语》下文的"往者不可谏,来者犹可追"二句表明,尽管世道衰微,但儒者还是心存希望,对于道德社会仍然充满着憧憬和向往。不同于《论语》中的"来者犹可追",《人间世》中只有"来世不可待,往世不可追也",意即仅仅在眼前这个混乱世间活下去就已经非常困难了,哪里还能奢望以后呢?

下文云:"天下有道,圣人成焉;天下无道,圣人生焉。""成"即成就功业。"生"，按林希逸《南华真经口义》注云："天下无道，则圣人全其生而已。"意即"苟全性命"。所以此四句意谓天下太平时，圣人就能成就自己的功业；天下混乱时，圣人只能苟全性命。下面"方今之时，仅免刑焉"，接续前文的"天下无道，圣人生焉"，进一步明确了"天下无道"的残酷现实，在庄子看来，当今这个时代，很少有人能够免于刑戮。庄子并不认同孔子"知其不可而为之"的做法，《庄子》一书多次记载孔子求问于老子，每一次老子都对孔子进行了批评和否定，这一定程度上反映出儒道两家关于人生立场与看法的迥然不同。显然，庄子认为应当采取"无用"的态度，《人间世》可看作是发挥《逍遥游》之"无己"思想，如本篇末尾之"无用之用"与《逍遥游》末尾惠子、庄子论有用无用是相对照的。此处的"无用"，还不同于"韬光养晦"，故而后代的隐士思想还不能完全等同于庄子的"无用"思想。面对混乱的世道，"无用"仅是一种能够用以保全自身的方法，而想要彻底地解除祸患，还是需要进入到大道的境界。

"福轻乎羽，莫之知载；祸重乎地，莫之知避"，意即幸福比羽毛还要轻，却不知道受用；祸患比大地还要厚重，却不知道回避。这里的"福"与"祸"指的是通过德行、才能得来的名利爵禄和招致的祸患。"已乎已乎，临人以德！殆乎殆乎，画地而趋！"其中所谓"临人以德"，即所谓"在人前彰显自身德性"，而这恰恰是儒者一贯的做派，通过劝化国君，致使其培养德性，并以仁德来治理天下，正如孟子之所谓"仁政"。"画地而趋"有两种解释，一种解作设置多样的法度规章来束缚人性，另一种解作自身划定范围来困住自己，束缚自身本性，我们认为第二种解释更为合理。"已乎已乎"意即"算了吧！算了吧"，"殆乎殆乎"意即"危险啊！危险啊"，这都是劝人不要试图用经过后天修治的德性去感化人，也不要用它去危害人的自然本性，这种德行只不过是为那些常使阴谋诡计的人提供便利而已,正如"田氏代齐"一样,《史记·田敬仲完世家》记载有"田氏虽无大德,以公权私,有德于民,民爱之"的故事,可见德性成为了这些人谋求利益的手段。回看"临人以德"一语,其反映出庄子对于儒家崇尚德行的辛辣讽刺,在庄子看来,临人以德是对自然人性的戕害,既然仁义会带来祸患,还不如将其完全抛弃。

对于"迷阳迷阳"之语的解释目前暂无定论,有人解作带有刺的草,也有人引申为"迷迷糊糊"。王应麟《困学纪闻》引胡明仲云:"荆楚有草,丛生修条,四时发颖,春夏之交,花亦繁丽。条之腴者,大如巨擘,剥而食之,其味甘美。野人呼为迷阳,其肤多刺,故曰:'无伤吾行!'"参考胡明仲的说法,此处的"迷阳"应解作一种多刺的草,引申作世间会损害人本性的东西。"迷阳迷阳,无伤吾行",意即整个社会都充满着"荆棘",荆棘不要伤害我的自然本性。"郤曲郤曲",意谓退却拐弯以避荆棘。这数句意谓在这种浑浊的社会中要注意躲避开那些"荆棘",而不能硬碰上去,要像庖丁一样做到"因其固然",这样才能够在乱世之中保全自己。到此为止,接舆的话就全部结束了。

最后庄子又加入了一节文字来总论无用之大用。"山木自寇"是对上面"栎社树""商丘大木""荆氏楸柏桑"三则与树木有关的寓言的呼应与总结。山木因其有用,所以招来了砍伐。油脂能够引燃火焰,结果却熬干了自己。桂树的皮可以用来调味,故而遭到砍伐。漆树能生产出可以用作涂料的漆液,故而遭到刀割。最后以"人皆知有用之用,莫知无用之用"来总结全文,点出世人只知道有用的价值,却不知道无用的意义。林云铭《庄子因》云:"无用之用,是扼要语。"另有藏云山房主人《南华大义解悬参注》注云:"无用之用,天道也,可以避祸,可以载福,可以全生,可以成能,不必追往世,不必待来世,以为圣人也可,以为神人也可。处人间世者,知无用之用,为无用之用,则尽之矣。"面对人间世界,庄子指出唯有趣取无用方能在乱世之中保全自身。

篇末接舆凤歌一曲笑孔丘,明言在变动纷扰的人间企图成就功业,无异于画地为牢。"来世不可待,往世不可追"说明,庄子从来就没有把人生的希望寄托在来世,更不会徒然地沉迷在过去的残梦中,他总是以一种超然豁达的精神来对待人间万象,而对于难耐寂寞的现代人来说,恐怕这样的冷静平和,已经成了一种奢侈吧。

人生在世,总是希望自己的生活平和安乐。只是,安乐的时刻如同一枚把握不定的轻柔的羽毛,常常要倏而远逝;焦虑的煎熬却像沉沉黑夜,无限宽广,辗转不去,使我们无路可逃。不过,安乐首先取决于澄明的本心和朴素自然的生活意识,这样的人即使在乱世,也能独善其身,而不会在压抑中丧失了天真。痛苦降临的时候,庄子赞成"形莫若就,心莫若和",既非自甘沉沦,亦非漠然置之,而是以心灵的静穆清和获得最终的超越。当一个人无法改变整个社会混乱的现状时,就只能反观内心,追求生命的自我完善与精神的绝对自由。

《人间世》篇分作七则寓言故事进行叙述,即"颜回请行""叶公子高将使于齐""颜阖将傅卫灵公太子""匠石之齐""南伯子綦游乎商之丘""支离疏""孔子适楚"。"颜回请行"通过叙述颜回、孔丘问答的故事,说明事君之难,为涉世第一问题,一或不慎,即遭杀戮之祸,而要想避祸全身,就必须虚己忘名,所以故事以详论"心斋"之义收结。"叶公子高将使于齐"通过叙写孔丘与叶公讨论使命之难,旨在说明,人游世间,必须做到"乘物以游心,托不得已以养中",然后可以免阴阳、人道之患。"颜阖将傅卫灵公太子"通过叙述颜阖、蘧伯玉的问答,说明人处世间,必以顺应物情为要,才能免除祸患,而后半部分蘧伯玉答辞,又连设三喻,更是曲尽妙旨:螳臂之喻,自反意譬入,说明用己之患;养虎之喻,自正面譬入,说明顺物之福;爱马之喻,又从养虎一喻反衬而出,说明顺物可使暴虎媚己,逆物则羁马也可为患。"匠石之齐"中栎树以不材得全,而人游世间,也必须和光隐耀,寄迹无用,然后才能免祸致福。"南伯子綦游乎商之丘"从正反两面发论,畅申上段不材能够自全、材美足以自害的意旨。"支离疏"用支离疏废残怪奇的形象,说明正因其残废,国王征招武士,他能自恃无用,自由地掉臂遨游;国王有重大徭役,又因其有痼疾,不受劳役之苦。"夫支离其形者,犹足以养其身,终其天年",即是此则寓言故事的主旨。它与"栎社树""南伯子綦"二则寓言,文意相属,同一机杼。但此则寓言故事以怪人设喻,比起上面二则寓言以异木等作譬,更切近人生,更富有情趣。末则寓言故事"孔子适楚",重点在于揭露当时社会极其黑暗,即所谓"方今之时,仅免刑焉"。由于社会黑暗,福轻乎羽,祸重乎地,有用有为皆有害,而且"来世不可待,往世不可追",因此还是远离现实社会,做个隐者,寄"无用之用"的好,真是"哀音切响,使人泪下沾裳"(刘凤苞《南华雪心编》)。总之,春秋战国之世,整个社会成了一个血淋淋的角斗场,因而庄周认为,生活在这样的人世间,若要远害全身,就非得泯灭矜才用己、求功求名之心,做到虚己顺物、以不材为大材、以无用为大用不可,于是就撰出"颜回请行"等七则寓言故事,从不同的角度,具体而生动地阐明了这一处世哲学,最后又借接舆一歌,并自续一曲,以深寄胸中无限辛酸之慨,结住全文。

整篇《人间世》共分为两个部分,前三则寓言故事为第一部分,后四则寓言故事为第二部分。第二部分在第一部分的基础上往前做了推进,第一部分关注的对象在人,即讨论人之处世的相关问题,譬如应当如何侍奉劝化国君、与未来的国君相处等,然而此种境界还比较低级,虽然寓言故事中都是在以"无为"的态度来劝化国君,但从劝化的主体来说,其始终尚未进入道的境界,这一境界中还有"己"的存在,还有"人为"掺杂其中，还没有做到"无己"，孔子与蘧伯玉只不过是用"无为"来达到自己的目的，即保全自身，他们在《庄子》一书中也都不是得道者的形象。第二部分就无用之本原面貌讨论无用，意即不需要再通过采取无为、无用的方法来保全自身。本文中终其天年的"大木"，和《逍遥游》中的"樗"一样都是天然的不材之木。《人间世》中讲不材无用分高低两个层次：低一级的层次中，不材无用是应接事务的一种方式，目的是为了更好地处理好世事；高一级的层次中，不材无用是生活的一种态度，人以不材无用自处，则王公不能以器物待之，亦即无法利用之，本来便无事务缠身，又何来焦虑可言？本文最后一则寓言故事中的"孔子"也不应按照以儒解庄的视角来给予肯定，而是应被理解为一种反思的对象，因为在庄子看来，孔子仍处于得道的边缘，孔子在教诲颜回与叶公时虽阐述了虚己应接事务的道理，但其一生奔走于列国之间，却不知"无用之用"，亦明矣。总之，我们可以说，在庄子眼中，孔子对虚己（亦或是不材无用）之原则的贯彻是不彻底的，真正彻底贯彻此原则的人应是避世的接舆。《秋水》篇中庄子羡慕在泥淖中曳尾的乌龟，而绝不肯作庙堂被供奉的龟骨，他对政治的排斥是显而易见的。当然，《山木》篇中庄子也说"周将处乎材与不材之间"，本篇也提到散木要庇身于社中，大概政治的身份也为庄子保全自身提供了条件，所以庄子担任官僚体制边缘的漆园吏，处于半隐的状态，庄子与接舆这类狂士还是有所不同的。

在内七篇之中，《人间世》的表述方式相对直白，此篇是对《逍遥游》"无己"思想的进一步阐发与展开。另外，《人间世》与《养生主》也相关联，《养生主》谈内修，即"缘督以为经"；《人间世》谈外放，即"乘物以游心"，内修与外放合在一起便是庄子完整的处世思想。《人间世》之"外放"关键在于戒除儒家"临人以德"等行为，以"虚己"来与世人相接，"虚己"后便汰除仁义等伦理之德,而具备通乎大道的真德,下篇《德充符》则在讲真德内充后世人来附的功效,是沿着"外放"的一路继续深入阐发。

由此来看,《庄子》内七篇的顺序是有意为之的。且从现有的资料来看,《庄子》一书的确经过删定,但现存的三十三篇本必然是有所依据的,并不是随意拼接起来,故而可分别将若干具有关联性的文章作为一个单元来进行讨论,如外篇《骈拇》《马蹄》《胠箧》三篇,旨在宣扬恢复人的自然本性,就可以作为一个单元来看待。此外,历史上内七篇也很少有过删改的痕迹,正如孙嘉淦《南华通》所言:"所谓内篇者也,是庄子所手订也。《逍遥游》者,言其志也;《齐物论》者,知之明;《养生主》者,行之力;《人间世》则处世之方;《德充符》则自修之实;《大宗师》者,内圣之极功;《应帝王》者,外王之能事也。所谓部如一篇,增之损之而不能,颠之倒之而不可者也。"

【漫谈】

《人间世》开篇便是以孔子及其弟子为原型创作的寓言故事。据《尸子》载,传说中的黄帝有四张面孔,孔子谓为"黄帝取合己者四人,使治四方,大有成功,此之谓四面"。这解说真是既巧妙,又牵强附会。无独有偶,《庄子》中的孔子形象,至少也有三张面孔,后世不善于"正照之,斜照之,远照之,反照之"(胡文英《读庄针度》)者,往往执于一偏之见,以驰其说,以致大与作者当日著笔之意相背离,这又真可谓是"非徒无益而又害之"(同上)了。在《庄子》一书中,出现有大量的孔子形象,其情况大致可分为以下三类:

一、完全道家化的形象,是庄子思想的传声筒;

二、开始作为儒家人物形象,后经教导,逐步实现了道家化的转向;

三、儒家的形象，受到了道家代表人物的批评，尤以老子的批评最多。

在"颜回请行"寓言故事之中，孔子的形象应为第一类，即庄子思想的传声筒。除孔子外，颜回也常作为一重要人物见于《庄子》文中，这是因为在七十弟子之中，颜回的悟性、天分都属于上乘，孔子也对颜回十分喜爱，此外也与孔子之母颜征在有关联，据考证孔子的母亲颜征在与颜回有着亲属关系。颜回为孔子最得意的门生，也是最能继承孔子思想精髓的人，但不幸短命。孔子后来的学说，主要是经由思孟学派所发展出的心性之学，但在《庄子》一书中却从未提及子思、孟子二人，孟子曾游说梁惠王，与庄子的活动区域是相近的，双方均应有所耳闻，也应有所提及。此一问题历来争论不止，难有定见，早在宋代，朱熹就与其弟子讨论过此一问题，《朱子语类》卷一百廿五记载："李梦先问：'庄子、孟子同时，何不一相遇，又不闻相道及，如何？'曰：'庄子当时也无人宗之，他只在僻处自说，然亦止是杨朱之学。但杨氏说得大了，故孟子力排之。'"此外另有一段记载："或云：'庄子都不说着孟子一句。'曰：'孟子平生足迹，只齐、鲁、滕、宋、大梁之间，不曾过大梁之南。庄子自是楚人，想见声闻不相接。'"从《孟子》一书不出现庄子来看，朱熹认为庄子并无影响力，故而孟子没有必要就庄子此人进行批驳。从《庄子》一书未见孟子来看，朱熹认为庄子并未得闻孟子事，故而《庄子》中并无记载。

朱熹将两人不相知归结为庄子缺乏社会交往和影响力以及活动地域有一定间隔等原因，这种观点存在一定的问题。首先蒙地并不是今安徽蒙城，据考证，庄子的家乡是商丘东北的古蒙县，蒙城在战国时期确实属于楚国境内，但古蒙县属于宋国境内，故而庄子应是宋人。就论理说服力来看，之所以《庄子》一书不提及孟子，是因孟子毕竟只是私淑弟子,并非孔子亲传弟子,借用孟子这一形象来设寓,在庄子看来,远没有以孔子亲传弟子作寓言故事更具有说理价值。

　　另外,出自《人间世》的"心斋"观念对后代影响深远,宋代二程及朱子都有虚、静之说,明显是吸收了"心斋""坐忘"等"静"之理论,朱子更有"半日静坐,半日读书"之言。至于宋明心学,吸收和挪用就更为普遍。从源头来看,虽然其应本于思孟学派之心性思想,但同时对庄子"心性"学说也是有所吸收的。"心斋"于庄子思想中是一种体道方式,要人们完全废弃感官的作用,停止一切自觉的意识活动,从而让大道停留于空明的心境之上。颜回在谈论他的体会时说,他在接受"心斋"之法前,始终觉得"实自回",即时时意识到自己的存在;自从接受"心斋"之法后,却是"未始有回"了,即已经进入了不知不觉的无意识状态。而"瞻彼阕者,虚室生白,吉祥止止",正是指在这种无意识支配下空明的心境所呈现出来的一派美好幻象。《大宗师》篇载"坐忘"之法,说颜回由"忘仁义"而"忘礼乐",最后到"坐忘"即"堕肢体,黜聪明,离形去知,同于大通(道)"。从心理学的观点来看,"仁义""礼乐"观念出于理性思维,是由自觉意识控制的,"离形去知"则表现为忘怀一切,是无意识不断涌现,并进而占据整个身心的结果。因此,从忘"仁义"、忘"礼乐"到"坐忘",也是一种意识与无意识彼消此长的过程。同篇又载"守宗"之法,说女偊"凝神静虑,修而守之"(成玄英语),"参日而后能外天下","七日而后能外物","九日而后能外生","已外生矣而后能朝彻,朝彻而后能见独(道)"。"朝彻",谓"如初日之光,通明清爽"(王敔注语,见王夫之《庄子解》),即指在自觉意识彻底消失后所出现的一种莹朗明彻的幻象,正有如佛教徒大彻大悟时眼前突然出现的万道金光。可见,"守宗"之法,也同样表现为自觉意识逐渐消失后无意识活动得以高度活跃的过程。《齐物论》篇写南郭子綦"隐机而坐,仰天而嘘,苔焉似丧其耦"。他自己说,这就是所谓"吾丧我"。丧我,"便是把小我忘掉,溶合于大宇宙之中,即是无我"(郭沫若《生活的艺术化》)。也就是说,"我"指后天产生的是非得失等理智考虑,属于自觉意识。"丧我",就是要通过"隐机而坐,仰天而嘘"等途径来消除一切自我意识,从而达到一种与天(道)合一即"藏于天"的境界。《田子方》篇写老聃"新沐,方将被发而干,慹然似非人",显示出一种"形体掘若槁木,似遗物离人而立于独"的样子。老聃清醒过来后解释说,当他刚才"游心于物之初"的时候,他是"心困焉而不能知,口辟焉而不能言"的。何谓"似非人"?刘凤苞说:"'似非人'三个字,与内篇'吾丧我'句同一语妙,均是神与天游、超然物外之象。"(《南华雪心编》)何谓"物之初"?成玄英说:"夫道通生万物,故名道为物之初也。"(《南华真经注疏》)可见,这时老聃的意识功能已失去作用,只是依凭无意识活动"与碧虚寥廓同其流"(米友仁语)。所谓"心不能知""口不能言",正说明了他在无意识状态中身不由己的现象。

总体来看,这种体道过程可分为"忘"和"不知"两个阶段。所谓"忘",就是逐渐削弱自觉意识的监督、指导功能,是主体以意识目的形式参与"损之又损之"的活动。所谓"不知",指主体已潜藏蛰伏在"侗乎其无识,傥乎其怠疑"(《山木》)的状态之中。但它不是死的象征,只不过是说,这时全面崩溃的仅仅是理性意识,而趁机涌出的无意识却达到了异常活跃的程度,此即《在宥》篇所谓"尸居而龙见,渊默而雷声"的情形。因此,在庄子看来,虽然"忘"是"不知"的基础,没有"忘"的作用就不可能有不知不识状态的出现,但它毕竟还有自觉意识的参与,还不能完全体现大道"无为而无不为"的精神。关于这一点,庄子在《知北游》篇中表述得更为明白:知三次问道于无为谓而皆"不知答",就只好去问狂屈,狂屈则"中欲告而忘之"。于是黄帝评论道:"彼其真是也,以其不知也,此其似之也,以其忘之也。"这就是说,"中欲告而忘之"是伴随有理性指导的意识消失过程,还不能像"瞳焉如新生之犊"那样具有"真其实知",即完全凭借本能无意识而了悟大道的真实,所以狂屈只能达到近似大道的地步。而"不知"却是大知,"不知深矣,知之浅矣;弗知内矣,知之外矣"。"孰知不知之知?"所谓"惝然若亡而存,油然不形而神",不就说明昏蒙无知中有勃然的生机涌出吗? 所以说,无为谓才算真正领悟到了大道。从某种意义上来说,庄子的这些说法也确实体现了他对审美心理特征的深刻理解。因为人们往往会有这么一种心理体验过程,即当你的身心极度放松,内心的感知活动不再遵照任何指令性程序,而只是任凭它无意识、无目的地进行的时候,你可能会在忽然间体悟到天地万物之理,但自己却又说不出其所以然,这大概就是庄子所说的"不知之知"吧。

庄子的"心斋"思想对文艺理论、美学等也都产生了一定的影响。从美学的角度来看,《庄子》一书有极大的发挥空间。钱锺书撰有《通感》一文,认为在该问题上庄子与释氏的思想是有所相通的,审美感受仅仅停留在五官之间互相沟通和转化的阶段是不够的。五官之间的通感虽然也能产生奇特的美学意味,但毕竟属于只能感知事物个别属性的较低级的感觉通感,无法从整体上把握事物与事物之间的关系和规律。所谓"无听之以耳而听之以心",就是要求人们不要仅仅用五官去感知事物,而要把五官的感知与心的感知互相沟通起来,并进而舍弃五官的感知形式,最终变成一种纯粹的精神审美活动。

在庄子那儿,"视觉、听觉、触觉、嗅觉、味觉往往可以彼此打通或交互,眼、耳、舌、鼻、身各个官能的领域也可以不分界限。颜色似乎会有温度,声音似乎会有形象,冷暖似乎会有重量,气味似乎会有锋芒"(钱锺书《通感》)。《天道》篇中有这样的话:"斫轮,徐则甘而不固,疾则苦而不入。"徐渭诠释说:"南华妙于用替字。'疾'字替'紧'字,'徐'字替

'宽'字,'甘'字替宽者之爽快,病在不固,'苦'字替紧者之涩却,病在不入。"(刘鸿典《庄子约解》引)徐氏虽已指出人们应该从理解替字的妙用上去把握作者所创造的艺术形象,但他还不懂得从心理学方面来深刻地揭示其中的审美意蕴。其实,这里面包含着一种审美联觉现象,即审美感觉的转移。如甘与苦本来只有用味觉才能感知得到,但在人们的感觉经验中,甜的东西似乎能给感官以松滑的感觉,苦的东西似乎能给感官以涩滞的感觉,而松滑与涩滞又属于触觉感知的范围,因此庄子就借用"甘""苦"二字来表达孔眼与榫头之间松滑不固或涩滞难入的特殊现象,这正清楚地反映了他所经历的审美感觉转移的过程。而这种转移不但没有使原来的触觉感受遭到掩盖或歪曲,相反却使它得到了更为积极的表现,因而就更有助于使所创造的艺术形象呈现出无穷的奇妙意境。总之,庄子获得了大自然的特别恩赐,可以使各种感觉器官的不同感受互相沟通和融合起来。

就全书内容来看,庄子认为审美活动仅仅停留在"听之以心"的阶段仍然是不够的。因为在他看来,"听之以心"虽然比"听之以耳"进了一步,但心不免是有诸如生死、寿夭、祸福、穷通、贵贱、得失、成败等考虑的,而最高的审美境界却是"死生、存亡、穷达、贫富、贤与不肖、毁誉、饥渴、寒暑……不足以滑和,不可入于灵府"(《德充符》)。因此,审美主体必须做到"无听之以心而听之以气",即必须使心沟通于气,并进而废心而一凭其气。所谓"听之以气",实际上就是"尽其所受乎天而无见得,亦虚而已"(《应帝王》)。即主体对对象的关系只是虚静观照,而不是利害得失的盘算,更不是功利的绝对占有。因为"气也者,虚而待物者也","唯道集虚",只有做到虚,对象对主体所呈现的才会是最有意味的审美形式。如《达生》篇记述,梓庆在为鐻过程中所采取的是"齐(斋)以静心""不敢怀庆赏爵禄""不敢怀非誉巧拙"的超越各种功利欲求的虚静的审美态度,因此才使他的作品达到了"惊犹鬼神"的美学效果。《田子方》篇记述一位画史解衣般礴,全然不以非誉巧拙、庆赏爵禄为虑,所以在他身上才体现出了"真画者"的最美境界。总之,"不以心稽""知忘是非",才能使"其灵台一而不桎"(见《达生》),才能使主体在纯净的审美精神境界中与天地万物浑化为一,这就体现了大道的最高最美的境界。

经典之所以为经典,之所以不朽,是因为可以从中不断阐发出新的意蕴。后世任何思想观念,几乎都可以从早期的经典中找到根源。同样,利用老庄经典的模糊性,仍可生发出诸多有待研究和讨论的问题。

(整理者:孙铁方)

第五讲

《德充符》:"德有所长,而形有所忘"

【题解】

关于《德充符》篇的主旨,西晋郭象说:"德充于内,物应于外,外内玄合,信若符命,而遗其形骸也。"(《庄子注》)唐成玄英说:"内德圆满,故能支离其德,外以接物,既而随物升降,内外冥契,故以《德充符》次之。"(《南华真经注疏》)其后学者们大都沿袭了这些观点,如南宋林希逸说:"符,应也,有诸己则可以应诸外。充,足也,德足于己,则随所应而应也。"(《南华真经口义》)宋末罗勉道认为:"符,验也。言德充于内而验于外,虽形质之不全,不足为累。"(《南华真经循本》)明朱得之将"符"释为"合也",认为:"德足于己,则随所应而合也。何也? 德也者,人己之同然者也。"(《庄子通义》)实际上,"应""验""合也"是一个意思,都是从"符契"的本意引申而来。符契原是战争时用的兵符,可以一分为二,合起来浑然一体,相合后则起到调兵作用。"德充符"的"德"和《人间世》里讲的"德"不是一回事,"德充符"的"德"指自然本性、自然道德。"德充符",即道德充实于内,万物应验于外,内外玄合无间,有如符契一般,强调一种内德和外物自然而然相结合的状态。

历史上有不少人借用孔孟的观点来比附《德充符》的题解。《论语·颜渊》中,孔子曰:"克己复礼为仁。一日克己复礼,天下归仁焉。"清末陶浚宣便借此解说"德充符"之感应意蕴,略显牵强,儒家的"礼""仁"等概念和庄子所谓的"德""道"差之甚远,内涵不同,前者强调后天修为,后者主张顺应自然,前者走的是束缚、匡正之路,后者行的是顺其自然、恢复初始之途。

另有一些人将《德充符》与《大学》《孟子》相比附。晚明李腾芳谓:"《庄子》此篇,大意与《孟子》同。"(方以智《药地炮庄》引)虚舟说:"孟子言扩充,言充实之美,庄子曰充实不可以已,此集虚充实一贯之符也。忘形乃充践形之实,践形乃充忘形之虚,庄且以破相宗剔醒皮相一辈耳。"(同上)清朱敦毅说:"德者,得也,在明明德。德之充也,充实之谓美,充实而有光辉之谓大。"(《庄子南华经心印》)以上数人大抵参看了儒家经典,进而加以申论。《礼记·大学》云"大学之道,在明明德",朱氏将"明明德"之论和《德充符》相联系不太妥当,因为《大学》篇讲求的是彰显德性,而庄子强调的是内德充实,外物自来应验,反认为德性外露并不是得道者所为。李腾芳、虚舟、朱敦毅之所以将《孟子》和《德充符》相联系,可能主要依据的是二者共有一"充"字。孟子主张浩然之气充于身,进一步塞于天地间,即通过修身养性炼成的浩然之气,会由内而外地散发在脸上,并发出光辉。仁义礼智根植于心,也会流露在脸上、背上、四肢上,这就是《孟子》的"充",从内心扩充至周身。现实中,饱读诗书之人,其面相与庸俗之辈同样也是差异明显。从此角度来说,孟子的话有一定的道理。但当我们了解了儒、道两家的本质后会发现,虽然《孟子》《庄子》中都有"充"字,但它们的涵义不同。"德充符"之"充"作充实、充足讲,而不是扩充于外的意思。庄子所谓的"德充"是蕴含于内的,他对暴露出来的德是持否定态度的,这在下面的讲疏部分会有涉及。所以,用孟子的观点来比附《德充符》,相当于用"孔颜乐处"来比附《逍遥游》,

是不可行的。

《德充符》的编排次序很讲逻辑性。宋王雱指出《德充符》和前一篇《人间世》彼此相衔接:"夫处人间、经世变,免于忧患之累者,是能全其性命也。性命全则自得,自得则德之所以充也。德充于内而无待于外,则不求合于物而物自来合。此庄子所以作《德充符》之篇而次于《人间世》也。"(《南华真经新传》)从这一角度去考虑这两篇的关系是有道理的。《人间世》谈的是如何避开外部的险恶环境,不为外物所伤,但当你进入到"德充符"的境界后,内德充实了,不但不会为外物所伤,而且外物还会离不开你,都会前来应验。这样一来,保全自己的性命就更没有问题了,所以《人间世》比《德充府》的境界略逊一筹,后者对前者是有推进的。宋陈景元认为《大宗师》远承《德充符》,"德形则物忘,唯隐晦者才全,才全则可以为师,故次之以《大宗师》"(《南华真经章句音义》)。清末张士保也持此说:"德充符者,德充而符自盛,非出于有为也。《大宗师》篇言至人师真,第明成己,未及宜物,正让以待此篇畅发,即为上篇《人间世》'无用'解释,见所谓求无用者,并非终于自了己也。"(《南华指月》)这些观点都共同指向了《庄子》内篇之间存在逻辑结构的这一事实。

春秋战国之世,许多所谓修德之人,如发冢的儒者(见《外物》)等,仅仅在缘饰外表上下功夫,而在德行方面则毫无可称之处。所以,庄子矫枉过正,特意凭空撰出几位体残形畸而德行超众之人,同形全德亏之士作一番对照。他指出,就人类的形体与德行来说,后者是占绝对重要位置的。因此,只要德行完美,一切形体上的残缺不全并不足以为累;如果德行败坏,即使体周形全,容貌姣好,也绝不会给人以美的感受,而适足以为德之累。

从文章学视角看,本篇构思奇巧,共有六则寓言故事,前四段为一组镜头,王骀、申徒嘉、叔山无趾均为兀者,哀骀它则为形貌奇丑之人,借助这四位刑余丑厉之人,庄子反复论证德充自有外物前来应验的道理。第五段,以闉跂支离无脤结住前文残缺者登场的镜头,以形有所增的瓮㼜大瘿导出下文的"益生"之辩,然后作者自发议论,总契首尾,点出全篇宗旨——"德有所长,而形有所忘"。末段借惠子"益生"而丧其德为例,反证修德关键在于忘身忘情。先后散散写来,似乎泛杂,其实通篇贯以"德"字,章法隐秘而严整,大有一线穿珠、繁而不乱之妙。

【讲疏】

《德充符》相对前一篇《人间世》更有趣味一些。前面讲,《庄子》里有一组又一组相同的主题,可以将不同篇目放在一起来理解,把它们作为一个单元来研究,比如《人间世》需要跟《山木》配合起来,它们都是讲处世哲学的。但《德充符》比较例外,在外、杂篇里找不到跟它同一个主题的、可以放到一起来理解的篇章。当然《庄子》全书的各个篇章里面或多或少的也有与《德充符》相关的文字,但没有主题相关的整个篇章。下面,我们正式进入文本内容。

> 鲁有兀者王骀,从之游者与仲尼相若。常季问于仲尼曰:"王骀,兀者也,从之游者与夫子中分鲁。立不教,坐不议,虚而往,实而归。固有不言之教,无形而心成者邪? 是何人也?"仲尼曰:"夫子,圣人也,丘也直后而未往耳。丘将以为师,而况不若丘者乎! 奚假鲁国,丘将引天下而与从之。"

这则寓言故事是虚构的,只是借了孔子的名字而已,王骀也是虚构的。钟泰说:"骀,驽骀。取意于骀者,言其无用。"(《庄子发微》)"骀""驽"都有劣马的意思,比附在人身上暗指此人才能低劣。看来王骀大概是个有点笨、有点呆的人。当然,在庄子的哲学观念中,笨反而接近于大道。经常跟在王骀后面的学生与跟着孔子的不相上下,足见人数之多。接下来出场的常季也是虚构的。我上一次讲过《庄子》中的人名解释问题，司马彪的注解对《庄子》人名的解释很少，成玄英的《南华真经注疏》略有推进，但他主要是将人名与考据相联系，后来在这方面具有开拓精神的是王雱。他是北宋王安石的儿子，人很聪明，但品行不好，比较专横，只活了三十多岁。他所著的《南华真经新传》一书，就很有水平。此书不是逐字逐句的解释，研究方法和郭象类似，属于串讲，在解释《庄子》人名方面明显推进了一大步，很有新意，当然个别地方也存在望文生义的问题，但总体上有一定的参考价值。他这样解释"常季"："常者习其庸常，季者物之少稚，以其庸常少稚而不足以知圣人，故曰常季。此庄子制名而寓意也。"（《南华真经新传》）他认为"常"是平庸的意思，而"季"是"伯""仲""叔""季"四个名次中的最后一个。这样一来，常季就成了既是平庸的，且在平庸里面还是靠后的这样一个人，他在体悟大道方面应该是比较差的。王雱对"常季"的解释与庄子的原意是否吻合？我们无从得知。但他的解释也有一定道理，所以可备作一说。

　　开篇，庄子就说王骀是个兀者。李颐说："刖足曰兀。"（《经典释文》引）王骀是一个断去一只脚的人，在普通人看来，他是个残疾人，可能还需要别人的怜悯和帮助，但庄子的笔调波诡云谲，他写出了王骀多个令人意外的地方。第一个令人意外的地方是，在鲁国跟着王骀学习的人数与跟着孔子的居然差不多。胡文英说："凭空掷下'中分鲁'三字，两边身分，一起抬起。"（《庄子独见》）第二个令人意外的地方是王骀的教学方式——"立不教，坐不议"。站着不教，坐着不议论，就是行不言之教。这听起来很悬，你话都不说，怎么教学生呢？其实，这样的教学方法才是最好的。林自说："教者默然而喻，学者亦默然而得，《列子》云'用无言为言亦言，用无知为知亦知'是也。"（褚伯秀《南华真经义海纂微》引）可见，无言之教并非个例。我的博士导师是吴熊和先生，他经常说最好的教育方式是学生跟先生相处,所以古人常说"从某某先生游",而在教室里上课的方式,既要一本正经,内容必须"纯正",还要照顾到多数人的口味,又不能缺少规范化的板书,这对中学生、本科生来说是适合的,但对博士生是没有多少用的。我在吴先生那里读了三年书,他一次正规的课也没讲过,但我通过平日与吴先生的各种接触,用心观察其做学问的方式和特点,却学到了很多东西。这种学习方式即"从某某先生游",游的时候先生的言谈举止都是可学的内容,这也就是"立不教,坐不议"。

《庄子》里与"立不教,坐不议"相关的还有一个词——"目击道存",即看一下得道的人,你就能感悟到他身上有一种大道存在。我们读书的时候还有一批八九十岁的老先生健在。我见到俞平伯先生、姜亮夫先生的时候,他们已经九十多岁了,钱锺书先生那时还不到八十岁,王力先生走路的时候已经有点蹒跚了,吕叔湘先生那时身体还行。这些人在当时都是很有学问的,我看到他们本人以后有一个共同的感受,老先生们的内涵都很丰富,我有点"目击道存"的感觉。还有一次,2005年4月25日我按照约定到了北京,在国家图书馆馆长办公室里见到了任继愈先生,跟他商谈创办《诸子学刊》的事。我和同行的几人出来以后,也觉得见到任先生后有一种"目击道存"的感觉。老一辈学者跟年轻学者不同,他们身上有一种道,这是一种说不出来的东西,却能让我们感受到,王骀应该也是这样的人。《庄子》里面的得道者往往不是用语言来教育你,而是自然而然地感化你,这里的"立不教,坐不议"即是这样。这种玄之又玄的教学方式有效果吗?当然有,学生们"虚而往,实而归"。这也是王骀第三个令人意外的地方。蒋金式点评说:"虚而往,实而归,六字一片天机。"(藏云山房主人《南华大义解悬参注》引)这些学生最初投到王骀门下的时候,脑子里空空的,然后等你再去看他们的时候,他们的脑子里好像满满的了,可以满载而归了。既然王骀行的是不言之教,那么这些学生在他那里可能就是"目击道存"了。所以,"立不教,坐不议"写的是王骀,"虚而往,实而归"指的是他的学生。

常季给孔子叙述完王骀的情况后,就表达了自己的疑问:"固有不言之教,无形而心成者邪? 是何人也?"本来就有不言之教吗?"无形",没有具体的行为。"心成",化人以诚心,即让人内心、心性上受感化。"无形而心成"这句话比较重要,既是对王骀的评价,也暗合全篇的主旨,称得上是"通篇之主"(胡文英《庄子独见》),穿题点睛。真的有这样的人吗? 这是一种什么样的人? 看来常季对王骀还是有点怀疑,怀疑有这么一种教学方法,有这么一种德性。

孔子是如何看待王骀的呢? 他说:"夫子,圣人也。"这个"夫子"指的是王骀。王骀为什么能被称为圣人呢? 王雱认为:"然德之所以充实,则美大具矣,美大具而从之者众,所谓大而化之矣。此仲尼所以称之为圣人也。"(《南华真经新传》)"丘也直后而未往耳。""直"是"特""只"的意思。我孔丘只是落后了,还来不及去请教。言下之意是像我孔丘这样的人也要拜他为师,何况不如我的人呢? 更应该拜他为师了。"奚假鲁国! 丘将引天下而与从之。"林希逸说:"奚假,岂特也。"(《南华真经口义》)闻一多的看法是"假,可训但"(《庄子内篇校释》)。岂止鲁国的人呐,我孔丘将要带领天下的人,与他们共同跟从王骀去学习。为了凸显王骀,庄子的笔调从孔丘扩至天下人,胡文英说:"丘将以为师……愈转愈上,笔力之高,如健鹘摩天。"(《庄子独见》)林冲懿说:"写仲尼倾倒王骀,一句紧似一句,庄子惯用加倍法。"(《南华本义》)刘凤苞认为这里表现出"一种企慕神情,溢于言表,却是虚写,为后面留地步"(《南华雪心编》)。这些夸张、加倍的写法与王骀"兀者"的身份形成鲜明对比,为后文中王骀德性的呼之欲出打好了伏笔。

常季曰:"彼兀者也,而王先生,其与庸亦远矣。若然者,其用心也独若之何?"仲尼曰:"死生亦大矣,而不得与之变,虽天地覆坠,亦将不与之遗。审乎无假而不与物迁,命物之化而守其宗也。"常季曰:"何谓也?"仲尼曰:"自其异者视之,肝胆楚越也;自其同者视之,万物皆一也。夫若然者,且不知耳目之所宜,而游心乎德之和。物视其所一而不见其所丧,视丧其足犹遗土也。"

常季本来就是平庸之中还要靠后一点的人,所以他对仲尼说的话,感到更加疑惑了。"王先生"有多种理解,最主要的有两种,一种是"称为王先生"。如王敔说"兀者而有王先生之称"(见王夫之《庄子解》),林云铭说"人称为王先生"(《庄子因》),他们将"王"解释为王骀的姓,认为"王先生"就是"王骀先生"的意思。这种解释大概不对,因为庄子的一些语言不能按字面意思去理解,他文笔高妙,用法灵活。研究庄子文章学的人经常会说到一点,他们发现庄子在遣词造句方面不愿因袭前人,往往别具新意、别出心裁,常常不守规矩。我的体会也是这样。所以《庄子》里的一些地方,按照字面意思是没法解释的。另一种更为合理的解释是,"王"相当于"长"的意思,有"超过""胜过"之意,"先生"指孔子。如陈深说:"而王先生,先生,孔子也,言从游者胜于夫子,与常人相去远矣。"(《庄子品节》)此外还有一种说法,奚侗将"王"解释为"往",即向往之"往"的意思,我觉得这是错误的,是望文生义。所以"彼兀者也,而王先生",是说王骀虽然是只有一只脚的人,但他比你孔先生要高明。

"其与庸亦远矣。""庸",平庸,常人也。王骀比你孔先生都高明,自然高出平常人更远了。"若然者,其用心也独若之何?""用心",运用心智。常季的理解是比较低下的,他以为王骀是通过运用心智才达到这种境界的,这是儒家的思路。儒家强调要通过努力,借助人为的修身养性来达到某种道德标准。

仲尼回复常季说："死生亦大矣，而不得与之变。""之"，指生死。这句话背后隐藏的常理是"天下之事，莫过于生死，而生死者，物之所变也"（王雱《南华真经新传》）。林希逸说："不得与之变者，言死生之变虽大，而此心不动，亦不能使我与之变也。"（《南华真经口义》）这是对王骀所达到的境界的描述，他超越了生死，能坦然面对生死，将生和死看作一样，生死不会影响他的情绪，这是一般人做不到的。如孙嘉淦所说："一切仙佛众生，皆被此五字压缚定，不得出显。"（《南华通》）生死是最后一关，财富、名誉都能抛弃，但不一定能抛弃生死，抛弃生死比抛弃名誉更难，抛弃名誉比抛弃金钱更难。针对接下来的前后递进，王雱说："惟圣人了于不生不死，而未尝与变俱变也。……夫了于不生不死，则寂然忘形而与化为一，虽穿壤倾侧，而岂有遗丧？故曰：'虽天地覆坠，亦将不与之遗。'"（《南华真经新传》）"天地覆坠"即天塌地陷。"不与之遗"，"之"指天地。罗勉道说："遗，落也。"（《南华真经循本》）即使天崩地裂，也不会让他的德性受到损害。比之王氏，李腾芳对"天地覆坠"的申论更为清晰："明夫天地亦万物之一也。万物皆有生死，而天地亦未免于生死也。天不能常清而位于上，地不能常宁而位于下，则天地有时而覆坠矣。天地之清宁是天地之生也，覆坠是天地之死也。至于天地覆坠，而我亦将不与之遗，盖我已离于生死矣。"（《说庄》）李氏为天地赋予了生死，将其与王骀不随生死变化相联系，逻辑上能够自圆其说。

"审乎无假而不与物迁。"这个"假"有多种解释，但郭庆藩的比较好，他说："无假，当是'无瑕'之误。谓审乎己之无可瑕疵。"（《庄子集释》）主张"假"通"瑕疵"的"瑕"。审视自己没有瑕疵而不与外物一同迁移覆灭。孔子认为王骀追求的是完美的德性，不与一般的物去随大流，因为物都是有形的、有生死的东西，包括天地也是有形的。道家观念当中，天崩地裂是有形的，而自然德性则是接近于无形的，所以王骀达到的这种道德境界，即使有形的东西毁灭了，天崩地裂了，他也不受损害，能无动于衷，生死毁灭是没法妨碍他的。

"命物之化而守其宗也。"命，主宰。宣颖说："命物之化，主宰物化也。"（《南华经解》）刘辰翁说："所谓宗者，生天地者也。"（《庄子南华真经点校》）谓主宰万物的化育，而守住大道的宗本不变。我们想象一下，《逍遥游》里的藐姑射山神人，他不食人间烟火，也不愿以治理天下为事，但他的德性却能使天地万物不生病，五谷都丰登。懂得这个道理后，这句话你就可以理解了。"命物之化"，天地万物的变化，都要靠这种德性来主宰，而这些正是守其宗的妙用。"守其宗"是什么意思？就是守住自然本性或者守住大道的根本。

常季不太灵活，听不懂孔子讲的话，所以继续发问。仲尼接着回答："自其异者视之，肝胆楚越也。"肝胆本生于一体之内，若从事物的相异角度看，它们就好像楚国和越国那样距离遥远。实则，肝跟胆是粘在一起的，胆是由肝包着的。以前农村家家户户养鸡，小鸡经常藏在母鸡的身体下，母鸡展开翅膀保护着小鸡，肝相当于母鸡，胆则是小鸡，肝和胆的关系就是如此。庄子所肯定的则是"自其同者视之，万物皆一也"。天地万物都是大道派生出来的，在大道面前万物都是一样的，哪有这么多是非呀。正所谓"常人不知万物之同出于一初，虽其肝胆，亦自分楚越。知其同出于一初，则万物皆与我为一也"（陈深《庄子品节》）。庄子崇尚的就是这万物齐同的境界。

"夫若然者，且不知耳目之所宜，而游心乎德之和。"耳朵是听声音的，眼睛是看颜色的，现在我们乐于追捧贝多芬的音乐、齐白石的画，认为这是适合于我们耳目的有品位的追求。在王骀看来，可能小学生画的画跟齐白石的画没有区别，老太婆哼哼几声跟贝多芬的音乐也没有区别。普通人往往"以耳而听，则闻其所闻，而不及其所不闻；以目而视,则见其所见,而不及其所不见,此蔽于任智之累也",而王骀则是"内充懿德而外出聪明,所听不以耳,而所视不以目,虽事物之纷扰而不比吾之闻见,恶有拘累于视听欤?故泛然游心于自得之场而和之所以不出也"(王雱《南华真经新传》)。王骀根本不知道哪些东西是适合于耳目的,哪些是不适合的,因为"万物皆一",没有区别,从而能游心于道德的和谐境界。这与《田子方》里面老子说自己"游心于物之初"是相似的,根本不去讲究五音五色这类东西。

"物视其所一而不见其所丧。"成玄英说:"物视,犹'视物'也。"(《南华真经注疏》)这是说王骀只看到万物是相同的,所以好像没有觉察到自己的形体上欠缺了什么。多和少是一样的,美和丑是一样的,高和低、好和坏也都是一样的,这样一来,哪儿会有那么多是非,那么多区别呢?"视丧其足犹遗土也",把失去一只脚,看成是随手扔掉一块泥巴,根本不放在心上。与这种洒脱形成对比的是,常季的脑子时时刻刻受一个前提局限:王骀是个兀者,是缺一只脚的人,是不完整的人。我们现在也是这样,看到缺脚、耳聋、眼盲的人,心里就想着这是一个不完整的人,脑子里就会有这种概念。常季也是这样,他解脱不出来,就局限在这种认识上了。与这里可对照来看的是,《田子方》篇所说的:"得其所一而同焉,则四支百体将为尘垢,而死生终始将为昼夜,而莫之能滑,而况得丧祸福之所介乎!"庄子这种忘怀形骸的思想也见于佛家,释德清即说:"盖忘形骸,一心知,即佛说破分别我障也。能破分别我障,则成阿罗汉果,即得神通变化。"(《庄子内篇注》)所以,无论佛家还是道家,忘怀形骸都是必由之路,由此加持,方能进入更高境界。

庄子写文章很有条理,以上这段写得很妙,逻辑上很严密,从肝胆楚越一层一层推下来,肝胆、楚越强调的是从不同的角度看,最后到"视丧其足犹遗土也",强调从万物相同的角度看。"视丧其足犹遗土也"落到了点上面,与此段开头的"兀者也"相呼应。少一只脚像掉了一块土一样,从这个角度来理解,整个大地上都是土,你多一块土少一块土又有什么区别? 万物都是相同的,并没有区别。庄子这文章写得多自然呀,像随便聊天一样。

> 常季曰:"彼为己,以其知得其心,以其心得其常心,物何为最之哉?"仲尼曰:"人莫鉴于流水而鉴于止水,唯止能止众止。受命于地,唯松柏独也[正],在冬夏青青;受命于天,唯[尧]舜独也正,[在万物之首]。幸能正生,以正众生。夫保始之征,不惧之实。勇士一人,雄入于九军。将求名而能自要者,而犹若是,而况官天地,府万物,直寓六骸,象耳目,一知之所知,而心未尝死者乎! 彼且择日而登假,人则从是也。彼且何肯以物为事乎!"

"彼为己"的"彼"指的是前面的兀者王骀,"为己",林希逸说:"修身也。"(《南华真经口义》)王骀的教学活动,是为了修身养性,提高自己的品德。"以其知得其心,以其心得其常心。""知"通"智",智慧、智力。这二句是说王骀运用他的智力去修治他的心,然后再进一步去求得他的常心。刘武说:"常心,常恒不变之心,指上死生不变、天地覆坠不遗之心也。"(《庄子集解内篇补正》)可见,"常心"指的是通过刻苦修治后,最后所得到的"不得与之变""不与之遗"的心。我的理解是,这个常心跟庄子所讲的那种本然之心、本性还是有点距离的,但这个常心又比前面那个"得其心"的心更接近本然之心一些。这二句是常季对王骀的一系列教学活动的解读,常季以为王骀修心的路径是运用心智追求他的心,再进一步求得他的常心,一步一步去接近自然本性,他觉得王骀还没有达到道的境界。照王雱的解释,常季这个名字是比较笨的意思,所以常季对王骀的理解跟实际情况是有一些出入的。"物何为最之哉?"按照字面解释,是说为什么会这么推崇"物"呢? 我经常讲,《庄子》里有些词按照字面意思没法解释，比如这里的"最"，按照字面意思从训诂学角度是解释不通的。林希逸说："最者，尊之也。"（《南华真经口义》）这里是取了"最"的引申意思，表示极力推崇、尊重之意。"物"也不能按字面意思解释，不是客观外物之意，而是指人，即前面的"从之游者"。前面讲很多人都跟着王骀，"从之游者与仲尼相若"，常季认为王骀修治本心的路径还没达到大道的境界，为什么那些跟着王骀的人会去尊崇他呢？

仲尼回应说"人莫鉴于流水而鉴于止水"。"鉴"是镜子，这里当动词用，是"照"的意思。句意谓人不要到流水上去照镜子，应该到静止的水上去照，流水是照不出来的。以前的镜子不是玻璃而是铜镜，铜镜最早出现在商代，多为祭祀的礼器，在春秋战国至秦时期，一般都是王和贵族才能享用的，所以一般的人可能就是在水上照的，正如这里所说的那样。"止水"比喻修道之心应是很静的，不应该是动的，后来道教、宋明理学都强调这一点，即心要静，我们现在做学问也需要做到这点。正所谓"天下之性，生而未尝不静，静则正，正则定。正定之性，天下所同，惟妄情所役，外物所扰，正之所以不正而定之所以不定也"（王雱《南华真经新传》）。这里还有更深层的意思，是我们主动走到镜子面前去照，不是镜子主动到你面前来邀请说"你照一照吧"，然后把你的相貌给照出来的。镜子是虚静的，它不拒绝，也不主动，有海纳百川的境界，这就是自然之心。老庄特别是庄子就反复表述，一切行动都是无心的，行为是迫不得已的，然后才有了这个动作，它不是受你的脑子指挥的有意识的行为，这和镜子、止水是一样的道理。郭象说："夫止水之致鉴者，非为止以求鉴也，故王骀之聚众，众自归之，岂引物使从己耶？"（《庄子注》）这个意思你们要读出来，所以这里用"止水"来比喻他的本心。

"唯止能止众止。"既然"止水"是比喻王骀的，那么王骀的本心也是静止的。在老庄的哲学里，大道是静止的，静止的人心是比较接近大道的,所以"惟圣人内以德为主而外忘物所役,故惟根所以正定而止也"
(《南华真经新传》)。仲尼的这句话表面是说唯有止水能留住求照者,其
实是说唯有像王骀这样有静止的本心的人,才能够留住人们,让人们停
留下来。这里需要留意的是三个"止"的不同用法:第一个"止"当名词
用,指止水;第二个当动词用,是留住的意思;第三个也当动词用,是停
步的意思,让那些民众停下来。这句话是比喻王骀虚寂忘怀,众生自来
依聚。王骀的本心是虚静的,然后跟仲尼一样"中分鲁",能让鲁国一半
的人都跟着他,能够让那么多人停止下来,这正是"唯止能止众止"的意
思。引申一下,之所以用"止水"来比喻王骀,除了他内心安静以外,还
在于他施行"不言之教",这两方面都体现了他静止的德性。在现实生
活中,随处可见的师者形象都是用语言来教人的,整天在课堂上不停地
讲,板书很认真,但看上去往往很浅薄。但道家所说的那种得道的人,
你就是只看一眼,也会悟到一些东西,获得一种启示。因为最精华的部
分是教不出来的,比如学问、人格,这些不是通过语言能诠释出来的,而
是具有一种感悟的性质,在无言之中对你产生一种影响,这就是"不言
之教",王骀施行的大概就是这种东西。像他这样的人,本心是很虚静
的,所以才能够让那么多的人停止下来,心静下来。

　　"受命于地,唯松柏独也[正],在冬夏青青;受命于天,唯[尧]舜独
也正,[在万物之首]。"这六句里我加了"正""尧""在万物之首"七个字,
这是现在流传的本子里没有的,这七个字是根据北宋陈景元《庄子阙
误》中引用的张君房本增补的。我觉得把这七个字补进去,意思就完整
了。树木受命于地而生,只有松树、柏树最得地之正气,所以四季常青。
人受命于天,尧和舜独得天之正气,所以他们在万物之首,成为圣人。
这里存在一个逻辑关系,即所有的树木和人都接受了天地之命,但因为
松柏和尧舜具有很高的德性,所以前者四季常青,后者成为圣人,从而

才没有辜负天地之命。在这个逻辑结构中,松柏和尧舜所具有的独特德性是关键。

"幸能正生,以正众生。"宣颖说:"舜能正己之性……借舜一影,皆言骀之得天独优,故人自从之。"(《南华经解》)表面看,"正生"谓尧舜能自正心性,但前面的松柏、尧舜都是比喻王骀独特的德性是禀受于自然,而为众生所取正的。顺此思路,"正生"实际是指王骀能够保存他的自然本性。补充一点,庄子思想的最后落脚点是恢复人的自然本性,不论讲论大道或谈论修身养性,最后的目的都是要让人回归自然本性。老庄认为人的自然本性受后天影响被污染了,需要把污染的东西去掉,让人性恢复到自然、纯真的状态中去。此处的"正生",林希逸说:"此'生'字,只是'性'字。"(《南华真经口义》)其实这二句中的"生"都应读成"性",后一句是说能够让众生去保存他们的自然本性。讲到这里,又需要和前面的止水、镜子的道理相联系,否则会出现前后矛盾。王骀和止水、镜子一样,也不是主动去照别人的,是人家到他前面来照,他不拒绝。恰如郭象所说:"下首则唯有松柏,上首则唯有圣人,故凡不正者皆来求正耳。若物皆有青全,则无贵于松柏;人各自正,则无羡于大圣而趋之。幸自能正耳,非为正以正之。"(《庄子注》)王骀的可贵之处不仅在于他能"自正",更在于他不为"正"而"正",所以对于所谓的"正生""以正众生",大家千万不要理解成王骀有意识地通过他的努力让众人恢复本性。

在"幸能正生,以正众生"开头用了一个"幸"字,来表达"幸亏"之意,是说幸亏有了王骀,他保持的这种自然本性无意中让众人的本性得到了保持,得到了恢复。陈详道认为,"然正生者,圣人之本务;正众生者,圣人之余事,故称幸焉。"(褚伯秀《南华真经义海纂微》引)陈氏此说已经意识到了圣人(王骀)并不是刻意的"以正众生",但还是没有直抵正意。实际上,圣人(王骀)"以正众生"是无意之果,连"余事"也算不上。这里可以和《逍遥游》中的藐姑射山神人相联系,他不食人间烟火,遨游于天地之间,其德性能够自然而然地使天地万物得到端正、不生病,从而五谷丰登。大家祈求他来治理天下,他说"谁来管你们人间的这种俗事",他身上搓下来的泥巴的德性都要高于尧舜呢!天地万物得到藐姑射山神人的好处,不是他有意的,而是自然而然的。这段的镜子、止水、松柏、尧舜都是用来比喻的,如果用明清人的研究术语讲,它们都是做喻意的,正意则是王骀的自然本性。

"夫保始之征,不惧之实。勇士一人,雄入于九军。""始"指的是王骀的自然本性,就像《田子方》中老子说"吾游心于物之初",即跟大道冥合在一起的那种自然本性。"征",应验、征验。自然本性是谈内在,但反映出来的表露在外面的东西就是"征",即显示出来的征兆。这个"征"有点暗合《德充符》的"符"字,具有一种保持德性充满内里,然后内外应验的意思,与题目有点呼应起来了。"保始之征"是正意,"不惧之实"是比喻,意谓善保自然本性者必有征验,正如善养勇者自有无所畏惧的气概一样。接着举了"勇士一人,雄入于九军"的例子加以说明,也属于"夫保始之征"一句的比喻。"雄入",勇敢地冲进。"九军",千军万马。所以这几句的意思就是说:"保始之征"相当于什么呢?打个比方,有一种勇士内心是很勇敢的,有不惧的实质充盈内里,这种人能够一个人勇敢地冲进敌人的千军万马当中去。林希逸在《南华真经口义》中认为,荆轲、聂政就是此类人。那么这种人他的内心世界是怎样的呢?"将求名而能自要者,而犹若是",他心里想要求取功名,已经忘却生死了,内心充满着不惧的品德,表现在外面就是一个人能勇敢地冲入到敌营当中去。"自要"即自好,自己喜欢。"而犹若是,而况……",这些喜欢求取功名的人,表现在行动上尚且能够这么勇敢,何况是境界比他们高的得道者呢?这里需要注意一点,"保始之征"是说能够保持内心自然本性的人,他发挥出来的外在表现和内在德性会相互征验,他的境界不是勇士能比得上的。能够"保始"的人已经觉得生死无区别了,进入到这种境界,就叫做外生死。至于勇士,虽然在我们看起来已经不得了了,已经忘生死了,但他们的境界跟"保始"之人外生死的境界还是有差距的。

刘凤苞说:"'官天地'以下,转入正文,雄大无匹,以天地万物为一体。"(《南华雪心编》)"官天地"即主宰天地。既然主宰天地了,天地都混同为一体了,自然没那么多是非了,更不会认为生死有区别了。"府万物",包藏万物,包容万物。儒家还做不到这一点,儒家爱人还是按照血缘远近来区别等次,那不是包藏万物。真正的齐同万物对万物没有什么分别对待,是一视同仁的,这才叫做"府万物"。"直寓六骸"。"直",不过,仅仅。"六骸",头、身体、两只手、两条腿,这里指人的整个形体。把人的形体看成是暂时寄托精神的一个东西,就像我们住旅馆似的暂住一下,马上要走的。把耳目等五官看成是木偶一样,不去做分别。"一知之所知",他的意识、境界都已经和大道混同为一体了,只有这么一种境界,这和上一段的"物视其所一"是一个意思。阮毓崧说:"于物之大小、贵贱、得丧、存亡,及一切所知者,皆通为一。"(《庄子集注》)"一"是一种很高的境界,具有齐同万物的特点。老子的"一生二,二生三,三生万物"中,"一"可以理解为"道",这里的"一"也可以理解成"道"。"而况官天地,府万物,直寓六骸,象耳目"这些笼统来说是指得道者的境界,具体是指王骀的内心境界,他外生死了,混同万物了,而不是像刚讲过的勇士那样,只是忘生死了。"而心未尝死者乎",这个心是本真之心。释德清说:"死,犹丧失也。谓众人丧失本真之心,唯圣人未丧本有。"(《庄子内篇注》)这种人的本心未尝丧失,内心充满大道。

"彼且择日而登假"。"彼"指王骀。"且",将要。"择日",指定时间,不是后来选择黄道吉日的意思。"登假",升天。《庄子》里面,"假""遐"通假较多,"登遐"有升天的意思。后来的道教,往往把"登假"这类句子看作是成仙的证据,《抱朴子》里引用《庄子》比较多,凡是这种句子,都被拿来证明所谓古人有成仙之说,《庄子》里已有记载。但这里我们需要从哲学意义上来理解,"登假"就是进入到大道的境界,不是成为神仙。"人则从是也",这里的"人"就是寓言故事一开始时,跟着王骀一起进入大道境界的那群人,即"从之游者与仲尼相若"的那群人。这里也要注意一个问题,王骀不是有意地去引诱那群人跟着他去升天,而是一种自然而然的事,是那群人自己来的,所以庄子末了还有一句"彼且何肯以物为事乎",与《逍遥游》所说的"孰弊弊焉以天下为事""孰肯以物为事"意思相近。"彼"指王骀。"物"指引导那群人登升。王骀哪里肯把引导这些人升天当作一回事呢? 也就是说王骀无心为师。

现在,我们再返回到前面的"保始之征"那里,不然有点衔接不起来。"夫保始之征,不惧之实。勇士一人,雄入于九军。将求名而能自要者,而犹若是,而况……"这里中间插了一个勇士的例子,有点像语法上的插入语,是用来衬托王骀这类达到"保始之征"境界的人。"而况"后面的"官天地,府万物,直寓六骸,象耳目,一知之所知,而心未尝死者乎",可以和前面的"保始之征"相连,它们都是用来描绘王骀的。王骀的内里充满着光辉的自然品德,这个"道德"是庄子的那种思想境界,不同于上一篇《人间世》最后谈到的德,那个德是儒家的"德"。《庄子》里面,同一个词在不同的地方意思可能不一样。

这则寓言故事中,王雱认为:"圣人之所以为圣人者,能内全其神而外忘其形,泯然丧智而与化为一,此王骀虽兀而犹全人也。"(《南华真经新传》)结合篇题来看,"德充符"讲求内德充于内,而万物应于外。王骀自然而然的德性充满内里,而外面的应验正是那么多人主动地跟着他,这就叫做"德充符"。

下面我们进入第二则寓言故事:

> 申徒嘉,兀者也,而与郑子产同师于伯昏无人。子产谓申徒嘉曰:"我先出则子止,子先出则我止。"其明日,又与合堂同席而坐。子产谓申徒嘉曰:"我先出则子止,子先出则我止。今我将出,子可以止乎,其未邪? 且子见执政而不违,子齐执政乎?"申徒嘉曰:"先生之门,固有执政焉如此哉? 子而悦子之执政而后人者也? 闻之曰:'鉴明则尘垢不止,止则不明也。久与贤人处,则无过。'今子之所取大者,先生也,而犹出言若是,不亦过乎!"

这则寓言故事的主角又是一个缺了一只脚的人。伯昏无人在《庄子》其他地方也出现过,杂篇《列御寇》中写作"伯昏瞀人",其实是同一个人。从《庄子》记载的伯昏无人的事迹来看,他与列子、子产都有交往,甚至还有对话。子产和列子虽有其人,但前后相差一百多年,据此判断,伯昏无人应是作者虚构的人物。这一点前人已知悉,刘辰翁说:"其为子产语,虽等闲杜撰,亦自古意雅甚。"(《庄子南华真经点校》)关于伯昏无人的名字由来,王雱说:"伯者,长也;昏者,晦也;无人者,无我也。为物之长能晦而无我,所以得贤人师之也。"(《南华真经新传》)王氏所言甚是,"伯"是伯仲叔季的伯,昏暗是大道的象征,"伯昏"寓意在道的里面处于靠前的位置。普通人处于有我的境界,处处有我的存在。得道的人,比如伯昏无人,德居众人之首,达到无我的状态,境界很高。郑子产,即公孙侨,春秋时人,郑国贤相,是个了不起的政治家。郑国毗邻楚国、晋国,夹在两个敌对的大国之间,处境尴尬,稍有不慎就会面临亡国危机,只能如履薄冰,小心翼翼地讨好两边。就在郑国快要灭亡的时候,公孙侨临危受命,主持国政,摆平晋、楚两国,使它们不敢轻举妄动,借此机会快速稳定国内,趁势发展壮大。子产死后,郑国国力迅速衰微,最终被灭。子产这样的人才的确难得,《论语》中孔子还表扬过他。我在校对业师魏际昌先生文集中的《公孙侨年谱》时曾感慨,正是因为郑国有了子产,才多存在了几十年,否则早就被灭了。回到正题,《庄子》中虚构的这类寓言故事,或者虚构人名,或者借历史上有名的人来附和,这里属于后者。因为子产很有名,便被庄子拿来做学问。

申徒嘉和郑国子产一起受业于伯昏无人门下,子产对申徒嘉说:"我先出去,你就停下来,你先出去,我就停下来。"言下之意,我是郑国地位很高的人,羞于和你一个缺脚的人一同进出。"其明日,又与合堂同席而坐。"大家合堂同席而坐,一个缺脚的人也大模大样地坐在那里,这多明显啊,就像在展示他缺一只脚一样。于是,子产对申徒嘉又说了一遍:"以后见了我这样的高官,你要躲避一下,不然你是想和我平起平坐吗?"这是在批评申徒嘉不分高低贵贱。

面对子产的刁难和轻视,申徒嘉是如何应答的呢? 他说,先生门下,以道德相高,有这般自恃爵位的吗? 刘凤苞说:"申徒嘉趁势提出先生之门,推倒他'执政'二字,以矛攻盾,绝妙文心,措辞含蓄蕴藉,机趣环生。"(《南华雪心编》)刘氏所言,一语中的。"后人",看不起人。你是得意你的官位而看不起别人吗?"鉴",镜。"不止"是"不存"的意思。我听说镜子想要明亮就不能让灰尘留在上面,落上灰尘就不再明亮了。申徒嘉所言也见于佛家,《坛经》中慧能有两首呈心偈。一首是:"菩提本无树,明镜亦非台。佛性常清净,何处有尘埃?"另一首是:"心是菩提树,身为明镜台。明镜本清净,何处染尘埃。"你子产到伯昏无人先生的门下来修道,原本身上没什么过错,但因为心中执政的理念根深蒂固,所以人不灵通了,就像镜子一样,落上灰尘了。"取大",谓求取于人以自广其德。"先生",即伯昏无人。现在你求取的是先生伯昏无人的大道,却还说出这样的话,不是错误了吗？这里实际上还有一层意思,在世俗的世界中你子产高高在上,郑国除了国君外你的权力最大,但现在是在先生的门下修道,就不能以世俗的标准来评判高低,大家应是一样的。

> 子产曰:"子既若是矣,犹与尧争善。计子之德,不足以自反邪?"申徒嘉曰:"自状其过,以不当亡者众;不状其过,以不当存者寡。知不可奈何而安之若命,唯有德者能之。游于羿之彀中,中央者,中地也,然而不中者,命也。人以其全足笑吾不全足者众矣,我怫然而怒;而适先生之所,则废然而反。不知先生之洗我以善邪,〔吾之自寤邪〕? 吾与夫子游十九年矣,而未尝知吾兀者也。今子与我游于形骸之内,而子索我于形骸之外,不亦过乎!"子产蹴然改容更貌曰:"子无乃称!"

"若是"指申徒嘉的形残。子产说:"你已经是形残断足的人了,还要跟尧争高低。估量一下你的德性,还不足以使你自我反省吗?"这是比喻的说法,子产自比尧,觉得自己有很高的道德,可见其自视甚高。"计子之德,不足以自反邪?"暗示申徒嘉修的德很少,尚不足以弥补其被砍去一只脚的罪过。一褒一贬间,子产的得意洋洋和申徒嘉的形残缺陷都被放大了。"状",申述、辩解。"亡",指遭受刖足之刑等。"刖"是古代一种砍掉脚的酷刑。申徒嘉认为,人犯法以后,常常为自己的过错申辩,以为不应当遭受残形之刑的人比比皆是;不为自己的过错申辩,认为应当受刑的人却很少。当前社会中,犯错的人都会为自己辩解,不愿承认错误的人俯拾皆是。比如有的人被判了三年刑期,他会辩解并自称无罪,够不上三年刑期,甚至会上诉,申请再判。但不去辩解,主动认罪,自认为应该被处罚的人是很少的。"知不可奈何而安之若命,唯有德者能之。"知道事情无可奈何而能安心接受命运安排,只有有德的人才能做到这点。这两句和《人间世》中的"知其不可奈何而安之若命,德之至也"十分相似,都将随遇而安、顺其自然看作道德中的最高境界。陈深认为,这里可分为三个层次:"申徒嘉答言,自状其过,以不当亡者众,此一等人,不自知其过,不能悔过之人也;不状其过,以不当存者寡,此一等人,悔过迁善之人也;知其不可奈何而安之若命,此一等上智之人,知命而忘物者也。三句是三等人。"(《庄子品节》)三等人的境界逐次升高,子产属于"以不当亡者众"的最低一等,对此我们在后面还要再作些解释。

接下来,申徒嘉起用了一个和后羿射日相关的比喻。传说远古时候,有十个太阳同时出来,天下的禾苗都被晒干了,老百姓没法生存,有个叫后羿的人射箭本领十分高超,为了拯救天下苍生,他拿起箭,一箭一个,一共射下来九个太阳。当他拿起第十支箭的时候,被大家拦住了,于是才留下了现在我们看到的太阳。这个神话故事的背景是什么呢?大概当时弓箭发明出来不久,给人类带来很多便利,于是产生了弓箭崇拜,出现了一个与此有关的神话。"彀中",箭矢所能到达的范围。"中央者,中地也",正当中的地方,即箭锋所能射中之地。"然而不中者,命也",然而也有侥幸不被射中的,这是天命。表面看,这里讲的是后羿的神话故事,其实是以此来比喻子产和申徒嘉的事。"彀中"比喻刑网,言下之意是整个天下都是刑网,大家都被法律等条条框框管着,你没有犯错误,是你命好,不是说射不中你,其实每一个人都生活在"彀中",即箭所射到的范围之中。林云铭点评道,这里"把全足人一总骂杀。怒其以幸免笑人之不幸"(《庄子因》)。本来子产的意思是说,你申徒嘉被砍掉一只脚,是因为你犯了刑法,是你的德性不好导致的,这是你的命。结果申徒嘉反将了一军:"你子产生活在当下这种刑网密布的社会之中,之所以没被砍掉脚,不过是侥幸逃脱而已,这也是一种命,并

不能说明你德性高,不足以成为你炫耀的资本。"正如郭象所说:"中与不中,唯在命耳。"(《庄子注》)

　　然后申徒嘉回到正题,讲了自己前后的变化。以前"人以其全足笑吾不全足者多矣,我怫然而怒"。"怫"通"勃"。"怫然",脸上变色的样子。说明当初申徒嘉距离大道还远,面对旁人的嘲笑,还是会动怒。真正达到齐同万物境界的人,会认为别人批评他和不批评他是一样的。《逍遥游》里宋荣子可以"举世而誉之而不加劝,举世而非之而不加沮",是因为他能"定乎内外之分,辩乎荣辱之境",对于内和外、荣和辱的分别有自己的标准,不以外物干扰内心。两相比较,宋荣子的境界高于申徒嘉。庄子是如何评价宋荣子的呢? 认为他"犹有未树也"。宋荣子的心中仍有内外、好坏的分别,并没有做到齐同万物,离大道尚有距离,那么申徒嘉距离大道自然就更远了。不过,这是他进入伯昏无人门下之前的状态。"而适先生之所,则废然而反。""废然",怒气消失的样子。"反",反于常性。"怫然而怒"说明申徒嘉当初还在介意形骸,"废然而反"说明他跟随先生后,专心内修,对于曾经在形体上理会的一切俗见已全然不顾。陈景元《庄子阙误》引张君房本"不知先生之洗我以善邪"下有"吾之自寤邪"一句。郭象注:"不知先生洗我以善道故邪,我为能自反邪?"成玄英疏云:"不知师以善水洗涤我心,为是我之性情自反覆?"看来郭象本、成玄英本皆有"吾之自寤邪"一句,今据张本增补。也不知是先生用道德之善洗涤了我的内心呢,还是我自觉地进入到这种境界了? 我申徒嘉跟着夫子伯昏无人十九年了,夫子都不知道我是缺一只脚的人。庖丁解牛里的那把刀也用了十九年,不知"十九"这个数字在《庄子》中到底有何深意。吕惠卿说:"十九者,阴阳之极数也。为道者,极阴阳之数而造其原。"(《庄子全解》)其实,除了已经进入到齐同万物境界的伯昏无人没有察觉到申徒嘉外形上的异样而外,申徒嘉自已在十九年的修道过程中也已经差不多达到"极阴阳之数而造其原"，因而忘记了自己是一个兀者了。

接下来进入到这则寓言故事的高潮部分，"今子与我游于形骸之内，而子索我于形骸之外，不亦过乎！""形骸之内"，本性之内，可以指德。"游于形骸之内"，即以德相交。"形骸之外"指手足状貌之间。你子产跟我申徒嘉都游学于先生门下，先生提倡的是自然本性，游于自然德性之内，而你偏偏以形骸之外要求我，要在我是不是一只脚的这个外层问题上计较，不是太过分了吗？写到这里，申徒嘉和子产的境界高下立见，正如王雱说："耻形体之不全者，常人也；愧盛德之不充者，圣贤也。申徒嘉内务其全而外忘形，子产不取其德之充而恶其形不完，此所以太过而已矣。"（《南华真经新传》）对此刘辰翁点评说："游于形骸之内，著语最精。"（《庄子南华真经点校》）然而，此处还不是唯一"最"处，庄子行文一浪高于一浪，意外迭出，最后还以"子产蹴然改容更貌曰'子无乃称'"关合笔锋，收束文字。刘氏又点评说："'子无乃称'四字……是他笔下写出子产惝恍自失之状，故为此期期不了语也，异哉！"（同上）胡文英也说："子产蹵然改容……形容急遽羞惭之状，肖极！"（《庄子独见》）宣颖同样说："惭谢再不必如是言！"无论是刘氏口中的"异"，还是胡氏的"肖极"，抑或是宣颖的"不必如是言"，无不在感慨庄子行文的妙处，在子产的羞惭之中，寓言故事的主旨在高极之处戛然而止，无需再多缀一字。

这则寓言故事有一个特点，即人物的成长性。申徒嘉有一个发展过程，从开始的"人以其全足笑吾不全足者多矣，我怫然而怒"，到后来的"废然而反"，进步很大，已经游于形骸之内了。子产也有一个成长过程，从表层看，他从刚开始的"矜位而鄙兀"（褚伯秀《南华真经义海纂微》），到寓言故事结尾处的主动悔过是一种成长，从深层看，前文的"以不当亡者众"说的也是子产,这句话和文末子产的认错举动形成呼应,从不认错到主动认错,这也是子产的成长之处。人物的成长性既能让文章充满悬念,抑扬顿挫,又能突显主旨。从人物的境界高低来看,子产的境界低于申徒嘉,但申徒嘉也没有达到伯昏无人的境界,他最后还在跟子产争辩是非,试图说服子产。伯昏无人作为老师,在整则寓言故事中保持静默,但他留给人的印象是其境界很高,任两个学生往来争辩,我自岿然不动,很有得道者的样子。

下面进入第三则寓言故事:

> 鲁有兀者叔山无趾,踵见仲尼。仲尼曰:"子不谨,前既犯患若是矣。虽今来,何及矣!"无趾曰:"吾唯不知务而轻用吾身,吾是以亡足。今吾来也,犹有尊足者存,吾是以务全之也。夫天无不覆,地无不载,吾以夫子为天地,安知夫子之犹若是也!"孔子曰:"丘则陋矣。夫子胡不入乎?请讲以所闻。"

王雱说:"叔者即于伯仲也,山者有形之最大也,此亦庄子制名而寓意也。以其次于申徒为第三,故曰叔而已。以其亦有德之大,故曰山而已。"(《南华真经新传》)王氏认为,前面一则寓言故事中的得道者是伯昏无人,排第二的是申徒嘉,这则寓言故事中的是叔山无趾,从伯到叔,大概是遵照"伯仲叔季"来安排的,"山"是"大"的意思。这个解释有待商榷,和"叔山无趾"相比,王雱对"伯昏无人"的解释更有道理。

"无趾",因触犯刑法,脚趾被割掉了。"踵见仲尼",崔譔说:"无趾,故踵行。"(《经典释文》引)"踵",脚后跟。因为前面的脚趾被割掉了,所以只能用脚后跟走。向秀、郭象将"踵"释为"频也",我认为还是解释成脚后跟更贴合文意。仲尼曰:"子不谨,前既犯患若是矣。虽今来,何及矣!""犯患若是"指遭受刑法,割掉脚趾。这个"虽"应解释成现在的"即使",而不是"虽然"。仲尼说:"你不谨慎,以前因为犯错而遭受了这样的刑罚。即使现在想挽救，也来不及了。"无趾曰："吾唯不知务而轻用吾身，吾是以亡足。今吾来也，犹有尊足者存，吾是以务全之也。"第一个"务"指时务。"尊足者"即"尊于足者"，比足还要贵重的东西，指自然德性。第二个"务"指尽力。叔山无趾说："我只是因不识时务而轻率地对待自身，所以才失去了脚趾。现在我来这里，还有比脚更贵重的东西存在，因此我想竭力保全它。"前面王骀的寓言故事中，有"视丧其足犹遗土也"之论，这里叔山无趾也想做到这样，进而追求更为珍贵的东西。

"夫天无不覆，地无不载，吾以夫子为天地，安知夫子之犹若是也！""犹若是"，意谓仍拘于形骸之见。天没有什么不覆盖的，地没有什么不载托的，天地不会对万物区别对待，刮风、下雨都是一视同仁的，不会因为哪个地方缺雨就给你下一场。正因如此，天地才能成其道，才能让万物得到好处。如果刮风、下雨有了目的，那就生出了偏爱，天地就不能齐同万物了。叔山无趾说，原本以为孔子是和天地一样的存在，没想到他仍然拘泥于形骸之见，不能对形全之人和无趾之人一视同仁，达不到天地那种齐同万物的境界。无趾用三言两语批评了孔子，言辞犀利，性格鲜明，故胡文英谓其"冷雨逼人"（《庄子独见》），刘凤苞谓其"微讽处冷峭逼人"（《南华雪心编》）。

孔子认识到自己的错误后说："夫子胡不入乎？ 请讲以所闻。"是我孔丘浅陋了。"请讲以所闻"有两种解释：一种是孔子要给叔山无趾讲自己听来的内容。古汉语里"请"有"请你允许我"的意思，请你允许我讲一讲我所听到的一些道理；另一种解释是孔子请叔山无趾给他讲一些道理，是孔子想听。我觉得第二种解释更为恰当。孔子虽发出了邀请，但叔山无趾并没有讲什么。这里暗含着，在叔山无趾看来，这个道理是不需要讲出来的，否则就留有痕迹了，所以他没有讲就出去了。

无趾出。孔子曰："弟子勉之！ 夫无趾，兀者也，犹务学以复补前行之恶,而况全德之人乎!"

无趾出去后,孔子说:"弟子们,你们应向叔山无趾学习,他作为一个兀者,尚能继续学习以弥补以前所犯的过错,何况是形体完全的人呢!"这里的"全德"不可与《天地》篇的"全德之人"、《田子方》篇的"全德之君子"混为一谈。释德清说:"全德犹'全体'也。"(《庄子内篇注》)"全德"应解释为"四体周全的人",而不是道德完善的人。这里孔子表现出了他一贯的好学,这一形象和《论语》中的孔子形象相吻合。孔子一生极为注重学习,到老了依然如此。孔子对叔山无趾的理解,仅限于无趾努力学习来补救自己的缺陷,这与叔山无趾自己的解读背道而驰。

> 无趾语老聃曰:"孔丘之于至人,其未邪? 彼何宾宾以学子为? 彼且蕲以諔诡幻怪之名闻,不知至人之以是为己桎梏邪?"老聃曰:"胡不直使彼以死生为一条,以可不可为一贯者,解其桎梏,其可乎?"无趾曰:"天刑之,安可解!"

兀者对老聃说:"孔子对于至人的境界,大概还没达到吧?"俞樾说:"宾宾之义,《释文》引司马云:'恭貌。'张云:'犹贤贤也。'崔云:'有所亲疏也。'简文云:'好名貌。'皆望文生义,未达古训。宾宾,犹频频也。"(《庄子平议》)"宾宾"有两种解释,一种是恭敬之意,另一种是频繁、多次之意。我赞同俞樾的观点,认为频繁的意思更好,当然"恭敬"之意也能讲通,但这里姑且采用"频频"之意。无趾说:"孔子为什么经常来向老子您请求指教呢?"其实大道要靠体悟,但孔子以为大道存于书本、文字之间,所以经常来向老子请教。"彼且蕲以諔诡幻怪之名闻,不知至人之以是为己桎梏邪?""蕲",求。"諔诡幻怪"和《齐物论》里的"恢恑憰怪"意思相近,都指奇异怪诞。按字面意思理解,孔子总是祈求奇异怪诞的这类名闻。若这样理解,文意则稍显不畅,与我们往常从《论语》等儒家文献中了解到的孔子形象有所出入,所以"奇异怪诞"实际指的是儒家崇尚的礼乐制度。在道家看来,儒家追求的礼乐都是虚名,属于有痕迹的东西,是细枝末节,没有进入到"无"的境界,是道家所不屑的内容,故而被指称为奇异怪诞。孔子并不了解,在至德之人、得道之人看来,礼乐制度是桎梏。"桎梏"即镣铐,手上的叫梏,脚上的叫桎,引申为束缚。这里透露出一些儒家和道家的矛盾点:儒家认为礼乐制度、先王言行中蕴藏着大道,但道家认为这些都是束缚人性的,是与大道相违背的东西。

老聃回答无趾说:"胡不直使彼以死生为一条,以可不可为一贯者,解其桎梏,其可乎?"为什么不让孔子齐一生死、混同是非呢?解除他的桎梏,这样也可以吧?蒋金式说:"死生一条,可不可一贯,一篇《齐物论》尽此,一部《南华》尽此。"(徐廷槐《南华简钞》引)可见,"齐同万物"不仅是《齐物论》的精华,也是整部《庄子》的主题之一。《德充符》这里重提泯灭是非,重提齐同万物,正是对道家主要思想的反复申说。换个思路,这里的"可不可"也可以理解成儒家整天学习的东西,儒家总在分别好坏、男女、小人君子等是非,这也是在制造是非。在老庄看来,世界没有是非,可与不可、是与非、美与丑都是一样的。孔子如果想要得道的话,应该取消是非观,然后才能齐同万物。从这个理论看,我们现在整天求证、写文章都是在制造是非,我现在讲《庄子》文本也是在制造是非。本来《庄子》写出来的时候,文本只有一个意思,但现在我们解释成一千个人一千个意思,所以一部《庄子》探讨了几千年,越解释越驳杂。如果庄子知道我们的做法,可能会很鄙视。

回到文本,孔子前面谈及了缺一只脚的叔山无趾和形全之人的区别,后面鼓励他的学生去向叔山无趾学习,这样看来,孔子的确和"以死生为一条,以可不可为一贯者"相差很远。所以这则寓言故事中,孔子是被否定的对象。《德充符》里目前孔子已经出现了两次,但两次的形象不一样，第一则寓言故事中他是被肯定的对象，而这则寓言故事中却被否定了。其实，庄子就是这样，在他眼中孔子这些人都是可以被随意调侃的对象，一切皆为寓言故事所用，庄子内心并无条条框框，其逍遥洒脱的文风正是《庄子》的妙处之一。

段末，无趾道出一句"天刑之，安可解！"这是说孔子天生根器如此，无法解除。"解"的对象是前面所说的"諔诡幻怪"，即儒家倡导的礼乐制度、虚名追求，这些在道家眼里都是枷锁，故而用"解"。无趾认为孔子"不可解"，现实亦是如此，孔丘生性好学，《论语》多处可见，如"吾十有五而志于学，三十而立，四十而不惑，五十而知天命，六十而耳顺，七十而从心所欲不逾矩"（《为政》），"学而时习之，不亦说乎"（《学而》），"吾日三省吾身，为人谋而不忠乎，与朋友交而不信乎，传不习乎"（同上）等等。孔子一辈子都在学习，而他"学"的这种刻意方式，以及所学的礼乐文化，在道家看来都是上天在惩罚他，而且惩罚已渗透到他的心性里，无法解除了。关于这里的文法，林云铭说："无趾反说夫子之受天刑，竟似已为全人，而以他人为刑余可怜悯者，真堪绝倒，庄文奇妙至此！"（《庄子因》）正所谓"充"即在于德，至于其他，譬如形体、礼乐、好学等皆可不充，无关大碍。

这则寓言故事旨在说明无趾的志向在于"德充"，所以即使失去了他的脚趾，而仍然光辉外发；孔子务求虚名，却忽视了自然德性，所以纵然具有完整的身躯，仍然不免是遭受上天刑罚的人。可以发现，《德充符》篇每则寓言故事都要归结到"德充"上来，都讲求内德充实，外在的东西并不重要。

《庄子》中的寓言故事情节大家都能看懂，但要分析出隐藏在寓言故事背后的作者用心，并讲出一些新意，是比较难的。前面讲的申徒嘉和子产的寓言故事，如果只从文字看，无非是一则虚构的寓言故事，但从思想源头看,中国一直是官本位的社会,人们把官位看得很重,这背后是儒家思想的影响。道家不同,庄子甚至认为官位这样高的子产都不如一个兀者,这是一种全新的思路,从这个角度看,申徒嘉的寓言故事在中国思想史上意义重大。刚讲完的这则寓言故事也是如此,孔子把形体的完整看得更加重要,叔山无趾是缺一只脚的人,他却把内在的德行看得更为重要,如果把这则寓言故事和中国思想史的发展联系起来,也是很有意思的一个论题。陈鼓应先生经常讲到一个问题,中国历史上、思想史上若没有道家是不可想象的,虽然其他诸子百家也很重要,但作为儒家的对立面,道家是不可或缺的。如果儒家和道家间没有相互对立的作用,没有反对派的存在,历史可能会走向某个极端。从这一点上看,道家的存在是大有意义的。

接下来要讲的鲁哀公、仲尼、哀骀它三个人的寓言故事也是虚构的,但虚构当中自有深意。历史上,鲁哀公和仲尼有过交往,《左传》哀公十六年载,孔子死后,鲁哀公为孔子作悼词:"旻天不吊,不慭遗一老,俾屏余一人以在位,茕茕余在疚。呜呼哀哉!尼父,无自律!"鲁哀公是十分尊敬孔子的,从其谏词内容看,二人之间应该有过交往,但这里的寓言故事却是虚构的。

> 鲁哀公问于仲尼曰:"卫有恶人焉,曰哀骀它。丈夫与之处者,思而不能去也;妇人见之,请于父母曰'与为人妻,宁为夫子妾'者,十数而未止也。未尝有闻其唱者也,常和人而已矣。无君人之位以济乎人之死,无聚禄以望人之腹。又以恶骇天下,和而不唱,知不出乎四域,且而雌雄合乎前,是必有异乎人者也。寡人召而观之,果以恶骇天下。与寡人处,不至以月数,而寡人有意乎其为人也;不至乎期年,而寡人信之。国无宰,寡人传国焉。闷然而后应,氾而若辞。寡人丑乎,卒授之国。无几何也,去寡人而行。寡人恤

焉若有亡也,若无与乐是国也。是何人者也?"

"恶",丑陋。王雱说:"哀骀它者,丑恶之名也。以其德充而形恶,故制其丑恶之名矣。"(《南华真经新传》)宣颖说:"骀,乃驽劣之名,又加以'哀',为可哀之劣人也。它者,他也,泛有所指。大抵皆子虚乌有之类也。"(《南华经解》)本篇我们讲的第一个寓言故事中的人叫王骀,前面解释过,"骀"有"劣马"之意,宣颖沿用了这一解释。"哀",有怜悯之意。综合王雱、宣颖之说,哀骀它是一个德性充实于内、相貌丑陋、令人怜悯之人。

哀骀它是个很有魅力的人,男人们跟他相处,便思恋他,不肯离去。"与……宁……"在古汉语里是一个关联词语的结构,表示选择,相当于"与其……还不如……",或者"与其……宁愿……"的意思。妇女见了哀骀它以后,就请求父母说"与其嫁给别人做正妻,还不如做哀骀它的小妾",这样的妇女已经有十多人了,而且还有人不断地这样。这里有两层意思,第一层讲男人,第二层讲女人,现代人的观念里这两层应该是并列关系,但在古人看来,这里存在递进关系。明清研究文章学的人提出一种加倍夸张的说法,即后者比前者更加夸张的意思,如吴世尚说:"妇人见之……妇人忘其丑尤难,此皆加倍写法。"(《庄子解》)林云铭在《庄子因》中亦持此说。他们认为,女人物色男人,更加停留在皮相上,对男人内在的德性、本质较为轻视,而男人不同于女人,相对更加理性,更注重内在。从这个角度看,哀骀它能够被男人欣赏是情有可原的,因为男人对相貌本来就比较轻视,所以更看重他的德性,自然可以轻松地忽略他的丑陋形貌。但女人不同,能够让看重外貌的女人们如此喜爱他,说明哀骀它的确有异于常人之处。所以第二层写女人对哀骀它的喜爱程度,相对于第一层写男人的要更加夸张。

举个例子帮助大家理解,西晋作家潘岳以帅气出名,其事迹在《世说新语》等书中都有记载。潘岳少年时在洛阳街头上玩弹弓,妇女们看到他容貌出众、风度翩翩,便手拉着手来围观他。有一次,潘岳坐在马车上,一些年纪大的妇女围上来看他,还往他车上扔水果,最后潘岳满载而归。当时还有个作家叫左思,出生寒门,长相丑陋,但很有才气。他的《咏史》诗可能大家都读过,写得非常好,他的《三都赋》甚至引发了"洛阳纸贵"的现象。左思听闻潘岳的事迹后便想效仿,也到街上游逛,结果妇女们看到他相貌丑陋,都朝他吐口水。这个例子可以帮助我们了解古代女性重视外貌的这样一种历史现象。

这里还有一个小点,古代正妻的地位很高,小妾要听从于正妻,地位很低,所以一般的妇女都梦想能成为正妻,能够做正妻的都不愿做小妾。这里妇女们能主动放弃成为正妻的机会,梦想成为哀骀它的小妾,更加说明他魅力大。综合以上这些,我们再来看古人解释这几句话的时候认为这里运用了夸张写法的观点,其实是很有道理的。如果我们用现代男女平等的观念去理解,可能就没有那么到位了。

"未尝有闻其唱者也,常和人而已矣。""唱",倡导。《说文》云:"唱,导也。"《诗经·郑风·蘀兮》中有"倡予和女","倡"表示唱和之"唱"。可见,古时"唱"和"倡"的用法不同于今日,我们现在用的"倡导"之"倡",早期写作"唱"。鲁哀公此两句连下句"无君人之位以济乎人之死"的意思是说,自己没有听说过哀骀它倡导什么,只是常常应和他人罢了,他也没有统治者的权位能够拯救别人于危亡之中。"无聚禄以望人之腹。""聚",积蓄。"禄",俸禄。"望"的意思和现在不太一样,现在认为往远处看叫做望,这里的"望"是肚子吃饱的意思。李桢说:"《说文》:'望,月满也。'腹满谓饱,犹月满为望,故以拟之。"(王先谦《庄子集解》引)十五的月亮圆圆的,那一天叫做"望",从这里引申出来,人的肚子吃得饱饱的,很像"望"这一天的月亮的形状,所以"望"是饱满的意思。此句连下句是说，哀骀它也没有积蓄和俸禄能使别人的肚子饱满，同时又长得非常丑陋，让天下人见了都感到惊骇。"和而不唱"和前面的"未尝有闻其唱者也，常和人而已矣"是一个意思。"知"，见识。"四域"可解释为天下、国家，也可解释成四周。哀骀它的见识没有超出这些世间的常人。"雌"，指前面那些追着给他当小妾的妇女们，"雄"，指前面那些见了他以后"思而不能去"的男人们。"雌雄"，李颐、成玄英解释为"禽兽"。一般情况下，古文里面确实是这样解释"雌雄"的。但褚伯秀在《南华真经义海纂微》中持不同看法，他认为前文中有"丈夫与之处者"和"妇人见之，请于父母"等句，既然有丈夫有妇人，上下文连起来理解，自然不应该指雌雄禽兽，而应该指男女。褚氏此说更为合理。现在，我们来看哀骀它这个人，他既没有君主的权位能够救人于死地，也没有俸禄能够让别人填饱肚子，长得又难看吓人，还只会一味地顺从、附和别人，没有倡导出什么东西，他的智慧见识并没有高出周围的常人，但男男女女都围绕着他不肯离去，这是怎样的一个人呢？只有一个解释了，他一定有和别人不一样的地方。至于哪里不一样，庄子将在下文借仲尼作出具体解答。

除普通人外，连国君也迷恋上了哀骀它。鲁哀公召见哀骀它来看，果然是形貌丑陋地足以让天下人感到惊骇。他和鲁哀公相处不到一个月，鲁哀公就觉得他有高出别人的地方。"期年"即一周年。不到一周年，鲁哀公已经信任他了。"宰"，冢宰，是周官名，位列六卿之首。这里的"宰"不能解释成宰相，先秦时期的官制中没有宰相。"传国"，委以国政。国家刚好缺少冢宰，哀公想把国政委托给他。这里不是说哀公想把国君的位子让出去，而是想让哀骀它当冢宰。"闷然而后应，氾而若辞。"李颐说："闷然，不觉貌。"（《经典释文》引）即没有知觉的样子。"氾"通"泛"，无所系念的样子。面对鲁哀公的盛情，哀骀它无动于衷，漫不

255

经心而好像有所推辞。比起哀骀它，哀公自愧不如，自谓"寡人丑乎"，最终把治理国家的权力交给了他。这个"丑"不是丑陋的意思，大概解释成惭愧比较接近原意。可是没过多长时间，哀骀它便离哀公而去。"恤焉"，忧虑的样子。哀公有一些迷茫，有一些失望，好像丢失了什么一样。哀骀它走了以后，鲁哀公觉得好像在国中再也找不到一个人可以和他一起快乐了。"是何人者也?"点出了鲁哀公对哀骀它的恋恋不舍。

前面说过，庄子虚构的一些故事，文字表面上不难懂，但放在思想史上意义比较大。古代的国君养男宠的很多，一个是任人唯亲，另一个是看人的表面，而不是看他的内在，如卫灵公宠爱佞臣弥子瑕的故事便是一个典型。所以庄子虚构出这么一个寓言故事是有反传统意义的，我们要提高到这个高度上来认识，否则分析起来就没多少意思了。

我们再切近一点，这里出现了孔子，他是什么态度呢？据《论语·子罕》，孔子曾说"吾未见好德如好色者也"，他没看到过像喜欢美色一样去喜欢道德的人，说明在春秋晚期孔子所看到的普遍现象是十分看重外表了。《诗经·卫风·硕人》里描写庄姜"手如柔荑，肤如凝脂，领如蝤蛴，齿如瓠犀，螓首蛾眉，巧笑倩兮，美目盼兮"，这段文字后来成为描写美人的经典性话语，这从侧面说明当时社会已经非常崇尚美貌了。此外，《庄子》杂篇里有一篇《盗跖》，其中虚构了一则较长的寓言故事。从今天的角度看，盗跖算得上农民起义的领袖了，但在当时人眼中他是一个杀人放火的人。孔子到泰山上面去游说盗跖时，把人的品德分为三等，"生而长大，美好无双，少长贵贱见而皆说之，此上德也"。可这不是外表的东西吗？孔子还评价盗跖"身长八尺二寸，面目有光，唇如激丹，齿如齐贝，音中黄钟"，盗跖在古代属于真正的美男子，孔子对盗跖的描述很符合他自己提出的"此上德也"的标准。这里看起来虽然是孔子为了劝说盗跖而拍马屁，但从孔子的言谈看，他显然也是停留在表面上的。当然盗跖寓言故事中的孔子应该加上引号，因为这可能并不是真正的历史，而是借孔子发挥而已。但这则寓言故事中反映出来的人们重视外貌的风气可能由来已久了。

动物界也是如此。在过去，春节的时候家家户户宰鸡，有公鸡，有母鸡，公鸡的一身毛平时很好看，但褪掉毛的公鸡实际上比不上母鸡，身上没什么肉。为什么雄性的鸟好看呢？因为雌性的鸟就喜欢毛长得好看的雄性鸟，愿意和它们接触，久而久之因为丧失了生育机会，那些毛不好看的雄性鸟就被淘汰了，自然进化的结果是雄性越来越好看。看来动物也是停留在表面，更别说人类社会了。在四周都重视外表的现实背景下，庄子能写出哀骀它的寓言故事颇具颠覆性，我们不能把它仅仅当作一个寓言故事来看待，论故事情节、叙述手法，比它精彩的寓言、小说比比皆是，意义在于庄子能在人类社会普遍注重外表的时候，提出忽略外表、重视内在的观点，这种打破窠臼的勇气难能可贵。

这则寓言故事的解读还有一种以儒解庄的角度。以儒解庄，一种是借助儒家的东西来比附，另一种是为庄子批判儒学做开脱，后者占主流。宋代赵以夫有一本《庄子注》，全书没有流传下来，部分内容保存在褚伯秀的《南华真经义海纂微》里。赵以夫认为，哀骀它实际指孔子。他的理由是什么呢？据史书记载，孔子先后游说过七十二个国君，试图推行他的政治主张，但其主张并没有被真正采纳过。齐景公曾想重用孔子，但晏婴说了几句坏话后，景公就改变了当初的想法。晏婴这人总体不错，但这件事做得不好。孔子游说的最后一个国君是卫灵公，孔子和卫灵公夫人南子的会面是历史上存有疑点的一个公案。人们理解不了孔子怎么能和如此名声不好的女人私下见面呢？卫灵公见到孔子后请教如何打仗，孔子不语怪力乱神，军队属于力，孔子觉得卫灵公的政见和自己的有很大的出入,便离开了卫国。从此以后他不再出门游说,回到老家后就教学生、读《周易》、写《春秋》。赵以夫认为,孔子游说的最后一个国君是卫灵公,在卫国的时候孔子处境尴尬,用现在的话说是灰头土脸,《德充符》说"卫有恶人",这和孔子在卫国的处境十分相似;"丈夫与之处者","丈夫"指那些德性较高的看重孔子的诸侯们,所以他们"思而不能去";"妇人"代指孔子的学生们,他们也离不开孔子;"常和人而已矣",孔子曾说"述而不作,信而好古,窃比于我老彭"(《论语·述而》),孔子"述而不作",所以这里讲"和而不唱";"无君人之位以济乎人之死,无聚禄以望人之腹",孔子没当过国君、诸侯,但千百年来人们都称他为"素王","素"是白色的意思,没有加工过颜色的绸缎叫做"素",孔子这个王只是名号上的,并不是实际上的,也就是这里的"无君人之位",所以哀骀它指的是孔子(详见褚伯秀《南华真经义海纂微》引)。赵以夫的上述理由比较牵强,这种比附我觉得很不靠谱。

仲尼曰:"丘也尝使于楚矣,适见独子食于其死母者,少焉眴若,皆弃之而走。不见己焉尔,不得类焉尔。所爱其母者,非爱其形也,爱使其形者也。战而死者,其人之葬也不以翣资;刖者之屦,无为爱之,皆无其本矣。为天子之诸御,不爪翦,不穿耳;取妻者止于外,不得复使。形全犹足以为尔,而况全德之人乎!今哀骀它,未言而信,无功而亲,使人授己国,唯恐其不受也,是必才全而德不形者也。"

我孔丘曾经出使楚国,刚好看到有小猪在吃死去的母猪的奶。"少焉眴若",崔譔说:"谓死母目动。"(《经典释文》引)其实"眴若"者指小猪,而不是死去的母猪,谓小猪瞪着眼睛,很惊恐的样子。刚开始小猪不知道它们的母亲已经死了,一上去就吸母猪的奶,过了一会发现后,就出现了"眴若",随后"皆弃之而走"。这是什么缘故呢?"不见己焉尔,不得类焉尔。""焉尔",才如此,才导致小猪们发呆、惊恐,随后走开的结果。"不见己""不得类"是导致结果出现的原因。"不见己"谓母已死,目不能见己。"不得类"谓其母形状已不同往昔。这个"类"的解释很多,有人解释成小猪感觉到母猪和自己不是一类,我们这里解释为小猪感觉到母猪跟以前的母亲不一样了。这两种解释都可以,原文到底是什么意思,我们也很难猜测。

"非爱其形也,爱使其形者也。"这二句话非常重要,可视作这篇文章的中心论点。小猪爱它的母亲,主要不是爱母亲的形体,而是爱母亲内在的德性、精神。"使其形者",是说主宰形体的德性。在小猪看来,母亲的精神死了,母亲的形体也就没意义了。这说明,内德充实,虽恶骇天下无妨;否则,虽亲如母子,亦必弃之而去。

接着庄子又插入了一些例子,"战而死者,其人之葬也不以翣资;刖者之屦,无为爱之,皆无其本矣"。罗勉道说:"翣以木为筐,衣以白布,画云气其上,有柄如扇,以障柩。"(《南华真经循本》)"翣"是一种棺饰,棺材抬出去的时候,作为装饰品盖在棺材的两边。战死在疆场上的人,如褚伯秀所言"形且不得全归,何望仪物之备哉?"(《南华真经义海纂微》)受了刖刑后没有脚的人,自然不会再去爱鞋子了。紧接着,庄子说"皆无其本矣",这里的"皆"包含了前面的母猪、战死之人、刖者三个例子,它们的共同点是基础的东西都没了,母猪的精神、战死之人的棺材、刖者的脚都没了,还需要那些附着在"本"上面的东西吗? 胡文英说:"刖者之屦……连用三喻,是神不全者,著笔俱在对面反面。"(《庄子独见》)这三个例子共同从反面说明,人如果丧失了内在的本——德性,那外在的东西也没有什么意义了。

"为天子之诸御,不爪翦,不穿耳。""诸御",宫妃。"翦"和"剪"是通假字。天子选拔妃子时,要求女性不剪指甲,不打耳洞,这是为了让她们保持形体的完整。我们现在可能没法理解这个观点，但古代确实如此。《孝经》云："身体发肤，受之父母，不敢毁伤，孝之始也。"在古人眼里，身体、皮肤、毛发都是父母给的，如果随意伤害这些，包括随意剪头发，都是不孝的表现。《三国演义》里曹操下过一道命令，谁的马进入到老百姓的麦地里就要接受惩罚，结果他自己的马受惊后跑到麦田里去了，曹操也不能割了自己的头，于是就割了一些自己的头发，表示接受了惩罚。在现代人看来，曹操只不过割了一些头发，他果然是个心机很深的大奸臣。但在古人看来，割头发也算是一种惩罚，是不孝的表现。如果和这些观念联系起来，这里的不剪指甲、不穿耳洞就能说得通了。接下来讲"取妻者止于外，不得复使"。《礼记·礼运》曰："三年之丧与新有昏者，期不使。""复使"，役使。新婚后就要停止受到外界的干扰，可以不再服役，这是为了保护新婚者内心不受损害，保存完好的本性。这里有两层意思，一层是天子选妃，一层是普通人娶妻，宣颖在《南华经解》中认为这两层都属于正面立论，与前面从反面立论的三个例子形成呼应。

"形全犹足以为尔，而况全德之人乎！"保持形体完整的人都这么让人感动，何况保全德性完整的人呢？这里庄子再次阐发了德性高于形体的观念。"今哀骀它，未言而信，无功而亲，使人授己国，唯恐其不受也"，是说现在哀骀它没有说话而得到了人们的信任，没有功劳而得到了鲁哀公的亲近，让别人授予他治理国家的大权，还唯恐他不愿接受呢。

"是必才全而德不形者也。""是必"，一定。释德清说："才全者，谓不以外物伤戕其性，乃天性全然未坏，故曰全。""才全"指自然才性的完整，自然才性即天性。"德不形者"指内德不外露。这里我们需要举几个例子来说明"德不形者"。前面讲到《养生主》篇的时候，有人认为老聃还没有达到至人的境界。老聃的德行比较高超，但还是有人在吊唁他的时候，像死了父母那般伤心地哭，说明老聃还没有做到"德不形者"，因为老聃的德性外露了，所以人家被他感动了才哭得如丧考妣。这一说法正是和此处的"德不形者"相联系而发挥出来的。此外，杂篇第一篇《庚桑楚》中，庚桑楚所到的地方粮食便会丰收，人们就像拜菩萨一样去祭拜他，说明庚桑楚没有做到"藏身深眇"，他的德性还有外露，别人知道他的好处后才会去祭拜他。真正做到内德不外露的人，别人是不会了解他的，像列子在郑国待了几十年，人们就不知道他，这就达到了"藏身深眇"的境界。这里孔子评价哀骀它就达到了"才全而德不形者也"的境界。

在本篇中，"才全而德不形者也"这句话很重要，它回答了前面那句哀骀它"是何人也？"如陈详道所说："王骀以兀而取物最，哀骀它以恶而物不离，盖有尊形存焉，虽兀犹全也；有至貌存焉，虽恶犹美也。所谓至貌者，才全而德不形是也。故丈夫妇人之所慕，鸟兽之所亲，以至国君愿授之国，非使物保而物自保之也。"（褚伯秀《南华真经义海纂微》引）陈氏所言鸟兽之语，应是对"雌雄"之句的误读，但其对"才全而德不形者也"的解释较为允当。同时，这句话也再次点明了全篇的主旨。

> 哀公曰："何谓才全？"仲尼曰："死生、存亡、穷达、贫富、贤与不肖、毁誉、饥渴、寒暑，是事之变，命之行也，日夜相代乎前，而知不能规乎其始者也。故不足以滑和，不可入于灵府。使之和、豫、通而不失于兑，使日夜无郤而与物为春，是接而生时于心者也。是之谓才全。"

所谓"才全"，就是仲尼列举的这些东西都不会影响到自己的内心。前六对内部都是相反的，例如生和死、存和亡等，人们都是喜好一种而厌恶另一种，而这些东西经常此消彼长，一直不分昼夜地变化。后两对饥和渴、寒和暑是两两相似的,人人都不可避免,但过度后都会招来人们的厌恶。但无论是前六对的此消彼长,还是后两对的不可避免,都不是我们的才智能预测的,而是天命的自然运行,所以人们常将这种不可捉摸的变化称为"命运"。如陈深所言"此十六者,人事之变,命运之定,一毫智巧规画之私,不得容于其初者"(《庄子品节》)。

"故不足以滑和。""故"是承接上文,既然命运不可捉摸,那么我们"不足以滑和,不可入于灵府"。"滑和",扰乱和顺的本性。我们不能急躁,无论遭遇生死、穷达、贫富等何种境界,都要保持内心的平和。"灵府"即心,不要让前面列举的这些际遇与纷争进入到我们的内心。吕惠卿说:"和者,阴阳之冲而神之所好也。灵府,则神之所宅也。"(《庄子全解》)所以,无论外界如何变化,我们自身如何遭际,都要保"和"而不让外物干扰"灵府",如此方能安神。

庄子的境界一般人很难做到,魏晋时期的一些人仿效得比较好,《世说新语》就展现了魏晋人的内心世界,反映了魏晋人的精神气度。东晋淝水之战中,谢安派谢石、谢玄与前秦苻坚作战,《世说新语·雅量》载其事:"谢公与人围棋,俄而谢玄淮上信至,看书竟,默然无言,徐向局。客问淮上利害,答曰:'小儿辈大破贼。'意色举止,不异于常。"这场仗东晋与前秦兵力悬殊,战场形势凶险,胜败关系到东晋存亡,但谢安在得到捷报后,依旧内心平稳地继续下棋,展现了其不凡的气度与才具,非常人所能及。"才具"这个词是两晋时专门用来评价人的才能的,还有一件事也能说明谢安的才具。《世说新语》同篇又载,谢安在东山时,有一次和孙兴公等人坐船出海,突然遇到海上风浪大作,诸人神色慌张地让船夫返回,唯谢安镇定自若,船夫受其鼓舞,继续迎浪而上,后风浪急转,诸人惊恐,谢安徐徐嘱咐船夫返回。谢安的胸襟和气度并非孤例,而是魏晋士人普遍崇尚的风格,这与他们喜好老庄是分不开的。

王羲之以《兰亭集序》出名,他的书法龙飞凤舞、肆意风流,其书法风格和魏晋名士的风度也有关系。他不仅是魏晋名士,而且对《庄子》很有感悟。《世说新语·文学》载,王羲之在会稽做官时,刚开始很轻视支遁,后来支遁谈论了自己对《庄子·逍遥游》的几多感悟,王羲之"遂披襟解带,留连不能已"。从王羲之听后的状态看,他对《庄子》是十分喜爱的。就《世说新语》看,魏晋士人都以研究《庄子》为雅趣,常三五好友,汇聚一堂,纵谈老庄,《逍遥游》《齐物论》《渔父》等篇目都有论及。从唐朝开始,《庄子》变成了科举考试的必考科目,但唐朝自此之后的庄子研究并无突出成果,因为人们不再用心去体悟庄子真意。魏晋士人们认为自己从内心需要老庄,将老庄的思想渗透在日常的行为举止中,镇定自若的气度只是内化后的外在表现而已。这种气度若表现在艺术上,就是王羲之龙飞凤舞的书法气质。现在的人想写出王羲之的字是很难的,因为你的内心世界是有所束缚的,你没有从心底里认同庄子那种齐同万物、睥睨天下的精神境界,也没有将其内化在自己的心中,自然没法表现出纯任自然的意境来。我们若只是把《老》《庄》当作材料来读,那是难以深入的,而是需要认真体会其中蕴含的大道。这里的"不可入于灵府",就是庄子超然物外精神境界的一种描述。

"使之和、豫、通而不失于兑",林云铭指出是"于八卦内取出兑字"(《庄子因》)。"兑"是《周易》六十四卦里的第五十八卦,谓:"兑:亨,利贞。"即兑卦表示亨通,对万物是有利的。在整个《周易》里,只有兑卦表示愉悦。或认为此卦是少女的纯真愉悦之相,因为一般少女的内心比较和悦。由此也启示人们,尽管天地间有生死、存亡等诸多变故,但如果不让这些东西进入到内心当中去,我们就能保持和顺、愉悦的心态,从而不会失去兑卦所表现出来的少女纯真愉悦的气象。这个"兑"解释成"兑卦"本身也能说得通,但以易解庄者或以《周易》来解释整篇《逍遥游》，我觉得这样就有点牵强附会。

"使日夜无郤而与物为春"，"郤"通"隙"，引申为间断。"春"不是春天的意思，而是指春天般的和谐，如林希逸所说："与物为春者，随所寓而皆为乐也。"（《南华真经口义》）宣颖说："随物所在，皆同游于春和之中。"（《南华经解》）是说让这种愉悦的心情日夜不停，就像随物所在地畅游在春和之中，一派温暖和谐的样子。"接而生时于心者也。"王敔说："与物方接之时，即以当前之境，生其合时之宜，不豫设成心以待之也。"（见王夫之《庄子解》）"时"包含两层意思，一层是自然界的四时变化，另一层是生死、存亡、荣辱的人生际遇变化。而"生时"需要的是顺应当下的情境，让内里和外物的变化保持和谐一致。"于心者"讲求的是客观接受，如实反映外界的变化，这种境界和"止水"是相通的，就像镜子一样客观呈现，不加任何的主观成分。最后以"是之谓才全"来呼应哀公所问的"何谓才全"。

接下来解释"德不形"的篇幅相对短小。

"何谓德不形?"曰："平者，水停之盛也。其可以为法也，内保之而外不荡也。德者，成和之修也。德不形者，物不能离也。"

罗勉道说："盛，极也。"（《南华真经循本》）平，是水静止到极点的状态。以之为法，就能内保平静，外不荡漾。其深意正如郭象所说："内保其明，外无情伪，玄鉴洞照，与物无私，故能全其平而行其法也。"（《庄子注》）王雱也说："内有其所守而外无其所放，寂然无迹而物所以归向。"（《南华真经新传》）说明内在要秉持德的完整，对外要无所显露，从而内外和中，这就是"德不形"。"德者，成和之修也。""和"是性的和顺，不荡、不震。我们修德就是要保持和的状态。当你德不外露以后，万物就会自来亲近，不会离开。罗勉道说："物自亲之，不能释离，如哀公之于哀骀它。"（《南华真经循本》）其实，还有妇人们的"与为人妻，宁为夫子妾"。

这个"物"代指的就是妇人和哀公的事情，所以这里不同于解释"才全"的详细写法，而是一笔带过地解释"德不形"，因为前面都谈过了。刘凤苞说："其释'德不形'三字，只轻轻一喻，醒出正意，便落到物不能离，此行文详略之分也。"（《南华雪心编》）

> 哀公异日以告闵子曰："始也吾以南面而君天下，执民之纪而忧其死，吾自以为至通矣。今吾闻至人之言，恐吾无其实，轻用吾身而亡吾国。吾与孔丘，非君臣也，德友而已矣。"

闵子是孔子的学生闵子骞。"通"，明于治道。"至人"指仲尼。哀公曾经以为自己已经明白了治理国家之道，但听到孔子的话以后，开始担心自己并没有实德，只是轻率地劳心劳力而使国家危亡。本篇中好几个地方都提到了孔子，但孔子的形象并不统一。藏云山房主人说："上段叔山无趾，因见夫子讲学，即谓为天刑；此段哀公因闻夫子才德之论，即称为圣人，均系托言，何以差别若此？盖托词以明道也，非论人也，亦非论事也。读者岂可以辞害意乎？"（《南华大意解悬参注》）所言甚是。至于《庄子》内篇和外、杂篇之间的个别相互抵牾之处，因为内篇是庄子所作，而外、杂篇不一定全是庄子本人所作，故而也不需要太过较真。

接下来进入第五则寓言故事：

> 闉跂支离无脤说卫灵公，灵公悦之；而视全人，其脰肩肩。瓮㼜大瘿说齐桓公，桓公悦之；而视全人，其脰肩肩。

"闉跂支离无脤"是虚构的人物。成玄英说："闉，曲也，谓挛曲企肿而行；脤，唇也，谓支体坼裂，伛偻残病，复无唇也。"（《南华真经注疏》）宣颖进一步细节化，他说："闉，曲城也。人之体曲似之，故取以为称；跂，脚跟不着地也。闉跂者，曲体而跂行也；支离，形不整也。脤，即'唇'字也；无脤，口无唇也。总其诸般丑形以为之号也。"（《南华经解》）这个人的形体缺陷总共有三样，佝偻、跛脚、没有嘴唇，加在一起就成为了他的名字。在我们看来，此人实在太丑了。这个"说"是游说的意思，下一个"说"字也一样。卫灵公见到此人后便喜欢上了他，竟然"视全人，其脰肩肩"。陆德明说："脰，颈也。"（《经典释文》）李颐说："肩肩，羸小貌。"（《经典释文》引）罗勉道说："其颈细长，丑而不足观也。《周礼·梓人》云'数目顾脰'，注：'长脰貌。'盖'肩'与'顾'同。"罗勉道的《南华真经循本》解释到这里的时候说，读《庄子》需要古学的功底，文献的功底，他举了这个例子来证明他的观点。《周礼·梓人》曾记载梓人制作筍虡的情况。筍虡是悬挂钟磬的木架，横梁叫筍，竖着的两根木头叫虡。为了让钟磬演奏起来仿若自然之音，筍虡上常常刻着图案，包含脂者、膏者、羸者、羽者、鳞者五类兽。其中，虡上面刻的羽类就是鸟，"数目顾脰"就是形容这类鸟的，当演奏到比较轻、比较细长的声音的时候，就和鸟的图案相配合。"数目"是说鸟的眼睛一开一合比较急促，"顾脰"是说鸟的脖子又长又细。庄子这里正是借用了《周礼·梓人》的上述内容。罗勉道的"其颈细长，丑而不足观也"的说法，把庄子隐含的意思完全说出来了。卫灵公竟然喜欢上了闉跂支离无脤的长相，看到正常人反而觉得丑陋了。

第二个人叫"瓮盎大瘿"，也是虚构的人物。陈寿昌说："瓮盎，皆瓦器；瘿，瘤也。项下生瘤，大如瓮盎也。"（《南华真经正义》）瓮、盎都是陶器的坛子，特点都是肚子很大，口比较小。"瓮"在农村家家户户都有，用来装酒或者装咸菜。和闉跂支离无脤一样，齐桓公喜欢上瓮盎大瘿以后，看到正常人也觉得丑陋了。

以丑为美且以正常为丑，其实是很罕见的事，但历史上《德充符》并非孤例。林云铭在闉跂支离无脤和瓮盎大瘿的寓言故事下面注云："昔有悦一眇娼者，以天下妇人皆多全目，人以为绝世奇谈，不知其从此窃去也。"（《庄子因》）刚开始看到这条材料的时候，我以为这是林云铭在生活中听到的，后来才知道这个故事又见于冯梦龙的小说《情史》。这种故事不大可能出现在正规文献中，因为传统文化都以相貌端正为美，所以这类故事只能出现在小说里了。

《情史》中，眇娼是个只有一只眼的妓女，因生活贫困，就和母亲商量着西游京师汴梁。别人跟她说："京师是色艺荟聚的地方，在那里两只眼睛的娼妓都担心没有顾客，何况你这个一只眼睛的呢？"眇娼不以为然，她觉得京师那么大，也许能碰到懂得欣赏她美丽的人呢。眇娼到了京师以后，就这样在河边的旅舍里住了一个多月。有一天，有个翩翩少年带着随从路过河边，他一看到眇娼就喜欢上了她，留下来吃饭，而且第二天又来了。因为特别喜欢她，少年就置办好豪宅，把眇娼娶回了家，甚至还亲自下厨给眇娼做饭，小心谨慎地侍奉着她。如果眇娼吃饭，少年就跟着吃饭，如果眇娼不吃饭，少年也不吃饭。别的书生嘲笑少年，少年就说："自从得到了眇娼，我看天下的女子，都觉得她们多了一只眼睛。"这两则材料相互比对，我推测林云铭的批注应该是引用了冯梦龙的《情史》，只不过他把整个故事简化成了几句话而已。当然，冯梦龙编写这个故事，无疑受到了庄子思想的影响，他对《庄子》很熟，还曾据《庄子·至乐》"庄子鼓盆而歌"寓言故事创作过著名的《庄子休鼓盆成大道》小说呢。

在中国几千年的历史中，重视外表的观念是根深蒂固的，现在也是这样。庄子写的这则寓言故事，就是有意地要推翻这种传统观念。这里的写法和前面几则寓言故事不一样，两个人的外形特点彼此间还有一种对照关系，"无脤是形之缺而不足者，大瘿是形之满而有余者"（刘凤苞《南华雪心编》）。

这则寓言故事和本篇前面的几则寓言故事之间可能还存在一种隐

藏的关系。宣颖主张，《德充符》前文的六个寓言故事人物涉及师生、朋友、君臣、夫妇之间的关系，他们都以义合，是益德不益行，是义以贯之，这些关系都以义为纽带，而父子、兄弟之间都以性合，比义的纽带更进一层，是天然的亲近，所以没必要写了。

和这一说法类似，陈寿昌说："上德不德，充于内自符于外，此中有人，殊未可以貌取也。观于师弟之契，朋友之交，君臣之合，妾妇之从，道且如是，则夫父子兄弟之本以天属者，无待言矣。"（《南华真经正义》）《庄子》外杂篇中也写到过诸如此类的事。比如你在马路上不小心踩到陌生人的脚上，你可能会十分诚恳地道歉，如果你踩到同学的脚上，只需要稍微道歉一下就可以了，但如果你踩到父母的脚上，可能连对不起都不要说了。如果我们把整部《庄子》里的这类材料放在一起考虑，我觉得宣颖这里的解释是有道理的。宣颖的提法属于比较深层次的东西，我们也不知道当初庄子写《德充符》的时候有没有刻意的布局，也可能这只是他无意识当中自然表现出来的，但现在我们能这样分析出来当然更好。接下来，文章就在上述基础上开始立论了。

> 故德有所长，而形有所忘。人不忘其所忘，而忘其所不忘，此谓诚忘。故圣人有所游，而知为孽，约为胶，德为接，工为商。圣人不谋，恶用知？不斲，恶用胶？无丧，恶用德？不货，恶用商？四者，天鬻也。天鬻者，天食也。既受食于天，又恶用人？有人之形，无人之情。有人之形，故群于人；无人之情，故是非不得于身。眇乎小哉，所以属于人也！謷乎大哉，独成其天！

"故德有所长，而形有所忘。"这二句话是可以作为全文的中心论点的，和篇名"德充符"相合，强调以德为主，德行充实过人，外在形体上的缺陷和丑陋就会被人遗忘。林希逸说："所可忘者形也，所不可忘者德也，知有形而不知有德者，真忘也。"（《南华真经口义》）得道者至人、神人、圣人是德有所长、形有所忘的，而世上的普通人，他们不遗忘本该遗忘的形体，而遗忘了本不该遗忘的德性，这才是真正的遗忘。世上的普通人和得道者的区别一目了然。

"故圣人有所游"，这个圣人是道家的理想人格，跟至人、神人是同一个意思。成玄英在《南华真经注疏》中说至人、神人、圣人"名号虽异，其实一也"。当然这是笼统地讲，若细讲还是有些区别的。至人有一些特异功能，在水底不会淹死、火不会烧着等等，神人像藐姑射山神人一样，圣人主要是内德比较充实。从广义看，三者都是道家的理想人格，只是圣人有两种不同的含义。《庄子》中，"圣人"一词多次出现，有时指道家的理想人格，有时指儒家的理想人格，需要根据上下文来判定。这里的圣人指的是道家的理想人格。"有所游"，从大的层面讲，如成玄英所说："遨游于至虚之域也。"（《南华真经注疏》）即游心于大道的境界，和"逍遥游"是同一个层次；从具体的方面而言，则如林希逸所说："圣人有所游，游者，即所谓心有天游是也。……心有天游，则知此四者皆吾之累矣。"（《南华真经口义》）对应的是接下来讲的四个方面。

"知"，智也。圣人把聪明才智看成是产生罪孽的根源。"约"，约束。"胶"，粘起来，引申为禁锢。宣颖说："约束之礼，乃胶漆也，非自然而合者。"约束就像胶一样，把不同的事物勉强硬拉在一起，比如礼仪把君臣、夫妇等关系固定起来。所以礼仪对人的约束，就像胶粘起来一样把人们禁锢住了。"接"，接待，交往应对外界之意。"德为接"，是说把布施德惠当成是收买人心的手段。这个"德"需要注意，和"德充符"的"德"不是一个层次。"德充符"的"德"是指内在的自然本性之德，这里的"德"是指那种浮在表面的、有形的德，不是内在的与性、天相吻合的德，有点类似于儒家的德。有人把这个"德"解释为得道的"得"，因为这在《庄子》里面有不少例子，"德"有时的确通假为"得"。但大多数人还是把这里的"德"当本字来解释,这样更为合理一点。"工为商",把工于算计、运用巧思看作是商人的行为。人们常说:"商人无亏心不赚钱。"商人有时为了赚钱,会采取一些欺骗的办法,即所谓工于心计,这种风气是改不了的。当然,商人也有讲诚信的,比如山西的晋商。

以上"知为孽,约为胶,德为接,工为商"四种行为都是圣人所不屑的,与此相对应,圣人也拥有四种天德:"圣人不谋,恶用知? 不斫,恶用胶? 无丧,恶用德? 不货,恶用商?"圣人顺其自然,不喜好权谋,当然用不到智慧。"斫",砍,引申为雕琢。句意是说圣人不会对事物进行砍削、雕琢,所以用不到胶粘。这个"胶"的理解,等同于"约为胶"的"胶"。圣人从来没有损害人家,所以用不着布施德惠。圣人不想追求货物的利益,所以用不着行商。"四者,天鬻也。""四者"即"不谋""不斫""无丧""不货"。陆德明说:"鬻,养也。"(《经典释文》)做到这四点,就是天养着你。"天鬻者,天食也。""食"当动词用,"天食"即老天给你食物。这里其实是说"不谋""不斫""无丧""不货"是符合天然的行为,是天养出来的。"既受食于天,又恶用人!"这个"人"指的是知、胶、德、商这些东西。

"有人之形,无人之情。"这两句的主语是"圣人有所游"的"圣人"。从形貌看,圣人跟一般的人没有区别。历史上一些伟人的形貌甚至还不如普通人。《荀子·非相》说:"仲尼之状,面如蒙倛。周公之状,身如断菑。皋陶之状,色如削瓜。""蒙倛"是古代驱鬼的一种面具。驱鬼一般需要的是长相威严、面容狰狞的脸,《荀子》用"蒙倛"来形容孔子,说明孔子长得并不好看。"断菑",折断的枯树。周公的个子很矮,又像枯树一样,他也不是仪表堂堂的样子。皋陶是有名的贤臣,而他的脸则像削了皮的瓜。与此相反,《非相》描述亡国之君夏桀、商纣"长巨姣美,天下之杰也",说明德性和形貌之间并无必然关联。"无人之情",这个

"情"指的是世俗之人的情感，比如贪得无厌的情欲，而不是那种符合于本性的、天然的、内在的情。正因为圣人和普通人在形体上没有很大的不同，所以他能合于群。正因为圣人没有世俗人之"情"，所以是非不会扰乱他的内心。如果有了世俗人的情感，就会有内外、好坏、美丑、高低的区分，有了区分就会产生是非，进而干扰内心的平静，而圣人齐同万物，无世俗之情，自然就无是非之心了。"眇乎小哉，所以属于人也！"这里有两层意思：第一层是说圣人寄形貌于常人之中，所以渺小；第二层是说人在天地之中是很渺小的。在道家看来，人本来就是天地当中的一物，而不是儒家所说的人为天地万物之灵。因为大道派生了阴阳二气，介于无形与有形之间，阴阳二气进一步生出了天地，天地完全是有形的，天地再生出万物，人仅是万物之一，所以人是大道经过几次派生以后的产物，根本算不上什么。比如当人们面对大海，看着大海波涛汹涌、汪洋恣肆、仪态万方的时候，大多都会感受到人类的渺小，更何况是在作为天地万物本原的大道面前呢！"謷乎大哉，独成其天！"人与万物相比虽然渺小，但圣人能与天道同体，就像王夫之所说的"食天之和，与天通一"（《庄子解》），所以圣人很伟大。

　　对于阍跂支离无脤、瓮㼜大瘿一则寓言故事与前文的关系，释德清说："前虽以知忘形，而知尚存，未尽道妙。故此一章，以忘忘知，知忘则德自化，方能合乎自然，以全天德，其德乃充。故如二君之见二子，能不见其形，此所以为德之符也。圣人造道之极致，至此方为究竟耳。故以此结一篇之义。"（《庄子内篇注》）其实从全篇结构看，《德充符》一开始，庄子写的都是别人，属于"藉外论之"，即借别的人、别的事来论证自己的观点，而在此基础上，他才撤去这种表述方式，而自发"故德有所长"至"独成其天"这番议论。最后，庄子复又趁势登堂，开始现身说法，借助他和惠子的对话，以收束全文。

庄子和惠子的关系有点复杂,他们是好友,也是诤友,在人生理想、学术观点方面互不相同。他们有点像王安石和苏东坡,王、苏二人虽为好友,但一个是新党,一个是旧党,政治观点不同。惠子在魏国做过大官,相当于后世的宰相,他给魏国制定过法律,推行过"利民""偃兵"等政治措施。当时的魏国国都是大梁,即后来的开封。惠子当时的官位很高,所以他的待遇也很高,排场大得很。《淮南子·齐俗训》载,有一次惠子带着随行的一百多辆马车路过宋国的孟诸这个地方,正在此处垂钓的庄子看到此景后,顿时觉得自己钓到的鱼太多了,就把这些鱼都给放了。这条材料说明,庄子对惠子的这些日常行为是很反感的。但他们又常常在一起辩论,这在《庄子》中多处可见。有的学者主张,《庄子》全书是以记录庄子和惠子对话的方式结纂而成的。这一观点的立论依据并不十分可靠,但这从侧面说明,两人的交往是很频繁的。打个比喻,他们两个人就像打铁一样配合默契。我在农村时每年都能看见打铁的,打铁一般是两个人,一个师傅,一个徒弟,叮当叮当,一人一下,配合得很好,庄子和惠子也是这样。所以惠子死后,庄子讲了一个运斤成风的故事,然后他说:"自夫子之死也,吾无以为质矣!吾无与言之矣。""质"通"锧",就是打铁时用的铁垫子,两个人就在这上面敲打。句意是说,惠子死后,庄子没有辩论的对象了,他心里很是惋惜。了解了这些背景,下面看正文:

惠子谓庄子曰:"人故无情乎?"庄子曰:"然。"

惠子曰:"人而无情,何以谓之人?"庄子曰:"道与之貌,天与之形,恶得不谓之人?"

惠子曰:"既谓之人,恶得无情?"庄子曰:"是非吾所谓情也。吾所谓无情者,言人之不以好恶内伤其身,常因自然而不益生也。"

惠子曰:"不益生,何以有其身?"庄子曰:"道与之貌,天与之形，无以好恶内伤其身。今子外乎子之神，劳乎子之精，倚树而吟，据槁梧而瞑。天选子之形，子以坚白鸣。"

前文谈到过"有人之形""无人之情"，这里的对话就是承接这二句展开的。惠子这里的论辩有点偷换概念，就像濠上观鱼时庄子偷换概念一样。《秋水》篇中惠子问庄子："子非鱼，安知鱼之乐？"惠子的意思是说："你不是鱼，你怎么知道鱼的快乐呢？"因为"安"可以解释成"哪儿"的意思，所以庄子辩论时，就巧妙地转换概念说："我知之濠上也。"这里，惠子也采用了同样的伎俩。庄子所说的"无人之情"是指圣人没有世俗的情感，但惠子把它解释成"人没有一切情感"，所以惠子问出了"人而无情，何以谓之人？"庄子回答说："道与之貌，天与之形，恶得不谓之人？"这里可以有两种解释，一种将道和天放在一起解释，即道和天给了人形貌，怎么不能称作人呢？另一种是分而论之，虚通之道给了人容貌，天然之理给了人形质，怎么不能称作人呢？关于形和貌，也可以做进一步的解释。"天与之形"，鼻子、眼睛、四肢等都属于形体。"道与之貌"，貌既可以直接指人的相貌，比如前文讲到的没有嘴唇、脖子很粗等，又可指比较深层的内涵，比如自然的行为、本性的东西等。道比天更为高妙，所以上天可以给你形体，但给不了你本性，而道可以赐予你本性。我举个例子来说明这一点，《齐物论》记载：

> 罔两问景曰："曩子行，今子止；曩子坐，今子起，何其无特操与？"
>
> 景曰："吾有待而然者邪？吾所待又有待而然者邪？吾待蛇蚹蜩翼邪？恶识所以然？恶识所以不然？"

罔两问影子，你为什么没有独立的志操，要跟着形体的节奏走、停、坐、站，而不是自己拿主意呢？影子回答，这是天性使然。影子还讲到，蛇依靠腹部的鳞行走，蝉依靠翅膀飞行，这些都是道给予的天性，是自然而然的。蛇天生就是这样行走的,不需要脑子告诉它每一片鳞该怎样动,如果蛇改变了世世代代行走的方式,那就是违背天性了。这个例子中的影子、蛇、蝉的特点也属于貌,所以这个貌既包含相貌,也可以理解为相貌里包含的天性,这些都是大道赋予的。

回到本文,惠子继续用偷换概念的问法质疑庄子,庄子已经意识到了这一点,所以他直接指出惠子理解的"情"并不是他所说的"情"。庄子否定的,是本性之外的世俗之情,吃饱了还要贪吃,钱够用了还要贪更多的钱,房子够住了还要置办儿套房子空在那儿。庄子所谓的"情"是自然本性的情、天性,他所谓的"无情"是不要让这些世俗之情去伤害身体里面的自然本性。庄子的"情"是"常因自然而不益生也"。"因",顺任。"自然",不是指自然界,而是道、天所赋予的自然形貌和天然德性。罗勉道说:"不益生者,人生有自然之天,不可加一毫人力也。"(《南华真经循本》)"益生"就是本性之外再去增加。本来上天给了人两条腿,道让人的两条腿能走路,但是人不满足,非要发明自行车,后来连自行车也不要了,又发明出小轿车、飞机,这些都属于"益生",不是"因自然"。"因自然"的话,老天爷给人两条腿,人好好用这两条腿走路即可。现在人们发现久坐不动、不经常走路是会损害健康的,所以现在出台的健康指南中,又强调人每天至少应该走六千多步,现在我们又能看到专门走路锻炼身体的人了。再比如人本来是吃五谷杂粮的,这是顺应自然,但后来有一些人崇尚吃人参、虫草、灵芝这些补品,认为这样才能健康,这也是益生。当然,最近一些年,又流行吃五谷杂粮了。人们兜兜转转,最后可能才会发现,遵循天道、遵循自然才是真正的养生之道。诚如李贽所说:"夫不知益生者,善养生者也。不材而见弃于人间世者,善世者也。"(《庄子解》)

庄子是反对益生的,那老子怎么看待这个问题呢?《老子》五十五章有"益生曰祥"之语,如果我们现在按字面来理解,好像是说益生是吉祥的。其实训诂学里有一种"反训"的说法,即是反过来解释的。比如《周易》里的"其臭如兰"、杜甫的诗句"朱门酒肉臭,路有冻死骨",这两处的"臭"字,都有人将其释为香。更为典型的例子是《尚书》中的"乱臣十人",这个"乱"即"治"的意思,整句是说有治理国家的能臣十个人。再如《庄子·庚桑楚》中有"蘖狐为之祥",这是妖狐在作祟的意思,这个"祥"就是不吉利、妖孽的意思。"益生曰祥"的"祥"也属此类,林希逸说:"祥,妖也。《传》曰:'是何祥也。'即此'祥'字之意。"(《老子口义》)范应元(《老子道德经古本集注》)、易顺鼎(《读老札记》)、蒋锡昌(《老子校诂》)、陈鼓应(《老子注译及评介》)也持类似说法。再结合"益生曰祥"上下文的整体意思,我觉得此句更为合理的解释应该是:贪生纵欲就会招致不祥。这样看来,老庄在"益生"上的观点是一脉相承的。

"今子外乎子之神,劳乎子之精。"林希逸说:"外神者,神用于外也,犹言神不守舍是也。"(《南华真经口义》)"劳"是损害、劳伤、劳困的意思。庄子认为惠子已经游离于自然本性之外,伤害了自己的精神。"倚树而吟,据槁梧而瞑",这二句话中有两处存在争议。我们先来看"槁梧",这个词一般有三种解释:第一种释为茶几,因为古人是凭几而坐的,如孙嘉淦说:"槁梧,几也;瞑,睡也。画尽文人苦心劳神之态。"(《南华通》)第二种释为琴,如刘凤苞说:"槁梧,琴也。专精一技,而适以自困,绝妙形容。"(《南华雪心编》)第三种释为树木。《庄子·天运》中有"倚于槁梧而吟",这里"倚树"和"据槁梧"并举,综合来看,"槁梧"当指树木,因此前两种解释都有过度发挥之嫌。第二处存在争议的地方是"吟"字,成玄英《南华真经注疏》训为"吟咏",宣颖《南华经解》释为"高歌",陈鼓应《庄子今注今译》谓为"歌吟",其实这几种解释都不太妥当。理由如下:一、战国之世,诸子皆以"鸣"(争辩)字当先,而不以歌咏为尚。尤其是名家，务在析辨名实，而不以歌咏陶冶情性，如公孙龙派和惠施派即可为证。二、本段"子以坚白鸣"一句，正说明惠子外神、劳精的原因是"鸣"，而不是歌咏。三、《说文解字》云："吟，呻也。"《战国策·楚策》"昼吟宵哭"之"吟"字，亦同此义。由此可见，"吟"字是描写惠子争辩失败后的叹息之状。

"子以坚白鸣。""坚白"即坚白论。名家有两派，一派以公孙龙为首，一派以惠施为首。公孙龙派主张离坚白，认为石头的质地和颜色，即坚硬和白是分开的。惠子派主张合坚白，认为坚和白是分不开的。《庄子·天下》载："惠施多方，其书五车，其道舛驳，其言也不中。历物之意曰：'……天与地卑，山与泽平……'"天与地是一样高的，山与水泽都是平的，不分彼此，这和"合坚白"的精神是一致的。当然，我们不能把惠子的"合坚白"和庄子的"齐物论"等同起来。惠子是试图通过言辩有意地把坚和白合起来，庄子则主张泯灭一切是非，不去彰显万物的异相，认为"道通为一"，天地万物本来就是浑同为一的。行文至此，诚如李贽所言，惠子"以好恶内伤其心者，皆益生不祥之人耳，虽欲自鸣其坚白，而其谁信之？"（《庄子解》）杨沂孙也说："若劳精外神，虽有所鸣而德不充矣。即庄、惠之言观之，可以见其大有径庭矣。"（《庄子正读内篇》）显然，这一辩中，庄子的境界更高一筹。至于为何以惠子收尾，李大防曰："所以针贬惠子一辈人，自恃辩才，欲以私智雄天下，关人之口而不能服人之心，究何益乎？末以惠子作结，意深哉！"（《庄子王本集注》）陶崇道说："庄子怕将德充之德误看，走到惠子路上，故以此作结。"（《拜环堂庄子印》）

至此，《德充符》正文已讲解完毕，现在我们纵览全篇，重新理一下思路。此篇共有六则寓言故事：第一则，王骀是四体不全的人，但他一心修德，不以自己的形残为念，结果是无心为师而弟子满门，连儒家圣人孔丘也表现出无限企慕之情而表示"丘将以为师"。这则寓言故事旨在说明,凡修道之士,都必须以德性为重,而一切形体上的缘饰,都是毫无用处的。第二则寓言故事中,子产以形貌取人,申徒嘉以德行自重,故事最后以盛名当世的贤相子产"蹴然改容更貌"拜倒在兀者面前,说明绝对的"德充"之美,终究是要超越相对的形体不足的。第三则寓言故事说明无趾志在"德充",故虽亡其趾,而光辉外发,而孔子务于虚名,不求实德,纵有全躯,却是天刑之人。第四则寓言故事先以鲁君发问故布疑阵,接着借孔丘答语,连设五喻,转出"才""德"二字,然后再借孔丘诠发"才全而德不形"之义,逐渐揭明正意,即上至君主,下及匹夫,无不思慕哀骀它者,是因为他能以"才"辅"德",有着充满而不外露的实德。第五则寓言故事先借闉跂支离无脤、瓮盎大瘿游说卫灵公、齐桓公的故事,引出"德有所长,而形有所忘"二句话,以点醒题意;接着又将"情""知"议论一番,指出它们因为同样有害于"德充",所以为圣人所遗弃。整则寓言故事是借残废怪人闉跂支离无脤等宣扬"有人之形,无人之情""独成其天"的旨意。第六则寓言故事以庄子自己与惠子的直接辩论,对前一则寓言故事的旨意又作进一步的发挥。庄子认为,"情"即是是非,人们应当常因自然,而不应当以好恶之情去伤害禀受于自然的形貌和德性;并指出,惠子外神劳精,倚树而吟,结果弄得形劳心倦,疲惫而瞑,大损其德,与身残而德充的怪人相比,自然就差得很远了。

最后我们再谈谈《德充符》的思想在《庄子》内篇与外杂篇中的反映。《德充符》所谓的"德",主要是指人类淳朴的自然本性,即与天地同流的自然生命情态。此种德性能充溢于内而不外荡,就足以感应万物,让万物自来应验,而不是像世人那样汲汲追求外物,使自然德性受到极大损害。在内篇其他篇章中,庄子并没有论及德与道的关系,而在外杂篇中涉及道、德时,有主与从、尊与卑的关系。如《庚桑楚》篇云:"道者,德之钦也。"林希逸说:"钦,持守而恭敬也。"(《南华真经口义》)吕惠卿说:

"道之尊,德之贵,贵固不若尊,故道者德之钦也。"(《庄子全解》)又《徐无鬼》篇谓"德总乎道之所一",而"道之所一者,德不能同也",胡文英解释说:"总,兼容并包而不分析也。道之所一,有一而未形也。德皆从此而孕,故总乎此。"(《庄子独见》)要之,道尊于德,道是宇宙万物的本原,人的自然本性体现了道的性质。说明在外杂篇作者看来,道家所谓的理想人格,诸如真人、至人、神人、圣人等,不仅具备内在的充实之德,并将其落实于人伦之间,达到贯天人为一的境界。所谓"内圣外王",就是要求圣王应具备这种精神品质。在《德充符》篇之末,作者设为庄子与惠子对话寓言故事,其中所谓的"情"指是非、好恶之情,而"无情"谓"不以好恶内伤其身,常因自然而不益生",即要求人们必须超越喜怒哀乐,不应以情感的波动去损害禀受于自然的纯真德性。对于庄子的这一主张,外杂篇作者既有继承又有发挥。如《徐无鬼》篇写"庄子"过惠子之墓,谓从者曰:"自夫子之死也,吾无以为质矣,吾无与言之矣。"这样撰写寓言故事,显然把此时的"庄子"说成是曾经慨然的人,与《德充符》篇中庄子本人之表述有所不同。又《至乐》篇写"庄子"妻死,"庄子"曰:"其始死也,我独何能无概(慨)然!"说明"庄子"也不免有世俗之情,但作者又写他能以宇宙气化观超越人间俗情,复与庄子的本真思想比较接近。

【漫谈】

一、《庄子》审丑趋向的成因

《德充符》给人印象深刻的一点是,寓言故事的主角大多为残疾,或者形貌奇丑之人。这里引出了一个问题,庄子真的喜好丑而厌恶美吗?其实不然。闻一多认为,庄子决不是专门制造一些丑陋的形象来哗众取宠,如《逍遥游》篇中描写的藐姑射山神人,"肌肤若冰雪,淖约若处子,不食五谷,吸风饮露,乘云气,御飞龙,而游乎四海之外",就完全是形德之美的极致。既然庄子并不喜好丑,那《庄子》一书中为什么存在如此多病态的"丑"呢?

首先,闻一多认为"世纪末"的景象是"荒怪丑恶的趣味"产生的时代诱因。他在《贾岛》一文中曾经解释过贾岛那种"属于人生背面的、消极的、与常情背道而驰的趣味",认为这种有悖常情的趣味"几乎每个朝代的末叶"都是有过的,因而生活于战乱频繁的战国中期,面临着"一个走上了末路的,荒凉,寂寞,空虚,一切罩在一层铅灰色调中"时代的庄子,其产生"荒怪丑恶的趣味"也就可以理解了。这一观点是正确的,明末陶崇道说:"庄子时,儒墨之辩纷然,而尧眉舜目神禹之肩,与孔门正颜修容之说,炽然于人间世矣。故《德充符》四段,皆冠以残形恶貌者,以见德之充不充,不在形之全不全也。"(《拜环堂庄子印》)本篇的创作背景正是如此,战国之时,世俗纷然殽乱,庸人竞务外饰以干名禄、行伪趋俗而不修道德,所谓的修身之人,也大多将注意力放在外貌的修饰之上,而对内在的德性不加关注,正所谓金玉在外而败絮其中。所以,庄子试图修正这一乱象,故而创造出王骀等一系列外形残缺、相貌丑陋,但德性出众的人物形象,与正颜尊礼的孔子、官位名声皆具的子产等人形成鲜明对比,从而说明四体周全、外形出众都比不上德性的完整重要。这样看来,庄子写"丑"是时代之需,而并非他本人喜丑而恶美。《至乐》篇中有一则骷髅寓言故事,从表面看这则寓言故事表现出庄子厌恶生、喜好死的倾向。其实这是一种误读,与认为《德充符》中庄子偏好丑而厌恶美的看法犯了同一个错误。实则,在庄子眼中,美与丑、生与死都是一样的,我们要自然而然地顺应生、顺应死,心平气和地对待美、接受丑,一切都要顺其自然,遵循大道。

其次,闻一多在《古典新义·庄子》中认为,"丑"虽近于病态,"却不好算作堕落",有时"丑"的形象反而能表现出一种如"古铜古玉"般"极高古、极纯粹的境界",这种境界来自精神上的完美。庄子用来衡量美丑的标准与世人不同,"其实我们所谓健全不是庄子的健全,我们讲的是形骸,他注重的是精神。……庄子自有他所谓的健全,似乎比我们的眼光更高一等",即在庄子看来,"德有所长而形有所忘",所以他有意地创造了一批形极残德极全之人,以形体的不健全来极衬精神的健全,使人们明白,即使外形丑陋,只要具有精神之美,就能得到人们的钦慕。

闻一多的这一观点前人已经论及。如陆西星说:"甚矣,形骸之足以累人也!《老子》有言:'天下大患,为吾有身。'"(《南华真经副墨》)陈深说:"德充符者,德充于内而征验于外也。《老子》有言:'天下大患,为吾有身。'如王骀、申徒嘉等,盖真能外形骸、丧耳目,一切委之自然,而不以死生利害动其心。其究竟,则官天地,府万物,而登假于道也。是谓德充之符。"(《庄子品节》)他们将庄子"德充符"的思想源头追溯到了老子那里,认为重德性、遗形骸是老庄一以贯之的思想。又如王雱所说:"夫形者,天之所委也;德者,我之自得也。盖天之所委者,一气之暂聚;我之自得者,万物不能役。岂可爱一气之暂聚,而忘万物不能役之之妙乎?惟至人内不忘其不当忘,而外忘其所当忘,故才全而所以德不形,所谓诚忘而已矣。"(《南华真经新传》)在庄子眼中,形体只是暂时寄托之物,德性才是不当忘之物,有了德性,万物都不能役使自己的内心,这样才是"才全",才是"德充符"。李贽也说:"则毁形丑貌,岂非至德之符也哉!故首举兀者王骀等言之。夫何独兀者为有德也?以其忘兀也。彼其视亡若存,视恶若好,不见有国之可尊,执政之可贵,孔丘之为圣人,寓六骸、象耳目者之为全,而刖足者之为丧也,固充然无不得矣。"(《庄子解》)认为以形残貌丑反衬其德性的完整,则更能突出本篇的主旨。

再次,庄子在本篇中选择形貌丑陋之人是为了行文之需,以避免别人对他的误解。庄子的心目中始终存在着一种理想人格,寄寓于实体之上,便有了各式的至人、神人、圣人,这一点在《逍遥游》一篇中已得到阐述,但只停留于"肌肤若冰雪,淖约若处子,不食五谷,吸风饮露",可能会使后人误入缘饰外表的歧途,或者内心的修养沦为外在的求食服药。为了避免这种误解,在《德充符》一篇中,庄子特意描绘出几位形残德全之士,以表达他对心灵完善、道德完美的极度重视。正如人们喜爱月亮,总不会因为它是个坑坑洼洼、破败荒凉的球体,而往往源于它在漫漫长夜由自身的澄彻心怀而给大地带来的清凉与光明。

最后,描写极丑之人可能是一种加倍夸张的艺术手法,以凸显文章主旨。形丑之人忘其形骸比形美之人更难,因为世人眼中有美丑之分,皆好美恶丑,所以形丑之人较之形美之人更难令人接受和倾慕,形丑之人从而大多常常自卑,仿若低人一等。庄子关注到了这一点,故而专门塑造出了哀骀它等形貌极其丑陋的人物形象,用这些极端的加倍夸张的丑陋形象与这类人物内在德性的高超形成鲜明对比,营造出了一种艺术表现方面的极端衬托效果,从而更加突出了德性为重的文章主旨。诚如何如潇所言:"虽恶人,尚且令人钦羡慕悦若此,况非恶人耶?"(《庄子未定稿》)形丑之人忘形骸而以德性自重,尚能令丈夫"思而不能去",那形美之人如果德性高超,自然更容易让人接受甚至倾慕。所以,庄子在本篇中略去了形美和德性兼备的人物类型,而是选择了更加夸张的极丑之人来完成文章的主题表现。

二、《庄子》在美学史上的意义

《庄子》中的审美趣味对中国艺术史的发展影响很大,而《德充符》是最为集中展示其审美观念的篇目。尽管庄子这一贵在德性的审美观是建立在"忘形""无情"基础之上的,但它在美学史上无疑是一大贡献,对后来的影响也是深远且多方面的。郭沫若曾说,由于庄子"绝对的精神超越乎相对的形体"这一幻想,"以后的神仙中人,便差不多都是奇形怪状的宝贝。民间的传说,绘画上的形象,两千多年来成为了极陈腐的俗套,然而这发明权原来是属于庄子的"(《十批判书》)。这一评价揭示了庄子对后世审美影响的一隅,但还不够全面。

"以丑为美"是《庄子》对后世审美倾向产生深远影响的一个方面。前面我们已谈及,庄子本人并没有喜丑恶美的倾向,之所以在《德充符》中刻画了数量较多的丑人形象是多种因素综合作用的结果。但《庄子》中频繁出现的"丑"还是对中国审美观念的发展产生了不小的冲击。

闻一多就曾对庄子的审美观念有过专门的探讨,他认为:"正如达摩是画中有诗,文中也常有一种'清丑入图画,视之如古铜古玉'的人物,都代表中国艺术中极高古、极纯粹的境界。而文学中这种境界的开创者,则推庄子。诚然,《易经》的'载鬼一车'、《诗经》的'牂羊坟首'早已开创了一种荒怪丑恶的趣味,但没有庄子用得多而且精。这种以丑为美的兴趣,多到庄子那程度,或许近于病态,可是谁知道,文学不根本便犯着那嫌疑呢!"(《古典新义·庄子》)闻一多还认为所谓物极则必反,病态的"丑"发展到极致也能产生某种独特的审美效果,形体的丑陋与精神的完美之间反差越大,就越是能对人的审美定势产生强烈的冲击,因而文学家往往以"丑石""病梅"等有缺憾的事物来表达自己的精神追求,画家们则常常以形貌怪异丑陋的人物来表达内心不屈不挠的精神力量。

自魏晋时起,"以丑为美"已成为我国文学创作中的常见现象和艺术欣赏的标准之一。继《庄子》之后,魏晋时期诞生了一批志怪小说,其中不乏光怪陆离的丑者形象,其后部分唐传奇和明清小说也延续了这一风格。在现实生活中,我们也早已习惯了"以丑为美"的审美观念,只是不自知而已。譬如受人喜爱的太湖石,越是奇形怪状,越是价值连城，而普通的棱角圆润的石头却完全不能和太湖石同日而语。再如园子里、花盆中的假山，越是怪石嶙峋、鬼斧神工，越是具有艺术性和观赏性。园艺方面，盆景中的树木本来是自然生长的，既来之于自然，就应和自然中那些常见的树木并无二致，但人们却专门用铁丝限制、引导盆栽的长势，刻意塑造出树干的三弯九拐、出其不意，枝节的盘根错节、蜿蜒曲折，直到营造出符合意境的形态为止。与之相比，那些长势健壮、笔直挺拔的树木若用作盆栽，反倒成了寡淡如白水的庸俗之流了。

"以自然为美"是《庄子》贡献给后世艺术创作和美学鉴赏的另一个重要维度。庄子继承了老子的自然观，并进一步超越了生死、穷达、美丑的差别，能够以顺应自然的心境对待万物。《天道》篇云："朴素而天下莫能与之争美。"虽然这里的美并非审美之美，但后世的艺术美学的确从此延伸开来，并逐渐发展出以自然为美的审美风尚。

早在魏晋时期，自然化的审美观念已经产生。两汉时期，社会崇尚儒学正统，时人较为忠厚，相对缺少创造性，更强调"德"的重要性。及至魏晋，社会崇尚人性的自由发展，进而导致"才"的地位上升，"德"的地位下降。譬如曹操在《求贤令》《明志令》中流露出一个观点，只要有治国之才的人，即使品德略有欠缺也可以被任用。可见，魏晋时期总体的社会风尚是自由与率性。同时，这一时期老庄思想盛行，士人们不仅在人生追求、行为举止方面尽力模仿老庄，甚至在艺术倾向上也受其自然观念的影响。前面讲过，王羲之对《庄子》很是喜爱，所以他的字既是一种魏晋风度的展现，也是对老庄思想的一种表达。庄子的自然观念和齐同万物的思想对包括王羲之在内的魏晋人士都产生了一定的影响。就王羲之而言，其书法艺术的挥洒与豪迈是一种对大自然的理解，是一种对其自然心境和自然情感的真实写照，而不是简单地停留在刻意追求书法技艺的高超，或者被时人收藏，进而流传于世的世俗观念之上。

及至近现代，"以自然为美"的审美观仍然在美学界占据着一席之地。著名画家张大千是四川人，他的画作大多蕴藏着气韵与灵性。这与他走出四川，常年游历于国内外密不可分。比如他一生中曾三次游历黄山，创作了数十幅黄山题材的画作。张大千认为，创作山水画不能闭门造车，而是要多涉足名山大川，宇宙的千变万化，非亲眼所见，是上不了笔尖的。张大千的画也的确渗透了他对大自然的体悟，所以他的绘画艺术比之同时代的其他人要高一个层次。其实无论是从事艺术创作，还是学术研究，我总觉得"究天人之际"是我们都应该去努力的方向。一般的人听到这句话，可能只会停留在字面意思上，实际上这其中的内涵是非常丰富的。艺术创作、学术研究都需要你去体悟天道、大道，要进入到一种境界中去。当然，一开始的时候，我们应该遵从《周易》的"初九，潜龙，勿用"，要耐心地专注于小任务、小目标，但等你积累到一定的程度，就需要超越出来，这时就需要追求"究天人之际"。

三、圣人有情无情论

玄学虽重抽象思辨，但其宗旨依然是构想一个合乎圣人人格的理想社会。对于圣人为何种人格，不同的玄学家有相异的看法。其中，关于圣人是否有情的问题争论最多，因此这也是玄学中一个不可忽视的论题。这场争论始于何晏、王弼，后来的嵇康、郭象都有涉及，到了东晋还未熄灭，甚至连佛教徒也参与进来了。考其源流，不能不追溯到《庄子》。《老子》基本上不讨论人的情感这一话题，《周易·系辞下》有句话说："象也者，像此者也。爻象动乎内，吉凶见乎外，功业见乎变，圣人之情见乎辞。"这里，"情"的意思不明朗，大概指"性情""实际想法"之类。至《庄子》，"情"字大量使用，有六十余处，尽管"情"的含义大都指性情，但亦有指人的喜怒哀乐等情感的，同时首次提出人到底是有情还是无

情的问题:

> 惠子谓庄子曰:"人故无情乎?"庄子曰:"然。"惠子曰:"人而无情,何以谓之人?"庄子曰:"道与之貌,天与之形,恶得不谓之人?"惠子曰:"既谓之人,恶得无情?"庄子曰:"是非吾所谓情也。吾所谓无情者,言人之不以好恶内伤其身,常因自然而不益生也。"(《德充符》)

庄子关于情感的看法是存在矛盾的,说到底是情与理之间的冲突。庄子主张顺应自然,喜怒哀乐应当看作是人的自然性情,因而他说的"无情"并非真正没有情感。另外一方面,他又反对那种不达于道的"情",这样普通人没有节制的喜怒哀乐之情又在他的否定之列。要做到庄子的这种"无情"境界,看来普通老百姓就不要奢望了,只有圣人才能够"有人之形,无人之情。有人之形,故群于人;无人之情,故是非不得于身"(《德充符》)。庄子自己乃是一个至性至情之人,这从他悼念惠施的话语中可以看出,"自夫子之死也,吾无以为质矣,吾无与言之矣"(《徐无鬼》),并不只是死了一个论辩的伙伴,更遗憾的是失掉了一个知己。然而,庄子对于理想人生的追求又要求他必须超越这种感情。妻子死了,他不但不哀伤悼念,反而无礼地"鼓盆而歌"。惠施责备他,他回答说:"是其始死也,我独何能无概然!察其始而本无生,非徒无生也而本无形,非徒无形也而本无气。杂乎芒芴之间,变而有气,气变而有形,形变而有生,今又变而之死,是相与为春秋冬夏四时行也。人且偃然寝于巨室,而我嗷嗷然随而哭之,自以为不通乎命,故止也。"(《至乐》)妻子去世,自然会流露出哀伤悼念的神情,但从生死的大道看,妻子的死顺应了自然规律,哭哭啼啼显然是不协调的。庄子这些看法以及他本人的行为给圣人是有情还是无情这个问题留下了可以讨论的广阔空间,玄学的这场有情、无情争论实有赖于此。

正始时期,何晏、钟会等主圣人无情论,而王弼主圣人有情论,"何晏以为圣人无喜怒哀乐,其论甚精,钟会等述之。弼与不同,以为圣人茂于人者神明也,同于人者五情也。神明茂,故能体冲和以通无;五情同,故不能无哀乐以应物。然则圣人之情,应物而无累于物者也。今以其无累,便谓不复应物,失之多矣"(《王弼传》,严可均辑《全上古三代秦汉三国六朝文·全晋文》卷十八)。何晏怎么论述"圣人无喜怒哀乐"已无从知晓。他在《论语集释》中认为"凡人任情喜怒,违理",由此推知,圣人因为能够以理节情,所以喜怒哀乐不能入其心。何晏的这一见解与庄子是非常接近的,《大宗师》篇云:"且夫得者,时也;失者,顺也。安时而处顺,哀乐不能入也。此古之所谓县解也,而不能自解者,物有结之。"

王弼则批评圣人无情论,认为喜怒哀乐也是圣人所不能免的,只是圣人能够"体冲和以通无""应物而无累于物",故有情也不为情所累。他举了孔子的例子来证明这个观点,他说:"夫明足以寻极幽微,而不能去自然之性。颜子之量,孔父之所预在。然遇之不能无乐,丧之不能无哀。又常狭斯人,以为未能以情从理也。而今乃知自然之不可革。"(《答荀融难大衍义》)孔子虽不免于哀乐之情,但不损其圣人之名。王弼一方面不同意庄子以理化情的做法,认为人之五情乃"自然不可革";另一方面却又吸收庄子的思想来论证圣人不为情所累。《山木》篇云:"材与不材之间,似之而非也,故未免乎累。若夫乘道德而浮游则不然。无誉无訾,一龙一蛇,与时俱化,而无肯专为;一上一下,以和为量,浮游于万物之祖;物物而不物于物,则胡可得而累邪!"圣人能够与"道"通而为一,能够"物物而不物于物",所以喜怒哀乐自然不能累其心。

据《世说新语·简傲》载:"嵇康与吕安善,每一相思,千里命驾。"不仅如此,嵇康为吕安的清白作证,竟成了自己被诛杀的导火线。可知,嵇康亦是一至性至情之人。对于圣人有情、无情的问题,他的看法倾向于王弼。嵇康在《琴赋》中说:"顾兹梧而兴虑,思假物以托心。乃斫孙枝,准量所任。至人摅思,制为雅琴。"这是主张圣人有情的。不过,他认为圣人有情自有其圣人的境界:

> 夫称君子者,心无措乎是非,而行不违乎道者也。何以言之?夫气静神虚者,心不存于矜尚;体亮心达者,情不系于所欲。……物情顺通,故大道无违;越名任心,故是非无措也。(《释私论》)

圣人之情完全不系于他的欲望,所以他能够"应物而无累于物"。嵇康所说的"大道无违""是非无措",显然是对《庄子》"天人合一"和"齐物论"思想的运用。郭象比之王弼、嵇康有更浓重的圣人崇拜情结,其《庄子注》提及"圣人"一词达八十余次,在他的笔下"圣人"乃是践行"内圣外王"之道的最高典范。对于圣人是否有情,郭象则似乎倾向于圣人无情论。他说:"故有情于为离、旷而弗能也,然离、旷以无情而聪明矣。有情于为贤圣而弗能也,然贤圣以无情而贤圣也。岂直贤圣绝远而离、旷难慕哉!虽下愚聋瞽及鸡鸣狗吠,岂有情于为之,亦终不能也。"(《德充符》注)认为俗人有情却终为俗人,圣人无情却永为圣人。又说:"夫圣人无乐也,直莫之塞而物自通。"(《大宗师》注)在嵇康看来,圣人因无喜怒哀乐之情,所以万物不能扰其心。尽管郭象接受了《庄子》关于圣人能免于俗人之情的观点,但并不认为圣人是不问世事的方外高人。其《天地》注云:"是以圣人未尝独异于世,必与时消息,故在皇为皇,在王为王,岂有背俗而用我哉!"认为圣人与常人一样待人接物,一样为帝王,只是他的"内圣"工夫做得好,才无喜无怒无哀无乐。此与《庄子》中的圣人形象存在质的差别,是郭象为适应时代要求而做的改造。那圣人如何达到"内圣外王"之境? 郭象又说:"圣人常游外以冥内,无心以顺有,故虽终日挥形而神气无变,俯仰万机而淡然自若。"(《大宗师》注)"彼是相对而圣人两顺之,故无心者与物冥,而未尝有对于天下也。"

《齐物论》注）这些说法又可视为是对《庄子》"物物而不物于物"（《山木》）思想的发挥。由此观之,郭象的见解整合了有情、无情两派的观点,实际上是超越了有情、无情之争。在郭象看来,圣人是不可以按常人的标准来观照的。西晋末年名士王衍对圣人有情、无情的看法与郭象相合,《晋书》本传载:"衍尝丧幼子,山简吊之。衍悲不自胜,简曰:'孩抱中物,何至于此!'衍曰:'圣人忘情,最下不及于情。然则情之所钟,正在我辈。'简服其言,更为之恸。"这里的"忘情"并不等于无情,是说喜怒哀乐之情不能入于圣人之心,圣人已经超越了自身的情感。

东晋建立以后,圣人有情、无情之辩仍在继续,此时已无法在理论上超过王弼、郭象等人,转而成为名士们清谈的品题之一。这个时期佛教大兴,僧人兼修玄学,故在清谈中常见僧人的身影。《世说新语·文学》载:"僧意在瓦官寺中,王苟子来,与共语,便使其唱理。意谓王曰:'圣人有情不?'王曰:'无。'重问曰:'圣人如柱邪?'王曰:'如筹算,虽无情,运之者有情。'僧意云:'谁运圣人邪?'苟子不得答而去。"王苟子即东晋名士王濛之子,名王修,死时仅二十四岁。王修认为圣人无情,在僧意的追问下又言"运之者有情",显然不能自圆其说,最后"不得答而去"。可见,直至玄学尾声,圣人有情、无情之争依然没有得到令双方都满意的结论,足证庄子所提出的哲学命题可让人们长期讨论下去。

（整理者：刘　洁）

第六讲

《大宗师》：以大道为宗为师

【题解】

"大宗师"是什么意思？"人之生也，聚族而居，必有所自来，宗是也；人之学也，同堂而处，必有所从受，师是也。"（宣颖《南华经解》）但这属于人间之事，在庄子看来，犹是小者。而"道"则有情有信，无为无形，至大无外，范围万有，是产生宇宙的绝对本原，是天地之间的最高主宰，是之谓"大宗师"，万物万众都必须以它为宗，以它为师。所以，庄子就凭空撰出博大真人，然后辅之以女偊、子舆、孟子反等人物形象，以前者为全面效法大道的理想化身，以后者为小范围内体认大道的榜样，而宗之师之之意，要在无心无为，一切顺其自然，连生死都无变乎己，只是任凭大道的运化而已。

在前面的几讲中已经说过，《人间世》是从外部来考虑如何游处人间，使自己在人世间更好地存活下去，《德充符》就转到内修，强调内德的充实，而由《德充符》的内修再进一步，也就迈向大道即"大宗师"的境界了。所以，《大宗师》篇可以看作是对前面几篇文章的延伸，前面各篇的思想内容大致都与《大宗师》有来龙去脉的关系。再具体一点说，就是通过前面的逍遥游、齐物论、养生主，游于人间世，再进入大道的境界。《大宗师》之后便进入到《应帝王》，表明经过前面几个阶段进入大道境界后，如不得已而应世，也可以成为"明王"了。

至于此篇与外杂篇的关系，清周金然说："《田子方》篇，东郭顺子为田子方师，而不以䌽工为师，引起宗师之义。中言孔子师老聃，颜回师孔子，归于至人目击而道存，能自得师也。《天道》《天运》二篇，大略以虚静恬淡、寂寞无为为万物之本、道德之至，欲扫礼法刑名之术，以至六经糟粕，而归于生天生地、神鬼帝天，可传不可见之妙。《知北游》篇，直指至道，不落言诠，故谓至言去言，至为去为。若蝼蚁稊稗等，皆落言诠者也。《盗跖》篇，非诋孔子，只因拘儒不善用孔子之道，故借以为盗跖所笑，皆寓言也。以上五篇，即《大宗师》传注也。"（《南华经传释》）周氏倡《庄子》外杂篇为内篇之传注说，虽不无牵强附会之嫌，但仍值得大家重视，其中指出《知北游》篇"直指至道，不落言诠，故谓至言去言，至为去为"，确实揭示了其对《大宗师》篇不仅具有"传注"的功能，而且还进一步发挥了此篇的"道"论思想。

【讲疏】

前面我们讲解了《大宗师》的题目，下面就开始讲疏正文吧。

知天之所为，知人之所为者，至矣。知天之所为者，天而生也；知人之所为者，以其知之所知，以养其知之所不知，终其天年而不中道夭者，是知之盛也。虽然，有患。夫知有所待而后当，其所待者特未定也。庸讵知吾所谓天之非人乎？所谓人之非天乎？

"知天之所为，知人之所为者，至矣。"天之所为，浑然大化，一切自然而然。老子说"道法自然"。自然而然，就是道，也就是天之所为的最高法则。天之所为就是顺其自然，没有任何计较。"人之所为"是有为的，人做事总有所考虑，有所计较，与天之无为不同。这里的"人之所为"主要是指养生之种种，如"吹呴呼吸，吐故纳新，熊经鸟申"（《刻意》）之类就是。除此以外，人之所为还包括物质上的过度供养。如果一个人能知道天之所为是什么法则，人之所为是什么状况，也算是达到很高的境界了。

"知天之所为者，天而生也。"了解、懂得天之法则的人，其行为与生活原则也会顺应天道。"知人之所为者，以其知之所知，以养其知之所不知"，"知之所知"是指"知人之所为者"知道用物质来供养生命、用补品来滋补身体等手段，"其知之所不知"指的是人的寿命，正如孔子所言"死生有命，富贵在天"（《论语·颜渊》），人之寿数是无法预测的，即便是物质供养加上养生手段，也不能保证一定长命百岁。"终其天年而不中道夭者，是知之盛也"，是说这样的人能达到终其天年而不中途夭折，这在世俗看来已经算是达到其智慧的极点了。

听起来，庄子似乎也肯定了后一种看法，其实不然，庄子的思维总是把一个事物提到一定高度再予以否定，甚至形成否定之否定，以造成一种气势。类似的例子在《逍遥游》中就已出现，如从蜩与学鸠到水击三千里的鲲鹏，从宋荣子到御风而行的列子，都被庄子层层否定了。

庄子从"虽然，有患"开始转折，单承"知人"一边进行阐述，认为虽说"知人之所为者"算是达到了聪明的极致，但其中仍然存在着问题。因为"夫知有所待而后当，其所待者特未定也"，我们的智慧是有所依赖的，而我们所依赖的东西是不定的，所以我们产生的认识也是未定的、不可靠的。或者说，即使用物质手段去百般供养人之寿命，结果也是未知的。因为人寿由大道运化，不为人知，所以用物质手段供养寿命能否达到好的结果也是不定的。"庸讵知吾所谓天之非人乎？所谓人之非天乎？""庸讵知"即哪里知道，句意是说我们哪里知道自己所说的天不是人呢？又怎么知道所谓的人不是天呢？刘凤苞说："天与人合，而何待拟议？欲指定为人，则妙道无关于形迹，人与天合，而何待安排？故作宕漾凌空之笔，摹拟一番，不独抹煞'知人'一边，并'知天'一齐浑化矣。……分天分人，正是多事。"《南华雪心编》说明"庸讵知"云云，正要浑化天与人的界限，认为凡待拟议者皆非妙道所在，故而所谓"知天之所为者"，也并不能算作"真知"，而唯有像"真人"那样，浑忘天人而化其道者，方为"真知"。

可见前面这些论述就是为了引出真人。下面写"真人"分为四个方面，前人谓之"真人四解"，也就是从四个方面来定义、解释真人。

> 且有真人而后有真知。何谓真人？古之真人，不逆寡，不雄成，不谟士。若然者，过而弗悔，当而不自得也；若然者，登高不慄，入水不濡，入火不热。是知之能登假于道者也若此。

"且有真人而后有真知"，我们理解"真知"的时候，不要太拘泥于上文所说的"知"。从下文来看，真人眼中是无所谓有没有"知"的，真人也不会追求"知"。"古之真人，不逆寡，不雄成，不谟士"，"逆"在《庄子》中常解释为"迎接"，但这里我认为解释为违背、拒绝更合适，寡是少的意思，"不逆寡"即不因为少而拒绝。"不雄成"就是不因为有所成就就夸夸其谈，"雄"在这里是夸耀的意思。"谟"即谋划之谋，"士"是通假字，通为事情的"事"，"不谟士"也就是"不谋事"，不对事物进行太多谋划，顺其自然。"若然者，过而弗悔"，像真人这般的人，即使做错事情也不会后悔，"当而不自得"，意思是做事恰如其分也不会洋洋自得。"若然者，过而弗悔，当而不自得也"这数句是对"不逆寡，不雄成"的进一步解释。

像这样的人，便能做到"登高不慄，入水不濡，入火不热"。这几句在《庄子》中前前后后出现过好几次。我们一般会将"登高不慄，入水不濡，入火不热"视作特异功能，其实不然。因为庄子自己曾经有过解释。

在庄子看来，真人之所以能做到"登高不慄，入水不濡，入火不热"，并非是因为他有特异功能，按到水里呛不死，放到火里烧不死，而是因为真人能够做到得失两忘，所以当碰到一些灾害时，他所受到的伤害也会比一般的人要小一些。关于这点，我们根据自己的生活经验是能有所体会的。比如，我们在平地上去走平衡木，一般人是能够做到身体平衡，比较轻易走过去的，但是如果将这根木头放在两座高山之间，一般人心理上会产生畏惧感，就无法做到像在平地上那样了。一个人脑子清醒的时候，是能够预判到什么事情会造成什么样危害的。一个人"受伤"，首先其实是心理上的受伤，精神上的受伤，个体皮肉上的伤害还是其次的。《达生》篇里就讲了这样的一个故事，一个醉醺醺的人从一辆疾驰的马车上稀里糊涂地摔下来了，即使骨头摔坏了，但问题不大，因为他的内心没有受到损害，"死生惊惧不入乎其胸中"。但假如一个很清醒的人从马车上摔下来，那情况就不一样了。我记得我早年在高中教书的时候，我的妹妹在附近的小学读书，有一个同学，夜晚睡觉时遇到台风天，连人带床被从二楼吹了下来。但她呼呼大睡，一点事都没有。如果清醒的时候，她还不得吓得魂不附体了？所以从这个意义上来看，我觉得庄子说的是有道理的。所以，这里写真人"登高不慄，入水不濡，入火不热"，按照我的理解，是不能以特异功能来做解释的，而应该从精神角度去理解。

"是知之能登假于道者也若此"，"登假"一词在《庄子》中也经常出现，有时写作"登遐"。闻一多对《庄子》颇有研究，他曾从民俗学角度对"登遐"进行过考证，我个人认为是很有说服力的。他认为这与火葬有关。在火化仪式中，人的灵魂会随着火苗上升，这就是所谓的"登遐"。以上是真人四解中的第一解。

古之真人，其寝不梦，其觉无忧，其食不甘，其息深深。真人之息以踵，众人之息以喉。屈服者，其嗌言若哇。其耆欲深者，其天机浅。

日有所思夜有所梦，真人"寝不梦"正是因为醒着的时候不会胡思乱想、杞人忧天。"其食不甘"就是不以人间美味为美，一切顺应自然。"息"字，《说文解字》的解释是上"自"下"心"，"自"即鼻的象形，古人认为人之呼吸源于心，然后从鼻孔里出来。这里需要注意的是，"其寝不梦，其觉无忧，其食不甘，其息深深"四句话，偏重第四句话，前面三句话只是一笔带过。"真人之息以踵"以下都是对"其息深深"的解释。我在讲《逍遥游》《齐物论》时也经常提到，《庄子》中常有双起双承、双起单承等写法，这在其他诸子中是没有的。如《大宗师》开头"知天之所为""知人之所为"就是双起，"知天之所为者……"和"知人之所为者……"就分别承接了前两句，是为双承。这一段中前四句"其寝不梦，其觉无忧，其食不甘，其息深深"可以说是四起，而后文"真人之息以踵"以下是对"其息深深"的解释，是为单承。

"真人之息以踵"，"踵"本是脚踝的意思，这里指的应该是靠近脚后跟的涌泉穴，古人以为全身精气会运行于此，所以这个穴位非常关键。"真人之息以踵"应是对"其息深深"的承接，意为真人的呼吸吐纳很深厚，能达到涌泉穴；但是，现在的有些注解直接解释为真人使用脚后跟呼吸，这就有点望文生义了，脚后跟处又没有孔窍，如何呼吸？而普通人的呼吸，只到喉咙，这就是"众人之息以喉"。"屈服者，其嗌言若哇"，那些与人争辩时落于下风的人，他们的话语就位于更浅的位置，就像要呕吐一般。这句话是用以形容那些执着于外物，与他人争来争去的人，这种人本性飞扬在外，呼吸都不深。真人得失不介怀，也不区分是非，心性恬淡，所以能做到呼吸深深。"其耆欲深者，其天机浅"，"耆欲"即"嗜欲"，各种欲望。个体欲望强烈的人，他的心灵是比较闭塞的，被各种欲望给堵塞了。庄子在《人间世》篇中说"虚室生白"，意思是说，如果心灵变得空旷，大道、美好的东西便会自然显现于你的内心。但心灵一旦被欲望堵塞，心灵中那种天然的灵性（天机）也就变得浅薄了。

那么这里，"真人之息以踵"是承接上面"其息深深"的，而对"其寝不梦，其觉无忧，其食不甘"这三句则不再做解释了，此之谓"四起单承"。然后，文中从"真人"又生发出"众人"，从"真人"的反面拉出来一个东西作为陪衬。而且众人之中，又有一种喜欢辩论的人，庄子又专门点到，大概是在暗示公孙龙、惠施等名家。"屈服者，其嗌言若哇"就是对辩论者的描述，"嗌言"是说话吞吞吐吐，像堵在喉咙里一样。一个人理直气壮的时候，说话就像从心里涌出来一样。当一个人理亏时，说些没道理的话，说话就像从喉咙里出来一样。这又在"众人"的基础上推进一层。最后，又以"其耆欲深者，其天机浅"作结。以上是真人二解，层层推进。庄子行文看似信马由缰，其实骨子里尽有分寸，结构严谨，就像织布一样，丝丝入扣。

> 古之真人，不知说生，不知恶死；其出不訢，其入不距；翛然而往，翛然而来而已矣。不忘其所始，不求其所终；受而喜之，忘而复之。是之谓不以心捐道，不以人助天，是之谓真人。若然者，其心志，其容寂，其颡頯；凄然似秋，暖然似春，喜怒通四时，与物有宜而莫知其极。故圣人之用兵也，亡国而不失人心；利泽施乎万世，不为爱人。故乐通物，非圣人也；有亲，非仁也；天时，非贤也；利害不通，非君子也；行名失己，非士也；亡身不真，非役人也。若狐不偕、务光、伯夷、叔齐、箕子、胥余、纪他、申徒狄，是役人之役，适人之适，而不自适其适者也。

"古之真人，不知说生，不知恶死。"从大自然的角度看，生物的枯荣消长都是顺理成章的，并不值得为之喜怒哀乐。真人体悟到了这种自然大道,所以他不因生存而欢欣,也不因死亡而恐惧。"其出不䜣,其入不距","出"是生,"入"是死,"䜣"是高兴,"距"是推辞,不因为生命产生而高兴,也不推拒死亡的来临。这里,"其出不䜣"承接"不知说生"而来,"其入不距"又是承接"不知恶死"而来,这是双起双承。"翛然而往,翛然而来而已矣","翛然"是自然、潇洒的样子,真人很坦然地对待生存与死亡,自然而来,潇洒而去,一点没有为难的样子,一切顺其自然。"不忘其所始,不求其所终","始"就是来的时候,这里可以用《秋水》最后一句"谨守而勿失,是谓反其真"来注解,我们应该谨慎地守住我们生来所具有的那种自然本性。整部《庄子》说来说去,最终目的就是让人保有自己的自然本性,让人脱离被外物异化的状况,回到纯真的境地。"不求其所终"也是让人顺其天道运化,走向生命的终点,不要刻意去规划自己的最终归宿。我们唯一要做的便是保有自己的自然本性,至于最终该何去何从,一切听从大自然的运化。

"受而喜之,忘而复之","喜之""复之"这两个词语的解释,诸位需要注意。此处的"喜之"不是有心的高兴,而是一种坦荡自然的欣喜。后文讲"今之大冶铸金,金踊跃曰'我且必为镆铘!'大冶必以为不祥之金。今一犯人之形,而曰'人耳人耳',夫造化者必以为不祥之人。"金属为变成镆铘而欣喜,某物被自然运化为人而欣喜,与此处的"喜之"是不一样的。我们受到自然的运化产生生命,来到世间,我们便坦然接受这种生活,这就是"受而喜之"之义。并不是说我变成人了,比自然界的其他万物要高贵,我变成镆铘了,比其他金属要高贵,所以我感到欣喜。这种"欣喜"并不是对自然运化的坦然接受。"受而喜之",在某种程度上与孔子所说的"君子坦荡荡"(《论语·述而》)有相通的地方。这里的"喜之"千万不要作寻常的理解,否则在文本上便会与后文产生矛盾。"复之"是回归自然,"忘而复之"就是说要将生死这件事抛在脑后,把生命走向终结看成是自然现象。我也一直在思考这个问题，这种"忘而复之"的态度，反而对我们的个体生命有好处。林纾《庄子浅说序》里曾经提到，他21岁的时候得了肺结核，这在当时是不治之症。但林纾在住院期间，日与《庄子》为伴。"忽忆及《南华》'恶知乎死者不悔其始之蕲生乎'，因自笑曰：'今日之病，予为丽姬入晋时矣。'竟废书而酣寝，医至诊脉，大异曰：'愈矣！'余曰：'《南华》之力也。'"所以，看破生死，精神上没有什么负担，这反而对生命有益处。我在河北大学时，有一位教文艺理论的中年老师，医院检查查出了癌症，饭也不吃了，一个星期就去世了，是自己把自己吓死了。还有我的一位乡贤，是一家出版社的编审，67岁的时候查出癌症，也是一个星期就去世了。但如果能看开生死，反而不至于这么快就死了。

"是之谓不以心捐道，不以人助天，是之谓真人"，根据学者的考证，这里的"捐"字应该是"损"的讹误。句意便是说不要用充满私欲的心去损害大道，不要用人为的行动去助长天道，这便是真人。我们现代的转基因食品是典型的"以人助天"，产量是增加了，但对人体可能是不好的。2012年10月份，我们在华东师范大学举办了一场诸子学会议，上海海关的一个领导比较喜欢诸子，也来参加了这场会议，他在会议上讲起转基因黄豆。本来海关的仓库货物进进出出，那里面的老鼠长得又大又肥。但转基因黄豆进来以后，老鼠便变得非常小了，毛也不长了。他们认为这是吃转基因黄豆的结果。因为老鼠是一个月产一批小崽子的，所以转基因对后代的影响能在老鼠身上得到很快的体现。有一次吃完饭后，我碰到我们学校研究转基因饲料的老师，他也认为转基因对人体可能是有害的。说到底，这就是"以人助天"的结果。现代人贪图一时的便宜，到最后可能会遭受他们难以承受的后果。所以从这个角度讲，《庄子》讲"不以人助天"是有一定现实意义的。

"若然者,其心志,其容寂,其颡頯",这里的"志"字,较早的版本作"志",后来的有些版本又作"忘"。如果作"志"字解,"其心志"可解释为专心致志。但联系上下文,这里作"忘"似乎更为合适。真人的心将一切是非、事物之间的差别全都抛在脑后,这是符合自然的。他的心里是不留任何痕迹的,所以说"其心忘"。"其容寂",他的容貌是静寂的。"其颡頯",指他的额头宽广。额头宽广是智慧的象征,或者可以引申为心胸宽广。

"凄然似秋,暖然似春",秋季草木凋零,一片萧瑟肃杀的景象,古人常在秋天处决犯人,因为这是在顺应天道。但春天则不一样,万物复苏,繁衍生息,所以说"暖然似春"。从秋到春,从春到秋,万物的生长与消亡,这是天道的一种循环。"凄然似秋"承接的是上文的"其容寂","暖然似春"承接的是"其颡頯",这里也可以看成是双起双承。有必要注意的是,"凄然"或"暖然"并不是说真人有意去表现出这样的气象、情态,他只不过是顺应天道自然的变化。他并没有有意去伤害什么,也没有有意去助长什么。所以后文紧接着说真人"喜怒通四时",意即真人的喜怒哀乐都是与天时的变化、大道的运化相一致的。"与物有宜而莫知其极",大部分人把这里的"极"解释为痕迹,也就是说真人的喜怒哀乐与天道万物相适应,但是我们却看不到真人去顺应天道、与天道相吻合的痕迹,说明真人喜怒哀乐的变化已经完全达到了一种天人合一、道通为一的状态。

因为真人有这样一种德性,所以下文紧接着说:"故圣人之用兵也,亡国而不失人心。"这两句是借用圣人比况真人,按照明清学者研究庄子文章学的术语,上面描写真人的内容是"正意",下面描写圣人的内容是"喻意",是真人的陪衬。圣人是老庄之学下的理想人格,是大道的象征。圣人用兵不会掺杂私意,就像大自然一样。大自然在秋天的时候,使得万物一片萧瑟,这是大道运化的结果。万物在一片萧瑟的时候,也没有怨恨自然、天道，因为天道是无心的，是不掺杂私心杂念的。而后来的人间帝王都是有私心的，出于利害的考量去立身行事。但圣人则不一样，他没有私心，所以即便使人亡国也不会失去民心。

"利泽施乎万世，不为爱人"，圣人让万世得到好处，他不是有意要去爱某一个人，所以他也不需要别人去感谢他。这种爱是无私的爱，是无心的爱。无心的爱才是普遍的，有心的爱有所爱则必有所不爱。我们说母爱是伟大的、无私的，但站在圣人的立场上，母爱是有心的，这种爱仅仅局限于自己的孩子，而不能做到普惠他者，这是母爱的局限性。当然我们这里所说的"圣人"是道家的理想人格，是大道的象征。

"故乐通物，非圣人也"，如果有意地与万物相通，让万物得到好处，这就算不得圣人。"有亲，非仁也"，孔子认为"仁者爱人"，有意地去爱人，这是仁德的表现，但庄子则认为有所亲爱，就算不得"仁"，因为有意去爱并非出于自然本性。如果有所爱，一定也会有所不爱，这样的偏爱不是"仁"。"天时，非贤也"，郭象说："时天者，未若忘时而自合之贤也。"（《庄子注》）根据郭象的注语，"天时"应该是作"时天"，句意是说刻意去窥测天道之变化，算不得贤人。比如我们现在作天气预报，就是庄子所说的"时天"。"利害不通，非君子也"，不能齐同万物，齐同利害，就算不得君子。"行名失己，非士也"，去追究名声而失去自然本心，不是士应有的行为。"亡身不真，非役人也"，残生损性之徒，使自己的本性受到损害，这种人不是役使人的人，换句话说，这种人是被他人所役使的人。"若狐不偕、务光、伯夷、叔齐、箕子、胥余、纪他、申徒狄，是役人之役，适人之适，而不自适其适者也"，其中"胥余"不知是谁，有的学者认为胥余是箕子的名或字，但无定论。庄子认为，狐不偕、务光这些人只会受人役使，只会给别人增加快适，而不能使自己得到快适。

需要注意的是，这里"故乐通物，非圣人也"是第一层意思，"有亲，非仁也"是第二层意思,"天时,非贤也"是第三层意思,"利害不通,非君子也"是第四层意思,"行名失己,非士也"是第五层意思,"亡身不真,非役人也"是第六层意思。而接下来庄子举出"狐不偕"等八人是来证明第五、第六这两层意思的,前面四层意思庄子都放下不管了,这可以说是"六起二承"了。为什么仅仅只申解第五、第六层意思呢? 因为前面四项内容能较容易让人理解,而后面两项内容却不容易被人理解,更不容易为人所接受。伯夷、叔齐、箕子等人,是我们一直以来所津津乐道的圣人或贤人,是人们心目中的道德标准,所以庄子要特别提起,要打破人们心中的既有定见。当然,庄子也并非是要针对这几个人,主要还是对"行名失己""亡身不真"这两类行为的否定。

同时还有一点需要注意,这些人在《庄子》一书中是经常出现的,特别是在杂篇《让王》里,作者为这些人安排了一个个小故事,而且在《让王》篇里,这些人成了被肯定的对象。所以,《让王》篇的用意严重地与《大宗师》篇对立起来了。

另外还要补充的是,"利泽施乎万世,不为爱人"和"有亲,非仁也"这两层意思,应该是分别针对墨家、儒家而言的。根据司马迁《史记》的判断,整部《庄子》主体思想倾向是"剽剥儒墨",而这里"利泽施乎万世"正好对应的是墨家兼爱的思想,"有亲"则对应的是儒家亲亲的思想。庄子对这些思想的否定,在一定程度上展现了其思想中"剽剥儒墨"的一面。在庄子看来,心里面不要装着爱的观念,这样的爱才是符合大道精神的。

> 古之真人,其状义而不朋,若不足而不承;与乎其觚而不坚也,张乎其虚而不华也;邴邴乎其似喜乎! 崔乎其不得已乎! 滀乎进我色也,与乎止我德也;厉乎其似世乎,謷乎其未可制也;连乎其似好闭也,悗乎忘其言也。以刑为体,以礼为翼,以知为时,以德为

循。以刑为体者,绰乎其杀也;以礼为翼者,所以行于世也;以知为时者,不得已于事也;以德为循者,言其与有足者至于丘也,而人真以为勤行者也。故其好之也一,其弗好之也一;其一也一,其不一也一。其一与天为徒,其不一与人为徒。天与人不相胜也,是之谓真人。

本节是真人四解的第四解。真人的精神状貌是"义而不朋",郭象、成玄英把"义""朋"按照字面意义解释,如郭氏谓"与物同宜而非朋党"(《庄子注》),成氏谓"状,迹也。义,宜也。降迹同世,随物所宜,而虚己均平,曾无偏党也"(《南华真经注疏》)。他们的意思是说,真人和光同尘,随物变化,心中无所偏爱。但清代的俞樾在《庄子平议》中却根据"义"的繁体与"峨"字并从我声,可以通用,就认为"义"当是"巍峨"之"峨"的借字,用以形容真人形貌之高大,"朋"则是"崩"的借字,"义而不朋"意即真人形貌高大而不崩坏。相较而言,俞樾的解释较为可信。"若不足而不承",真人内心空寂,好像缺失什么东西,但是如果想要给他补偿,他是不接受的,这里的"承"作承接之义解。"与乎其觚而不坚也",这里的"与"即"容与",怡然自得之意。觚是一种酒器,在商朝和西周时期广泛使用,上部是喇叭形的,中间比较细长,棱角分明。"与乎其觚而不坚",意即真人怡然自得,不太合群,性格有棱角,但却并不固执("不坚")。

"张乎其虚而不华也","张"是宽广的意思,"虚"是虚空。我们在讲《人间世》的时候,曾经提到"虚室生白"一语,是说内心像一座房子一样,里面是空的,反而能生出白光,生出美好的事物。"张乎其虚而不华",即是说真人的内心虚空、宽广,里面充满着真道,却又不显得浮华。一般来说觚者坚,虚者浮,但真人"觚而不坚""虚而不华",其意相生相背。"邴邴乎其似喜乎","邴邴"是高兴、喜悦的样子。真人脸上看上去好像很高兴的样子，但实际上他无悲无喜，只是顺应自然。"崔乎其不得已乎"，一些版本写作"崔崔乎其不得已乎"，根据上文"邴邴乎"的文例，这里作"崔崔乎"应该更合适一点。"崔崔"是活动的样子，这句话的意思是真人好像是在那活动，但这却并非是他主动的行为，而是顺应时势。比如一个不倒翁，你动它一下，它就摇一下。这个不倒翁的摇动，并非是它自身主动想要摇动，它只不过在顺应时势而已。"滀乎进我色也，与乎止我德也"，"滀"是水积聚的样子，句意是说真人的容貌颜色如同水的积聚，日渐充盈，但是他的心德却日见精粹。这两句话也是相生相背。从前文的"义而不朋"到这里的"滀乎进我色也，与乎止我德也"，各家对语词的训释可能不太一样，但是有一点是共同的——诸家对于真人的描绘都遵循"相生相背"的原则。你说真人是这样的，但他却又不是这样的。除此之外，对于"大道"的界定也是如此。我们现在研究哲学，一般是要事先对事物下一个定义。但庄子并不是这样的，庄子是不给事物下定义的。语言文字是有其自身局限的，在庄子看来是糟粕，最精华的东西是无法通过语言表达出来的。我们一下定义，那个事物就局限在语言之中了。

"厉乎其似世乎，謷乎其未可制也"，一些学者根据"厉"的本义作解，释为严厉之义。但陆德明《经典释文》说："厉，崔本作广。"繁体的"广"与"厉"二字形近。俞樾《庄子平议》根据《经典释文》的这条记载，认为这句话应该作"世乎其似厉"，"世"字又通假为"泰"，同样是表示广大的意思。"厉乎其似世乎，謷乎其未可制也"，是说真人的心胸恢弘，但又傲视万物，不可以被制驭。这两句话也是相生相背。"连乎其似好闭也，悗乎忘其言也"，"连"是连续不断，引申则有经常之义，"好闭"意即缄口不言，"悗"为不系于心之义。这两句话的意思即是，真人好像喜欢缄默不言，但实际上并不是有意沉默不语，而是出于无心，忘记言语。

《知北游》中有一个寓言故事可以作为"俋乎忘其言也"的注脚。知去问无为谓如何知道、安道、得道，三问而无为谓三不答。知又去问狂屈，狂屈回答说，我想讲的，但我忘记了。知又去问黄帝，无为谓与狂屈，哪个更接近大道呢？黄帝说："无为谓真是也，狂屈似之。"说明缄默不言的方式更接近于大道，这个观点在《庄子》中是一以贯之的。但这里的缄默不言，并不是我们平常生活中有意地闭嘴不说话，而是说真人心不系于物，无心于物，也无心于言。上文中"其状义而不朋"到"俋乎忘其言也"十二句，文意皆有相生相背的特征，或一句之中相生相背，或两句相生相背。因为真人的特征无法用语言描述，所以《庄子》用了这种"否定之否定"的语言方式。这里我们也不要太执着于《庄子》语言上的描述，而是要把握这种"否定之否定"的语言风格背后所传达的意蕴。

接着，从"以刑为体"到"而人真以为勤行者也"的十三句话，疑似他书混入《庄子》原文，理由有二。第一，这段话中"刑""礼""知""德"并提，显然是儒家、法家、道家等家理念的混合物，这在《庄子》内篇中是绝无仅有的一个例子。第二，上文自"其状义而不朋"到"俋乎忘其言也"十二句，在文义上都有"相生相背"的特征，下文"故其好之也一……是之谓真人"，正是承接这十二句而总括上述特点的，而中间的"以刑为体……而人真以为勤行者也"却似旁逸一枝，并不协调。

"故其好之也一，其弗好之也一"两句总括"其状义而不朋"到"俋乎忘其言也"这十二句，就是说真人看起来似乎具有某种喜好，但实际上却并不如此，他达到的就是一种浑同的境界。这里的"一"，可以理解为自然、大道。"其好之也一，其弗好之也一"，即是说真人的喜好或者不喜好，都是依循大道的，他的内心其实无所谓喜好不喜好。"其一也一，其不一也一"，这两句话即是说当你不对事物作区分时，它是一；当你对事物作出区分，你所区分出来的多个事物，其实本身也是一。这两句话便与开头的"知天之所为,知人之所为"呼应起来了。"其一与天为徒",即是说当真人将所有的区别都浑同为一,处于浑同心境的时候,说明真人是"知天之所为"的,这时候他与自然大道是同类。"其不一与人为徒",即是说当真人也在区别万物,处于差别境界时,说明真人是"知人之所为"的,这时候他又与世人是同类。真人一方面能超脱世俗,与天为徒,另一方面也能与世俗合一,与世人为同类,与人为徒,这就是后文所说的"天与人不相胜",即"任天顺人,妙协中和,性无偏执"(陈寿昌《南华真经正义》)。以上的真人四解,是《庄子》中描写真人最有特色、最详细的一部分。

> 死生,命也。其有夜旦之常,天也。人之有所不得与,皆物之情也。彼特以天为父,而身犹爱之,而况其卓乎! 人特以有君为愈乎己,而身犹死之,而况其真乎! 泉涸,鱼相与处于陆,相呴以湿,相濡以沫,不如相忘于江湖。与其誉尧而非桀也,不如两忘而化其道。

"死生,命也"及其后的一大段文字,实际上是沿着前文对"真人"的解说而来的。真人与大道浑然一体,"死生,命也"一段文字便进一步发挥这样的观点,并谈论了世人对真人的误解。这一段文字中运用了大量的比喻,理解起来稍微有一点难度。"死生,命也。其有夜旦之常,天也",庄子所说的"命"并不是儒家所言之"命",不是我们一般所说的祸福寿夭之"命"。这里的"命"类似于后文"天"的概念,即自然运化之理。生死是自然运化的结果,这便是"死生,命也"的意思。"其有夜旦之常"的"有"即是"犹",如同的意思。"其有夜旦之常"这一句是"死生,命也"的比喻,点明死生的变化就像是昼夜交替一样运行不止,并非人力所能干预。这也就引出了后面的一句话,"人之有所不得与","与"通作"预",就是干预的意思。"皆物之情也","情"即实际的道理,也就是说,只要是物,便都有生死。在庄子的观念里,一切有形的东西都不能长久持存,只有无形的东西才能永恒存在。

在这之后,是一连串的比喻。

第一个比喻是"彼特以天为父,而身犹爱之,而况其卓乎","彼"是指人,根据清宣颖《南华经解》的观点,"以天为父"就是"以父为天"的倒装,这里采用宣颖的解释。"卓",根据刘武《庄子集解内篇补正》的解释,即是"道"的代称。父母给予你生命,你因此敬爱父母,更何况那卓然不群的大道呢?这里的大道也可以理解为这篇文章的题目——"大宗师"。第二个比喻是"人特以有君为愈乎己,而身犹死之,而况其真乎",君主有权势能号令天下,你尚且愿意为君王而死,更何况是大道呢?"真"与前文的"卓"都是说大道。第一个比喻是以父子关系来比喻,第二个比喻是以君臣关系来比喻。第三个比喻"泉涸,鱼相与处于陆,相呴以湿,相濡以沫,不如相忘于江湖",是说泉水干了,鱼互相以唾沫润湿彼此,以避免干涸而死。"相忘于江湖"的"江湖"也是大道的代指。按照常人的目光来看,相濡以沫的鱼已经算得上仁义,但在庄子眼中,这样的境界还比较低:一是因为鱼是有意为仁义,同伴遇到困难才会施以援手,是为"故意";二是因为鱼贪生,不能忘怀生死,因为忧惧干涸而互相帮助。庄子认为人一旦进入大道的境界(进入"江湖"),仁义、贪生等思想便不复存在。第四个比喻"与其誉尧而非桀也,不如两忘而化其道",这里的"道"有两种解释:第一种为是非之道,与其赞颂尧这样的明主,贬斥桀这般的暴君,不如抛弃这些固有的是非观念,"化其道"即忘记是非观念。第二种解读以"道"为大道,这两句话是说与其去纠缠于这些是非观念,还不如逍遥于大道境界。我以为第二种解释更加合理。

这四个比喻也呼应了前文"知天知人"的境界,其中"父""君""相濡以沫""誉尧而非桀"属于"知人"的范畴,而"天""真""相忘于江湖""化其道"则属于"知天"的范畴。这一段文字的主体"死生,命也。其有夜旦之常,天也。人之有所不得与,皆物之情也"这几句话,是为"正意";后面四个比喻则全为"喻意"。可见前后之间并非是并列关系,我们在读的时候一定要分清此段的"正意"与"喻意"。

下一段文字便又进一步解释"死生,命也……人之有所不得与,皆物之情也",层层推进。我们且看:

> 夫大块载我以形,劳我以生,佚我以老,息我以死。故善吾生者,乃所以善吾死也。夫藏舟于壑,藏山于泽,谓之固矣。然而夜半有力者负之而走,昧者不知也。藏小大有宜,犹有所遁。若夫藏天下于天下而不得所遁,是恒物之大情也。特犯人之形,而犹喜之。若人之形者,万化而未始有极也,其为乐可胜计邪?故圣人将游于物之所不得遁而皆存。善妖善老,善始善终,人犹效之,又况万物之所系而一化之所待乎!

"大块",表面意思即大的土块,也就是大地、造物之道。大地赋予我形体,我活着时使我辛劳,衰老时使我安逸,直到死亡时使我休息。"夫大块载我以形,劳我以生,佚我以老,息我以死"就是进一步地解释了"死生,命也。其有夜旦之常,天也"这几句。如果这种层次结构我们没有弄清楚的话,便会觉得这篇文章在逻辑上有些混乱:前面说"相濡以沫",怎么现在又跳转至"大块载我以形"了?所以,我们一定要从文章学的视角把握这篇文章的整体层次和行文脉络。如果用今天的论文写作为比,前段的"相濡以沫"等四个比喻其实可以放到脚注里。"大块载我以形"这段话,是直接接续前文"死生,命也。其有夜旦之常,天也。人之有所不得与,皆物之情也"那几句话的。

"故善吾生者,乃所以善吾死也",正因为大自然赋予我生命与形体，使我劳累、安逸、休息，所以我们应该像喜欢活着一样去喜欢死亡。"善"就是认为某事是好的，但又不是一种强烈的喜好心理。后文的"夫藏舟于壑"等文又是一层层比喻了。所以，《大宗师》篇中真正的"正经"话其实没有多少，都是一层层比喻套在里面的。

"夫藏舟于壑，藏山于泽，谓之固矣。然而夜半有力者负之而走，昧者不知也。"世人把船藏在山谷中，把山掩盖在深泽里，以为这是保险的，但没想到夜半时大力士把它们带走了。这几句话与《列子·汤问》中"愚公移山"的典故颇相类，但指喻大不相同。这番比喻之中隐含着另一层比喻，"大力士"即比喻造化与大自然，而"船"与"山"是人的生命。"藏小大有宜"，人类总是以为把精巧的船藏到狭小的山谷中，使巍峨的山掩盖于浩瀚的大海中，是合适的，就像世人自以为各类"养生术""补药"能帮助自己长生。但船和山会被大力者搬走，暗中运化的自然大道也会在潜移默化中一点一点将你改变，最终带走人的生命，这是自然而然的事。这也就是"犹有所遁"，所谓"遁"，就是逃遁，消失不见。生命最终会走向消逝。

"若夫藏天下于天下而不得所遁，是恒物之大情也"，假如人遨游于大道之中，与天地六气的变化一起运行，那么就不需要去藏了，而是与造化共存了，这是万物永恒的至理。"大情"就是至理的意思。"特犯人之形"，"犯"通"范"，旧时泥做的模具称为"范"。"特犯人之形，而犹喜之"，即用泥坯的模具铸造成人形，这个人尚且为此欢喜。"若人之形者，万化而未始有极也，其为乐可胜计邪？"这几句话有两种解释。第一种解释认为，人一旦被铸成人形后就开始高兴，但成为人形后仍有万般值得高兴的事，难以计数。第二种解释则认为，人只是万物当中的一物，如果人自以为造化赋予人形是值得高兴的乐事，其他生灵也会为自己的形体而欢喜，这种快乐也是不可胜计的。对于这两种观点，我也很难辨别哪种解释更好,更符合庄子原意,诸位可自己做判断,但庄子所寄寓的深意是很明显的,就是大道把你运化成人并没有特别可值得高兴的,应该一切顺其自然才对。所以,"圣人将游于物之所不得遁而皆存",圣人游于大道的境界,无所损害,而与大道共存。"善妖善老","妖"与"老"指寿命长短,"妖"通"夭"。"善始善终","始"指出生,"终"指死亡。"善妖善老,善始善终",能乐观看待寿命长短与生死变换,因为这是大自然运化的结果,个体是无力改变的。"人犹效之,又况万物之所系而一化之所待乎!"对于平常心看待生死("善妖善老,善始善终")的人,我们尚且要学习他、效仿他,更何况是对于万物要依赖、一切运化所依存的大道呢?"万物之所系""一化之所待"指向的便是大道。大道是万物所宗,万化所师。这里所说的其实也就点明了文章的主题——"大宗师"。

"死生,命也"一直到"又况万物之所系而一化之所待乎"这一番话,是对上文"真人四解"部分的进一步阐发。这一番话是从"生死"的角度慢慢延伸,最终归结到大道上。由此,文章便开始进入到对"大道"的描绘中了。

> 夫道,有情有信,无为无形;可传而不可受,可得而不可见;自本自根,未有天地,自古以固存;神鬼神帝,生天生地;在太极之先而不为高,在六极之下而不为深,先天地生而不为久,长于上古而不为老。狶韦氏得之,以挈天地;伏戏氏得之,以袭气母;维斗得之,终古不忒;日月得之,终古不息;堪坏得之,以袭昆仑;冯夷得之,以游大川;肩吾得之,以处大山;黄帝得之,以登云天;颛顼得之,以处玄宫;禺强得之,立乎北极;西王母得之,坐乎少广,莫知其始,莫知其终;彭祖得之,上及有虞,下及五伯;傅说得之,以相武丁,奄有天下,乘东维,骑箕尾,而比于列星。

前文的叙述中，提到的最高境界是"天"，而"道"这个概念一直没有出现。这一段我们突然便转到对"道"的描述上了。从文章学角度来看，这样的叙述结构与《逍遥游》颇为类似。《逍遥游》在描述"风"时，是到"风之积也不厚"时才正式提到"风"字，但是前文已经有好几个地方都对此有所暗示，比如"海运""扶摇""六月息"等都暗示了"风"的存在，但就是没有点明"风"这一概念。明清研究文章学的学者认为，这种写法叫作"蓄势"，先通过层层叙事将力量聚集起来，蓄势于一处，而后点明主题，一泻而下。相比于从一开始便点明主旨的写作手法，这种叙述结构，无疑显得更有气势，更能起到震撼人心的效果。

在《庄子》中，"天"与"道"有些时候概念指向是重合的，但在《大宗师》里，"天"与"道"等级是不一样的。由"天"而至"道"，从文章学的角度而言，这又是一个层次上的递进。至于"天"与"道"有何区别，后面再作详细解释。

"道"是"大宗师"的真名，而"天""大宗师"则是道之号，只是道在某一方面的显现。这段文字明确了道的本质和作用，是承前启后的一段。前文之叙述主在蓄势，此段文字则点明主旨，后面又连续用七则寓言故事来继续讲述大道的神妙，是为"连证"。庄子行文一般都有这个特点，比如《齐物论》与《秋水》篇等。《秋水》篇河伯与北海若之论道，层层推进，一直推高到"无以人灭天"，而后又以一个个寓言故事连证这一中心思想。

"夫道，有情有信，无为无形"，这里的"情"与"信"可看成是同义字，《庄子》中"信"大多解释为实际、实在之义。大道是真实存在的，但是它是无所作为的，也没有形体。我们认为大道的一些作用是"有为"的，譬如产生万物，但其实大道是无为的，一切出于自然。更不用说形体了，大道是无形的。"可传而不可受"是说大道可以用心来体悟，却不能用手去授受。正是因为大道可传而不可受,庄子才会运用"三言"来讲述大道,因为大道是无法言说的,所以只能将一些寓言故事,藉外论之,以比况于道,让别人产生联想。"可得而不可见",人心悟大道,能有所得,但道是虚的,不可得见。总而言之,我们的眼、耳、鼻、舌、身五官是无法感知道的存在的,眼睛是看不到它的,耳朵是听不到它的,连心也是无法去思维它的。我们只能以自然之心去体悟它的存在。所以,我们在用词上千万要注意,万不可用"理解大道"这个词,此语一出,便显得外行,不够本色。

"自本自根,未有天地,自古以固存","自本自根"指道并非从其他的事物中诞生,而是自己派生了自己。道在天地诞生之前便已经存在了,所以说"未有天地,自古以固存"。这里,郭象的解释明显与《庄子》原文产生了对立。从我个人的研究心得而言,郭象的《庄子注》与《庄子》原文最不协调的地方,就是在对道的解释上。庄子认为道是自本自根的,是虚无的,同时也是世间万物的根源。但郭象研究《庄子》的思想体系是建立在"独化"论的基础上,他认为无不能生有,所以他在解释"神鬼神帝,生天生地"时说道:"无也,岂能生神哉?"认为天、地、鬼、帝皆自生自神,否认了无形的大道能够运化万物。在这一点上,郭象的看法与庄子的思想是不一致的。可能郭象也意识到自己这种"独化"论的思想如果落实到社会层面,会使得整个社会变成一盘散沙。如果万物皆独生独化,那么物和物之间又是如何沟通和联系的呢?由此,郭象又借用了佛教的"因缘"思想来解释《庄子》,他在解释《齐物论》"罔两问影"这则寓言的时候,谈到了"因缘关系",人动而影子也跟着动,这两个独立的事物之间之所以存在着行动上的一致性,正是因为"因缘"的存在,庄子认为影子之所以跟着人动,是"吾有待而然",郭象其实是将《庄子》中的"待"解释成佛教的"因缘"了。

"在太极之先而不为高，在六极之下而不为深"，一些考据家认为"先"字当作"上"，这样才能与后文的"下"形成对文。但这种说法没有版本上的依据，我们不采用。关于"太极"，儒家思想的最高境界也就是"太极"，老庄则更深一层，认为在太极之上还有一个无极存在。《易传·系辞上》说"易有太极，是生两仪，两仪生四象，四象生八卦"，在儒家那里，"太极"便是派生万物的根源，两仪是介于有形无形间的阴、阳二气，四象有多重解释，主流的解释是指东方青龙、西方白虎、南方朱雀、北方玄武，即二十八星宿。八卦指天、地、雷、风、水、火、山、泽等八种物质元素，代表了世间万物。《易传》之说代表了儒家的宇宙生成论思想。"太极"指的是阴阳二气还未分出之前的一团混沌，即宇宙万物最初的"一"，是宇宙最初的根源。但在《庄子》这里，太极之上还有一个物——"无极"。"无极"这个概念《庄子》有述，《老子》也说"常德不忒，复归于无极"（二十八章）。宋代理学家提倡"无极而太极"，这一理论便是从老庄中生发出来的，虽然理学家表面上严斥佛老，但是其思想的根源却与老庄密切相关。"在六极之下而不为深"，"六极"指上下东南西北。这句话的意思即是说道包裹天地，无所不在。在读《大宗师》这篇文章时，我们一定要与外篇的《知北游》联系起来。相较于此篇，《知北游》在论述大道时又推进了一步。

"狶韦氏得之，以挈天地；伏戏氏得之，以袭气母"以下出现了很多古代帝王名，如伏戏氏、黄帝等。对于这些人名，我们不必太过深究，庄子只不过借此以言义理，并非历史上实有其事，实有其人。从"狶韦氏得之"到"傅说得之"，共有十三个"得之"。这里的"得之"，我们不能理解为"有心而得"，有心是无法得道的，无心方可遇道。狶韦氏得到大道，用来协助天地运行；伏戏氏得到大道，用来调合、产生元气。在传统观念中，气是很奥妙的，但这样奥妙的气，也是从大道中萌生。"维斗得之,终古不忒","维斗"即是北斗星,古人依靠北斗星辨别方位与四季,北斗星得道之后,能永远不出差错。"日月得之,终古不息",日月得道之后,可以交替运行不息。"堪坏得之,以袭昆仑;冯夷得之,以游大川;肩吾得之,以处大山",堪坏是昆仑山之神,冯夷是黄河之神,肩吾是泰山之神,他们都是因为得道而成神。"黄帝得之,以登云天",黄帝得大道而登天成仙。"颛顼得之,以处玄宫",颛顼是黄帝之孙,得道后成为北方之帝,四象中位于北方的是玄武,因此颛顼所住之处叫做"玄宫",庄子尚玄,以为玄更近于大道。"禺强得之,立乎北极",禺强也是黄帝之孙,得道后成为北海之神。"西王母得之,坐乎少广",西王母得道后就常常坐在西极的神山少广山上,不知道生与死的变化,"莫知其始,莫知其终"。彭祖得道后,从虞舜的时代活到了五伯的时代,不过,在《庄子》中彭祖常常以否定的、未得道的形象出现(如《逍遥游》《齐物论》《刻意》),但在《大宗师》这里,彭祖是以得道的形象出现的。"傅说得之,以相武丁,奄有天下,乘东维,骑箕尾,而比于列星",傅说得道之后,成为了殷高宗武丁的丞相,治理天下。箕、尾指箕星与尾星,它们与角星、亢星、氐星、房星、心星组成了维持东方的苍龙七宿,也就是"东维"。傅说星正位于箕、尾二星的中间,看上去如同骑在它们之上,"比于列星"是指傅说得道升天之后与东维诸星并列。

以上这段文字的前面部分解释了大道是何物,后面讲述了上古的神灵、帝王得道之后的状况,他们因为宗"道"而变得无比神圣,从而让大家明白了"道"的力量。这段文字可以看成是全篇的总论。于是作者接连撰写七则寓言故事,用来连证这一总论。

　　南伯子葵问乎女偊曰:"子之年长矣,而色若孺子,何也?"曰:"吾闻道矣。"

　　南伯子葵曰:"可得学邪?"曰:"恶!恶可!子非其人也。夫卜梁倚有圣人之才而无圣人之道，我有圣人之道而无圣人之才。吾欲以教之，庶几其果为圣人乎？不然，以圣人之道告圣人之才，亦易矣。吾犹守而告之，参日而后能外天下；已外天下矣，吾又守之，七日而后能外物；已外物矣，吾又守之，九日而后能外生；已外生矣，而后能朝彻；朝彻，而后能见独；见独，而后能无古今；无古今，而后能入于不死不生。杀生者不死，生生者不生。其为物，无不将也，无不迎也，无不毁也，无不成也，其名为撄宁。撄宁也者，撄而后成者也。"

南伯子葵曰："子独恶乎闻之？"曰："闻诸副墨之子，副墨之子闻诸洛诵之孙，洛诵之孙闻之瞻明，瞻明闻之聂许，聂许闻之需役，需役闻之於讴，於讴闻之玄冥，玄冥闻之参寥，参寥闻之疑始。"

大家都知道传统的章回体小说在每一回的末尾会有"且听下回分解"的句子，每一回的开头又有"且说"之类的话，这是一种勾连。《庄子》中的篇章也往往会涉及这个问题，看起来是一段段彼此独立的故事、论述，但段与段之间其实存在着逻辑上的勾连。当然，这种所谓的"勾连"也有可能一定程度上出自后人的解读和想象。不过，《庄子》篇章之间应该还是存在一定的逻辑关系的，如果这条逻辑线索梳理不出来的话，《庄子》所传达的义理的一种整体性可能会受到破坏。所以，我尽量在解读《庄子》义理的过程中，多作一些篇章之间的勾连工作，而不是仅仅局限于对字词的分析。

这里要讲的"南伯子葵问乎女偊"与上文"夫道，有情有信"的关系，如果不注意琢磨的话，便很难勾连起来。但我认为二者之间存在一定的逻辑关系，庄子并不是随便把几则寓言故事放在一起的。上段中举了许多得道者升仙的例子来描绘大道的妙用，而此后笔锋一转，连续用七则寓言故事证明庄子的观点。上段是说狶韦氏、伏戏氏、黄帝、颛顼、西王母等帝王和神仙得道之后的状态,接着在此处则是用南伯子葵这样一个身处人世间的普通人问道的寓言故事来说明道的妙用。所以我们说庄子的文字理解起来并不困难,但其中深层的寓意、暗藏的线索却很难被发现。

南伯子葵问乎女偊曰:"子之年长矣,而色若孺子,何也?"曰:"吾闻道矣。"旧多以为南伯子葵即是南郭子綦,女偊是人世间的普通得道者,或许就是一位女性,这与前文狶韦氏、伏戏氏、黄帝、颛顼、西王母等帝王或神仙形成了一个对比。南伯子葵问女偊:"你的年纪已经很大了,而容色却还像孺子一样,这是为什么呢?"这里,要注意"色若孺子"这个词,不仅是说女偊鹤发童颜,也是指她的内在如孩童一般处于一种"德充"的状态,如《老子》所说的"含德之厚,比于赤子"(五十五章)。女偊回答他:"我得道了。"

南伯子葵又问:"可得学耶?"女偊便直接回答说:"子非其人也。"南伯子葵开口便问,道是否可"学",一个"学"字便表明他对道的无知,所以女偊便认为他这种人是不适合修道的。我们和社会上的人接触时,对方一开口,我们便基本可以猜到他是什么身份。这种情景大概便与南伯子葵、女偊的对话情景差不多。

"夫卜梁倚有圣人之才而无圣人之道,我有圣人之道而无圣人之才",卜梁倚姓卜梁,名倚,应是庄子虚构的人物。这里的"才""道"类似于后世理学家所说的"体"与"用"的关系。"道"偏重于内心之德性,近于体;"才"则是外显的聪明才智,近于用。有必要注意的是,这里的"道"与前文提到的造化运行之大道还是要有所区分的。

"吾欲以教之,庶几其果为圣人乎? 不然,以圣人之道告圣人之才,亦易矣。"想要成为圣人,要具备"道"与"才"这两方面的素质。卜梁倚本有"圣人之才",所以我想用"圣人之道"去教育卜梁倚,或许他也可以成为圣人吧？而那些不具备圣人之才的人，教育起来更加困难。这里需要注意的是，女偊虽然是得道者，比普通人高妙一些，但并未达到前文那些"真人"的境界，因为在她这里，仍有"才""道"的分别，而还没有达到真人那样的混沌境界。女偊又说"吾犹守而告之"，尽管卜梁倚具备圣人之才，容易被教育，但女偊仍然需要耐心地教育他。后文所言便是入道的次序。

"参日而后能外天下"，"参"字，有的版本作"三"，"参日"即"三日"，"外"是遗弃的意思。《庄子·让王》有"道之真以治身，其绪余以为国家"之语，认为大道中最精华的部分是用以修身的，其余的部分才用来治理国家。在庄子的观念中，修身是高于治理天下国家的，因此参悟大道的人，三天后就可以遗忘天下。"已外天下矣，吾又守之，七日而后能外物"，"外物"就是遗弃一切功名、人事。相较于天下国家，功名、人事等"物"更切近于自己的生活，所以需要七天才能忘记。"已外物矣，吾又守之，九日而后能外生"，"生"即是"吾之生死"，参透生死、忘怀自我比遗弃外物更难，所以要花九天时间。在忘我之后是"能朝彻"，"朝彻"到底是什么意思，学界没有一个统一的说法。如果从字面义理解，"朝彻"即早晨天刚刚发亮的状态。二十年前，我有一次回老家，一天早上登上自家的三楼顶上，眺望东方，一片光芒万丈的情景，大概就类似于佛教所说的"佛光"，五光十色的，我从来没有见到过。不过这一景象，瞬间便消逝了。还有一次，西安法门寺的和尚跟我说，修道修炼到一定程度，眼前会忽然显现出一片金光。这些状态，可能便是庄子所说的"朝彻"吧。这与"虚室生白"的意思差不多，都指的是一种彻悟的状态。当你将生死都已经忘怀之后，便会进入这种彻悟的状态。在彻悟之后方能"见独"，"独"借为"卓"，"见独"即是见到卓然大道。"见独，而后能无古今"，见到卓然的大道后，就能破除古今观念。"无古今，而后能入于不死不生"，在破除古今的观念之后，便能进一步破除生死观念。在活着的人看来，人有生与死的区别。但在得道者看来，生与死是不断循环的。"入于不死不生"，生与死便已经没有区别。"杀生者不死，生生者不生"，道是没有生死的，我们不能用人世间生死的观念去衡量大道。"杀生者"中的"生者"是指天地万物，大道使天地万物消亡，但大道本身不会消亡，大道也使万物萌生，但大道并没有世人所谓的生命。大道掌握着自然的运化与万物的生死，但大道本身却是不死不生的。

"其为物，无不将也，无不迎也，无不毁也，无不成也。""其为物"之"其"，指的是大道。道这个东西，它的表现形态是什么呢？"无不将也，无不迎也，无不毁也，无不成也"，这几句话可以从两个角度去理解。从道本身的角度去理解，道无所不在，无处不在，无时不在。它就体现在万事万物之中，既可以在有生命的物中显现，也可以在没有生命的物中显现。事物的生成中包含着大道，事物的毁灭中也包含着大道，所以说"无不毁也，无不成也"。从万物的角度去理解，"将"是送走，"迎"是迎接，"无不将也"，即是说天地万物的消逝、死亡，无不是由大道将其送走的；"无不迎也"，即是说天地万物的出生，无不是由大道来迎接的。"无不毁也，无不成也"，即是说万物的毁灭与生存都离不开大道的影响，都是在大道的推动下完成的。

"其名为撄宁。撄宁也者，撄而后成者也。""撄宁"是什么？从万物角度来看，万物本身时刻不停地互相干扰、碰撞，这就是"撄"，万物不得安宁，只有得道者在纷乱的环境中可以静下心来获得"宁"，这就是"撄宁"，在纷纭烦乱中保持心境的安宁。"撄宁也者，撄而后成者也"，意即在纷繁复杂的环境中、在万物的不断干扰中成就自身的宁静，这就叫"撄宁"。"撄宁"是一种极高的境界。民国时期的道教学者陈撄宁，他的名字便出自此处。这个名字取得很好，民国时期就是一个乱世，一直处于一种"撄"的环境下，而在这种乱世之中，能取得一种心灵的自在、宁静，这需要极高的修为。

南伯子葵曰："子独恶乎闻之？"这里南伯子葵又问女偊："你是从何学到道的呢？"女偊回答说"闻诸副墨之子"，"副墨之子"原指文字，旧时书写文字用墨，文字只能作为道理的附属，所以称文字为"副墨"，后来的文字又都是由前代文字所生，故名为"副墨之子"。

"副墨之子闻诸洛诵之孙"，"洛诵"之"洛"通"络"，是连络的意思，洛诵也就是反复诵读。"洛诵之孙闻之瞻明"，"瞻明"是见解洞彻。"瞻明闻之聂许"，"聂许"即附耳小语，心有所会。"聂许闻之需役"，"需"通"须"，等待的意思，"役"是行使，"需役"就是等待时机行使以成实际。"聂许"仍停留在口头上，"需役"则是见之于行动了。"需役闻之於讴"，"於讴"是吟咏嗟叹。"於讴闻之玄冥"，"玄冥"即幽妙渊深的样子。"玄冥闻之参寥"，"参寥"谓参悟空虚的寥廓。"参寥闻之疑始"，最后出现的"疑始"指大道自本自根，它的起始无法推断，所以宣颖解释为"疑始者，似有始而未尝有始也"（《南华经解》）。对于这些语句的层层推进之意，刘凤苞阐释说："入后撰出许多名目，语语皆从体会而来。副墨、洛诵，影照讲学诵读之功；瞻明、聂许，影照收视返听之诣；需役、於讴，影照言行相顾之实；玄冥、参寥，影照反虚入浑之旨。末以疑始作结，正以大道之运行，似有始而实未尝有始，其功由疑而生悟。参寥乃其化境，疑始则并化境而忘之，渺不知其所自始也。天地皆有始，而生天生地者无始，又何古今死生之妄为分别哉？"（《南华雪心编》）

女偊两次回答了南伯子葵的问题。第一次回答的是入道之次第，从"外天下"到"外物"，再到"外生"，一直到"不死不生"。第二次回答的是闻道的方法，从文字、诵读、见解洞彻，然后一步一步体现在日常行动上面，再慢慢进入返本归元的玄冥境界，最后才能体会到大道无始无终的"疑始"之境。从女偊的回答中可以看出,她并未达到前文中"真人"的境界,她的入道仍需要循序渐进,从文字入手,一步步体悟,处于入道的低级阶段,而不像真人始终心领神会。

入道之次第、闻道之方法都通过女偊之口向我们展示了。但整体上,论说还是比较抽象的,所以接下来庄子便通过继续撰写寓言故事,来进一步深化我们对"道"的理解。

> 子祀、子舆、子犁、子来四人相与语曰:"孰能以无为首,以生为脊,以死为尻,孰知死生存亡之一体者,吾与之友矣。"四人相视而笑,莫逆于心,遂相与为友。
>
> 俄而子舆有病,子祀往问之。曰:"伟哉!夫造物者,将以予为此拘拘也!"曲偻发背,上有五管,颐隐于齐,肩高于顶,句赘指天。阴阳之气有沴,其心闲而无事,跰而鉴于井,曰:"嗟乎!夫造物者,又将以予为此拘拘也!"子祀曰:"汝恶之乎?"曰:"亡,予何恶!浸假而化予之左臂以为鸡,予因以求时夜;浸假而化予之右臂以为弹,予因以求鸮炙;浸假而化予之尻以为轮,以神为马,予因以乘之,岂更驾哉!且夫得者时也,失者顺也,安时而处顺,哀乐不能入也,此古之所谓县解也;而不能自解者,物有结之。且夫物不胜天久矣,吾又何恶焉!"
>
> 俄而子来有病,喘喘然将死,其妻子环而泣之。犁往问之,曰:"叱!避!无怛化!"倚其户与之语,曰:"伟哉造化!又将奚以汝为?将奚以汝适?以汝为鼠肝乎?以汝为虫臂乎?"子来曰:"父母于子,东西南北,唯命之从。阴阳于人,不翅于父母。彼近吾死而我不听,我则悍矣,彼何罪焉?夫大块载我以形,劳我以生,佚我以老,息我以死。故善吾生者,乃所以善吾死也。今大冶铸金,金踊跃曰:'我且必为镆铘!'大冶必以为不祥之金。今一犯人之形,而

曰'人耳人耳'，夫造化者必以为不祥之人。今一以天地为大炉，以造化为大冶，恶乎往而不可哉！"成然寐，蘧然觉。

子祀、子舆、子犁、子来这四个人一起讨论这样一个话题："谁能把无当作头，把生当作脊梁，把死当作尾骨，能认识到生死存亡本是一体？"生命产生于虚无，此即"以无为首"；脊梁处于人体中央，所以"以生为脊"；尻是脊骨末端的尾骨，人坐立时承载了人的重量，"以死为尻"，即是说死亡处在生之后，生命总会走向死亡，死亡正如尾骨一样是必要的。生命从无到有，从生到死，正如"首""脊""尻"这般本是一体，在大道的运化中生死都是常态，人不该也不能逃避死亡。但是知道这种道理的人太少了，世人大多希望延年益寿，忧生怖死，甚至常常做出拔苗助长等违背自然规律的事情，因此这四人才说，"孰知死生存亡之一体者，吾与之友矣"。子祀、子舆、子犁、子来因为有相同的观念，因此相视而笑，顺应自己内心而成为了志同道合的朋友。

不久，子舆生病了，子祀去问候他。子舆说："伟哉！夫造物者，将以予为此拘拘也！"注意，这几句话是子舆所发，而非子祀所发。子舆是在向子祀赞叹造化（大宗师）给予自己独特的相貌。造物主的伟大，正是因为其造物的方式是随物赋形、不拘一格的，所以它赋予人的形貌也不是千篇一律的。正因为造化的这种造物方式，所以我才有了与他人不同的样貌。从普通人的角度来看，他们可能会因为不同相貌间的美丑高低而心生不忿，认为大自然不公平。但这里子舆是站在得道者与大道的立场来看，因此他能注意到大道随物赋形的造化之功。

"曲偻发背，上有五管，颐隐于齐，肩高于顶，句赘指天"，这几句是在描述其长相。"曲偻发背，上有五管"，一种解释是毒疮长在弯曲的背上，五管就是毒疮的孔，因为背弯曲而朝上；另一种更为通行的解释是腰背弯曲，五脏的穴位（五管）随着背向上。按照传统中医的说法，心、肝、脾、肺、肾这五个脏器的最重要的穴位是在背上。因为子舆的腰弯曲成 90 度以上,所以,这五脏的穴位也就朝天了。我认为后一种解释更好一些。"颐隐于齐","颐"是面颊,"齐"通肚脐的"脐",他的脸颊隐藏在肚脐中,由这句来判断,子舆的腰背是非常弯曲的,大概到了 120 度了。"肩高于顶",肩膀高过头顶,也就是说子舆的头缩进去了,像只缩头乌龟一样。"句赘指天","句赘"谓头上的发髻,因为子舆曲背,所以发髻也朝天。那是什么原因造成子舆长成这样的呢?后文解释道"阴阳之气有沴","沴"是凌乱的意思,子舆身上阴阳二气并不协调,所以造成了如此相貌。但子舆却在此赞美大自然,所以说子舆"其心闲而无事",并不以此为累。"跰𨇦而鉴于井","跰𨇦",一种解释认为是两条腿合并起来伸展不开的样子。简单来说,跰𨇦就是走路不方便的样子。他行步艰难地走到水井边照着自己的身影,并又感叹道:"嗟乎! 夫造物者,又将以予为此拘拘也!"啊呀! 造物者真伟大,竟然能将我造就成如此样貌!

子祀问:"你厌恶这种变化吗?"子舆回答道:"不,我哪里厌恶呢?""浸假而化予之左臂以为鸡,予因以求时夜;浸假而化予之右臂以为弹,予因以求鸮炙;浸假而化予之尻以为轮,以神为马,予因以乘之,岂更驾哉!""浸"是渐渐地,"假"意为"使","时夜"通"伺夜"。这几句话意思是说:假如造物主慢慢将我的左臂变成公鸡,那我就用它来报晓;假如造物主慢慢将我的右臂化成弹弓,我就用它来打下鸮鸟烤肉吃;假如造物者慢慢将我的尾骨变成车轮,使我的精神变成骏马,我就坐上它,哪里还用去找别的座驾呢? 这几句话提到了好几个"因"字,需要多加注意,《养生主》里也说"因其固然"。《庄子》里面处处表现出了"因"的理念,认为真正的得道者一切都因顺自然变化,而没有一点人为的举动。

"且夫得者时也,失者顺也","得"是产生生命,来到世间,"失"是死亡,回归自然。这几句话意即,生是顺着大自然的运化而来,死也是顺着大自然的运化而去。"安时而处顺",顺着大自然的造化,安然对待生死。如果能有这样的态度,便能做到"哀乐不能入也",内心便不会被外界所干扰,哀乐之情不能入其心。这种境界便是古人所说的"县解"。"县"就是现在的"悬",庄子认为人来到世上以后就被无穷无尽的烦恼所困扰,就如同被倒挂一般。如果你的内心能做到安时处顺,看透生死,顺应大自然的运化,那你便能从这种倒挂的状态中解脱出来,这就是"县解"。

如果不能达到"县解"这种效果,是因为"物有结之"。在《庄子》书中,"物"指的是有形的东西,无形的东西则被称为"无"。但是在庄子眼中,有形的物除了房、车等有实体的物体以外,还包括了人的物欲、思想观念等。"物有结之",这些"物"把人束缚起来,使其不得解脱。"且夫物不胜天久矣,吾又何恶焉!"更何况物不能胜过天道久矣,我又为什么要厌恶呢? 这里的"天",是指自然天道。老庄,特别是庄子,一直认为人是不能胜天的,"物"是不能胜天。但是荀子却认为人应该"制天命而用之",提倡"人定胜天",这种思想与庄子是截然不同的。

不久以后,子来生病,气喘吁吁地将要死去,他的妻儿们围着他哭泣。子犁去看望他,对哭泣的子来妻儿说:"去! 走开! 不要惊动正在变化的人!"子犁认为生死都是寻常自然之事,面对死亡而悲泣,会惊扰那些将要回归自然的人。生与死就如同醒来与睡觉的区别;你要入睡时,边上却有人哇哇大哭,这岂不是在打扰你的睡梦吗? "倚其户与之语",子犁靠着门与子来对话,说:"伟哉造化! 又将奚以汝为? 将奚以汝适? 以汝为鼠肝乎? 以汝为虫臂乎?"子犁说的话与前文子舆说话的用意是一致的,都是赞美自然的运化。自然要把你运化成什么样呢? 自然又要把你送到哪里呢? 是把你变成老鼠的肝吗? 是把你变成虫子的手臂吗？

子来说："父母于子，东西南北，唯命之从。阴阳于人，不翅于父母。彼近吾死而我不听，我则捍矣，彼何罪焉？""父母于子""阴阳于人"都是倒装句，实际应是"子于父母""人于阴阳"。子女对于父母，无论在东西南北，都要听从父母之命。人对待阴阳造化，与对待父母没有区别。"不翅"就是不啻、不亚的意思。造化使我迫近死亡而我不听从，是我忤逆了，造化又有什么罪过呢？"捍"字，有的版本作"悍"，违逆的意思。

"夫大块载我以形，劳我以生，佚我以老，息我以死。故善吾生者，乃所以善吾死也。"这几句在上文也出现过，"大块"就是大自然，大自然赋予我形体，是为了让我有生之时勤劳，老时安逸，死后休息。所以能正确地对待生，也能正确地对待死亡，也就是说我们应该像对待生一样对待死亡。

"今大冶铸金，金踊跃曰：'我且必为镆铘！'大冶必以为不祥之金"，"大冶"是冶金工匠，今天冶金工匠铸造金属器物时，若是有金属跳跃起来说"我一定要成为莫邪宝剑"，冶金工匠一定会把这块金属当作不吉利的金属。"今一犯人之形，而曰'人耳人耳'，夫造化者必以为不祥之人"，"犯"通"范"，铸造的意思。现在造化一旦把人铸造成人形，人就喊着"我变成人了，我变成人了！"，造化一定会认为这是不吉祥的人。"今一以天地为大炉，以造化为大冶，恶乎往而不可哉！"现在一旦把天地当作熔炉，把造化当作铸造者，去哪里不可以呢？子来说完就"成然寐，蘧然觉"，安然睡去，又忽然醒来。"成然寐，蘧然觉"这二句话向我们指明，在庄子那里，生与死便如同寐与觉的区别。

总的来说，这一章是继南伯子葵问女偊的寓言故事之后，再次证明欲以大道为宗师者，必须安时处顺，顺应造物者的安排。下文便是"三证"。我们需要注意的是，下面"子桑户"一章与上一章到底存在何种逻辑关系？从表面上看来，下文子桑户、孟子反、子琴张三人的寓言故事与子祀、子舆、子犁、子来四人的寓言故事很相似，但实际又推进了一步，从"齐同生死"进入到"不生不死"的境界中了。只有仔细揣摩，我们才能发现这种逻辑上的递进关系。

> 子桑户、孟子反、子琴张三人相与友，曰："孰能相与于无相与，相为于无相为？孰能登天游雾，挠挑无极，相忘以生，无所终穷？"三人相视而笑，莫逆于心，遂相与友，莫然。
>
> 有间而子桑户死，未葬。孔子闻之，使子贡往待事焉。或编曲，或鼓琴，相和而歌曰："嗟来桑户乎！嗟来桑户乎！而已反其真，而我犹为人猗！"子贡趋而进曰："敢问临尸而歌，礼乎？"二人相视而笑曰："是恶知礼意！"
>
> 子贡反，以告孔子，曰："彼何人者耶？修行无有，而外其形骸，临尸而歌，颜色不变，无以命之。彼何人者邪？"孔子曰："彼游方之外者也，而丘游方之内者也。外内不相及，而丘使汝往吊之，丘则陋矣！彼方且与造物者为人，而游乎天地之一气。彼以生为附赘县疣，以死为决疵溃痈。夫若然者，又恶知死生先后之所在！假于异物，托于同体；忘其肝胆，遗其耳目；反覆终始，不知端倪；芒然彷徨乎尘垢之外，逍遥乎无为之业。彼又恶能愦愦然为世俗之礼，以观众人之耳目哉！"子贡曰："然则夫子何方之依？"孔子曰："丘，天之戮民也。虽然，吾与汝共之。"子贡曰："敢问其方。"孔子曰："鱼相造乎水，人相造乎道。相造乎水者，穿池而养给；相造乎道者，无事而生定。故曰，鱼相忘乎江湖，人相忘乎道术。"子贡曰："敢问畸人。"曰："畸人者，畸于人而侔于天。故曰，天之小人，人之君子；人之君子，天之小人也。"

子桑户、孟子反、子琴张应当都是庄子虚构的人物，他们三人结交为朋友,说:"孰能相与于无相与,相为于无相为?"谁能相交出于无心,相助出于无为呢? 关于"相与于无相与,相为于无相为",郭象注的解释非常好,他说:

> 夫体天地,冥变化者,虽手足异任,五藏殊官,未尝相与而百节同和,斯"相与于无相与"也。未尝相为而表里俱济,斯"相为于无相为"也。若乃役其心志,以临手足,运其股肱,以营五藏,则相营愈笃,而外内愈困矣。故以天下为一体者,无爱为于其间也。

郭象这里是以人体作为类比,手足等各个器官处于不同的位置,这是"无相与",但手、足等器官又相互形成一个整体的人,这便是"相与"。手、足等器官各自承担不同的功能,互不干涉,这便是"无相为",但是在整体行动上,手足之间又能协调,各个器官也能相互配合,这便是"相为"。"相与于无相与""相为于无相为",是一种自然状态下的相互协调,没有意识的深层介入。这时,如果想有意识地求得手足间的协调,反而会使得手足的运动呈现出一种不协调的局面。"孰能登天游雾,挠挑无极,相忘以生,无所终穷?"谁能超然于万物之外,游于太虚,忘记生死,与大道同游于无穷之境呢? 这里的"无极"指太极之先,是无无之境,谓之太虚。

"三人相视而笑,莫逆于心,遂相与友,莫然",这里的断句历来都不统一,诸位需要注意。一些观点认为末尾的"莫然"与下文"有间"相连,读为"莫然有间"。但我比较倾向于将"莫然"与"有间"断开。"莫然"即淡漠,淡漠相交,即君子之交淡如水的意思。这几句话的意思是,三个人相视而笑,彼此心意相通,成为了淡漠相交的朋友。

"有间而子桑户死,未葬",不久,子桑户死去,还没有下葬。"孔子闻之,使子贡往待事焉",这里的"待事",有的版本作"侍事"。不管是"待事"还是"侍事",都是指为子桑户办理丧事。那么孟子反和子琴张在干什么呢？他们"或编曲，或鼓琴"，这里的"编曲"，一种解释认为是编次歌曲，一种解释认为是指编制养蚕的器具。但是，如果将"编曲"解释为编制养蚕的器具，便与下文不合拍了。下文"鼓琴""相和而歌"，显然是与音乐相关。所以，"编曲"应当解释为编次歌曲。他们又相互唱和道："嗟来桑户乎！嗟来桑户乎！而已反其真，而我犹为人猗！""而已反其真"之"而"通"尔"，你。这四句是说，哎呀桑户啊，哎呀桑户啊，你已经返璞归真，而我们却还在人间啊！二人将子桑户的死看成是"反其真"，即回归大道的怀抱。从更为深层的意义上讲，人死为归真，"归真"是站在大自然的角度而言的。有真便有假，那么，生而为人，便是离开自然的怀抱，便是离开"真"了，便是"假"了。

子贡快步走到他们面前说："敢问临尸而歌，礼乎？"你们这样面对着尸体唱歌，合乎礼仪吗？孟子反和子琴张二人相视而笑，说："是你不知道礼的真意啊！"这里子贡说的是"礼"，而孟子反和子琴张说的则是"礼意"，礼的真意，是比"礼"更高一级的东西。在得道者眼中，"礼"是外在的繁文缛节，而"礼意"才是符合大道的天理。

子贡回去后，把这件事告诉孔子，说："彼何人者耶？修行无有，而外其形骸，临尸而歌，颜色不变，无以命之。彼何人者邪？"他们是什么样的人呢？"修行无有"就是不讲求外在的礼文，而放浪形骸，对着尸体唱歌而无哀戚容色，真不知道该如何形容这样的人，他们究竟是什么样的人呢？

孔子说："彼游方之外者也，而丘游方之内者也。外内不相及，而丘使汝往吊之，丘则陋矣！""方"可以理解为尘世，方外是道家追求的境界，方内是世俗与儒家追求的。比如庄子的《逍遥游》就是想要超脱尘世，获得逍遥，而屈原也想超脱尘世，离开污浊的楚国政坛，但最终却没有找到一个理想的栖心之地，在现实与理想的矛盾中，最终投汨罗自杀了。孔子说:"他们是逍遥于尘世之外的人,而我则处在尘世之中。尘世内外彼此是不相干的,而我竟然让你去吊丧,我实在是太固陋了。"

"彼方且与造物者为人,而游乎天地之一气","为人"一词,在《庄子》中出现不止一次,以前的解释都很牵强附会,到了王念孙《庄子杂志》才将这个词解释清楚。这里的"人"是"偶"的意思,"为人"即做朋友。"与造物者为人"即与造物者为朋友。"天地之一气"即天地还未相分、混而为一的混沌境界,"游乎天地之一气",就是游于万物之初混沌的境界。

"彼以生为附赘县疣,以死为决疣溃痈",他们把生看作"附赘县疣","赘"是多生的肉块,"县"通"悬",孟子反等人把生与形体看作多余的肉瘤,是一种累赘,而死亡正像是脓疮的溃破,毒疮的脓液流出后就会渐渐康复。像他们这样的人,"又恶知死生先后之所在!"又怎么会知道死与生的先后次序呢!后面"假于异物,托于同体"这二句话,历史上往往使用佛家"四大和合"的观念去解释。"四大和合"即指物理结构的地、水、火、风四大元素,一切万物都是由这四种元素和合而成的。这是以佛解庄当中,出现次数最多的一种解释。"假于异物,托于同体",是说人的形体是由这些外在的元素构成的,人的精神便寄托在这些外在的异物上面。既然人的精神整体都寄托于外物,就更应该忘记肝胆、遗失耳目。在得道者看来,生死往复循环,是根本无从知道它的开端与头绪的。"芒然"是无所系累的样子,"彷徨"与"逍遥"同义,芒然彷徨乎尘垢之外就是无所系累地在尘世之外逍遥。在庄子看来,人就像一只被绳索系在那里的船,所以庄子希望摆脱束缚,作"不系之舟",在水中没有目的地飘荡,与这里的"芒然"之义也是相通的。"彼又恶能愦愦然为世俗之礼,以观众人之耳目哉!"这样的人,他们又怎么能烦乱自扰地受世俗礼仪拘束,以此来让世人听闻和观看呢?"愦愦然"是烦乱的样子,

"观"是给人看的意思。

"子贡曰：'然则夫子何方之依？'"子贡问："既然那样，先生遵循什么道术呢？是方内之术，还是方外之术呢？"站在道的立场上，游于方外的人，他也不是有心去"依"，一切都是出于无心而为的。所以子贡的这个提问，本身便是有问题的。孔子回答道："丘，天之戮民也。虽然，吾与汝共之。""戮民"是说受礼仪束缚，正如受天之刑，孔子自认是受天刑罚的人。但即便如此，孔子也还是希望与子贡共游于方外。

子贡又问："请问有什么方法？"孔子回答说："鱼相造乎水，人相造乎道。相造乎水者，穿池而养给；相造乎道者，无事而生定。""生定"即"性定"。鱼在水中同游，人可以在大道中同游。在水中同游的鱼，挖池子来供养补给；在道中同游的人，无所作为而能使心性安定。这几句话与后文"鱼相忘乎江湖，人相忘乎道术"其实存在一个递进的关系。这里说鱼养于池，但小小的水池总有干涸的一天，如此则又要回到"相濡以沫"的境地。而江湖则是不会干涸的，所以从"池"到"江湖"，存在一个递进关系。同样，使自己"性定"的道与使人类各自相忘的大道，这之间也存在一个递进关系。

子贡又问："敢问畸人。"这里有必要解释一下"畸"的意思，古代推行井田制时，那些大块的方正的田亩可以划分为井田的，"畸"则是那些在井田之外的不方正、不规则的土地。"畸人"对应的是"偶人"。我们都是"偶人"，有着各种各样的社会关系的人。"畸人"则是指另类的、不合群的人。他不与世俗人打交道，特立独行，所以被称为"畸人"。孔子说："畸人者，畸于人而侔于天。故曰，天之小人，人之君子；人之君子，天之小人也。"畸人是现实中人的另类，但是却与天齐等，与大自然相合。所以说，天道把拘泥于礼仪的方内之人看作小人，世俗之人却把他们奉为君子；世俗之人把墨守礼节的人当作君子，天道却把他们看作小人。从这个角度说,孟子反、子琴张是世俗眼光中的小人,但从天道的视角而言,他们却是君子;孔子是世俗眼光中的君子,但在天道的视角下,他却是小人。

上面这则寓言故事是"三证",从子祀、子舆、子犁、子来四人的"齐同生死"递进到孟子反、子琴张等"不生不死"的境界。接下去便是"四证"。

> 颜回问仲尼曰:"孟孙才,其母死,哭泣无涕,中心不戚,居丧不哀。无是三者,以善丧盖鲁国,固有无其实而得其名者乎?回壹怪之。"

> 仲尼曰:"夫孟孙氏尽之矣,进于知矣,唯简之而不得,夫已有所简矣。孟孙氏不知所以生,不知所以死,不知就先,不知就后,若化为物,以待其所不知之化已乎!且方将化,恶知不化哉?方将不化,恶知已化哉?吾特与汝,其梦未始觉者邪?且彼有骇形而无损心,有旦宅而无情死。孟孙氏特觉,人哭亦哭,是自其所以乃。且也相与吾之耳矣,庸讵知吾所谓吾之乎?且汝梦为鸟而厉乎天,梦为鱼而没于渊。不识今之言者,其觉者乎,其梦者乎?造适不及笑,献笑不及排,安排而去化,乃入于寥天一。"

前面一直提到本篇文章的内在逻辑关系,从文章开头到"夫道,有情有信"这一段,层层递进,将对道的描述推至顶峰,而后戛然而止。接着是用一系列的寓言故事来加以反复印证,要顺从大宗师,顺从大道。这一证直至七证,与《逍遥游》的整体文章结构是差不多的。一证直至七证之间,在思想内容上也存在着递进的关系。如一证(女偊与南伯子葵的对话)交代了闻道之方与入道之次第,二证(子祀四人的寓言故事)则推进到齐同生死的境界,三证(子桑户三人的寓言故事)又推进到不生不死的境界。接着的孟孙才寓言故事为"四证",与前三证相较,此处的寓言故事又有一个递进的关系。而且这之间的递进关系是很明显的，主要依据有二。第一，从取材方面来看，子祀四人和子桑户三人的寓言故事所论述的都还是朋友之间的生死问题，而到了孟孙才这则寓言故事则涉及父母的生死问题。从朋友关系到母子关系，这是层层递进的。第二，从境界上来看，子祀、子舆等四人的寓言故事仍是齐同生死这一层面；到子桑户三人的寓言故事则进入到不生不死的境界，更为贴近大道了；再到孟孙才这里，"乃入于寥天一"，已经进入到与大道合一的境界了。在这一认识的基础上，我们再去解读文本，应该会有一些不一样的收获。

"孟孙才，其母死，哭泣无涕，中心不戚，居丧不哀。"孟孙才，相传为鲁国三桓的后裔。他的母亲去世了，他哭泣但没有眼泪，心中不悲伤，守丧期间不哀痛。"无是三者，以善丧盖鲁国，固有无其实而得其名者乎？回壹怪之"，"壹"是语助词，表示强调的意思。他哭泣无涕，中心不戚，居丧不哀，却被看作是善于处理丧事的人而闻名鲁国，难道这不是徒有其表、名不副实吗？我颜回觉得很奇怪。从世俗的观念来看，孟孙才行为明显不符合"礼"的要求，怎么被看成是"善丧"的人呢？

孔子回答说："夫孟孙氏尽之矣，进于知矣。""进"是超过，"知"是指世俗意义上以礼处丧之人，这种人会悲戚、流眼泪，一言一行都比较符合礼的要求。孔子认为孟孙氏已经达到以道处丧的境界，超过了那些以礼处丧的人。"唯简之而不得，夫已有所简矣"，"唯"，一些学者认为当作"虽然"之"虽（雖）"。"唯简之而不得"，意即，孟孙才虽然想彻底简化繁文缛节，但却很难做到。因为经过长期的历史发展，这套丧礼规范早已经深入人心，如果要彻底地弃绝这一套东西，这明显是站在世俗的对立面，这种做法是不可取的。所以孟孙才也哭，也居丧。但孟孙才"夫已有所简矣"，在实际内容上，孟孙才已经有所简化，人家哭他也哭，但他不流眼泪,正是他的简化。换句话说,丧礼在孟孙才的一系列行为中已经被消解掉了。这里我们可以联系起竹林七贤中阮籍的事迹加以理解,《晋书》与《世说新语》中都有记载。阮籍与人对弈时,得知了其母去世的消息。与阮籍对弈的人劝他回去,但阮籍仍对弈,并喝了两斗酒。然后他叫了一声,吐出两升血。在居丧期间,阮籍蒸了一只乳猪吃,这是严重违背丧礼的。后来,裴楷来吊唁阮籍的母亲。按照丧事的礼节,主人哭泣之后,客人才能施礼哭泣。但阮籍尚未哭泣,裴楷已经施礼哭泣,有人问裴楷为何先于主人哭泣,裴楷回答:"我是方内之人,阮公是方外之士,内外不相及。"阮籍虽然是名士,是有名的方外之人,但他也如孟孙氏一般"唯简之而不得,夫已有所简矣",他们不能彻底地放下礼节,但已经在言行中有所简化。

"孟孙氏不知所以生,不知所以死,不知就先,不知就后","就先""就后",一些学者解释为"孰先""孰后",此解亦可通。按照通行的解释,"就"是接近、走向的意思。孟孙氏不知道什么是生,不知道什么是死,生死本来就是无法分别的,都是大道的运化,所以他不知道求生,不知道求死。"若化为物,以待其所不知之化已乎!""若化为物"的"若"有多种解释,通行的解释是将"若"解释为"顺从"之义,"若化为物"就是顺从大自然化为他物。另外一种解释把"若"解释为如果。相比较而言,将"若"解释为顺从,可能更好一点。孟孙氏顺从大道,被自然运化为他物。但到底会被运化为何物,这是无从得知的,所以只能等待今后所不能预知的运化。

"且方将化,恶知不化哉? 方将不化,恶知已化哉?"这四句话,没有一家解释是相同的。我们这里介绍一下郭象的解释。郭象说:"已化而生,焉知未生之时哉! 未化而死,焉知已死之后哉! 故无所避就,而与化俱往也。"(《庄子注》)生命已经受大道的运化而诞生,但我们怎么知道其未诞生之前的状况呢？生命走向死亡，我们又怎么知道在死亡之后，大道是如何运化我们的呢？所以，化与不化，是人的意识所不能知晓的，我们唯一能做的便是顺应这种大道的运化。

"吾特与汝，其梦未始觉者邪？"我和你，恐怕还在梦中，没有觉醒吧。这里的"吾"指的是孔子，"汝"指的是颜回。二人看似是师生关系，但在庄子这里，他们代表了儒、道两家的不同观点。孔子作为儒家的开山祖师，在庄子笔下，倒成了道家思想的传声筒了。

"且彼有骇形而无损心，有旦宅而无情死。"这里的"彼"，指的是孟孙才。"骇形而无损心"是说，孟孙才看到其母去世后形体变化，感到惊骇，但很快又想到形体的变化也是自然的运化，母亲随着大道的运化，安然离去，一旦想到这里，孟孙才内心便豁然了，所以说"无损心"。"旦宅而无情死"，"旦"就是天亮，太阳东升西落，日复一日，不断变化。"宅"是住宅，引申为居住，实际指的是人之形体，比喻人的精神就寄托于形体之中，就如同人住在房子里一样，只是暂时的。"情"就是真实的东西，生命寄托在形体之中就如同人居住在房子中，人时有尽，但真实的东西是不灭的。这也是在说，孟孙才已经体悟到了生命变化和大道运化之理。

"孟孙氏特觉，人哭亦哭，是自其所以乃。""乃"谓如此的样子。这三句是说，孟孙氏很清醒，旁人哭泣他也哭泣，他因世俗不得不哭罢，才装出如此的样子的。"人哭亦哭"的深层含义是指要与万物包括世俗之人同一，这也即《老子》"和其光，同其尘"（四章）之义。庄子的思想中并没有那种要去有意脱离世俗的观念，而是提倡大隐隐于市。孟孙才"人哭亦哭"的行为，恰恰反映了庄子的这种思想。孟孙才并不是要像隐士一样脱离世俗，而是与世俗万物混为一体，同时也与大道混为一体，所以才"人哭亦哭"。这种思想在《庄子·刻意》篇里表现得更为明显,刻意地孤芳自赏,刻意地脱离世俗,在《刻意》篇里都是被否定的。《刻意》篇还特意提到了隐居修道的"江海之士、避世之人",这也是庄子要重点否定的对象。所谓的"齐同万物",其中就包含了齐同世俗,而不是远离世俗。孟孙氏"人哭亦哭",这是与世俗浑同为一,但孟孙氏哭泣无涕,中心不戚,这又是与大道浑同为一,因为从大道的角度来看,生死都是大道自然运化的结果,所以没有什么可高兴、悲哀的。

"且也相与吾之耳矣,庸讵知吾所谓吾之乎","吾之"即"这是我","相与吾之"即"互相说这就是我","庸讵"是"怎么""哪里"的意思。这二句是说,并且世上的人有生命,就会互相说这是我的形体,但是我们哪里知道我们这个形体与生命是从何而来的呢? 庄子认为世俗的人都太过拘泥于"相"与"躯壳"。

"且汝梦为鸟而厉乎天,梦为鱼而没于渊。""厉"是到的意思,与"鸢飞戾天"之"戾"同义。大自然赋予了万物不同的秉性,梦中化为鸟就会向天高飞,梦中化为鱼就会潜于深水。"不识今之言者,其觉者乎,其梦者乎?"不知道现在说话的我,是醒着呢,还是在做梦呢? 站在鱼、鸟立场之上,飞翔与潜泳是真实的,清醒的,做人反而是虚假的,是梦境。这里是以"梦"与"觉"为媒介去说明生死的。我们连是梦是醒都区分不清楚,哪里还能区分生与死呢?《庄子》中言梦的地方有很多,都是以梦为譬喻,让我们领悟大道的境界。在《庄子》中,梦里的世界往往比真实的世界更加真实。

接着,文章又推出一层意思,"造适不及笑,献笑不及排,安排而去化"。"造"就是"到",到了很适意的时候是来不及笑的。"献笑不及排"意即突然发笑是不能事先安排的,而是灵机的自然发动。"安排而去化"这句话解释各有不同。我的解释是要安于大道的安排,去掉那因为死亡的变化而产生的悲哀。只有这样,才能"乃入于寥天一",进入到空虚寂寥的天道之中，与其化为一体。

孟孙才这一则寓言故事与上段同是讲处丧，但又更进一层，孟孙才的"有所简"是为了与大道合一，"人哭亦哭"是不违人意，这就是达到了"入于寥天一"的境界了。前面我们讲到，进入大道、体悟大道要忘生忘死，破除生死观。但是按照传统的观念，如《尚书·洪范》就讲到人生有五福，分别为寿、富、康宁、攸好德、考终命（寿终正寝）。因此仅仅破除生死观念仍是不够的，仁义道德、富贵功名这些观念也需要破除。因此这篇文章接着又向前推进一层，通过许由的寓言故事向我们传递这一观念，是为"五证"。

> 意而子见许由，许由曰："尧何以资汝？"意而子曰："尧谓我：'汝必躬服仁义而明言是非。'"许由曰："而奚来为轵？夫尧既已黥汝以仁义，而劓汝以是非矣，汝将何以游夫遥荡恣睢转徙之涂乎？"意而子曰："虽然，吾愿游于其藩。"许由曰："不然。夫盲者无以与乎眉目颜色之好，瞽者无以与乎青黄黼黻之观。"意而子曰："夫无庄之失其美，据梁之失其力，黄帝之亡其知，皆在炉锤之间耳，庸讵知夫造物者之不息我黥而补我劓，使我乘成以随先生邪？"许由曰："噫！未可知也。我为汝言其大略：吾师乎！吾师乎！齑万物而不为义，泽及万世而不为仁，长于上古而不为老，覆载天地、刻雕众形而不为巧。此所游已。"

许由的寓言故事在《逍遥游》中已经出现过，许由这个人在历史上可能是真实存在的，但这里的意而子则应该是属于虚构。许由在《庄子》中是作为得道者的形象出现的。但是，在郭象的解释中，许由是一个外臣，算不上一个得道者。意而子来拜访许由，许由问："尧何以资汝？"这里的"资"作教诲解，唐尧是用什么来教育你的呢？意而子回答："尧谓我：'汝必躬服仁义而明言是非。'""躬服"是亲自实行，"明言"是明辨。尧告诉我,你一定要亲自实行仁义并且明辨是非。

"许由曰:'而奚来为轵?'""而"通"尔",你;"轵"通"只",语助词。句意谓,那你为什么还要来这里呢?也就是说,你这种人已经受到是非观念的污染了,干吗还到我这里来?"夫尧既已黥汝以仁义,而劓汝以是非矣","黥"是用刀在犯人面额上刻刺,然后涂上墨的一种刑罚,亦称墨刑;"劓"是割去鼻子的刑罚。这里用黥刑来比喻仁义的毒害,因为面部刺字是一种外在施加在形体上的危害,就像仁义也是后天形成的,是外在于人心的,是人的一种负担。许由又用劓刑来比喻是非的毒害。古人认为,在母体怀胎时,鼻子是最早长出的器官,因此有"鼻祖"一词。所以鼻子是最接近混沌原始状态的。许由认为分辨是非就像割去人的鼻子,也就是割掉混沌的境界。需要注意,这里是先有仁义而后才有是非,两者的顺序并不能颠倒。许由认为仁义、是非这样的观念是为人类增加了负累,犹如绳索把人束缚起来。仁义道德这样外在的束缚使得人与人之间互相约束、猜忌,老庄想要建立的文明是一种摆脱了条条框框的文明,让人类恢复自然天性的文明。在《庄子》书中,尧出现的次数比舜、禹更多,总的来说,《庄子》对他们持否定态度。庄子认为他们用仁义道德困住了世人。许由讲到尧用仁义与是非毒害了意而子,因此说"汝将何以游夫遥荡恣睢转徙之途乎",你意而子还能靠什么来遨游于大道逍遥自适、变化无穷的境界呢?"恣睢"是从容自适的样子,"转徙"就是变化。意而子曰:"虽然,吾愿游于其藩。"是说虽然这样,我也想要游于大道的边缘。"藩"原义是篱笆,引申为边缘的意思。庄子对意而子并不是持完全否定的态度,他笔下的意而子是一个谦虚的问道者形象。

许由曰:"不然。"认为你连"游其藩"的资格都没有。这是为什么呢?许由进一步解释道:"夫盲者无以与乎眉目颜色之好,聋者无以与乎青黄黼黻之观。""无以"是"没有什么东西可以拿来……"的意思，"黼黻"是指古时礼服上所绣的斧形花纹，"观"是华美之义。这二句话的意思即：盲人不能欣赏颜色美好的眉目面容，瞎子不能看见青黄的颜色与华美的斧形花纹。换言之，就是你意而子这种人已经受到仁义是非观念的毒害，就如同盲人与瞎子一样，即使将你放到大道的面前，你也无法认识到大道的伟力。

意而子回答："夫无庄之失其美，据梁之失其力，黄帝之亡其知，皆在炉锤之间耳。"这几句话有点难以理解。"无庄"通为"无妆"，从字面上解释，即不用涂脂抹粉的天然状态。"无庄"在此处指人名，是庄子虚构出来的身姿绰约的美人。据梁即强梁，形容一个人力气大。这里，"据梁"也是庄子虚构出来的大力士。"失"是忘记的意思。无庄长得美，据梁力气大，黄帝有智慧，这些都是大自然所赋予的。但他们如果自以为是，念念不忘自己的美、强力、智慧，那天赋就会成为负累。但无庄是能够忘掉自己的美，据梁是能够忘掉自己的强力，黄帝是能够忘掉自己的智慧的。而这一切，也都是大道运化、锤炼的结果（"皆在炉锤之间耳"）。这里，许由把天地比做一个巨大的熔炉，而造化在其中锤炼万物，这正是暗合了文章的题目——大宗师，造化正是冶炼万物的大宗师。"庸讵知夫造物者之不息我黥而补我劓，使我乘成以随先生邪？"既然造物者可以锤炼无庄、据梁和黄帝，让他们忘记自身的天赋，回归天然的状态，又怎么知道造物主不会长好我被刺破的皮肉、修补我被割掉的鼻子，使我能有着完整的身躯来跟随先生呢？

许由曰："噫！未可知也。我为汝言其大略。"我也不知道造化能不能让你忘怀仁义，泯灭是非。我姑且跟你说一说大道的轮廓，能逍遥于大道中的基本路径吧。接下来便是许由对大道的描述："吾师乎！吾师乎！虀万物而不为义，泽及万世而不为仁，长于上古而不为老，覆载天地、刻雕众形而不为巧。此所游已。""吾师"就是大宗师,也就是造化。"吾师乎! 吾师乎!",翻译一下便是:"大道啊! 大道啊!""齑万物而不为义",这里的"齑"可以有两种解释。一种是将"齑"解释为粉碎的意思。"齑万物"即粉碎万物,让物从一个整体变成一堆粉末。从个体的角度来说,"齑"的过程便是从生到死的过程,这是一个令人感到哀伤的过程。但是从大道的角度而言,"齑"其实是让物体转化的一个过程,使得物体验了另外一种生命形式。将万物运化为另外一种生命形式,这其实是大道在行义的过程。但是,大道自身却并不将这种运化过程看成是行义,因为这只是自然而然的运化罢了。另一种解释将"齑"解释为调和,"齑万物"即调和万物,让万物运化出生命。但大道并不将这种行为当成是在行义。"泽及万世而不为仁",即虽泽被万世,但大道却不自以为在行仁。"长于上古而不为老",大道比上古还悠久,却不自以为老。"覆载天地、刻雕众形而不为巧",承载天地、雕刻万物的形状,却不自认为是工巧。虽然这些在人看来都是非常令人惊异的,但对大道而言,这都只是自然而然的运化而已。从文章学的角度来看,"长于上古而不为老,覆载天地、刻雕众形而不为巧"这二句话只是陪衬,因为这一章主要是在讨论仁义的。"此所游已","齑万物而不为义"等四种境界才是我们得道者所要遨游的地方。

这则寓言故事借许由之口讲出欲以大道为宗师,必须摒弃有意为仁义之心。大道不在仁义,仁义反而会阻碍我们对大道的体悟。这也是儒家、道家思想上的一个重要区别。在儒家那里,仁义是学者的最高追求,但在道家这里,仁义却是体悟大道的过程中必须予以弃绝的东西。儒家希望通过后天的修行习得仁义礼智信,这是与老庄截然不同的。在老庄看来,人的自然天性是需要保持的,所以庄子希望把束缚人类的生死观念、仁义观念一个个破除,达到纯真的赤子境界。庄子希望建立的是一个没有文明的文明制度。

> 颜回曰："回益矣。"仲尼曰："何谓也?"曰："回忘仁义矣。"曰："可矣，犹未也。"

> 他日复见，曰："回益矣。"曰："何谓也?"曰："回忘礼乐矣。"曰："可矣，犹未也。"

> 他日复见，曰："回益矣。"曰："何谓也?"曰："回坐忘矣。"仲尼蹴然曰："何谓坐忘?"颜回曰："堕肢体，黜聪明，离形去知，同于大通，此谓坐忘。"仲尼曰："同则无好也，化则无常也。而果其贤乎！丘也请从而后也。"

从思想内容上说，这则寓言故事较上一则寓言故事又推进了一层。上一则寓言故事主要是讲大道不在仁义，这一则寓言故事又进一步讲大道不在礼乐，是为"六证"。

颜回曰："回益矣。"这里的"益"其实便是《老子》里"损"的意思。《老子》"为学日益，为道日损。损之又损，以至于无为"（四十八章），《老子》之"损"，即观念上的破除。《庄子》这里的"益"则是指境界上的提升。只有不断破除后天所生成的观念（"损"），才能不断恢复自身的天性（"益"），贴近大道，提升自身的境界。"回益矣"，即颜回以损为益，即将进入道境。儒家一直在提倡我们需要通过学习仁义礼乐以提高自身的修养，从而达到物我合一的境界。简单地说，儒家是在做加法。而老庄则是在做减法，一直强调我们要破除自身的一些观念，要破除仁义、礼乐等观念，这样才能游于大道之境。《大宗师》这一篇告诫说要破除生死观、仁义观、是非观，谈来谈去，都是要让人们回复到天然本性的状态。可以说，整部《庄子》的终极目的便体现在这里。

孔子问："你说的是什么呢?"颜回说："我已经忘记仁义了。"孔子说："好，但还没进入大道境界。"过了几天，颜回又去见孔子，说："我在天性的恢复上又有所增益了。"孔子问:"你说的是什么呢?"颜回说:"我已经忘记礼乐了。"孔子说:"好,但还没进入大道境界。"这里有一个问题,刘文典在《庄子补正》中曾认为,这段文句可能有错简,应该是先忘"礼乐",后忘"仁义"。其实刘文典的这一说法并没有什么文献依据,现在的文本都是先忘"仁义"而后忘"礼乐"的,刘氏所谓的错简只是一种观念上的推论,因为他认为相比较于"礼乐","仁义"是更为内在、更深层次的东西。我个人认为,此处在文本上并没有错误。这里有一个文本上的内证,前文言"孟孙氏人哭亦哭","人哭亦哭"是外在的礼文;但是他心里可以不悲伤,这属于内在的东西,属于"仁义"。也就是说,外在的东西在历史、习俗的不断积淀中,陈陈相因,其实是很难摆脱的,所以孟孙才"人哭亦哭",勉强维持外在的礼文。但是孟孙才心里不悲痛,说明他已经破除了内在的仁义观念。从孟孙才这则寓言故事可知,要破除外在的礼文,反而比破除内在的仁义观念要艰难得多。从我们现实生活的经验角度看,我们这一代的思想可能早已经改变了,但是一些场面上的东西到现在都难以破除。这也足以说明"忘礼乐"要难于"忘仁义"。依据这个思路,刘文典之说是不可取的。

又过了几天,颜回见到孔子,又说:"回益矣。"孔子问:"你说的是什么呢?"颜回说:"回坐忘矣。""坐忘"是一种端坐而忘记一切的境界,接近前面《人间世》篇所说的"心斋"。宋代的理学家也提倡"静坐",认为"静坐"是体悟天理的一种途径,朱熹即说"半日读书,半日静坐"。根据相关文献的记载,朱熹在日常践履方面有一整套的章程,其中,"静坐"就是一个重要组成部分。在我看来,理学家的"静坐"太刻意了,与庄子的"坐忘"还是有所不同的。如果理学家这套"静坐"程式发生在春秋战国时期,庄子在《刻意》《缮性》等篇目中必然会有所批评的。

"仲尼蹴然曰:'何谓坐忘?'""蹴然"是惊奇而改容的样子,孔子惊奇地问："什么叫坐忘?"颜回说："堕肢体,黜聪明,离形去知,同于大通,此谓坐忘。""堕"通"隳",毁坏,"堕肢体"指的是忘其身;"黜聪明"指的是忘其智;"大通"即是四通八达,无有阻碍,即大道之境,"同于大通"即与大道混同为一。

孔子被颜回的坐忘之境吸引了,并紧接着说道："同则无好也,化则无常也。而果其贤乎! 丘也请从而后也。""同则无好也","无好"即没有好恶。"同则无好",意即与大道混同为一,便没有个体的好恶之情。反过来讲,如果一个人有好恶之情,对某物有所偏爱,便没有达到大道境界。"化则无常",意即与变化同游,就不会拘守于某一种固定的道理。这又与儒家的观念完全不相同了。儒家总是提倡要去坚守某种东西的,《论语·卫灵公》说"君子固穷",即言君子身处逆境也要坚守节操,《孟子·滕文公下》也说"富贵不能淫,贫贱不能移"。道家却推崇变化,而不固守一端。"而果其贤乎! 丘也请从而后也","而"通"尔",你。句意谓你果然成为了贤人啊! 我愿意跟在你的后面学习了。

这则寓言故事是第六证,是借颜回之口代言的。一开始是接续上面的寓言故事,讲忘掉仁义,然后讲忘掉礼乐,进而忘记肢体和聪明才智。也就是说,大道不在仁义,不在礼乐,不在肢体,不在聪明。

最后一则寓言故事讲子舆与子桑的故事,是为"七证"。

> 子舆与子桑友,而淋雨十日。子舆曰："子桑殆病矣!"裹饭而往食之。至子桑之门,则若歌若哭,鼓琴曰："父邪? 母邪? 天乎? 人乎?"有不任其声而趋举其诗焉。

> 子舆入,曰："子之歌诗,何故若是?"曰："吾思夫使我至此极者而弗得也。父母岂欲吾贫哉? 天无私覆,地无私载,天地岂私贫我哉? 求其为之者而不得也。然而至此极者,命也夫?"

"子舆与子桑友,而淋雨十日。""淋雨"或写作"霖雨",即是连绵细雨。一连下了十天的连绵细雨,子舆说:"子桑大概要因为饥饿而生病了吧!"于是子舆就带着饭送给子桑吃。子舆送的是饭而不是粮,可见子舆家中也并不阔绰。"至子桑之门,则若歌若哭,鼓琴曰:'父邪?母邪?天乎?人乎?'"子舆到了子桑家的门口,就听到里面像是唱歌,又像在哭泣,弹着琴唱道:"使我落到这般贫困境地的,是父亲吗?是母亲吗?是天吗?是人吗?""有不任其声而趋举其诗焉","不任其声"是说子桑气力不足而歌声微弱,"趋举其诗"则是说他歌唱诗句急促,不成曲调。从这里可以看出,子桑所唱的诗歌,大概不仅仅只有上面几句。

子舆进门后,问子桑:"子之歌诗,何故若是?"你歌唱的诗句,为什么如此不成调?子桑说:"吾思夫使我至此极者而弗得也。"我在思索使我陷入如此绝境的究竟是谁而得不到答案。"父母岂欲吾贫哉?天无私覆,地无私载,天地岂私贫我哉?求其为之者而不得也。然而至此极者,命也夫?"父母肯定不会想让我贫困。天平等地覆盖万物,地平等地承载万物,天地肯定也不会偏私不公,使我贫困。我探求造成我贫困的根源而得不到答案。那么使我达到这么穷困的绝境的,是"命"吧!这里的"命",与儒家所说的"命"稍稍有所不同。儒家所言之"命",像是上天有意识的安排,如孔子言"五十而知天命"(《论语·为政》)。而庄子所言之"命",则是指大道自然而然的运化。所以,《庄子》里"顺命"也是一种很重要的境界,"顺命"即是顺从大道。

这一段借子桑之口,点出了"命"字。人是不应该有所作为的,一切都应该随顺大自然的运化。大宗师就相当于一个炉锤手,用大熔炉来冶炼天地万物,我们只是大熔炉中的一物,随它如何运化,我们是不能有所作为,也不可能有所作为的,因任即自然。《大宗师》一篇至此便结束。这里的"命"便是大道。最后这则寓言故事表明,要体悟大道,得道者需要知道什么是天之所为,什么是人之所为。人之所为是要顺应天之所为的，也就是说人要"顺命"。所以《大宗师》在结尾处点出"命"字，便暗合了本篇首句"知天之所为，知人之所为"。

要而言之，本篇先以盛赞"知"字起笔，虚将天、人分开。随之以"虽然，有患"一转，一齐将数"知"字推倒，而又捧出个博大真人，说明真知大备者，必以大道为宗为师，做到纯任天机，无为无作，浑同天、人而已。这就是所谓深悟"天与人不相胜"之理的得道者。在此基础上，文章又或喻或证，或论或议，进一步阐明大道可宗可师之旨，然后撰出"夫道，有情有信"一段文字，先是明确描述"道"的本质和作用，接着历举古来的神仙、帝王、圣贤作证，说明他们都因宗"道"、师"道"而变得神灵无比，此段为总论。于是又设出"南伯子葵问乎女偊"等七则寓言故事，用来连证"大宗师"的旨意，是为分论。如果着眼于《庄子》内七篇的结构与主题，则《大宗师》实际上接续、涉及了《逍遥游》《齐物论》《养生主》《人间世》《德充符》前面五篇的文章脉络和思想内容。再者，从《逍遥游》到《大宗师》这六篇文章是谈"内圣"，讲如何修身养性、体悟天道的。倘不得已，需要治理社会，由此也就转到了第七篇《应帝王》，《应帝王》是讲述如何治理天下的，是谈"外王"的。"道之真以治身，其绪余以为国家，其土苴以治天下"（《让王》），大道的精华部分是用来修身养性的，糟粕部分是用来治理国家天下的，这是庄子对"内圣外王"的基本认知。

【漫谈】

《老子》说："道之为物，惟恍惟惚。惚兮恍兮，其中有象。恍兮惚兮，其中有物。窈兮冥兮，其中有精。其精甚真，其中有信。"（二十一章）大道是这样玄虚，同为道家思想开山宗师的庄子在《大宗师》中也对"道"进行了深辟的阐述，并请出自古以来的许多神仙、帝王、圣贤，以证成他们皆因尊崇大道而变得无比神灵。

在本篇中,作者以"真人"为全面体悟大道的理想人格,以女偊、子舆、孟子反等寓言故事人物为一定范围内体认大道的榜样,由此展开了全文的逻辑结构。

"真人"一词是《庄子》中的重要概念,《大宗师》最为集中地展示了庄子笔下的"真人"形象,是道家理想人格的真实体现。当然除了"真人"之外,《庄子》还有"至人""圣人"等概念。我们一般认为,庄子所提的真人、至人、神人、圣人都是同一种意思,但具体来说真人、至人、神人、圣人也有细微的区别。

《说文解字》说:"真,仙人变形而登天也。"根据这种解释,"真人"其实便是后世之仙人。后世文学作品中之隐世游仙思想,在一定程度上可以追溯到庄子"真人"思想上去。如《楚辞·远游》中表现出的"游仙"思想当是受《庄子》"真人"思想影响的一个典型。也正是因为《远游》篇中的游仙思想,学术界大多数人认为此篇并非屈原所写,而应当是秦汉间人的作品。诚然,纵观《远游》主人公思想发展的整个历程,不外就是一个对道家思想不断进行认同,最终达到其"与太初而为邻"目的的过程。我们知道,"太初"一词出于《庄子·列御寇》,在《知北游》《天地》中称作"大初""泰初",指的是元气萌动之前"道"的虚无状态。其实,对于"道"的状态特征,《远游》主人公在标揭"与太初而为邻"这一终极目的前已经作过描述:"道可受兮,不可传;其小无内兮,其大无垠。""视倏忽而无见兮,听惝恍而无闻。"所有这些描述,又显然都是本于庄子所谓"道""可传而不可受"(《大宗师》)、"视之而不见,听之而不闻"(《知北游》)、"于大不终,于小不遗"(《天道》)一类说法的。正因为《远游》的主人公体认到大道是虚无的,所以他在"时俗之迫厄"面前能够像庄子那样以"虚静""无为"的态度来对待人生:"漠虚静以恬愉兮,澹无为而自得。""虚以待之兮,无为之先。"而且在这位主人公看来,《庄子·大宗师》中所描绘的得道者"傅说""真人"则更是自己心目中的理想人格，于是他由衷地发出了"奇傅说之托辰星兮""贵真人之休德兮"这样的极度赞美之辞。因此，他在"轻举""逍遥"之后，终于没有像《离骚》的主人公屈原那样毅然掉头，返回人间，而是一意追随"傅说""真人"这样的得道人物，"度世忘归"，"留不死之旧乡"。

除此之外，《吕氏春秋》每每称引《庄子》之文，其中的《先己》篇也推崇"真人"，由此可见庄子思想在先秦时期的重要影响力。这种精神影响到秦代的诗赋，就是进一步表现为对"真人"的刻意追慕。《史记·秦始皇本纪》载卢生说始皇曰："真人者，入水不濡，入火不热，陵云气，与天地久长。今上治天下，未能恬惔。愿上所居宫毋令人知，然后不死之药殆可得也。"于是始皇曰："吾慕真人，自谓'真人'，不称'朕'。"乃"使博士为《仙真人诗》，及行所游天下，传令乐人歌弦之"。所谓"不死之药殆可得也"云云，虽不外是战国后期以来方士们的说法，但这里对"真人"的具体描述，却显然是对《庄子》书中诸如"真人""入水不濡，入火不热"（《大宗师》）、"千岁厌世，去而上仙，乘彼白云，至于帝乡"（《天地》）一类文意的承袭或化用。而所谓"恬惔"云云，则更是《庄子》书中所反复强调的一项内容。由此不难推测，秦博士所作的《仙真人诗》，也必定充满了庄子的那种哲学幻想成分。《汉书·艺文志》载有"秦时杂赋九篇"，《仙真人诗》很可能就是属于这里面的作品。

再者，庄子的"真人"思想影响也波及医学、养生领域。众所周知，道家学派普遍重视探讨养生问题。老子在阐发他的哲学思想时实际上也提出了一些关于养生的原则，而庄子则把这些养生原则进一步发展成了一套完整的养生理论，其主旨就是要求人们弃绝世事，顺乎自然，以恬淡虚无为养生之本。他说："夫至人者，相与交食乎地而交乐乎天，不以人物利害相撄，不相与为怪，不相与为谋，不相与为事，翛然而往，侗然而来,是谓卫生之经已。"(《庚桑楚》)又说:"夫欲免为形者,莫如弃世。弃世则无累,无累则正平,正平则与彼更生,更生则几矣。事奚足弃而生奚足遗? 弃事则形不劳,遗生则精不亏。夫形全精复,与天为一。"(《达生》)《黄帝内经》明显地承因了庄子的这一养生思想,其《素问·上古天真论》说:

> 上古之人,其知道者,法于阴阳,和于术数……不妄作劳,故能形与神俱,而尽终其天年,度百岁乃去。……恬惔虚无,真气从之,精神内守,病安从来? 中古之时,有至人者,淳德全道,和于阴阳,调于四时,去世离俗,积精全神,游行天地之间,视听八达之外,此盖益其寿命而强者也,亦归于真人。其次有圣人者,处天地之和,从八风之理……外不劳形于事,内无思想之患,以恬愉为务,以自得为功,形体不敝,精神不散,亦可以百数。

这里所谓的"至人""真人",显然都出于《庄子》,与庄子理想中作为修身养性最高典范的"至人""真人"形象基本一致。而所谓次一等的"圣人",也绝不是儒家圣人,而几乎是对《庄子》中得道者"圣人"的复制。《黄帝内经·素问·阴阳应象大论》有云:"圣人为无为之事,乐恬憺之能,从欲快志于虚无之守,故寿命无穷,与天地终,此圣人之治身也。"亦可佐证这里的"圣人"确与《庄子》中得道者"圣人"有明显的渊源关系。因此,唐代著名医学家王冰在为此处的"至人""真人""圣人"的"治身"方法作注释时,都引述了《庄子》中的有关文字,以便揭示其渊源之所自。

正如上文所说,恬淡虚静是庄子对养生者的基本要求。此外,庄子还反复强调了守气、贵精、全神对养生所具有的重要意义。他说:"无视无听,抱神以静,形将自正;必静必清,无劳女形,无摇女精,乃可以长生。"(《在宥》)在庄子看来,"真人""圣人"之所以能够"不道引而寿",完全是因为他们做到了"贵精"与"唯神是守"（见《刻意》）。而"至人"的养生能够达到"潜行不窒，蹈火不热，行乎万物之上而不栗"的境界，则又完全是得益于"纯气之守"（见《达生》）。从前面所引的文字可知，《黄帝内经》所谓"至人""真人""圣人"重视保养精、神、气的一套养生方法，分明是从《庄子》中传承来的。即使在《黄帝内经》的其他一般性论述文字中，我们也不难看出其与庄子"贵精""全神""守气"养生理论的承因关系。如：

> 道贵常存，补神固根，精气不散，神守不分。然即神守，而虽不去，亦全真。人神不守，非达至真。至真之要，在乎天玄。神守天息，复入本元，命日归宗。（《素问·刺法论》）

王冰注云："神为主养之宗，故作先也。内三宝，即神、气、精。……神不守，即光明不足，故要守真而聚神光，而可以修真，真勿令泄，人为知道。……人能忘嗜欲，定喜怒……入寂灭，反太初……归命之真，全神之道，可久觑也。"由此可见，《刺法论》中的这段文字，至少有三点是值得注意的：一、其所谓养生必以保养精、神、气为先务，这正是从庄子那里继承来的一种养生观念。二、文中的"全真"一词，出于《庄子·盗跖》，而所谓"神守"，即为《刻意》篇"唯神是守"之意。至于"复入本元"及"归宗"云云，也可能就是对《庄子》中"复朴""反真"一类词意的化用。三、整段文字论述养生问题，其理论基点完全是建立在道贵"至真"的哲学思考之上，而这一思维模式恰恰也始于庄子。

而且，即使是汉代人的一些哲学著作，也往往体现出了上述的养生精神。如河上公《老子注》云："以气为根，以精为蒂……深藏其气，固守其精，使无漏泄。"（五十九章）又云："修道于身，爱气养神，益寿延年，其德如是，乃为真人。"（五十四章）总起来说，河上公阐发养生之道，其目的就是要求人们效法"真人"，除情去欲，爱气全神，固守其精，从而达到养寿延年的目的。可见,他的这些观念,深深地受到了庄子的影响。又如董仲舒《春秋繁露·天地之行》云:"养生之大者,乃在爱气,气从神而成,神从意而出,心之所之谓意,意劳者神扰,神扰者气少,气少者难久矣。故君子闲欲止恶以平意,平意以静神,静神以养气,气多而治,则养身之大者得矣。"显然,这里所谈的,也较多地吸收了庄子关于恬淡虚静与全神守气的养生思想。

不过,就养生术而言,庄子对于导引派采取一种拒斥的态度。《庄子·刻意》云:"吹呴呼吸,吐故纳新,熊经鸟申,为寿而已矣。此道引之士,养形之人,彭祖寿考者之所好也。"因为在他看来,体道者所坚持的应是以养神为主的形神观。《淮南子》在阐述自己的养生思想时,明显地接受了庄子的观点。其《精神训》云:"若吹呴呼吸,吐故内新,熊经鸟伸,凫浴猿躩,鸱视虎顾,是养形之人也,不以滑心。"高诱注:"滑,乱也。言此养形者耳,不足以乱真人之心也。"《黄帝内经·素问·六微旨大论》也说:"与道合同,惟真人也。"王冰注:"真人之身,隐见莫测,出入天地,内外顺道,至真以生。"说明《黄帝内经》这部严格意义上的医学著作,竟也把庄子所谓的"真人"当成了最善于养生的楷模。

在《庄子》中,有所谓"心斋"(《人间世》)、"坐忘"(《大宗师》)等说法,这也无疑成了后世道教内丹派高度重视意念的一个重要思想渊源。《在宥》篇中广成子所谈的一番"治身"道理,实质上也属于"心斋""坐忘"一类修身方法,故林云铭谓其"语语俱为内丹之秘,读此则诸道书无遗蕴矣"(《庄子因》)。如东汉魏伯阳著《周易参同契》,第一次把时间、方位和人体内丹修炼有机结合起来,后人皆称其为道教内丹术之始祖。而唐道士司马承祯则说"观夫修炼形气,养和心虚,归根契于伯阳,遗照齐于庄叟"(《天隐子序》),从而揭明了整个内丹派修炼术与庄子养生思想的渊源关系。至于庄子与后来的一些养生家都十分强调以意念来传导外气,就更从一个侧面反映出了这种渊源关系的明晰性。如《庄子·大宗师》谓"真人之息以踵",许多对气功素有研究的学者指出,这就是通过意念的控制把外气传导到足底涌泉穴的行气方法。董仲舒《春秋繁露·循天之道》所谓"道者亦引气于足"云云,即显然是承因庄子的说法而来的。而魏伯阳《周易参同契》强调"引内养性",更说明了内丹派的修治法与庄子行气法的渊源关系。

与行气相辅相成的,庄子还有所谓食气法。如他说神人"不食五谷,吸风饮露"(《逍遥游》),就是一种对后来医学家提倡食气疗法颇有影响的说法。《黄帝内经·素问·上古天真论》云:"余闻上古有真人者,提挈天地,把握阴阳,呼吸精气,独立守神,肌肉若一,故能寿敝天地,无有终时,此其道生。"王冰注释此文时,便引述了《逍遥游》篇中有关藐姑射山神人的一些文字,说明《黄帝内经》在这里叙述"真人"的养生方法,即本于庄子所谓的"神人"。长沙马王堆三号汉墓出土的帛书医书中,有一篇今定名为《却谷食气》的文字,比较详细地叙述了食气辟谷的方法,也可以看出其对庄子《逍遥游》篇中神人"不食五谷,吸风饮露"方法的一些承因痕迹。故东汉王充说:"道家相夸曰:真人食气。以气而为食,故传曰:食气者寿而不死。虽不谷饱,亦以气盈。"(《论衡·道虚》)而诸如此类的食气,又大多与行气相辅相成。如汉初张良"不食谷"(《汉书·张良传》)、"静居行气"(孟康注语)、王吉劝昌邑王"吸新吐故"(《汉书·王吉传》)、"练其气"(颜师古注语)等等,大概皆属于《庄子》中神人、真人"吸风饮露"(《逍遥游》)、"其息深深"(《大宗师》)一类食气、行气相结合的养生方法吧。

(整理者:吴剑修 陈炜洁)

第七讲

《应帝王》:"顺物自然而无容私焉,而天下治矣"

【题解】

　　《天下》篇作者批评当时道术为天下裂的局面,沉痛地感叹"内圣外王之道,暗而不明,郁而不发",古人之大体、天地之纯朴不幸不能为后人所看到了。他提出的"内圣外王"一词可看成是对内七篇的高度概括。内七篇,前六篇都是围绕"内圣"展开,第七篇《应帝王》则主要阐述庄子的"外王"思想,是在谈怎么治理国家天下,用我们现在的话来说这是一篇"政治论"。"内圣"即《让王》篇里的"道之真,以治身",通过内修来成圣;"外王"是不得已而应世,采取顺任自然的方式来治理天下,即是"明王"。"明王"这个概念为儒、道二家所共享,是当时学者为帝王政治所设计的理想模式。《孝经·孝治》曰:"昔者明王之以孝治天下也,不敢遗小国之臣,而况于公、侯、伯、子、男乎?"《孔子家语·大婚解》云:"孔子遂言曰:'昔三代明王,必敬妻子也,盖有道焉。'"这几处的"明王",突显了子女对父母的孝顺,以及丈夫对妻子的尊敬,显然还是儒家礼乐文明里的帝王。而《庄子》对"明王"的设想要高于儒家,高于儒家的圣人——尧、舜、禹。本来我们常说虞舜是无为而治、垂衣裳而治天下的,《论语·卫灵公》孔子云:"无为而治者,其舜也与?"但是在《庄子》里这些人反而往往成为了被批判的对象。这几个人在世俗之人看来的确可以算作明君了,但是庄子认为还不够好。他说:"明王之治:功盖天下而似不自己,化贷万物而民弗恃;有莫举名,使物自喜;立乎不测,而游于无有者也。"这数句话也是《应帝王》的文眼所在,认为明王治理天下而不邀功,化育万物而百姓却不觉得有所依赖,有功德却不显露自己的名声,只是让万物欣然自得于其本性所固有而已。所以可想而知,庄子对"无为而治"有着自己独特的思考。释德清概括其意说:"庄子之学,以内圣外王为体用。如前《逍遥》之至人、神人、圣人,即此所谓大宗师也。且云以尘垢秕糠,犹能陶铸尧舜,故云:'道之真以治身,其绪余土苴以为天下国家。'所谓治天下者,圣人之余事也。以前六篇发挥大道之妙,而大宗师乃得道之人,是圣人之全体已得乎己也。有体必有用,故此应帝王,以显大道之用,若圣人时运将出,迫不得已而应命,则为圣帝明王,推其绪余,则无为而化,绝无有意而作为也。此显无为之大用,故以名篇。"(《庄子内篇注》)

关于"应帝王"三个字的读法,前人也有不同的解释。一种是把"应"解释为"应该"。比如郭象就说:"夫无心而任乎自化者,应为帝王也。"(《庄子注》)认为没有后天的机心,而顺任自然的变化,就应该可以成为帝王了。宋代的王雱也说:"夫出德而入道,入道而尽妙,此物之所以同归而宗师也。物之所同归,则应可以为帝王,此庄子作《应帝王》之篇而次于《大宗师》也。"(《南华真经新传》)认为如果一个人可以入道尽妙,为世间万物所宗,那么这个人就"应该"可以作帝王了。有少部分人把"应"理解为顺从,一切顺应自然,这样就可以成为帝王。比如明末王夫之云:"应者,物适至而我应之也。不自任以帝王,而独全其天,以命物之化而使自治,则天下莫能出吾宗,而天下无不治。"(《庄子解》)清张士保也说:"应,应物也。应帝王者,言其妙应化物之功,与帝王同盛而相参也。"(《南华指月》)这种理解,实际上是以"因"解"应"。另外还有一个解释比较有趣,就是把《应帝王》看成是一篇对策文章,好像有人在问庄子:"天下该怎么治理啊?""帝王该怎么做啊?"然后庄子就"应之曰",回答这个人,这种解释当然是不对的。

总的来说,关于《应帝王》题名的解读,还不像《齐物论》分歧那么大。以上三种解释,我比较倾向于第一种,即解释为"应该",如果一个人具备了某种德性,那么他就应该可以成为帝王了。庄子认为,作为帝王应当"游心于淡,合气于漠,顺物自然而无容私",这样天下方能大治。如果像儵与忽那样,想有所作为,去替浑沌凿开孔窍,就会把浑沌凿死,就会贻害天下。

另外一个比较重要的问题要提提,就是《应帝王》和《老子》的关系。历来不少人认为,庄子继承了老子的道论,《庄子》是《老子》的继承、发展,其中晚明陆西星就是最突出的代表之一,他在《南华真经副墨》里就直接说:"《南华》者,《道德经》之注疏也,其说建之以常无有,而出为于不为,以破天下之贪执者。"从大的方面说,这个观点确乎有一定道理。我个人读《庄子》三十三篇的直观感受是,《应帝王》与《老子》相对应的地方,与其他各篇相比而言,倒是很多的。像此篇讲无为而治、效法天道,《老子》也讲"人法地,地法天,天法道,道法自然",这就很好地对应起来了。所以大家读《应帝王》这篇文章,最好和《老子》多作联系,会得到更多的启发。

【讲疏】

下面我们讲文本。

> 啮缺问于王倪,四问而四不知。啮缺因跃而大喜,行以告蒲衣子。蒲衣子曰:"而乃今知之乎? 有虞氏不及泰氏。有虞氏其犹藏

仁以要人,亦得人矣,而未始出于非人。泰氏其卧徐徐,其觉于于;一以己为马,一以己为牛;其知情信,其德甚真,而未始入于非人。"

"齧缺""王倪"是虚构的名字,但是有一定的寓意。王雱解释说:"夫齧缺者,道不全之称也;王倪者,王道之本也。以其知道之不全而不得不问,以其得道之端本而言不知。"(《南华真经新传》)"齧缺"顾名思义就是说这个人是有缺陷的,没有得道。但王倪是悟到大道的,是得道的象征。"四问而四不知",这个"四问"也出现在《齐物论》里,"齧缺问于王倪曰:子知物之所同是乎?"你知道万物的共性吗? 王倪就说,我哪知道? 这是第一问。第二问:"子知子之所不知邪?"既然你说你不知道,那么请问你不知道的根由是什么? 王倪还是说,我哪知道? 第三问:"然则物无知邪?"既然你什么都不知道,那么请问所有的东西都是不可知道的吗? 王倪还是说,我哪知道? 大致就是这么一回事。但是《应帝王》这个部分,到底是不是《齐物论》的四问呢? 也不好说。由于四问四不答,所以齧缺悟到了一些东西,就像外篇《知北游》里说的"不知深矣,知之浅矣,弗知内矣,知之外矣",知道是浅薄的,不知道反而是奥妙的,这个观点在《庄子》里是一以贯之的。因为王倪的四不答,所以齧缺体悟到"不知"的妙处了。他很高兴,于是跑去告诉蒲衣子。这个蒲衣子是什么人呢? 根据《天地》篇"尧之师曰许由,许由之师曰齧缺,齧缺之师曰王倪,王倪之师曰被衣",又据俞樾《庄子人名考》蒲衣子就是被衣,"被"读为"披",所以蒲衣子应该是王倪的老师。蒲衣子说:"而乃今知之乎?"这个"而"训"你",你现在才知道吗? 所以王倪跟齧缺比较起来,王倪要比齧缺更接近大道,齧缺是四问四不答以后才知"道",王倪要领悟得早一点。蒲衣子在这里是批评齧缺"你早应该知道了,怎么弄到现在才知道?"

于是,蒲衣子接着说"有虞氏不及泰氏",我们知道"有虞氏"就是舜,姓姚,名重华。泰氏是上古帝王,比虞舜的时代还要早。在《骈拇》里就出现了很多上古帝王,很多研究帝王谱系的人,就弄不清楚,为什么在《庄子》里出现了这么多帝王?这些帝王是从什么地方出来的?有些人认为这是虚构的,有些人觉得这是在上古时候的确出现过的帝王,很难具体落实。蒲衣子说有虞氏不及泰氏,是因为有虞氏是用智慧治理天下,不是采取无为的措施。"有虞氏其犹藏仁以要人",这个"藏",古代有很多本子作"臧",明正统《道藏》所收《南华真经》白文本、成玄英《南华真经注疏》本、褚伯秀《南华真经义海纂微》本都作"臧"。有两种解释,一种是把"臧"视为通假字,通"藏",把仁义藏在心里,比如晋崔譔就解释为"怀仁心以结人也",是说虞舜总是在心里藏着仁义来笼络老百姓。还有一种解释,就按"臧"本字解释,是"好"的意思,意思是以仁义为好,或者表扬、赞扬仁义,释德清就是取这个解释:"此言有虞之不济处。盖以仁为善,故有心以仁要结人心。"(《庄子内篇注》)我觉得这两种解释都可取。"要人"就是要结人心,团结人、利用人。据《史记·五帝本纪》记载:"舜耕历山,历山之人皆让畔;渔雷泽,雷泽上人皆让居;陶河滨,河滨器皆不苦窳。一年而所居成聚,二年成邑,三年成都。"因为舜有仁义,所以老百姓都愿意跟随他,受他的教化。这个仁义的行为在《庄子》里就成了被批评的对象,《徐无鬼》说舜身上有膻味,人们就像蚂蚁一样附上来,所以才三徙成都。由这个观点,我们联系第三篇《养生主》里老聃死了,很多人去哭,如同死了父母,其中有个解释就说,老子不是得道之人,老子不是他们的亲戚,但是死了之后,他们怎么会哭成这样子?肯定是因为老子身上有膻味,没有膻味,怎么会引蚂蚁过来呢?这个膻味,指的就是仁义道德。就像古公亶父传位给小儿子季历,吴太伯就断发文身,主动跑到了现在苏州梅里这个地方。据《史记·吴太伯世家》记载:"太伯之奔荆蛮,自号句吴。荆蛮义之,从而归之千余家,立为吴太伯。"他一到那个地方,周围老百姓对他的仁义行为表示推崇,所以也慢慢聚集起来了,这些都是"藏仁以要人",是要批评的。那么庄子推崇的是什么呢?《庚桑楚》里说要藏身到深玄渺远的地方去,"藏其身也,不厌深眇而已矣",天道自自然然,有它的运行规律,社会人事亦然,需要我们人为干预作什么呢?

"亦得人矣,而未始出于非人","亦得人矣"就是说通过这种行为,确实取得了民心,老百姓愿意跟着他。"未始"就是未尝、未曾的意思。"非人"这个词有很多种解释,宣颖说:"非人者,物也。有心要人,则犹系于物,是未能超然于物之外也。"(《南华经解》)林云铭曰:"非人,欺伪之人。虞氏不能超出于其上,以其有知也。"(《庄子因》)林云铭的解释相对来说更恰当些,也容易懂。"非人"就是虚伪之人,用"有为"的办法来治理天下的人,都是伪善的人,虞舜的做法并没有比这类人高明多少。虽然得到了老百姓的追随,但是未尝高出于"非人"。

"泰氏其卧徐徐","徐徐"是安稳的意思,《盗跖》篇"徐徐"作"居居",意思是差不多的。"其觉于于","于于"是自得之貌,句意是说泰氏睡醒之后,又很自得,精神不疲惫。"一以己为马,一以己为牛",是说泰氏顺任大自然的运化,任人呼自己为马,呼自己为牛,不作什么区别。相反的,虞舜是要区别开来,表现好的当个什么长,颁个什么奖,用仁义来提拔人,就不能与天地为一了。这里也有其他解释,认为"其卧徐徐,其觉于于"是写泰氏,"以己为马,以己为牛"是写泰氏的臣民,任牛任马,帝王带给他们的影响,他们一概不知,这也切合了本文无为的主题。

"其知情信","知"通"智","情"是"实"的意思,"信"也是"实"的意思,宣颖注:"情,实理也。知实理,则甚信而无伪,道外无知也。"(《南华经解》)他们无知,不作区别,这种"知"是真知,有所区别就不是真知了。比如我们现代人,整天要弄清楚宇宙是怎么形成的,人是怎么来的,但是古人就不会去想这些问题,用庄子的观点看呢,我们变得越来越浅薄了,其实我们不用去管这些东西,任牛任马就行啦。这种"知",才是真知。"其德甚真",这个"德"指自然德性,句意是说他们的内德很真实,还蕴含在自然本性当中,其行为都是本性天真的流露。"未始入于非人",未曾坠入欺诈虚伪者之中,是说泰氏和他的臣民未曾陷入"非人"的领域中,没有掉到"非人"当中去,这就是泰氏与有虞氏的区别。这里我要附带提及一点,这则寓言故事虽然批评了虞舜,但是从整部《庄子》看,对于舜的批评是不算激烈的,对黄帝的批评却很激烈,《在宥》篇就说黄帝治理天下后,"云气不待族而雨,草木不待黄而落,日月之光益以荒矣",因为太"有为"了,所以连地上的草木都黄了,太阳月亮都黯淡无光了。汉代学者普遍将帝王的贤明政治和自然灾异联系起来,认为君主如能选贤任能,远离外戚后妃,灾异就会消失。但是庄子却反着看,君主越是选贤任能,越是加强政治治理,越会引起自然灾异。两家的差别巨大,读者不可不注意。

下面我们讲第二则寓言故事。

> 肩吾见狂接舆,狂接舆曰:"日中始何以语女?"肩吾曰:"告我:君人者以己出经式义度,人孰敢不听而化诸!"狂接舆曰:"是欺德也。其于治天下也,犹涉海凿河而使蚊负山也。夫圣人之治也,治外乎? 正而后行,确乎能其事者而已矣。且鸟高飞以避矰弋之害,鼷鼠深穴乎神丘之下以避熏凿之患,而曾二虫之无知!"

肩吾和狂接舆在前面《逍遥游》里出现过,接舆在《论语》里也出现过,晋皇甫谧《高士传》说:"陆通,字接舆,楚人也。"这应该是后人附会所致。接舆这个人物在当时是真实存在的,但是下面这个故事则是虚构的。肩吾见狂接舆,接舆曰:"日中始何以语汝?""日中始"这个词有不同的解释,在有些本子里是没有"日"字的,所以有些人觉得"中始"是人名,这个"日"字,是上句末尾"曰"字的衍文。王闿运曰:"作'日中始',涉上'曰'字,隶书相近而衍。"(《庄子注》)还有一个解释,把"日"字解释为"往日",俞樾说:"中始,人名。日,犹云'日者'也。"(《庄子平议》)意思是"日前,中始和你说了什么呀?"具体应该怎么读,我们已经不能定其是非了,只能存疑。肩吾就回答说"君人者以己出经式义度",这里的断句历来也不统一。宣颖断为"以己出经,式义度人"。读古书时我们常常会遇到这样的情况,同一个句子竟然有不一样的断法,我们去翻翻陆德明的《经典释文》,他对前人的不同读法也难以断定谁对谁错,所以一般也只是罗列了几种说法。根据我多年阅读先秦古籍的感觉,这里断为"以己出经,式义度人"是不通的,所以我们还是应该把"君人者以己出经式义度"连为一句读,意思是说君主按照自己的意愿来造作"经式义度","义"通"仪",王念孙《庄子杂志》说:"义,读为'仪'。仪,法也。经、式、仪、度,皆谓法度也。"我们知道道家是崇尚无为而治的,所以日中始这个讲法开口便错了。林云铭解释说:"经常之法式,义理之制度,如三纲五常,皆所以正人也,病只在'以己出'三字。人必受治,病只在'孰敢不'三字。"(《庄子因》)林云铭的眼光非常敏锐,仅从这几个字眼上就看到了问题所在。君主如果按照自己的观点来造作法律条文、典章制度,那么臣民谁敢不服从?臣民只能根据这些条文来改变自己的意愿,就是古代的专制统治了。

狂接舆就说:"是欺德也。"这种君主,他们的德行是"伪"的,刘凤苞云:"以'欺德'二字抉出治天下病根。"(《南华雪心编》)纵观几千年来的君主,哪个不是"欺德"?天下治理不好,主要原因就在于那些帝王!"其于治天下也,犹涉海凿河而使蚊负山也","涉海凿河"这个词用得很妙,"妙解渊隽"(胡文英《庄子独见》),就好像人在海里凿出一条河来,或让一只蚊子去背一座山,都是不可能做到的一样,用强制的手段来统治老百姓,老百姓也是承受不了的。"夫圣人之治也,治外乎?"治外,就是上面讲的"以己出经式义度",就好像考试选拔人才,用统一的标准来考核,是无法选拔到真正的人才的。圣人应该用这些外在的法度来治理天下吗? 当然不是。"正而后行,确乎能其事者而已矣",顺着自然性命之正,遵循"正而后行"之理,确确实实能当其事就好啦!"且鸟高飞以避矰弋之害,鼷鼠深穴乎神丘之下以避熏凿之患,而曾二虫之无知",这是具体的举例子了。鸟飞得高高的,是为了躲避捕鸟的网。"弋"就是用绳子拴住箭头,射天上的鸟。"神丘",就是社坛,祭祀土地神的地方。我小时候,家中的老鼠很多,就喜欢把洞挖在房子的柱子或墙脚下面,简直拿它们没办法。鼷鼠把洞挖在社坛下面,老百姓也就不能凿开洞赶它们。王雱解云:"夫鸟之飞,鼠之穴者,此自然也。有矰弋熏凿之害,而然后其飞高至于天,而其穴必在神丘之下,此使然也。"(《南华真经新传》)日中始用这种办法来治理老百姓,老百姓也会像鸟儿、老鼠一样,去避开他,上有政策,下有对策嘛! 日中始真是连这两种小动物的智慧都比不上啊! 这则寓言故事又可以和《老子》对应起来,释德清云:"此上二节,言治天下不可以有心恃知好为,以自居其功。若任无为,而百姓自化。《老子》曰:'我无为而民自化''清静为天下正'。若设法以制其民,不但不从,而且若鸟鼠而惊且避之也。"(《庄子内篇注》)

第三则寓言故事,"天根游于殷阳"。

天根游于殷阳,至蓼水之上,适遭无名人而问焉,曰:"请问为天下。"无名人曰:"去! 汝鄙人也,何问之不豫也! 予方将与造物者为人,厌,则又乘夫莽眇之鸟,以出六极之外,而游无何有之乡,以处圹埌之野。汝又何帛以治天下感予之心为?"又复问。无名人曰:"汝游心于淡,合气于漠,顺物自然而无容私焉,而天下治矣。"

"天根""无名人"名字的由来,可能都和《老子》有一定关系。王雱说:"天根者,《老子》所谓'是为天地根'是也;无名者,《老子》所谓'无名天地之始'是也。"(《南华真经新传》)当然,这两个奇怪的名字还有其他的解释,赵以夫云:"天根者,宗主之称。无名者,真人之号。"(褚伯秀《南华真经义海纂微》引)所以观其名字,就能知道这两个人是体悟大道的。殷阳,是殷山的阳面,天根本来是蕴含在大道里面的,他却跑到了殷山的阳面去玩耍。褚伯秀云:"天根,喻自然之本,当隐晦涵育,任物自化。今趋于盛明之方,自显以求有为,故问为天下。"(《南华真经义海纂微》)在《庄子》里面,"阴"是接近大道的,"阳"是远离大道的。《逍遥游》里的鲲本来孕育在北海,北海是玄色的,也是接近道的。后来化而为鸟,向南飞,南是盛阳,不是大道的象征,所以成了庄子否定的对象。天根来到"殷阳",就说明他的大道受到破坏了。他见到无名人:"请问为天下。"他这个问法就有问题,因为"为"字,是不能直接提的,林云铭说:"病根在一'为'字。"(《庄子因》)刘凤苞说:"天根请问为天下,一'为'字,便在迹象上求。"(《南华雪心编》)"为"是指人为地治理,背离了道家无为的理念。

无名人回答说:"去!汝鄙人也,何问之不豫也!""去"字今天还是北方人的专利,他们不耐烦时经常对人说"去你的"。"豫",陆德明《经典释文》引梁简文帝说:"豫,悦也。"句意是说你这个鄙陋的人,怎么会问得我这么不高兴啊!"予方将与造物者为人",这里的"人"要解释为"友",在《大宗师》里有一样的用法,王念孙在《庄子杂志》里也有过考证。句意谓我正准备和大自然做朋友。"厌,则又乘夫莽眇之鸟",这里的"厌"字用得很好。与造物主为友怎么会厌烦呢?说明这个"造物主"还不是大道的境界。这里应该理解为即使我与造物主为友,还会感到一定的厌倦,还要进入更玄妙的境界。"乘夫莽眇之鸟",这个莽眇之鸟就是清虚之气,比造物主更加虚空。"以出六极之外",六极是天地上下四方,是我们认知的极限了。但这里还有内外的分别,在六极之内,还有形迹可循,所以他要超出六极之外。"而游无何有之乡,以处圹埌之野",就跟《逍遥游》的广莫之野差不多了,无边无际,没有任何形物。

无名人接着说:"汝又何帠以治天下感予之心为?"这个"帠"字,见《集韵·霁韵》:"帠,法也。"陆德明《经典释文》引司马彪的说法,也释为"法",方法、办法,相当于前面的"经式义度"。另外一个解释,林希逸解释为"何故"。这里我采取第二种解释,与上下文意较贴合,释为"你又何故以治天下来骚扰我?"就像藐姑射山神人,本来是不食人间烟火的,乘云气、御飞龙,孰肯弊弊焉以天下为事? 如果我们对天上的神仙说你来治理我们的天下吧,神仙肯定会说我才不干这种事!

天根还不甘心,又复问,无名人回答说:"汝游心于淡,合气于漠,顺物自然而无容私焉,而天下治矣。""游心于淡"就是游心于恬淡的境界。"合气于漠"就是气息恬适不迫,与自然冲漠之气合为一体。王雱云:"合气者,其息深深而归于至虚也,故曰合气于漠。""气息深深",就是说人晚上睡觉的时候,呼吸比较深沉,与之相反,那些生病的人,他们的呼吸就又急又浅。《庄子·大宗师》里还说"真人之息以踵",这种说法是有点玄乎的,我们可以用"恬淡"来理解它。所以,"汝游心于淡,合气于漠"二句是指君主的个人修养,是君主的内修,而下句"顺物自然而无容私焉"指的是君主的外王行为了。"无容私"就是不容掺杂一毫私意,顺从老百姓自己的心性,让他们自由发展,正好与前文"以己出经式义度"的举措相反。

下一则寓言故事是"阳子居见老聃"。

阳子居见老聃,曰:"有人于此,向疾强梁,物彻疏明,学道不倦。如是者,可比明王乎?"老聃曰:"是于圣人也,胥易技系,劳形怵心者也。且曰虎豹之文来田,猿狙之便、执斄之狗来藉。如是者,可比明王乎?"

　　阳子居蹴然曰:"敢问明王之治。"老聃曰:"明王之治:功盖天下而似不自己,化贷万物而民弗恃;有莫举名,使物自喜;立乎不测,而游于无有者也。"

"阳子居"就是杨朱,他主张"贵生""重己",孟子称其"拔一毛而利天下不为也"。对于"向疾强梁,物彻疏明,学道不倦",还有另外一种断句法,是俞樾在《庄子平议》中提出来的,他说"物"的本字应为"勿"字,所以读为"向疾强梁物彻,疏明学道不倦"。我们说他的《古书疑义举例》提出了很多古书句读的创见,但是这个地方他倒是搞糊涂了。"向疾强梁",这个"向"通"响",《经典释文》引李颐说:"敏疾如响。"就是说一个声音发出来以后,回音马上就来了,比喻一个君主反应很敏捷、很聪明。"强梁",林希逸云:"强梁,刚健也。"(《南华真经口义》)就是说很强悍、很能干、很果断。"物彻疏明",崔譔云:"无物不达,无物不明。"这是说能洞彻万物,考虑问题很通透。"学道不倦"就是学习东西很勤奋、不偷懒。这样的人,可以比得上"明王"吗? 按我们现在的看法,这简直是英明的君主啦! 就像汉文帝、唐太宗了。但是,在庄子看来,这些人即使有"成康之治""文景之治""贞观之治"等等的伟业,又哪里可以与"功盖天下而似不自己""化贷万物而民弗恃""顺物自然而无容私焉,而天下治矣"的"明王之治"相提并论呢!

　　所以老聃就回答说:"是于圣人也,胥易技系,劳形怵心者也。""胥易技系",林云铭说:"胥者,胥徒;易者,更番直事。"(《庄子因》)用我们现代人的说法就是,"胥"是官府中供役的小吏,"易"就是轮番坐班,就像现在的轮替接班的公务员,很是劳累!"技系",林希逸解释为"以工巧而系累技术之人"(《南华真经口义》),就是掌握某一种手艺的工匠,一生被手艺困住了,像我所知昔日的木工、泥瓦工都是一年四季干活,没有休息的日子。"劳形怵心"指身体弄得很疲惫,心灵也很倦怠,精疲力尽。在老聃看来,这样的人能算是"明王"吗?

"且曰虎豹之文来田,猿狙之便、执斄之狗来藉","田"就是田猎,因为虎豹的皮毛很漂亮,所以成为了猎人狩猎的对象,被抓起来扒皮了。"藉"是拘系。"猿狙"是猴子的一种。"斄"通"狸",就是黄鼠狼。句意是说,猴子因为跳跃便捷就被抓来玩耍,猎狗因善执狸兽也招致了拘系之患。这几句话就是用来进一步解释"胥易技系,劳形怵心"的。试想,像这样的人还能被称作"明王"吗?

阳子居蹴然曰:"敢问明王之治。"杨朱面色骤然改变,请问什么才是"明王之治"呢? 老聃就回答说"明王"治理天下的功劳很大,但是不归给自己,如同《逍遥游》里的"神人无功",像藐姑射山神人,精神凝聚起来能让五谷丰登,万物都不生病,天下都得到好处,但是如果有人把功劳推给神人,神人是不会接受的。"化贷万物而民弗恃","贷",林希逸云:"贷,施也。"(《南华真经口义》)就是"施舍"的意思。"民弗恃"怎么解释呢? 就是说老百姓虽然靠天吃饭,但是他们不觉得这是上天的功劳。先秦时有一首歌谣《击壤歌》:"日出而作,日入而息。凿井而饮,耕田而食。帝力于我何有哉!"我跟随着日出日落劳动休息,帝王的治理和我有什么关系呢? 隐喻"明王"像天地一样治理了天下,但是老百姓都没感觉到这是"明王"的功劳,这就是"弗恃",这才是"明王"。"有莫举名,使物自喜",是说"明王"虽然功盖天下,但是根本没有名头,没有意愿去夸耀自己,让老百姓自己屁颠屁颠高兴就行了。

前面我说过,读《应帝王》要善于和《老子》联系起来看,这则寓言故事里老聃这番回答,更可以在《老子》里找到一些依据。释德清说:"此一节发挥明王之治,皆申明老子之意,以示所宗立言之本,极称大宗师,应世而为圣帝明王,以行无为之化也。"(《庄子内篇注》)宋人陈详道拆解得更清楚,他说:"向疾强梁,则与能如婴儿者异矣。物彻疏明,则与明道若昧者异矣。学道不倦,则与绝学无忧者异矣。"(褚伯秀《南华真经义海纂微》引)说明"向疾强梁""物彻疏明""学道不倦"分别对应着《老子》中"载营魄抱一,能婴儿乎"(十章)、"明道若昧"(四十一章)、"绝学无忧"(二十章)之语,可见庄子本人熟知《老子》,所以在撰写《应帝王》时既借用老聃之名,又吸收了老子的一些思想,这一过程如撮盐入水,十分圆融。

"立乎不测",就是立足在别人无法测识的地方。这一思想源头也可以追溯到《老子》,老子也提倡立乎不测的统治方法,"虚其心,实其腹,弱其志,强其骨,常使民无知无欲"(《老子》三章),让老百姓肚子填饱了,思想简单一点。但是庄子这里的"不测"跟老子还是有区别的,老子是带有机心的,无为而无所不为,他是有目的的,所以朱熹就看不起老子,说他笑嘻嘻的,阴柔奸诈。而庄子的"立乎不测",就是要求像大自然那样无所不在地运化,一切听任变化,所以"明王之治"也要一任大自然的运化,不要施加任何人为强硬的举措。

很多古人都已经注意到,"立乎不测"一句与下面一则寓言故事有密切的关系。宣颖说:"'立乎不测'一句,引动下文一大段文字。"(《南华经解》)孙嘉淦云:"此段承前启后,一篇关键,言所以有为不治、无为而后治者,盖以有心为之,则我不能游于无有,既劳心而伤其内,人有以窥而测之,将侮我而伤其外,故必淡漠无为,立乎不测而游于无有,乃可以应天下而不为天下所伤也。'立乎不测'二句,有如出题,季咸以下,皆发此意也。"(《南华通》)从结构上看,"功盖天下而似不自己,化贷万物而民弗恃;有莫举名,使物自喜"是讲"无为而治",而下面"立乎不测,而游于无有者也"正开出下文"壶子"的寓言故事,壶子就做到"立乎不测"了。

　　郑有神巫曰季咸,知人之死生存亡、祸福寿夭,期以岁月旬日,若神。郑人见之,皆弃而走。列子见之而心醉,归,以告壶子,曰:"始吾以夫子之道为至矣,则又有至焉者矣。"壶子曰:"吾与汝既其文,未既其实,而固得道与? 众雌而无雄,而又奚卵焉! 而以道与世亢,必信,夫故使人得而相女。尝试与来,以予示之。"

　　明日,列子与之见壶子。出而谓列子曰:"嘻! 子之先生死矣! 弗活矣! 不以旬数矣! 吾见怪焉,见湿灰焉。"列子入,泣涕沾襟,以告壶子。壶子曰:"乡吾示之以地文,萌乎不震不正,是殆见吾杜德机也。尝又与来。"

　　明日,又与之见壶子。出而谓列子曰:"幸矣,子之先生遇我也! 有瘳矣,全然有生矣! 吾见其杜权矣。"列子入,以告壶子。壶子曰:"乡吾示之以天壤,名实不入,而机发于踵,是殆见吾善者机也。尝又与来。"

　　明日,又与之见壶子。出而谓列子曰:"子之先生不齐,吾无得而相焉。试齐,且复相之。"列子入,以告壶子。壶子曰:"吾乡示之以太冲莫胜,是殆见吾衡气机也。鲵桓之审为渊,止水之审为渊,流水之审为渊。渊有九名,此处三焉。尝又与来。"

　　明日,又与之见壶子。立未定,自失而走。壶子曰:"追之!"列子追之不及。反,以报壶子曰:"已灭矣,已失矣,吾弗及已。"壶子曰:"乡吾示之以未始出吾宗。吾与之虚而委蛇,不知其谁何,因以为弟靡,因以为波流,故逃也。"

　　然后列子自以为未始学而归,三年不出,为其妻爨,食豕如食人,于事无与亲,雕琢复朴,块然独以其形立。纷而封哉,一以是终。

这则寓言故事在《列子》里也有,内容基本相同,两则寓言故事可以对照着读。季咸是神巫的名字，他只要看了一个人的脸色、气色、神色，就能知道你的死生、存亡、祸福，能具体到日月。因为十分灵验，所以被称为神巫。根据《列子·黄帝》的说法，季咸是从齐国到郑国的，郑国的老百姓看见他都逃之夭夭，为什么逃呢？只怕被列子算出有什么不吉利的事情，造成某种心理暗示。我初中毕业在生产队劳动时，有一位抽牌算命的先生路过地头，我也跟着几个社员按要求抽了三张牌，然后听这位先生解释。其中有两张我还记得，一张是"鸡毛掸子打鼓"，这是打不响的，显然不是一张好牌；最后一张是"青龙入海"，这倒是一张很好的牌，预示着将能腾云驾雾，有所作为了。也幸亏有这么一张好牌，让我当时情绪佳好，如果是一张不好的，那么我肯定要受到消极的影响了。这就是算命的心理暗示作用，所以郑国人看见季咸才远远地跑开了。

但是"列子见之而心醉"，列子看到这个人以后，觉得他非常有本领，很崇拜，回来以后，就告诉壶子了。壶子，名林，是列子的老师。列子就说"始吾以夫子之道为至矣，则又有至焉者矣"，我以前呢，把老师您的道看成是最高超的，原来还有比您的道更加高超的呢！壶子就说"吾与汝既其文，未既其实"，"既"是尽的意思，"与"是给予的意思，句意谓我教给你的都是"文"，是表面的东西，还没有把真实的东西教给你。我们农村有一个传说，老虎的本领都是猫咪教的，但是猫咪怕老虎反过来欺负自己，所以留了一手上树的本领。民间拳师在传授弟子本领的时候，也总是留一手，怕徒弟将来伤害自己。"而固得道与？""而"字通"尔"，是"你"的意思。这个"固"字有几种不同的解释，我觉得解释成"难道"就行了。句意是说你难道得到真的"道"了吗？

"众雌而无雄，而又奚卵焉"，这两句话不太好懂。字面上意思是说，只有雌鸟而没有雄鸟，那么雌鸟怎么会下蛋呢？这个字面解释，也有点问题。在现实生活中，雌鸟不需要雄鸟也是可以下蛋的。我们还是来看看这句话的寓意，宣颖云："雌之生卵，必雄交之。今无雄，何得有卵？譬如己未与以实，列子何得知道也？"（《南华经解》）壶子只教给列子"文"，未既其实，就是说列子只有雌性，而没有雄性，你只具备了"雌性"而没有"雄性"和你结合，所以你不会下蛋。另一种解释，孙嘉淦云："雌所以能卵者，皆雄始其机。无雄则雌奚卵焉？人所以能相者，皆我示以心，无心则人奚相焉？"（《南华通》）就是说你如果不把某些东西表现在脸上，那季咸怎么会看到你的吉凶祸福呢？说明你还没得道，如果你得道了，季咸就肯定看不出来了。我同意第二种解释，我们继续看下文，就能明白这个解释了。

"而以道与世亢，必信，夫故使人得而相女。""而"是"你"的意思。这个"道"是指列子所得到的粗浅的道，这个"亢"就是较量的意思。"必信"，"信"在古文字里经常通为"伸"。列子学到的只是大道的粗糙的东西，就以这些粗糙的东西"与世亢"，让自己粗糙的道"延伸"出来。"夫故使人得而相女"，所以让季咸能够抓住你的"把柄"。宣颖解释说："可知从来帝王都是暴其所长，期民信从，故天下得窥其意向，以为趋避。"（《南华经解》）而真正得道的人则虚与委蛇，立于不测，是看不出来的。"尝试与来，以予示之"，明天你试着和季咸到我这里，让他来测测我。

"明日，列子与之见壶子"，第二天列子就和季咸来见壶子了。出来后季咸就说："嘻！子之先生死矣！弗活矣！不以旬数矣！"你的先生啊，死定了，活不了了，不会超过十天了。"吾见怪焉，见湿灰焉"，"湿灰"这个词要重视起来。林希逸说："死灰尚有复热之时，湿灰则不能也。"（《南华真经口义》）这个词用得很妙，我小时候在农村，烧完柴火后会留下草木灰，即使很长时间后也有复燃的，所以最好的办法就是浇上水，这样就不会复燃了。这里的"湿灰"就是比喻壶子必定要死了，不可能再活过来了。

　　列子听季咸一说,"泣涕沾襟,以告壶子"。他就很伤心啊,哭着进屋把这个不幸的消息告诉壶子。壶子曰:"乡吾示之以地文,萌乎不震不正,是殆见吾杜德机也。""乡"通"向",刚才。"地文",地是阴、不动的象征。"萌乎不震不正",这个"正"字,《列子·黄帝》中作"止"字,这是"地文"的表现。在《周易》里,"艮卦"代表山,山是不动的,"艮卦"正好是和"震卦"相反的卦,"不震"就是不动。这个"不止"也是同样的意思。"萌"字,可能是"芒"字,《白虎通·五行》"芒之为言萌也",所以有点恍兮惚兮的意思。宣颖说:"将生机萌乎九地之下,若生而不生。"(《南华经解》)总之,"地文"所表现出的是一种生命静止的状态。"杜德机","杜"就是杜绝,"德机"之"德"指内德,"机"在《列子·黄帝》中作"几"。在《至乐》篇中有"出于机,入于机"之语,这里的"机"也要看成"几",胡适在《中国哲学史大纲》里解释为万物产生前那个茫渺细微的东西。所以"杜德几",就是杜绝内德所显示的细微的表现。正因为壶子把内德闭藏起来了,所以展示出的"地文"是不动不止的,季咸错误地以为壶子没有生命迹象了,像死灰一样。

　　"明日,又与之见壶子。出而谓列子曰:'幸矣,子之先生遇我也!有瘳矣,全然有生矣! 吾见其杜权矣。'"季咸第二回见壶子,出来就对列子说,你的先生遇到我算是走运了,他的病有救啦! 完全有生的希望啦!"吾见其杜权矣","权",林云铭说:"称锤,喻应物之妙用也。闭藏之中,稍露动变端倪,甚有生意,所以为有瘳必生之象。"(《庄子因》)"杜权"代表了一点动静、生机,就是说我看见壶子湿灰一样的状态里,已显出了一点生命复苏的气象。"列子入,以告壶子",列子听季咸这么一说,就高高兴兴把这个消息告诉了壶子,壶子便说:"乡吾示之以天壤,名实不入,而机发于踵,是殆见吾善者机也。尝又与来。""天壤"有两种解释,第一种,宣颖说:"动意,阳也。"(《南华经解》)就是说"天"是动的,类似于《在宥》里"神动而天随"这句话,和"地文"正好相对。第二种,陈寿昌说:"天与壤合,生物之本,视地文之孤阴不生,有间矣。"(《南华真经正义》)认为"天壤"就是天和地,阴和阳已经调和起来了,所以有了"动"的气象。我比较同意第一种解释。"名实不入",郭象直接解释为"名"和"利"进入不到心胸,林云铭解释为"名象",即一切可见的迹象。所以,"名实不入"就是说我刚才展现的都是"空虚",是游于无何有之乡。"机发于踵"是说内心一片空虚,全身只有一股气从脚跟那里涌动起来。"是殆见吾善者机也","善",刘凤苞云"即生意之萌动"(《南华雪心编》),就是生命力、活力。所以,从"杜德机"到"善者机",便是由静到动、在湿灰里显出生命力的过程。

又过了一天,季咸又和列子去见壶子,出来后对列子说:"子之先生不齐,吾无得而相焉。试齐,且复相之。""不齐",依照宣颖的说法是"动静不定"(《南华经解》),刘凤苞作扩充云:"至人变化无方,相者但见其为不齐耳。"认为壶子一会儿安静得像"湿灰",一会儿又动了起来,用现在医生的话说就是气息不稳啊,没办法对症下药!所以季咸说,你先让你的先生自己静下来、平稳下来,我再给他看病。列子就进屋把季咸说的话告诉壶子了。

壶子说:"吾乡示之以太冲莫胜,是殆见吾衡气机也。""冲"有"冲气以为和"的意思。句意谓我刚才所显示的是阴阳、天地、动静之调和,混而为一,两者之间没有任何一者能胜过对方。"是殆见吾衡气机也"的"衡"是称东西的"秤","秤"在衡量东西的时候,要达到两边平衡。吕惠卿说:"地文则阴胜阳,天壤则阳胜阴,至其太冲,则莫之胜,而不一矣。……太冲而莫胜,则平矣,是以谓之衡气机也。"(《庄子全解》)这是隐喻壶子体内的阴阳二气已完全处在平衡的状态。

　　壶子接着又说："鲵桓之审为渊，止水之审为渊，流水之审为渊。渊有九名，此处三焉。尝又与来。"这几处的"审"，《列子·黄帝》作"潘"，回旋的深水。"鲵"是大鱼，"桓"字《列子·黄帝》作"旋"，形容水势盘旋。句意是说这个渊静的水里面，却有一条大鱼在盘桓，暗示着静中有动。此处对应了上文的"天壤"，也即"善者机"。第二个渊是"止水之审"，对应"地文"，是"杜德机"的状态，里面的水是静止的。第三个渊是"流水之审"，表示"衡气机"，是太冲莫胜的状态，水的上层在流动，下层却是静止的，流止各为一半，正好得到平衡。"渊有九名，此处三焉"，这个"渊"，一共有九渊，这里只讲了三渊，九渊的名称，具体出现在《列子·黄帝》中。

　　第二天，季咸又和列子来了，"立未定，自失而走"，还没有站定，就逃跑了。壶子曰："追之！"列子去追赶也没追上。壶子解释道："乡吾示之以未始出吾宗，吾与之虚而委蛇，不知其谁何，因以为弟靡，因以为波流，故逃也。"壶子前面所展示的"杜德机""善者机""衡气机"，还是把"气"给显示出来一点了，让季咸捉摸到了，根据这些"气"来判断壶子。到了这次"未始出吾宗"，郭象说："虽变化无常，而常深根冥极也。"（《庄子注》）就是不管我如何变化，我都在大道的范围里面，这就有点像孔子的"随心所欲不逾矩"。接下来壶子又具体解释，"吾与之虚而委蛇"，此处，壶子终于点出了要诀，孙嘉淦云："吾与之虚而委蛇，虚字是一篇要义。"（《南华通》）"虚"就是心境上的不执着、空虚，"委蛇"就是随顺变化的样子，我内心空虚，而顺应外物（季咸）的观察。"因以为弟靡，因以为波流"是在具体解释"虚而委蛇"，"弟"《列子·黄帝》作"茅"，此外《道藏》所收《南华真经》白文本也作"茅"，所谓"茅靡"就是草随风摇摆倾倒。季咸只看见壶子随风倾倒，如水逐波而流，弄不清壶子所操到底为何术，所以季咸就逃跑了。

"然后列子自以为未始学而归。"于是列子觉得本领没有学到家，本来以为学到了很多东西了，自己以为很了不起，拿着这点皮毛去跟世人较量，期望超出世人，但通过这件事，他猛然醒悟到"未既其实"，远远还没有学到家，然后就回家去了。

"三年不出，为其妻爨，食豕如食人"，陈详道云："为其妻爨，忘我也；食豕如食人，忘物也。"（褚伯秀《南华真经义海纂微》引）在古代男女有分，男主外，女主内，而列子却为老婆做饭，说明夫妻之间没有距离，没有高低差别，混同为一了。喂猪就跟请客人吃饭一样，说明人我之别也不分了。"于事无与亲"，说明世上的事一概都不参与了。"雕琢复朴"，是说本来还有人为的痕迹，现在是损之又损，那些人为的东西，也被雕刻去掉了，恢复了本性。"块然独以其形立"，"块"是土块，这里的意思是变得跟土块、木头一样，像《齐物论》里的南郭子綦那样形如槁木，这就是得道者的象征。

"纷而封哉，一以是终"，这两句话有另一种断句，明顾大韶云："'纷而封哉一'五字为一句，'以是终'三字为一句。'纷而封哉一'者，谓万事虽纷，而其封域不出乎一也。'以是终'者，总结'食豕如食人'以下五句，言列子守此学术以终其身也。"（《炳烛斋随笔》）这个断法是错的。"哉"，很多本子包括《列子·黄帝》都作"戒"，宣颖说这是"浑无端绪"之貌，章太炎说"封戒"是"蒙戒"。我觉得这里应该是形近而讹，作"哉"字比较好。前面的"纷"是说世界上纷纷乱乱的事情，但是即使外界如此纷乱，我内心却紧紧封住，不让这些纷乱的事情进入我的内心。我们现在做学问的人，就是坐不住，容易被外面的事情打扰，这里就要向列子学习啦！但是他虽然比我们功夫深，还是达不到"至人""神人""圣人"的境界，不能乘天地之正、御六气之辩而遨游无穷。

季咸见壶子这则寓言故事，讲得比较玄乎，一眼看上去，似乎不好理解,但是如果我们把这则寓言故事和"应帝王"这个主题联系起来,它的内涵就明了了。宋李士表云:"庄周方论应帝王而言此者,夫帝王应世,惟寂然不动,故能感而遂通,惟退藏于密,故能吉凶与民同患……此古之应帝王者,所以荡荡乎无能名也。"(《庄列十论》)季咸可以被看作帝王统治下的臣民,这些臣民整日里在窥探着帝王的心思,所以帝王应该学会立于不测,让臣民无法窥探,这是一层意思。我们在领会这层意思的时候,同时要注意另一层意思,即帝王的"立乎不测"并不是"鬼头鬼脑"工于心计,不要有"机心",一旦有"机心",那就是"有为"了,成为了法家的统治术,和无为相悖。同时,帝王的"立乎不测",也能避免让老百姓产生机心。在庄子看来,老百姓就应该像外篇《马蹄》中的那群野马,高兴时互相磨磨脖子,但后来伯乐来治马,用马络头束缚,用皮鞭抽打,结果让马产生"智慧"了,反而更加难以驾驭了。《应帝王》这篇文章就是要告诉我们,不要因为自己的"有为",让老百姓产生智慧了,原来的"朴"就被破坏掉了。

　　无为名尸,无为谋府,无为事任,无为知主。体尽无穷,而游无朕。尽其所受乎天,而无见得,亦虚而已。至人之用心若镜,不将不迎,应而不藏,故能胜物而不伤。

关于这一段,林云铭说:"此段是全篇实义,以为后面锁结,文阵中一奇局也。"(《庄子因》)陆西星也说:"此段于长行中突起峰头,而过脉不断,看他文字起伏之妙!"(《南华真经副墨》)显然都注意到了这段文字在《应帝王》整篇文字中的特殊之处。对此学者也有不同的理解,有些人认为是总结上文的,有些人认为这几句属于季咸这则寓言故事,是连在一起的。我认为这段文字既属于季咸这则寓言故事,同时也是对上文的总结。"无为名尸"的"尸",是神主的意思。古人祭祀祖先时,需要有人扮演祖先,来接受子孙后代的祭祀,这个扮演者就是"尸"。句意是说不要去做名誉的承受者。"无为谋府"就是不要成为聚藏智谋的地方，"至人之心"是一片空虚，唯道集虚嘛！"无为事任"就是不要去做事，要像一条"不系之舟"，自由自在地在水上漂。如果你去任事了，那你就被绳子系起来了。"无为知主"，不要成为智慧的汇聚者。这几句话应该是暗示季咸的，季咸是有为的，整天忙忙碌碌，相人家的面，所以郑国人都怕了。

对于"体尽无穷，而游无朕"的解释，争议就比较大，没有统一的解释。我这里采用王先谦的解释，释为体悟真源，冥会无穷，游心于大道而不现形迹。这个"朕"字，有的本子作"眹"，意思是一样的，就是行迹、征兆的意思。"尽其所受乎天，而无见得"，就是要根据你自己的自然本性来做事，刘凤苞云："完其所受之分而已，不以人助天也。"（《南华雪心编》）"无见得"之"得"，有些人当作"德"来解释，但是这里我认为当作本字就行了。"亦虚而已"，是说内心是虚的，一尘不染。下面"至人之用心"四句，是举例子来解释"虚"字。"至人之用心若镜，不将不迎，应而不藏，故能胜物而不伤"，"将"是送的意思，"迎"是迎接。"用心若镜"这个比喻在整个思想史上都很重要，庄子首先提出来，后来被宋明理学家借鉴去了，明代理学家薛瑄就说："庄子曰：'至人之用心若镜，不将不迎，应而不藏。'程子所谓形容道体之言，此类是也。"（《读书录》）"应而不藏"就点到"应帝王"上了，做帝王也无非是应之而已。"故能胜物而不伤"，所以能胜物而不受拖累、不受伤害，正如老子所说："天之道，不争而善胜。"（《老子》七十三章）《刻意》篇说："澹然无极而众美从之。"我们整天争来争去也争不出什么名堂，但是天是很淡然的，万物反而跟从着它。所以说治天下也是如此，帝王不需要什么事都去做，要学会无为，帝王无为，臣下才会跟随着他。

这里还有一个观点，需要补充说明。庄子所提倡的"动"，不是主动的动,而是说像一面镜子,镜子不会主动来照你,但当你走到镜子面前,它自然就会照到你,这就是"不得已"之动,是应感而动。就像"地文""杜德机",是至人无感之时,没有为万物所感动的时候,后来的"动"是随天而动。我们把《应帝王》与《逍遥游》联系起来看,在《逍遥游》里,"尧让天下于许由",许由是推辞的,得到了庄子的肯定,而在《应帝王》里,又提倡治理社会,并且要成为"明王",这不是矛盾的吗? 我们怎么解决这个问题呢? 大家应该知道,《逍遥游》"尧让天下于许由"是"禅让",庄子是反对禅让的,反对把国家当作礼物一样让来让去。而在《应帝王》里,是天下百姓需要有一个圣人,这个圣人是不得已才来治理的,如同镜子,有人过来了,就照在镜子里,他自己本身是没有意见的,所以采取了无为而治的态度。也就是说,圣人要治理天下,也是不得已而治,随顺天道变化而治,道之真以治身,其绪余以为天下国家,他总是以修治自身为重,这就是庄子的"内圣外王"。所以,"内圣"显然要比"外王"重要。当然,在庄子看来,这样的"外王"也足以成为"明王"了,已经不是现实中的治世之君所可比拟的了。

下面一则是关于浑沌的寓言故事。

> 南海之帝为儵,北海之帝为忽,中央之帝为浑沌。儵与忽时相与遇于浑沌之地,浑沌待之甚善。儵与忽谋报浑沌之德,曰:"人皆有七窍以视听食息,此独无有,尝试凿之。"日凿一窍,七日而浑沌死。

南海是一个方位,北海也是一个方位。那么大道本身呢,是无方无体无名的,大到弥漫天地,小到藏之于密,灰尘当中、破瓦里面、头发尖儿上都有大道。所以当出现南、北之类的方位,就说明和大道相违背了。此外,"儵"和"忽"是两个人名,既然出现了人名,那么也不是"大道"了。再一个,南属于阳,北属于阴,但大道是没有阴阳之分的,所以儵、忽既然分为阴阳,也就是有"体"了,从大道里分裂出来了。南又代表火德,北代表水德,已经是具体的"物"了。再一个,水德、火德本来就是不相容的,这两个碰在一起,就已经意味着分裂、混乱,所以"浑沌"是保不住了。再从儵、忽本身词义来看,陆德明《经典释文》引梁简文帝说:"儵、忽取神速为名,神速譬有为。"儵、忽是速度很快的意思,倏然而来,倏然而去,既然已经产生了"速度",那么本身也不是"大道"了。总而言之,无论从哪个角度解释,儵、忽都已经脱离了大道。

我们再看"浑沌"。《史记·五帝本纪》载:"昔帝鸿氏有不才子,掩义隐贼,好行凶慝,天下谓之浑沌。"张守节《正义》:"浑沌即讙兜也。……杜预云:'浑沌,不开通之貌。'"这里说"浑沌"是帝鸿氏的儿子讙兜,品行恶劣。杜预注说"浑沌"是不开通的样子,不开通不就是七窍没有凿开吗?大概"讙兜"是本字,因为和"浑沌"读音相近,所以讹为"浑沌",后人又用"浑沌"解释"讙兜"。所以《应帝王》的"浑沌"应该不是"讙兜"。浑沌是天地一气、浑然未分的状态,是比较切近大道的。作者把它设想为中央之帝,中央是土德,颜色发黄。水、火是流动的,而土是静止的,又在中央,类似于"环中"。《齐物论》说:"枢始得其环中,以应无穷。""环"是圆形的,庄子是崇尚圆的,圆会旋转无穷,所以应变无穷,这就是大道的妙用。但是大道最终受到了破坏,"一生二,二生三",才出现了各种各样粗糙的东西,才有这各处一端的"儵""忽"。

但"浑沌"被凿开了七窍,完全是"儵""忽"的责任吗?这是个经常被读者忽略,但很有意思的话题。这其中当然也有"浑沌"的责任,因为浑沌首先"待之甚善",这就违背了上文"至人之用心若镜"的处世原则。正因为浑沌用"情"去诱发"儵""忽","儵""忽"才有后来报恩的行为。再从社会角度来看,宣颖云:"何以取名儵、忽而言其凿窍?帝王相禅,一事儵造而有,一事忽造而无。数番因革之后,淳朴雕琢尽矣。"(《南华经解》)原始社会的时候,没有法律条文,没有仁义道德,到了黄帝出来的时候,就提倡仁义道德了,人的自然本性就受到破坏了。后来又有更多的乡约家规,各种各样的条文。历代的帝王更喜欢用这些条条框框来束缚百姓,这样一来,浑沌早就消亡了。所以庄子讲这则寓言故事,就是要求统治者应该实行"无为而治",让天下百姓能够按照自己的本性自由发展。

从文章结构来看,"浑沌"这则寓言是一个反掉之笔,刘凤苞在他的《南华雪心编》里提到:"末用反掉之笔,撰出儵、忽、浑沌名目。"这里的所谓"反掉之笔",就是到了文章的末尾处突然调转笔锋,以儵、忽凿死"浑沌"寓言来反证治世必须采取"无为"的态度,否则必然会导致"为者败之"(《老子》二十九章)的严重后果。

陈深云:"七篇每篇一窍,天机发尽,死矣!无言矣!虽此老复出,亦无言矣。"(《庄子品节》)浑沌一天被开一个孔,七天开了七个孔。内篇也有七篇,庄子可能觉得写了七篇,该说的话都说完了,所以可以绝笔了,可以走向"虚"了,因而也就可以让浑沌死了,就像孔子绝笔于获麟一样。它又类似于《楚辞》里的"乱曰",是音乐演奏到最后的"大合唱",释德清云:"此儵忽一章,不独结《应帝王》一篇,其实总结内七篇之大意。"(《庄子内篇注》)这样看来,"浑沌"寓言不仅是《应帝王》的"乱词",也是整个内七篇的"乱词"。

最后,我们将一捋《应帝王》全文的结构、大意。第一则寓言故事"齧缺问于王倪",叙述泰氏纯任自然,其民不失素朴之性,但到了有虞氏,"藏仁以要人",于是其民竞于私智,并有欺伪之心。这就彻底否定了仁义,而认为帝王应以无为无心君临天下。第二则寓言故事"肩吾见狂接舆",借肩吾、接舆问答的故事,说明治国之道在于纯任百姓自为自化,而不能凭借法度规矩来统治天下。第三则寓言故事"天根游于殷阳",说明治理天下在于淡漠无为,顺物自然,而不能以任何私意去强制百姓。第四则寓言故事"阳子居见老聃",借道家圣人老聃阐发明王之治,上结"无为而治"之意,下开"立乎不测""游于无有"之境,是通篇的关键所在。第四则寓言故事"郑有神巫曰季咸",借神巫不能相壶子的故事,说明帝王治世,在于虚己无为,立乎不测,使天下百姓无法窥测己意,否则便会如季咸凭借智术,终归失败。而后撰出"无为名尸,无为谋府"一段话,意在说明帝王治世,若能虚己任物,游于无有,百姓就能自治自化,自己也不会有所劳损,此即所谓"能胜物而不伤"之意。最后是"浑沌"寓言,通过虚构儵与忽为报浑沌之恩,而为浑沌开凿七窍,结果浑沌却被凿死的故事,说明帝王治世,应当虚己无为,一任自然,否则便会凿死天下浑沌——人类的自然本性。

【漫谈】

我治《庄子》数十年,对文本也已比较熟悉,我始终认为《庄子》内篇的文章学特征尤其明显,嬉笑挪揄自成文章,他剽剥儒墨,但不直接开口大骂,而是调侃戏弄,让儒家出来表态,承认自己的不足,他就是这么一种风格。因为文章草蛇灰线,线索很隐秘,内篇的寓言故事是不能被单独摘出的,必须放在整篇文章的脉络里读。徐廷槐云:"北冥、南冥,南海、北海,以此始,亦以此终。自北徙南而鲲鹏化,南与北相遇于中央而浑沌死,明于阴阳五行之生克,'杀生者不死,生生者不生'之义,而真人之至言出,天地之大文备矣。"(《南华简钞》)从义理上看,内七篇也基本没有矛盾的地方,大的方面是一致的。庄子反复谈到"道之真以治身,其绪余以为国家,其土苴以治天下"(《让王》),认为道的精华部分是用来修身养性的,其中属于糟粕的东西才用来治理天下国家,内修和治天下有前后轻重之分,所以内篇前面用六篇讲治身,用最后一篇讲治天下,治天下是外功,是不得已而应之的事,不足以成为"内圣",只能成为"明王",这就是"内圣外王"的逻辑结构。

在外杂篇中,也有一些可能是庄子本人的作品,但整体上看外杂篇的文章,就其思想内容来说,和内篇很不一样。外篇《骈拇》《马蹄》《胠箧》讲了一些仁义礼乐对人性的戕害,这些故事是不是沿着《应帝王》里浑沌被凿破的故事写下来的?虽然外篇可能不是出自庄子手笔,但是编纂的人把这些篇章编到外篇最前面,紧接着《应帝王》,可能就跟浑沌故事有关系。整个外杂篇基本可以看作是对内七篇的发挥,就像《楚辞·九章》与《离骚》的关系。《庄子》的外杂篇对内篇发挥、改造的地方都很明显,像外篇《在宥》《天地》《天道》《天运》就是对《应帝王》政治论的发挥,但是观点和《应帝王》却很不一致。《应帝王》是地地道道的庄周本人的政治论,《在宥》《天地》《天道》《天运》也是政治论,但与《应帝王》有很大差别。比如《天道》篇公开提出君主无为,臣下有为,而在《应帝王》里,就没有这么把君道、臣道分开来讲的,一切都采取无为就行了。《天运》"师金"的故事又明显采取了法家的思想,认为礼法随时代的变化而变化,所以绝不能死守先王的旧教条。这个思想和《天地》篇不一样,和内篇就更不一样了,完全无法统一。此外,《让王》篇和《齐物论》思想也不一致,《让王》表扬那些徇死的人,而《齐物论》是反对的。

其次,我想以《应帝王》为契机,粗略谈谈司马迁将老子、庄子、申不害、韩非四人合传的部分原因。在《史记·老子韩非列传》中,司马迁出人意料地把以上四人合为一传,按照我们普遍的看法,老子、庄子是道家人物,是清静无为的,但是申不害是韩昭侯的相国,推行法术之治,帮助韩昭侯"内修政教,外应诸侯",韩非是荀子的弟子,法家的集大成者。在《汉志》中,老子有《老子邻氏经传》四篇、《老子傅氏经说》三十七篇、《老子徐氏经说》六篇、刘向《说老子》四篇等关于《老子》的疏解,庄子有

《庄子》五十二篇都记录在道家。而申不害有《申子》六篇,韩非有《韩子》五十五篇都记录在法家。那么四个人既然明明白白是道、法二派,太史公为什么会把他们归为一传呢? 这引起了后人不少的疑惑、争议,首先提出问题的是刘向、刘歆父子,班固在《汉书》中沿袭了他们的看法,后来唐代的历史学家刘知幾也在他的史学著作《史通》中痛加驳斥,说司马迁这个做法太荒谬了,是谬之甚者。

当然有反对者,也有赞成者,赞同的人就在该篇的末尾找合传的依据,在篇末太史公总结道:"老子所贵道,虚无,因应变化于无为,故著书辞称微妙难识。庄子散道德,放论,要亦归之自然。申子卑卑,施之于名实。韩子引绳墨,切事情,明是非,其极惨礉少恩。皆原于道德之意,而老子深远矣。"很明显,太史公的理由是老、庄、申、韩都"原于道德之意",就是说由老子首先提出这个"道",而后庄子继承下来,再到申不害用于名实,韩非用于切事情、明是非。

后来的学者多着眼这点,写了很多文章,但是他们的关切点大多在老子和韩非之间,在"道论"的演化上,这里我就以《应帝王》为切入点,来谈谈庄子和韩非之间的一点关系,探究一下太史公把庄子和韩非合传的依据。前面我们讲到壶子和列子这则寓言故事,为什么季咸有这么高超的相面本领,但就是测探不了壶子,反而还被壶子吓跑了呢? 我们说,那是因为普通人无时无刻不在暴露着自己,一个人的神情、眼神、行为、姿势、语言等等,一切向外界"表达"自己的东西,都被季咸捕捉到了,他就根据这些表露出来的迹象,窥探你、抓住你。但是壶子修道高深,他先后展露了三重境界,"杜德机""善者机""衡气机",又"因以为弟靡,因以为波流"和季咸虚与委蛇,让季咸抓不到自己的把柄,这样季咸就作不出判断了。

壶子的这个本领和"应帝王"有什么关系呢? 我们说在《应帝王》

中,虽然庄子本意是在告诉人们治理天下要顺任天地的变化,让老百姓自给自足,自己治理自己,但是他无意间也为战国兴盛的法术之士提供了一点理论储备。我们知道那时候有黄老派,现代学者又称之为"道法派",他们的用意就是把"道"的相关理论,嫁接到"治理之术"上,像我们熟悉的《黄帝四经》等,就是这个派别的产物。韩非所谓"道在不可见,用在不可知"(《韩非子·主道》),说的就是这个意思。壶子的"虚与委蛇"是完全可以被借鉴到帝王心术上的,帝王运用这套东西控制臣下,不为臣下所窥探、遮蔽,这样一来,臣下就只能乖乖听命,服务于帝王,这就是韩非子的"术"。

韩非说:"人主有二患:任贤,则臣将乘于贤以劫其君;妄举,则事沮不胜。故人主好贤,则群臣饰行以要君欲,则是群臣之情不效;群臣之情不效,则人主无以异其臣矣。故越王好勇,而民多轻死;楚灵王好细腰,而国中多饿人;齐桓公妒外而好内,故竖刁自宫以治内;桓公好味,易牙蒸其子首而进之;燕子哙好贤,故子之明不受国。故君见恶,则群臣匿端;君见好,则群臣诬能;人主欲见,则群臣之情态得其资矣。"(《韩非子·二柄》)儒家主张选贤任能,但是韩非的想法很大胆,他认为选贤任能恰恰会招来祸患,会让臣下伪饰自己。

为什么会这样呢?因为君王暴露了自己的好恶,让臣下窥探到了。所以韩非就说:"故曰:君无见其所欲,君见其所欲,臣自将雕琢;君无见其意,君见其意,臣将自表异。故曰:去好去恶,臣乃见素;去旧去智,臣乃自备。"(《韩非子·主道》)所以说,做君主不要随便展示自己的欲望,也不要显露你的心意,一旦你显露了,臣下就要顺藤摸瓜窥探到你了。韩非对这套帝王心术的表述还有很多,如他说:"主上不神,下将有因;其事不当,下考其常。若天若地,是谓累解;若地若天,孰疏孰亲?能象天地,是谓圣人。"(《韩非子·扬权》)文辞不一样,意思倒是一样,君王要保持"神秘",像天地一样无私覆载就行,防止臣下"因缘而上"。谈到这里,如果再延伸开去,就又要涉及老庄的自然之道和法家的"循名责实"的关系问题了,就不展开论述了。

总之,上文我们讲的壶子、季咸的寓言故事,壶子可以比喻作帝王君主,而季咸可以比喻作臣下。壶子那套应付季咸的逻辑,完全与帝王心术相通。虽然庄子本意不在帝王心术上,但是不期然地为法家之术提供了一些启发。所以如果我们把《应帝王》和《韩非子》进行比照,太史公把老、庄、申、韩合为一传,也是有一定道理的。

(整理者:黄 锋)

主要征引书目

庄　子　南华真经　南宋高宗间鄂州刻本

郭　象　庄子注　中华书局1986年印《诸子集成》郭庆藩《庄子集释》本

陆德明　经典释文　中国国家图书馆藏宋元递修本

成玄英　南华真经注疏　明正统《道藏》本

吕惠卿　庄子全解　金大定十二年刻本

陈景元　南华真经章句音义　明正统《道藏》本

王　雱　南华真经新传　明正统《道藏》本

林希逸　南华真经口义　明正统《道藏》本

褚伯秀　南华真经义海纂微　明正统《道藏》本

罗勉道　南华真经循本　明正统《道藏》本

陆西星　南华真经副墨　明万历十三年天台馆重刊本

方以智　药地炮庄　清康熙三年曾玉祥此藏轩刊本

王夫之　庄子解　清同治四年湘乡曾氏金陵节署重刊本

林云铭　庄子因　清光绪六年常州培本堂重刊白云精舍本

吴世尚　庄子解　民国九年刘氏唐石簃刊《贵池先哲遗书》本

宣　颖　南华经解　清康熙六十年积秀堂刊本

胡文英　庄子独见　清乾隆十七年同德堂刊本

孙嘉淦　南华通　清乾隆间刊本

陆树芝　庄子雪　清嘉庆四年文选楼刊本

王念孙　庄子杂志　清道光十二年刊《读书杂志·余编》本

俞　樾　庄子平议　清光绪二十五年刊《春在堂全书》本

俞　樾　庄子人名考　清光绪二十五年刊《春在堂全书》本

刘凤苞　南华雪心编　清光绪二十三年晚香堂刊本

郭庆藩　庄子集释　中华书局 1986 年印《诸子集成》本

王先谦　庄子集解　中华书局 1986 年印《诸子集成》本

严　复　庄子评点　《中国哲学史研究》1983.4－1984.1

章炳麟　庄子解故　民国六年浙江图书馆刊《章氏丛书》本

范耕研　庄子诂义　民国手抄本

王叔岷　庄子校释　民国三十六年上海商务印书馆手稿影印本

钟　泰　庄子发微　上海古籍出版社 1988 年排印本

陈鼓应　庄子今注今译　中华书局 1983 年排印本